公路与桥梁
施工技术及管理研究

GONGLU YU QIAOLIANG
SHIGONG JISHU JI GUANLI YANJIU

张国祥　陈金云　张好霞　主编

文化发展出版社
Cultural Development Press

图书在版编目（CIP）数据

公路与桥梁施工技术及管理研究 / 张国祥，陈金云，张好霞主编．—北京：文化发展出版社，2020. 7

ISBN 978-7-5142-3026-0

Ⅰ．①公… Ⅱ．①张… ②陈… ③张… Ⅲ．①公路桥－桥梁施工－施工管理－研究 Ⅳ．① U448. 145. 1

中国版本图书馆 CIP 数据核字（2020）第 109069 号

公路与桥梁施工技术及管理研究

主　　编：张国祥　陈金云　张好霞

责任编辑：李　毅　　　　　　责任校对：岳智勇
责任印制：邓辉明　　　　　　责任设计：侯　铮
出版发行：文化发展出版社有限公司（北京市翠微路 2 号　邮编：100036）
网　　址：www. wenhuafazhan. com　www. printhome. com　www. keyin. cn
经　　销：各地新华书店
印　　刷：阳谷毕升印务有限公司

开　　本：787mm×1092mm　1/16
字　　数：458 千字
印　　张：24.125
印　　次：2020 年 9 月第 1 版　2021 年 2 月第 2 次印刷
定　　价：58. 00 元
I S B N：978-7-5142-3026-0

◆ 如发现任何质量问题请与我社发行部联系。发行部电话：010-88275710

编委会

作　者	署名位置	工作单位
张国祥	第一主编	玉溪市元蔓高速公路投资建设开发有限公司
陈金云	第二主编	云南建投第四建设有限公司（直管十部）
张好霞	第三主编	甘肃省临夏回族自治州临夏县交通运输局
顾永胜	副 主 编	济宁市管理公路局微山公路局
李国芬	副 主 编	云南建投路面工程有限公司
王军柯	副 主 编	河南省建筑科学研究院有限公司
时　磊	副 主 编	中地海外路桥建设有限公司
姚红涛	副 主 编	河南红欧建材有限公司

前　言

PREFACE

随着我国经济的快速发展，建设已成为当今最具有活力的一个行业。纵观全国，数以万计的高楼拔地而起；公路、铁路建设发展迅猛，成就斐然，纵横交错的公路网和铁路网不断延伸、完善，有力地推动着国民经济持续快速健康增长。

当前，建设工程的规模日益扩大，种类日益繁多，呈现出蓬勃发展的势头。对于整个建设行业来说，提高施工人员的技术水平和专业技能，可以有效地提高产品质量和社会效益。对于施工人员来说，提高自身的专业素质，特别是一些高技术含量的操作水平，可以大大提升劳动生产效率、降低劳动强度、加快工程进度、减少安全事故。因此，提高广大施工人员的专业技术水平，已成为当今建设行业的重中之重。

公路工程施工项目属于一次性工程，其特点是规模大、变动因素多、施工单位流动性强、行业竞争激烈，这些特性要求必须加大项目的管理工作，使公路施工企业按照项目管理要求设置施工组织机构，组建施工队伍，对工程项目实施过程组织。同时，又要保证工程进度、质量、劳动、机械、材料、成本、安全、环境、资料、竣工验收等方面能相互协调，并得到很好的控制，以保证项目顺利完成。

同时，新技术新工艺新设备，新材料的不断涌现，对公路工程人员的要求越来越高。公路工程基层施工组织中的技术人员的业务水平和管理能力的高低，已经成为公路工程建设项目能否有序、高效、高质量完成的关键。针对这种情况，我们编写了《公路与桥梁施工技术及管理研究》，以方便公路工程人员使用。

建设工程安全生产工作不仅直接关系到人民群众生命和财产安全，而且关系到经济建设持续、快速、健康发展，更关系到社会的稳定。如何保证建设工程安全生产，避免或减少安全事故，保护从业人员的安全和健康，是工程建设领域急需解决的重要课题。从我国建设工程生产安全事故来看，事故的根源在于广大从业人员缺乏安全技术与安全管理的知识和能力，未进行系统的安全技术与安全管理教育和培训。为此，国家建设主管部门和地方先后颁布了一系列建设工程安全生产管理的法律、法规和规范标准，以加强建设工程参与各方的安全责任，强化建设工程安全生产监督管理，提高我国建设工程安全水平。

由于编者业务水平和教学水平有限，资料收集和整理不够，编写时间仓促，错误和不足之处在所难免，敬请读者批评和指正，以便再版时修正。

目　录

CONCENTS

第一章　绪论

第一节　概述

道路交通以其自身独有的优势，在国家“大交通”体系中占有十分重要的地位。高等级公路建设的不断增加，使公路建设的基本特点越来越被人们所认识。当前公路建设的特点是工程量巨大、工程质量要求高、施工工艺复杂、建设周期要求短，而且随着招投标制在我国的实行，还要求施工企业注重施工的经济效益。以现代化生产方式修建公路是当今公路建设的发展方向，而机械化施工则是实现公路建设向现代化生产模式转变的重要措施，也是公路建设事业发展的必然趋势。

高等级公路一般由路基、路面、桥梁、隧道和交通工程设施等几大部分组成。道路工程主要是由路基工程和路面工程组成，路基是路面的基础，是用当地的土石填筑或在原地面开挖而成的道路主体结构，它承受着本身的岩土自重和路线重力，以及由路面传递而来的行车荷载，是整个公路构造的重要组成部分。公路路基主要包括路基体、边坡、边沟及其他附属设施等几个部分。路面工程依面层类型不同，可以分为沥青路面、水泥混凝土路面和砂石路面等。路面是用各种筑路材料或混合料分层铺筑在公路路基上供汽车行驶的层状构造物，其作用是保证汽车在道路上能全天候、稳定、高速、舒适、安全和经济地运行。路面通常由路面体、路肩、路线石及中央分隔带等组成。其中路面体在横向又可分为行车道、人行道及路缘带。路面按结构层次自上而下可分为面层、基层、垫层或联结层等。

桥梁工程一般可分为上部结构和下部结构。桥梁的上部结构包括桥面结构和桥跨结构，桥跨结构也称桥梁结构，是线路中断时跨越障碍的主要承载结构。当需要跨越的幅度或承受的荷载越大时，桥跨结构的构造就越复杂，施工也越困难。桥梁下部结构包括桥墩和桥台，它们是支撑桥跨结构并将恒载、活载传至地基的结构物。通常将设置在桥跨两端的结构称为桥台，桥台除了支承桥跨结构外，还与路堤相衔接，以抵御路堤土压力，防止路堤填土的滑坡和坍塌。桥墩的作用是支撑桥跨结构。墩台基础是将桥墩和桥台中全部荷载传至地基的底部奠基部分。为了保证墩、台安全，通常将基础埋入岩石中。由于基础是整个结构安全的关键，而且常常需要在水中施工，因此它是桥梁建设中比较困难的一个部分。

虽然桥梁所占路线总长度不大，但其工程造价一般占公路总造价的20%–30%，在山区高等级公路中其比例更高，尤其在现代高速公路和城市高架桥中，常常是保证全线早日通车和正常使用的关键。在国防建筑中，桥梁是交通运输的命脉，在快速、机动的现代化战争中占有非常重要的地位。我国交通部在长远规划中，建成以高速公路和以一、二级汽车专用公路为主的快速通道。正在实施的西部大开发的首要任务是交通基础设施建设，西部地区地理、地形复杂，山高谷深，河流众多，必然要建造大量的桥梁。可以预见，以后是一个不断创造特大跨度桥梁历史的时代。现在桥梁的施工方法多种多样，随着工程技术及工程设备的不断进步，桥梁施工技术也得到了迅速的发展。

第二节　桥梁工程施工技术综述

一、国内外桥梁施工技术的发展

根据史料记载，在距今约三千年的周文王时，我国就已在宽阔的渭河上架起大型浮桥。由于浮桥的架设具有简便快速的特点，因此它常被用于军事活动。汉唐以后，浮桥的运用日益普遍。现代桥梁中广为修建的多孔桩柱式桥梁，在我国春秋战国时期就已在黄河流域和其他地区普遍采用，不同的只是古桥多以木桩为墩桩，上置木梁、石梁。近代的大跨径吊桥和斜拉桥也是由古代的藤、竹吊桥发展而来的，在各国有关桥梁的历史书上，大都承认我国是最早建造吊桥的国家。据记载，最晚在唐朝中期，我国就从用藤索、竹索建造吊桥发展到用铁链建造吊桥，而西方在16世纪才开始建造铁链吊桥，比我国晚近千年。至今尚保留下来的古代吊桥有四川泸定县的大渡河铁索桥（1706年）以及灌县的安澜竹索桥等。泸定铁索桥跨长约100m，宽约2.8m，由13条锚固于两岸的铁链组成。安澜桥是世界上最著名的竹索桥，全长340余米，分8孔，最大跨经约61m，全桥由用细竹篾编成粗5寸的24根竹索组成，其中桥面索和扶栏索各半。

在秦汉时期，我国已广泛修建石梁桥，世界上现在尚保存着的最长、工程最艰巨的石梁桥——万安桥，是我国于1053–1059年在福建泉州建造的，也称洛阳桥。此桥长达800m，共47孔，位于“波涛汹涌，水深不可址”的海口江面上。此桥以磐石铺遍桥位江底，是近代筏形基础的开端，并且独具匠心地用养殖海生牡蛎的方法胶固桥基，使之成为整体，此亦是世界上绝无仅有的造桥方法。近千年前就能在这种艰难复杂的水文条件下建成如此的长桥，实为中外桥梁史上的一个奇迹。

1240 年建造的福建漳州虎渡桥，是令人惊奇的一座梁式石桥，此桥总长约 335m，某些石梁长达 23.7m，沿宽度用三根石梁组成，每根宽 1.7m、高 1.9m，质量达 200t，该桥一直保存至今。据记载，这些巨大石梁是利用潮水涨落浮运架设的。

赵州桥坐落在河北省赵县洨河上，建于隋代大业年间，由著名匠师李春设计和建造，距今已有约 1 400 年的历史，是当今世界上现存最早、保存最完善的古代敞肩石拱桥。1961 年被国务院列为第一批全国重点文物保护单位。赵州桥是以所在地命名的。赵州桥是一座空腹式的圆弧形石拱桥，净跨 37m，宽 9m，拱矢高度 7.23m，在拱圈两肩各设有两个跨度不等的腹拱，这样既能减轻桥身自重，节省材料，又便于排洪、增加美观。赵州桥的设计构思和工艺的精巧，在我国古桥是首屈一指，据世界桥梁的考证，像这样的敞肩拱桥，欧洲到 19 世纪中期才出现，比我国晚了 1200 多年。赵州桥的雕刻艺术，包括栏板、望柱和锁口石等，其上狮象龙兽形态逼真，琢工精致秀丽，是文物宝库中的艺术珍品。我国石拱桥的建造技术在明朝时曾流传到日本等国，促进了与世界各国人民的文化交流并增进了友谊。

1957 年，第一座长江大桥——武汉长江大桥的胜利建成，结束了我国万里长江无桥的状况。从此，“一桥飞架南北，天堑变通途”。该桥的正桥为三联 3 × 128m 的连续钢桁架梁，下层为双线铁路，上层公路桥面宽 18m，两侧各设 2.25m 人行道，包括引桥在内全桥总长 1 670.4m。

1969 年我国又建成了举世瞩目的南京长江大桥，这是我国自行设计、制造、施工，并使用国产高强钢材的现代化大型桥梁。正桥除北岸第一孔为 128m 简支钢桁梁外，其余为 9 孔 3 联，每联为 3 × 160m 的连续钢桁梁。上层为公路桥面，下层为双线铁路。包括引桥在内，铁路桥部分全长 6 772m，公路桥部分为 4 589m。桥址处水深流急，河床地质极为复杂，桥墩基础的施工非常困难。南京长江大桥的建成，显示出我国的建桥事业已达到了世界先进水平，也是我国桥梁史上又一个重要标志。

钢筋混凝土与预应力混凝土的梁式桥，在我国也取得了很大发展。对于中小跨径的梁桥，已广泛采用装配式的钢筋混凝土及预应力混凝土板或 T 形梁桥的定型设计，不但经济适用，而且施工方便，能加快建桥速度。1976 年建成的洛阳黄河公路大桥，跨径为 50m 的预应力混凝土梁桥，全长达 3.4km。除简支梁桥以外，近年来我国还修建了多座现代化的大跨径预应力混凝土 T 形刚架桥、连续梁桥和悬臂梁桥。已建成的黄石长江公路大桥，全桥总长约 2 580.08m，其中主桥长 1 060m，为（162.5+3 × 245+162.5）m，跨预应力混凝土连续刚构桥。采用钢围堰加大直径钻孔灌注桩基础，桥面净宽 19.5m，其中分向行驶的 4 个机动车道宽 15m，两侧各设

2.25m 宽的非机动车道。

在桥梁基础方面，除了广泛采用的明挖基础、桩基、沉井等之外，对于深水中的大桥建设，目前在大型管柱的施工技术方面已积累了丰富的经验。在深沉井施工方面，由于成功地采用了先进的触变泥浆套下沉技术，大幅度地减小了基础与工数量，并使下沉速度加快 3 ～ 11 倍。此外，我国还广泛采用和推广了钻孔灌注桩基础，与国外的同类型基础相比，所要求的施工机械少，动力设备简易，操作方便迅速，易于掌握，且能钻入很深的土层。

纵观国外桥梁建设发展的历史，对于促进和发展现代桥梁有深远影响的，是继意大利文艺复兴后 18 世纪在英国、法国和其他西欧国家兴起的工业革命，推动了工业的发展，从而也促进了桥梁建筑技术方面空前的发展。1855 年起，法国建造了第一批应用水泥砂浆砌筑的石拱桥。法国谢儒察教授在拱架结构、拱圈砌筑方法以及减少与工裂缝等方面的研究和改进，对现代石拱桥的发展起到了重要作用。大约在 1870 年，德国建造了第一批采用硅酸盐水泥作为胶结材料的混凝土拱桥。之后在 20 世纪初，法国建成了戴拉卡混凝土箱形拱桥跨度达 139.80m。目前最大跨度的石拱桥是 1046 年瑞典建成的绥依纳松特桥，跨度为 155m。

钢筋混凝土桥的崛起，要追溯到 1873 年法国的约瑟夫樊尼尔首创建成的一座拱式人行桥。由于有石拱桥的技术和建筑艺术为基础，加之钢筋混凝土突出的受压性能，因此钢筋混凝土拱桥的兴起，一开始就十分引人注目。从 19 世纪末到 20 世纪 50 年代，钢筋混凝土拱桥无论在跨越能力、结构体系和主拱圈的截面形式上均有很大的发展。由法国弗莱西奈教授设计于 1930 年建成的三孔 186m 拱桥和 1940 年瑞典建造的跨径 264m 的桑独桥，均达到了很高的水平。后者作为此种拱桥的跨度纪录，一直保持到 1964 年澳大利亚悉尼港帕拉马塔河桥建成。鉴于修建钢筋混凝土拱桥时支架、模板的复杂性，加之耗费大量劳力，在此后 10 多年中，国外较少采用。直至 1980 年，在前南斯拉夫采用无支架悬臂施工方法建成了跨度达 390m 的克尔克桥，突破了 305m 的世界纪录。

可以看出，近年来的桥梁结构逐步向轻巧、纤细方面发展，但桥梁的载重、跨长却不断增长。为了适应社会生产力发展所提出的愈来愈高的要求，需要建造大量的承受更大荷载，跨越海湾、大江等跨径和总长更大的桥梁，这就推动了桥梁结构向高强、轻型、大跨度的方向发展。在结构理论上研究更符合实际状态的力学分析方法与新的设计理论，充分发挥结构潜在的承载力，充分利用建筑材料的强度，力求工程结构的安全度更为科学和可靠；在大跨度桥梁的设计中，愈来愈重视空气动力学、振动、稳定、疲劳、非线性等研究成果的应用，并广泛应用计算机辅助设计；在施工上，力求高度机械化、工厂化、自动化；在工程管理上，则力争高度科学化、自动化。

二、桥梁施工技术在桥梁工程中的地位和作用

高速公路在国外的发展已经有半个世纪的历史，我国的高速公路尽管起步较晚，但却创造了令人惊奇的发展速度，尤其是20世纪90年代开始进入了高速发展的黄金时代。但无论是在桥梁施工实践，还是桥梁施工技术研究方面都缺乏科学的指导，导致很多弊端和限制，尤其是在高等级、大跨度桥梁施工方面与国际先进技术有着较大的差距。随着公路中高等级、大跨度桥梁的数量与重要性与日俱增，先进桥梁施工技术方面的制约将越来越明显。所以，桥梁施工技术的地位与作用是非常重要的。

在今天，虽然在一般情况下桥梁结构理论分析和受力计算上都不存在问题，但桥梁设计者的设计意图能否真正得以实现往往还取决于施工技术，有些时候由于施工技术的限制而直接影响桥梁建设的发展，因此，高水平的桥梁设计必须要有高水平的桥梁施工技术来支持，桥梁建设事业的发展依赖于桥梁施工技术的发展。另一方面，桥梁施工技术的发展为实现桥梁设计意图提供了灵活多样的手段，为增大桥梁跨越能力、新型桥梁结构体系的开发、新型材料的应用、成桥状态受力与线形的改善、工程质量的提高、建设工期的缩短和工程造价的降低等提供了充分的条件和技术保障。所以，要提高桥梁建设水平，就必须提高其施工技术水平。

桥梁施工技术包含施工设计计算、施工方法、手段与工艺、施工控制等内容。施工控制是施工技术的重要组成部分，并始终贯穿于桥梁施工中。施工控制在施工技术中未被重视的原因是由于过去所建桥梁一般跨径不大、规模较小、影响因素少等，因为施工控制不力而产生的不良后果也就不明显，从而使人们忽视了它的重要性。

随着交通事业发展的需要，桥梁作为公路的咽喉工程，其建设任务更加艰巨。从过去十年我国的交通建设中就可以看出桥梁建设的艰辛。事实上，任何桥梁施工，特别是大跨径桥梁的施工，都是一个系统工程。在该系统中，设计图只是目标，而在自开工到竣工整个为实现设计目标而必须经历的过程中，将受到许许多多确定和不确定因素（误差）的影响，包括设计计算、材料性能、施工精度、荷载、大气温度等诸多方面，在理想状态与实际状态之间存在的差异。施工中如何从各种受误差影响而失真的参数中找出相对真实之值，对施工状态进行实时识别（监测）、调整（纠偏）、须测，对设计目标的实现是至关重要的。在近年来的桥梁建设中，人们已普遍认识到施工控制在施工技术中的重要地位与作用。实际上，桥梁施工控制早在以前的施工过程中就已被人们采用，如在施工中为了保证桥梁建成时的线形符合设计要求，在有支架施工时总是要在支架上设置须拱度，在悬臂施工中总是要使施工节段的立模（或安装）标高高于设计标高一定数值，这实质上就是在对施工实施控制，

这些处理的好坏常常被看作是施工技术水平高低的体现。桥梁施工控制不仅是桥梁施工技术的重要组成部分，而且也是实施难度相对较大的部分。对不同体系、不同施工方法、不同材料的桥梁，施工技术要求也不一样。

桥梁施工是确保桥梁宏观质量的关键，衡量一座桥梁的施工宏观质量标准就是其成桥状态的线形以及受力情况是否符合设计要求。桥梁的下部结构，只要基础埋置深度和尺寸以及墩台尺寸准确就能达到标准要求，且容易检查和控制。而对采用多工序、多阶段施工的桥梁上部结构，要求结构内力和标高的最终状态符合设计要求，就困难了。为了确保桥梁施工质量，对施工过程进行控制是必不可少的。目前我国计算机的应用已非常普通，技术人员完全可以对多阶段、多程序的自架设体系施工力法进行模拟，可预先计算出各阶段内力和位移，称之为预计值。将施工中的实测值与预计值进行比较，若有误差可以进行调整，直到达到最满意的设计状态。也就是通过施工控制使各阶段内力和变形达到预计值，最终达到设计要求，确保建桥的施工质量。桥梁施工控制又是桥梁建设的安全保证。为了安全可靠地建好每座桥，施工控制将变得非常重要。因为每种体系桥梁所采用的施工方法均按预定的程序进行，施工中每一阶段的结构的内力和变形是可以预计的，同时可通过监测得到各施工阶段结构的实际内力和变形，从而完全可以跟踪掌握施工进程和发展情况。当发现施工过程中监测的实际值与计算的预计值相差过大时，就要进行检查和原因分析，而不能再继续进行施工，否则，将可能出现事故。由此可知，为避免突发事故的出现，按期、安全地建成一座桥梁，施工控制是有力的保证。换句话说，桥梁施工系统也就是桥梁建设的安全系统。

所以，桥梁的施工技术在桥梁建设期间以及以后的使用是非常重要的，如果施工技术不合格，即使桥梁建设成功，也为以后的事故埋下伏笔。将来的桥梁无论是结构还是跨度都是非常大的，而且桥梁的载重也在增大，要大力发展桥梁施工各个方面的技术，尤其是监控技术方面。

第三节　道路工程施工技术综述

道路通常是指为陆地交通运输服务，通行各种机动车、人畜力车、驮骑性畜及行人的各种路的统称。道路按使用性质分为城市道路、公路、厂矿道路、农村道路、林区道路等。城市高速干道和高速公路则是交通出入受到控制的、高速行驶的汽车专用道路。

我国道路按服务范围及其在国家道路网中所处的地位和作用分为：国道（全国性公路），包括高速公路和主要干线；省道（区域性公路）；县、乡道（地方性公路）；城市道路。前三种统称公路，按年平均昼夜汽车交通量及使用任务、性质，又可划分为5个技术等级。不同等级的公路用不同的技术指标体现。这些指标主要有计算车速、行车道数及宽度、路基宽度、最小平曲线半径、最大纵坡、视距、路面等级、桥涵设计荷载等。

一、国内外道路施工技术的发展

我国在道路施工技术上有着悠久的历史，据史料考证，早在公元前2000年，我国已修建有可供行驶牛、马车的道路。西周时期道路建设已初具规模，在道路规划方面，《周礼》中有以下记载："匠人营国，国中九经九纬，经涂九轨，环涂七环，野涂五轨"；在道路管理方面，《周语》中有以下记载："司空视途"，"列树以表道，立鄙食以守路"，"雨毕而除道，水涸而成梁"；在道路质量方面，《诗经》中有以下记载"周道如砥，其直如矢"。唐代是我国古代道路发展的鼎盛时期，初步建成了以城市为中心的四通八达的道路网。其间在道路结构、施工方法等方面作了许多创新。到清代，已对道路进行了分级，即"官马大路""大路""小路"三个等级。其中仅"官马大路"已达2 000km以上。

唐代国家强盛，疆土辽阔，道路发展至有骡道五万里，每三十里设一驿站，驿站规模宏大。宋代时发明记里鼓车，车恒指南，践行一里，木人轧击一锤。元朝驿站盛行，有驿站1 496个，还有水站、马站、轿站、牛站及狗站等。清代运输工具更加完备，车辆分客运车、货运车和客货运车，主要是马、驴和骆驼参与运输。清末出现人力车。1876年欧洲出现世界首辆汽车，1902年我国上海出现第一辆汽车，1913年我国修筑了第一条汽车公一湖南长沙一湘潭，全长45km，揭开了我国现代交通运输的新篇章。抗战时期完成的滇缅公路沥青表处路面100km，是我国最早修建的沥青路面，1949年新中国成立时统计，通车里程为7.8万km，机动车7万余辆。

新中国成立后，大力发展公路交通事业，国民经济恢复期至第一个五年计划期间，我国完成的重要公路干线有青藏、康藏、青新、川黔、昆洛等线，全国公路里程达30万km。1958—1965年全国公路增长最快，总里程达52万km。1975年更发展至78万km。与此同时，我国石油工业崛起，全国修建了10万km的渣油和沥青路面，加速了黑色路面的发展。1975—1985年公路里程发展至85万km，同时公路等级和质量也大有提高，一级公路达21 194km。改革开放后，我国公路建设更是飞跃发展。至1997年全国公路里程达120万km，其中沥青路面有22万km，水泥混凝土路面达6万km，其中广东省水泥混凝土路面达18万km。我国经济的腾飞促进了高速公路的发展，1988 年是我国公路交通史上不平凡的一年，高速公路实现了零的突破，结束了中国大陆没有高速公路的历史。专家们认为，这是中国公路迈入现代化的新起点。为适应高等级公路高标准和高质量的要求，进入 20 世纪 80 年代以后，我国公路施工技术也获得了前所未有的发展：制订或修订了公路工程技术规范，初步建立起一套符合我国国情的公路施工控制、检测及验收标准，机械化施工水平大大提高，各种先进的筑路机械广泛应用于公路工程施工。全国各地组建了一批设备先进、种类齐全的公路机械化施工队伍，公路施工基本实现由手工操作逐步向现代化机械作业方式的转变；到目前，全国公路施工部门已拥有一大批国产和进口的技术先进、种类齐全、成龙配套的筑路机械、试验仪器和检测设备，大型筑路机械已达 30 余万台，固定资产原值已达 50 多亿元；新技术、新工艺、新材料得到广泛应用，进而取得巨大的经济效益；施工的控制与检测手段日臻完善，保证了工程质量，加快了施工进度。

我国的国道规划是以北京为中心，连接各省市重要、中城市、港站枢纽和工农业基地等，干线公路划为国道共 20 条计 116 000km。国道网由放射线、南北线和东西线组成。首都放射线 12 条，全长 213 197km，编号从 101–112；南北线共 28 条，全长 39 000km，编号从 201–228；东西线共 30 条，全长 53 000km，编号从 301 ~ 330。我国各省还有省道规划，如广东省编号 19。我国公路交通建设虽然取得重大成就，但还不能适应国民经济发展的需要，与发达国家相比更显落后。另一方面，我国公路技术标准低，质量较差，二级以上公路只占 6%，砂石路面占 70%。我国公路的通行能力不足，国道有 40% 路段超负荷运行。许多公路混合交通严重，交通控制和管理不善，造成交通堵塞、车速缓慢和耗油率增大，有时造成严重的交通事故。由此可见，如何更快更好地建设完善的公路网，适应国家建设的迫切需要，是摆在公路建设人员面前的重要任务。

随着世界各国技术经济的进步，对公路建设也提出了更高要求，主要表现为：一是公路功能的要求越来越高，如通过能力、承载能力及行车的安全性和舒适性等；二是对公路整体线形、路宽、路况的要求越来越高，特别是山区公路及旅游区道路，其路线与周围环境的协调性成为重要的评定条件；三是对公路的环保要求越来越高，如对行车污染和噪声的限制等；四是对公路的施工速度、施工质量和管理水平要求越来越高，施工中将普遍采用自动化机械设备、快速施工作业，公路施工必将向着机械化、自动化、标准化和工厂化方向发展。

二、道路施工技术在道路工程中的地位和作用

随着社会的发展，交通运输在国民经济中的地位越来越重要，而公路运输则是

运输中的主要形式之一，它具有机动、灵活、直达（在陆地上运输货物不需要周转，可直接将货物由起点送达目的地），方便用户和迅速快捷，运输过程所需设备少，运输手续简便，运输过程中可能发生的差错及损耗少等优点。载重量大、行车容度大、车速高是现在及以后公路交通的发展方向。因此对公路路基与路面的密实度，路面的形状、平整度等质量要求也越来越高，而公路的高速发展及等级的提高是离不开施工技术的，主要表现在机械化施工和新技术的不断应用。

道路施工技术的地位与作用主要表现在两个方面：一是筑路机械制造业的不断进步，二是施工技术的不断发展。

筑路机械制造业正是在高速路发展的基础上迅速发展壮大起来的，筑路机械也称公路工程机械，也称为建筑与筑路机械，其中相当一部分为通用机械。包括铲土运输机械、挖掘装载机械、起重与运输机械、石料开采与加工机械、路基与路面压实机械、稳定土路面机械、黑色路面机械、水泥混凝土路面机械、桥隧工程机械等。其优势体现在以下几方面：效率高，人的劳动强度小，劳动力的需求量少，在作业条件恶劣的环境（高原、高寒、高温、沙漠、沼泽、有毒（害）气体）下尤其如此，工期短，工程质量高，工作时间可以较长等。新中国成立后筑路机械从无到有，从少数品种到多品种，从简单到复杂；动力由早期采用蒸汽机到后来发展为内燃机；传动由机械传动发展为机械传动、液压传动；操纵由机械操纵或钢索滑轮操纵发展到气压操纵、液压操纵、电磁操纵、复合操纵等；操作人员的劳动强度大为改善，机械的功率、尺寸、机重大幅度提高，机械的外观，驾驶室的密封、视野，驾驶员的舒适性、安全性得到较好的改善。其发展方向如下：

①两极发展。为满足大工程与小工程的需要，某些筑路机械逐步向大型化与小型化方向发展。

②一机多用。一台机械可以根据施工对象的不同而方便快捷地更换不同的工作装置，以便从事不同的作业而降低工程造价。

③广泛采用新技术，提高自动化程度。目前电子和激光技术在铲土运输机械上的应用还仅仅是开始阶段，但在这方面的研究和发展却很快。今后自动控制、无人驾驶和远距离遥控都将在某些特殊的筑路机械上得到应用，尤其是在危险、有害气体区域、高温场合及水下作业的机械，这类新技术的应用将会减轻驾驶员的劳动强度和改善工作环境，使有些特殊场合的工程得以顺利完成。

④提高可靠性和耐久性。筑路机械作业条件恶劣，超载、冲击和偏载等情况都经常发生，作业场地大多远离维修车间，零件的更换与维修比较困难，因此要求零件和产品在使用中耐久、可靠，同时能提高生产率，保证驾驶员的安全。

⑤改善操纵性能及提高舒适性。安全、无公害驾驶室全封闭、视野好、二次减

振；电子监控系统以显示功能变化、故障及部位；防倾翻保护机构，落物保护机构；各操纵机构则采用液压、液压助力、气动、电磁控制且操纵杆布置更加合理，使操纵更加轻便、顺手，更注重节能和排气净化等。

20 世纪 90 年代，有些欧美发达国家的高速公路网络已经建成，基本形成一个系统规划、科学设计、整体建设和综合管理的完整体系，他们加强了养护和营运管理，包括养护管理、交通管理和环境管理等，其目的是提高道路的使用功能、保证行车安全舒适和改善道路状况对环境及人文景观的影响。

发达国家高度重视高新技术开发，应用计算机技术、电子信息技术、自动控制技术和新材料技术来改造公路交通行业。他们普遍利用地理信息系统 GIS 建立公路数据库，通过计算机模拟建立多种分析评价模型，多次修订通行能力手册，为公路交通的规划设计提供分析手段和决策依据；全面利用 GPS 卫星定位、航测遥感技术取代人工勘测设计，将采集的数据通过数字地面模型与 CAD 技术衔接配套，进行道路交通的规划设计，并扩展到环境设计，顺便提供动态的景观评价。

随着改革开放和国民经济的蓬勃发展，我国的公路科技取得了巨大成就。到 20 世纪末，我国已系统开发了公路、桥梁和交通工程 CAD 技术和航测遥感技术。今后计算机在公路上的应用会更加广泛和深入，并将进一步集成全球卫星定位系统 GPS、三维测量技术、航测遥感技术和地质勘察技术，使公路测设走向现代化。在新建、改建、养护和营运管理方面应用大量信息数据，建立和开发大区域集成网的公路数据库，提供现代科学管理的依据。智能高速公路技术的引进将大大提高我国高等级公路运输、管理和安全监控的水平，并成为公路科技开发的热点。在新材料、新工艺的开发和推广应用方面，各种高性能混凝土、改性沥青和新型复合材料在路桥建设和养护工程上将不断开发并在实践中应用，它将显著节省工程造价，提高道路服务水平和延长路桥使用寿命。今后对大型货运卡车、专用工程建筑机械和养护设备将进一步国产化，并将研制开发系列优质高效的大型沥青混凝土和水泥混凝土自动联合摊铺机，250 型转子中置式大功率稳定土拌和机，80 型滚动式沥青再生搅拌机，多功能公路养护机，大型排污清疏机，具有快速拖吊功能和救援装置的公路清障车等。

公路环保技术今后将会得到更大的重视，公路环保持续发展战略的重点是防止建设过程中对自然环境景观的破坏，在公路建成后尽量减少车辆引发的噪声、废气和电磁污染，大力开发吸音降噪技术。在公路建设中强调边坡的稳定技术、废旧材料（如粉煤灰、皮轮胎、塑料和工业废渣等）的综合利用技术，加强社会环保意识，让公路建设更好地为造福人类服务。

可见，道路施工技术的不断提高，对道路的使用寿命及品质是非常重要的。随着道路施工技术的提高，道路的服务质量也将不断提高。

第二章　道路桥梁工程施工常用设备

近年来，随着我国高等级公路建设的蓬勃发展，机械制造业为工程施工提供了大批性能优良的施工机械新品种。同时，许多单位从国外引进了不少新型和大型土方工程机械、路面施工机械及桥梁施工机械，大大加快了公路建设的步伐。高等级公路路基路面施工的主要机械常包括铲土运输、挖掘、拌和、摊铺、压实等机械。桥梁施工常用设备有万能杆件、脚手架（支架）、贝雷梁、钢板桩、架桥机、起重千斤顶、缆索起重机、滑车组与卷扬机、浮箱与龙门架、混凝土搅拌机械等。作为公路工程技术人员要了解或掌握施工机械的使用性能，对正确地选择施工机械，科学地进行机械化施工组织与管理，保证施工质量，加快工程进度，有着十分重要的意义。

工程机械就其土建范围来说，是用来完成公路桥涵的建筑、隧道修建和道路养护工程等作业的一种技术设备，是施工过程中必不可少的物质基础，是实现基本建设机械化的重要生产工具。这类机械可以使用于铁路、水利、城建工程以及其他土建工程中。工程机械的大量使用，可以提高机械化施工程度、加快工程进度、保证工程质量、缩短工期和减轻工人劳动强度，从而节约了劳动力、提高了劳动生产率、降低了工程造价，对加速基本建设、发展国民经济起着十分重要的作用。工程机械由于服务对象、施工要求各异。因此，土木工程中使用的机械种类繁多，型号复杂，名称也不一致。

按我国机械制造业通常的分类，工程机械主要包括挖掘机械、铲土运输机械（推土机、铲运机、平地机等）、路面机械、压实机械、工程起重机械、校工机械、钢筋混凝土机械及风动工具 8 大类。为了保证建筑、道路和桥梁施工过程的机械化，根据工程种类，工程机械应包括：

①准备机械和设备；

②土方机械；

③石料开采和加工的机械与设备；

④路基路面和场地建筑、压实和摊铺机械；

⑤桥涵建筑机械和混凝土预制加工机械与设备；

⑥起重运输和装卸机械；

⑦道路场地修理和养护机械。

作为生产工具的施工机械，它的购价很高，因此使用费用很大（以土方工程为例，设备费占工程费的30%–40%），倘若工作环境（地形、土壤、质量）复杂、工地施工条件（作业内容、路面场地情况）艰巨时，工程的机械设备费用将更高。为使施工机械在施工过程中发挥其最大的经济效益，顺利地完成工程任务，必须选择最适合施工条件的机种，这种选型工作在设计阶段应该考虑周详。在选定所需机种、数量、工程量等条件后，还须正确估算其成本，然后用优选法选出最优的机械配组，这才是施工机械选型和配组的目的。合理地选定机种，必须与施工条件、施工方法和技术经济效益联系起来，相互比较，才能选出理想的机种。一般性机械选定的考虑要点是：能适应工地的土质、地形；能满足工程质量要求；在保证质量的前提下，不影响和损坏附近建成的建筑物；能高效率地完成需要的工作；机械运转费少而施工单价低；容易进行运转、维修，可靠性又高；可以自动化和省力；安全而又不会污染环境；易于筹办、便于转移。特殊性机械的选定，应根据施工需要，必须引进特殊机械时，除了上述要点外，还要考虑以下几点：有无可代替的其他施工方法；引进特殊机械后是否具备经营管理的能力并能充分发挥特殊机械的效能；能否成为今后新施工方法的典型。

根据机械选型要点，选出与其相适应的机种和数量后，还需要研究施工技术、施工组织，合理地进行配组。配组的方法，首先在已选定的施工机械中，正确确定机组的主体机械，然后配备所需的辅助机械，使之配套，形成单项工程机械化。这样可以提高机械化施工水平，逐步向全工程实行流水作业法的综合机械化发展。为了使组合的每台机械都能在施工中发挥最大效率，机械选型配套应符合下列要求：在规定施工工期内，机械应完成的工作量；要充分利用主机的生产能力；主体机械与辅助机械以及运施工具之间各机械的工作能力要保持平衡，还要使机组得到合理的配合和使用。

第一节　桥梁施工常备式结构及应用

一、万能杆件

万能杆件是用以拼装各种形式的脚手架或临时性设施的多功能杆件。万能杆件调节段的调节弦杆用 120×12 等边角钢制作，长 2 050mm 和 2 650mm，其上钻

ϕ28mm 的孔，孔间距为 50mm 遍布全长，钉线 55mm，两肢背上的孔相互错开，以实现每增加或减少 50mm 都能调节的目的。肢背直角刨成圆弧，以适合同标准杆件的连接。调节段使用的连接板为 B8、B11、B12、B13、B26、B29、B14、B430 各相关链接板依据调节尺寸的不同，板上孔组中心线变化相应的角度，板上斜杆端孔致力交汇点的距离也随调节尺寸的变化而变化，以使杆件中心线与力作用线重合。调节斜杆所在中心线长度，等于斜杆两端孔之距与端孔致力交汇点之距 2 倍的和。各调节板与调节尺寸一一对应，同一规格的调节板可用于几个调节尺寸，同一根调节斜杆也可用于几个调节尺寸。调节段使用的连接板，弦杆连接孔中心线与立杆端孔中心线之距为 110mm，调节段所用立杆比标准立杆短 20mm。

钢制万能杆件又称拼装式钢脚手架，可以组拼成桁架、墩架、塔架或龙门架等形式，以作为桥梁墩台、索塔的施工脚手架，还可作为临时桥梁的墩台和桁架。万能杆件拆装容易，运输方便，利用效率高，可以大量节省辅助结构所需的木材，适用范围较广。用万能杆件组拼成桁架时其高度可以为 2m、4m 及 2m 的倍数，当高度为 2m 时，腹杆为三角形；当高度和宽度为 4m 时，腹杆为菱形；高度超过 6m 时，则可做成多斜杆的形式。桁架承载能力应根据荷载标限和跨度检算，可采用下列方法变更荷载能力：

①变更组成杆件的杆件数目；

②变更杆件的自由长度；

③变更桁架的高度；

④变更桁架的数目；

⑤变更杆件组拼的结构形式。

用万能杆件组拼成墩架、塔架时，其柱与柱之距离可以和桁架完全一样按 2m 的倍数。

二、脚手架（支架）

脚手架指施工现场为工人操作并解决垂直和水平运输而搭设的各种支架，是建筑界的通用术语，建筑工地上用在外墙、内部装修或层高较高无法直接施工的地方。脚手架主要用于施工人员上下干活或外围安全网维护及高空安装构件等。有些工程也用脚手架当模板使用，此外在广告业、市政、交通路桥、矿山等部门也被广泛使用。

脚手架制作材料通常有竹、木、钢管或合成材料等。我国在 1949 年前和 20 世纪 50 年代初期，施工脚手架都采用竹或木材搭设的方法。60 年代起推广扣件式钢管脚手架。80 年代起，我国在发展先进的、具有多功能的脚手架系列方面的成就显著，如门式脚手架系列、碗扣式钢管脚手架系列，年产已达到上万吨的规模，并已有一定数量的出口。长期以来，由于架设工具本身及其构造技术和使用安全管理工作处于较为落后的状态，致使事故的发生率较高。我国现在使用的用钢管材料制作的脚手架有扣件式钢管脚手架、碗扣式钢管脚手架、承插式钢管脚手架、门式脚手架，还有各式各样的脚手架、挂挑脚手架以及其他钢管材料脚手架。从其材料和构造情况着手，可将其大致划分如下：

1）按杆件的材料划分

①单一规格钢管的脚手架。它只使用一种规格的钢管，如扣件式钢管脚手架，只使用 $\phi 48 \times 3.5$ 的电焊钢管。

②多种规格钢管组合的脚手架。它由两种以上的不同规格的钢管构成，如门式脚手架。

③以钢管为主的脚手架。即以钢管为主，并辅以其他型钢杆件所构成的脚手架，如设有槽钢顶托或底座的里脚手架，有连接钢板的挑脚手架等。碗扣式钢管脚手架当采用钢管横杆时，为单一钢管的脚手架；当采用型钢搭边横杆时，为以钢管为主的脚手架。

2）按横杆与包杆之间的传遍垂直力的方式划分

①靠接触面摩擦作用传力。即靠节点处的接触面压紧后的摩擦反力来支承横杆荷载并将其传给立杆，如扣件的作用，通过上紧螺栓的正压力产生摩擦力 0

②靠焊缝传力。大多数横杆与立杆的承插联结就是采用这种方式，门架也属于这种方式。

③直接承压传力。这种方式多见于横杆搁置在立杆顶端的里脚手架。

④靠销杆抗剪传力。即用销杆穿过横杆的立式联结板和立杆的孔洞实现联结、销杆双面受剪力作用。这种方法在横杆和立杆的联结中已不多见。

此外，在立杆与立杆的联结中，也有三种传力方式：

①承插对接的支承传力。即上下立杆对接，采用连接棒或承插管来确保对接的良好状态。

②销杆连接的销杆抗剪传力。

③螺扣连接的啮合传力。即内管的外螺纹与外（套）管的内螺纹啮合传力。其中后两种传力方式多用于调节高度要求的立杆连接中。

3）按联结部件的方式和装设位置划分

①定距连接：即联结焊件在杆件上的定距设置，杆件长度定型，联结点间距定型。

②不定距联结：即联结件为单设件，通过上紧螺栓可夹持在杆件的任何部位上。

4）按工人固定结点的作业方式划分

①插入打紧；

②拧紧螺栓。

不同类型的工程施工选用不同用途的脚手架和模板支架。目前，桥梁支撑架使用碗扣脚手架的居多，也有使用门式脚手架的。主体结构施工落地脚手架使用扣件脚手架的居多，脚手架立杆的纵距一般为 1.2–1.8m，横距一般为 0.9–1.5m。钢管扣件脚手架搭设中应注意地基平整坚实，设置底座和垫板，并有可靠的排水措施，防止积水浸泡地基。根据连墙杆设置情况及荷载大小，常用敞开式双排脚手架立杆横距一般为 1–05–1.55m，砌筑脚手架步距一般为 1.20–1–35m，装饰或砌筑、装饰两用的脚手架一般为 1.80m，立杆纵距 1.2 ~ 2.0m，其允许搭设高度为 34 ~ 50m。当为单排设置时，立杆横距 1.2–1.4m，立杆纵距 1.5 ~ 2.0m，允许搭设高度为 24m。纵向水平杆宜设置在立杆的内侧，其长度不宜小于 3 跨，纵向水平杆可采用对接扣件，也可采用搭接。如采用对接扣件方法，则对接扣件应交错布置；如采用搭接连接，搭接长度不应小于 1m，并应等间距设置 3 个旋转扣件固定。

5）门式钢管脚手架

（1）门式钢管脚手架的优点

①门式钢管脚手架几何尺寸标准化；

②结构合理，受力性能好，充分利用钢材强度，承载能力高；

③施工中装拆容易、架设效率高、省工省时、安全可靠、经济适用。

（2）门式钢管脚手架的缺点

①构架尺寸无任何灵活性，构架尺寸的任何改变都要换用另一种型号的门架及其配件；

②交叉支撑易在中铰点处折断；

③定型脚手板较重；

④价格较贵。

（3）门式钢管脚手架适应范围

①构造定型脚手架；

②作梁、钢构的支撑架（承受竖向荷载）；

③构造活动工作台。

6）碗扣式钢管脚手架

（1）碗扣式钢管脚手架的优点

①多功能。能根据具体施工要求，组成不同组架尺寸、形状和承载能力的单、双排脚手架，支撑架，支撑柱，物料提升架，爬升脚手架，悬挑架等多种功能的施工装备。也可用于搭设施工棚、料棚、灯塔等构筑物。特别适合于搭设曲面脚手架和重载支撑架。

②高功效。常用杆件中最长为3 130mm，重17.07kg。整架拼拆速度比常规快3～5倍，拼拆快速省力，工人用一把铁锤即可完成全部作业，避免了螺栓操作带来的诸多不便。

③通用性强。主构件均采用普通的扣件式钢管脚手架之钢管，可用扣件同普通钢管连接，通用性强。

④承载力大。立杆连接是同轴心承插，横杆同立杆靠碗扣接头连接，接头具有可靠的抗弯、抗剪、抗扭力学性能。而且各杆件轴心线交于一点，节点在框架平面内，因此，结构稳固可靠，承载力大，整架承载力提高，比同等情况的扣件式钢管脚手架提高约15%以上。

⑤安全可靠。接头设计时，考虑到上碗扣螺旋摩擦力和自重力作用，使接头具有可靠的自锁能力。作用于横杆上的荷载通过下碗扣传递给立杆，下碗扣具有很强的抗剪能力（最大为199kN）。上碗扣即使没被压紧，横杆接头也不致脱出而造成事故。同时配备有安全网支架、间横杆、脚手板、挡脚板、架梯、挑梁、连墙撑等杆配件，使用安全可靠。

⑥易于加工。主构件用 $\phi 48 \times 3.5$、Q235焊接钢管，制造工艺简单，成本适中，可直接对现有扣件式脚手架进行加工改造，不需要复杂的加工设备。

⑦不易丢失。该脚手架无零散易丢失扣件，把构件丢失降低到最低程度。

⑧维修少。该脚手架构件消除了螺栓连接，构件经碰耐磕，一般锈蚀不影响拼拆作业，不需特殊养护、维修。

⑨便于管理。构件系列标准化，构件外表涂以橘黄色，美观大方，构件堆放整齐，便于现场材料管理，满足文明施工要求。

⑩易于运输。该脚手架最长构件3 130mm，最重构件40.53kg，便于搬运和运输。

（2）碗扣式钢管脚手架的缺点

①横杆为几种尺寸的定型杆，立杆上碗扣节点按0.6m间距设置，使构架尺寸受到限制；

② U形连接销易丢；

③价格较贵。

（3）碗扣式钢管脚手架的适应范围

①构筑各种形式的脚手架、模板和其他支撑架；

②组装井字架；

③搭设坡道、工棚、看台及其他临时构筑物；

④构造强力组合支撑柱；

⑤构筑承受横向力作用的支撑架。

三、贝雷梁

贝雷梁是形成一定单元的钢架，可以拼接组装成很多构件、设备的结构。贝雷架长宽尺寸一般为 3m × 1.5m，主要是用贝雷架组装成桁梁来支撑结构，贝雷架之间用螺栓固定，所以架设迅速、机动性强，战时多用于河道、断崖处架设简易桥梁，现多用于工程施工，如龙门吊、施工平台、工程便道桥梁等。

贝雷梁现有进口与国产两种。国产贝雷梁桁节使用 16 锭钢，销子用锭钢，插销用弹簧钢制造，焊条用 T505 型，桥面板和护轮木用松木或杉木。材料的容许应力按基本应力提高 30%，个别钢质杆件超过上述规定时，不得超过其屈服点的 85%。进口贝雷梁的材料屈服点强度为 351mPa，其容许应力可按 0.7 × 351mPa=245mPa 考虑，销子允许应力可考虑与国产的销子一样。进口贝雷梁规定：

①桁架销子双剪状态允许剪力 550kN；

②弦杆螺栓允许剪力 150kN，允许拉力 80kN；

③摆动滚子（摇滚）最大容许荷载 210kN。

国产贝雷梁栓滚的最大容许荷载 250kN，平滚每一滚子最大荷载 60kN，其余可参考进口贝雷梁。

贝雷桥的最大特点是，各部件间用销子或螺栓连接，装拆方便，用简单的工具和人力就能迅速建成，适用于战时与水毁紧急抢修。但是体积小、容易丢失的零配件如销子、螺栓、插销等，应多备一些，以便丢失后予以补充，以免影响施工。

四、钢板桩

1）钢板桩的应用

钢板桩常应用于岩土工程中：围堰、河道分洪及控制、水处理系统围栏、防洪、围墙、防护堤、海岸护堤、隧道切口及隧道掩体、防波堤、堰墙、坡边固定、挡板墙。

2）使用钢板桩围栏的优点

不需开挖，最大限度地减少废物处置的问题；如需要，钢板桩使用后可以拔除；不受地形及深度地下水影响；不规则的开挖可以使用；可在船上使用，不需另安排场地。

3）钢板桩围堰介绍

钢板桩围堰是最常用的一种板桩围堰。钢板桩是带有锁口的一种型钢，其截面有直板形、槽形及 Z 形等，有各种大小尺寸及连锁形式。常见的有拉尔森式、拉克万纳式等。其优点为：强度高，容易打入坚硬土层；可在深水中施工，必要时加斜支撑成为一个围笼，防水性能好；能按需要组成各种外形的围堰，并可多次重复使用。因此，它的用途广泛。

4）钢板桩施工流程

①施工准备工作。桩在打入前应将桩尖处的凹槽口封闭，避免泥土挤入，锁口应涂以黄油或其他油脂。对于年久失修、锁口变形、锈蚀严重的钢板桩，应进行整修矫正，弯曲变形的桩可用油压千斤顶顶压或火烘等方法进行矫正。

②打桩流水段的划分。

③在打桩过程中，为保证钢板桩的垂直度，用两台经纬仪在两个方向加以控制。

④开始打设的一、二块钢板桩的位置和方向应确保精确，以便起到导向样板作用，故每打入 1m 应测量一次，打至预定深度后立即用钢筋或钢板与围标支架电焊作临时固定。

第二节　桥梁施工常用的起重设备

一、架桥机

架桥机就是将预制好的梁片放置到预制好的桥墩上去的设备。架桥机属于起重机范畴，因为其主要功能是将梁片提起，然后运送到位置后放下，但其与一般意义上的起重机有很大不同，其要求的条件苛刻，并且在梁片上走行，或者叫纵移。架桥机分为架设公路桥、常规铁路桥、客运专线铁路桥等几种。

架桥机是在公路、铁路轨道上行驶，用于整跨架设小跨梁的桥梁施工机械。因其架桥工效高，在中国铁路桥梁标准设计中，多考虑以它架设为设计原则。其机身庞大，超出铁路运输限界，需解体运送，到达工地后，再组装使用。

我国常备的架桥机有三种，多用来分片架设钢筋或预应力混凝土梁。

1）单梁式架桥机

单梁式架桥机的吊臂为一箱形梁，向前悬伸，在其前端有一能折叠的立柱（由左右两脚杆组成）。当所驾梁片（或整梁）沿吊臂移动时，吊臂接近简支梁状态。架桥时，该机可在空载状态下自行驶入桥位，须先将梁片利用特制龙门吊机从铁路平板车上转移到特制运梁车上，再将此运梁车和架桥机后端对位，用行驶在架桥机吊臂上的两台吊梁小车将梁片吊起，沿吊臂前行，到达桥位落梁。为适应曲线架桥，该机的吊臂能在水平面内做少量摆动。梁片就位方法与双悬臂式架桥机所用方法相同（移梁或拨道）。该机的优点是：取消平衡重，不再需要机车顶推，喂梁不需桥头岔线，机械化程度提高，安全性能有所改善，吊重 130t 的胜利型架桥机即属此类。

2）政悬骨式架栋机

桥梁施工机械之一，该型苏联使用较早。其前后臂都用钢板梁，吊重有 45t 和 80t 两种，以后将双臂改为构架，吊重发展到 130t。这类架桥机不能自行，需用机车顶推。其前臂用来吊梁，后臂吊平衡重，前后臂都不能在水平面内摆动。架桥时，常须用特制 80t 小平车将梁片运到架桥机前臂的吊钩之下（称为喂梁）才能起吊。架桥机将梁吊起后，轴重增大，而桥头的新建路堤比较松软，因此，对架桥机吊梁行车地段必须采取加固措施。

3）取梁式架标机

红旗型架桥机和燎原型架桥机属此类，吊重也是 130t。其吊臂是由左右两条箱梁组成，两梁贯通机身并向前后端伸出。两端都有各由两腿杆组成的折叠立柱。红旗型两梁的中距为 3.4m，燎原型的则为 4.8m。横跨两条箱梁有两台桁车，能沿吊臂纵向行驶。吊梁小车置于桁车上，能沿桁车横向行驶。待架的梁片（或整梁）可用铁路平板车直接送到架桥机的后臂之下，用吊梁小车起吊后，凭桁车前移，再以吊梁小车横移，然后落梁就位。这类架桥机的前后端都可吊梁及落梁；改变架梁方向时，不需要调头；为适应曲线架梁，前后臂都可在水平面内摆动；分片架设时不必移梁或拨道，梁即可就位；喂梁也不需要桥头岔线或特制运梁车。

除上述常备架桥机外，施工单位有时根据需要制作各种临时性架桥机。如在九江桥南岸引桥施工中，曾制成一台可吊重 300t 的专用架桥机，以整孔架设跨度 40m 的无枕预应力混凝土梁。有的施工单位还常用常备钢脚手杆件、拆装式梁或军用梁等组成简易架桥机，用以及时完成架桥任务。

二、起重千斤顶与缆索起重机

1）起画千斤顶

千斤顶是一种起重高度小（小于 1m）的最简单的起重设备，它有机械式和液压式两种。机械式千斤顶又有齿条式与螺旋式两种，由于起重量小、操作费力，一般只用于机械维修工作，在修桥过程中不适用。液压式千斤顶结构紧凑，工作平稳，有自锁作用，故使用广泛。其缺点是起重高度有限，起升速度慢。千斤顶是一种使用范围广泛的工具，主要用于厂矿、交通运输等部门作为车辆修理及其他起重、支撑等工作。其结构轻巧坚固、灵活可靠，一人即可携带和操作。

2）缆绳起重机

缆索起重机用于跨距很大，或跨越山谷、河流等障碍物的情况下吊运重物。其由两个支架和支架之间钢缆组成，起重小车在钢缆上移运，进行重物的水平和垂直运送。由于缆索起重机的工作范围很大，吊运工作受地形影响很小，故在山区和峡谷等处应用较广。因此，缆索起重机广泛应用于桥梁建设。

缆索起重机是利用张紧在主副塔架之间的承载索作为载重小车行驶轨道的起重机，适用于地形复杂、难以通行的施工场地，如低洼地带的土方工程，水坝、河流、山谷等地区的物料输送。在主塔和副塔之间张设一根承载索，作为载重小车的轨道，牵引机构牵引载重小车在承载索上来回行驶，运送物料。起升机构上下运动升降物料。主副塔架的行走机构，使主副塔架沿地面轨道同步行走。工作机构由主塔架上的司机室进行控制。为了避免起升索和牵引索相互干扰，每隔一定距离以骑夹予以承托。为了悬挂骑夹，在两塔架之间张设专门的节索，索上按顺序有大小不同的索节，骑夹上也相应有大小不同的节孔，小车上设有矛形鞍棒，当小车从主塔向副塔行驶时，小车左侧的骑夹依次地停留在各节点处，将起升索和牵引索承托起来，右侧的骑夹逐个地被收集在矛形鞍棒上。副塔架多采用带平衡重的摆式结构，使承载索保持一定的张力，牵引索和节索都以一定的配重使之张紧。

缆索起重机根据不同要求，分固定式、辐射式和行走式等。固定式的主副塔架都是固定的，作业范围只沿着承载索一条线。辐射式的主塔架固定不动，副塔架沿一圆弧轨道行走，其作业范围为一扇形空间。行走式的主副塔架都在地面轨道上行走，作业范围大。缆索起重机有完善的信号指示和安全装置，司机通过室内指示器进行远距离控制。指示器可指出重物在每一瞬间的垂直和水平的位置，甚至在有雾的天气情况下，也能保证起重机正常可靠地工作。

缆索起重机由塔式支架、承载装置、驱动装置、电气系统和安全保护装置等组成。塔式支架是缆索起重机的支承受力件；承载装置由承载钢丝绳、承码、钢丝绳的固定与调节装置，以及起重小车等组成；驱动装置包括吊钩升降机构、小车行走机构和塔架行走机构的驱动；缆索起重机采用多个独立直流电动机驱动。

三、滑车组与卷扬机

1）滑车组

滑车组是由一定数量的定滑车和动滑车及绕过它们的绳索组成的。

滑车组根据跑头（滑车组的引出绳头）引出的方向不同，可分为以下三种：跑头自动滑车引出；跑头自定滑车引出；双联滑车组。跑头自动滑车引出：用力的方向与重物移动的方向一致；跑头自定滑车引出：用力的方向与重物移动的方向相反；双联滑车组：有两个跑头，可用两台卷扬机同时牵引。双联滑车组具有速度快一倍、受力较均衡、工作中滑车不会产生倾斜等优点。

滑车组中绳索有普通穿法和花穿法两种。普通穿法是将绳索自一侧滑轮开始，顺序地穿过中间的滑轮，最后从另一侧滑轮引出。这种穿法，滑车组在工作时，由于两侧钢丝绳的拉力相差较大，因此滑车在工作中不平稳，甚至会发生自锁现象（即重物不能靠自重下落）。花穿法的跑头从中间滑轮引出，两侧钢丝绳的拉力相差较小，故在用“三三”以上的滑车组时，宜用花穿法。

滑车组使用时的注意事项：

①使用前应查明它的允许荷载，检查滑车的各部分，看有无裂缝和损伤情况，滑轮转动是否灵活等。

②滑车组穿好后，要慢慢地加力，绳索收紧后应检查各部分是否良好，有无卡绳之处，若有不妥，应立即修正，不能勉强工作。

③滑车的吊钩（或吊环）中心应与起吊构件的重心在一条垂直线上，以免构件起吊后不平稳；滑车组上下滑车之间的最小距离一般为 700 ~ 1 200mm。

④滑车使用前后都要刷洗干净，轮轴应加油润滑，以减少磨损和防止锈蚀。

2）卷扬机

卷扬机（又叫绞车）是由人力或机械动力驱动卷筒、卷绕绳索来完成牵引工作的装置，可以垂直提升、水平或倾斜拽引重物。卷扬机分为手动卷扬机和电动卷扬机两种，现在以电动卷扬机为主。电动卷扬机由电动机、联轴节、制动器、齿轮箱和卷筒组成，共同安装在机架上。对于起升高度和装卸量大、工作频繁的情况，调速性能好，能令空钩快速下降。对安装就位或敏感的物料，能用较小速度。

常见的卷扬机吨位有：0.3t 卷扬机、0.5t 卷扬机、1t 卷扬机、1.5t 卷扬机、2t 卷扬机、3t 卷扬机、5t 卷扬机、6t 卷扬机、8t 卷扬机、10t 卷扬机、15t 卷扬机、20t 卷扬机、25t 卷扬机、30t 卷扬机。其中大型液压双筒双制动卷扬机、变频带限位器绳槽卷扬机常见型号有：JK0.5—JK5 单卷筒快速卷扬机，JK0.5—JK12.5 单卷筒慢速卷扬机，JKL1.6—JKL5 溜放型快速卷扬机，JML5 JML6JML10 溜放型打桩用卷扬机，2JK2—2JML10 双卷筒卷扬机，JT8OO、JT7OO 型防爆提升卷扬机，JK0.3—JK15 电控卷扬机。

卷扬机使用时的注意事项：

①卷筒上的钢丝绳应排列整齐，如发现重叠和斜绕时，应停机重新排列。严禁在转动中用手、脚拉踩钢丝绳。钢丝绳不许完全放出，最少应保留三圈。

②钢丝绳不许打结、扭绕，在一个节距内断线超过 10% 时，应予更换。

③作业中，任何人不得跨越钢丝绳，物体（物件）提升后，操作人员不得离开卷扬机。休息时物件或吊笼应降至地面。

④作业中，司机、信号员要同吊起物保持良好的可见度，司机与信号员应密切配合，服从信号统一指挥。

⑤作业中如遇停电情况，应切断电源，将提升物降至地面。

⑥工作中要听从指挥人员的信号，信号不明或可能引起事故时应暂停操作，待

弄清情况后方可继续作业。

⑦作业中突然停电，应立即拉开闸刀，将运送物放下。

⑧作业完毕应将料盘落地、关锁电箱。

⑨钢丝绳在使用过程中与机械的磨损、自然的腐蚀局部损害难免，应间隔时间段涂刷保护油。

⑩严禁超载使用，即超过最大承载吨数。

四、龙门起重机

龙门起重机是水平桥架设置在两条支腿上构成门架形状的一种桥架型起重机。这种起重机在地面轨道上运行，主要用在露天贮料场、船坞、电站、港口和铁路货站等地进行搬运和安装作业。

龙门起重机的起升机构、小车运行机构和桥架结构，与桥式起重机基本相同。由于跨度大，起重机运行机构大多采用分别驱动方式，以防止起重机产生歪斜运行而增加阻力，甚至发生事故。龙门起重机的起重小车在桥架上运行，有的起重小车就是一台臂架型起重机。桥架两侧的支腿一般都是刚性支腿；跨度超过 30m 时，常是一侧为刚性支腿，而另一侧通过球铰和桥架连接的柔性支腿，使门架成为静定系统，这样可以避免在外载荷作用下由于侧向推力而引起附加应力，也可补偿桥架纵向的温度变形。龙门起重机的受风面积大，为防止在强风作用下滑行或翻倒，装有测风仪和与运行机构连锁的起重机夹轨器。桥架可以是两端无悬臂的，也可以是一端有悬臂或两端都有悬臂的，以扩大作业范围。半龙门起重机桥架一端有支腿，另一端无支腿，直接在高台架上运行。

1）龙门起重机类型

①普通龙门起重机：这种起重机用途最广泛，可以搬运各种成件物品和散状物料，起重量在 100t 以下，跨度为 4 ~ 35m。用抓斗的普通门式起重机工作级别较高。

②水电站龙门起重机：主要用来吊运和启闭闸门，也可进行安装作业。起重量达 80–500t；跨度较小，为 8 ~ 16m；起升速度较低，为 1 ~ 5m/min。这种起重机虽然不是经常吊运，但一旦使用工作却十分繁重，因此要适当提高工作级别。

③造船龙门起重机：用于船台拼装船体，常备有两台起重小车，一台有两个主钩，在桥架上翼缘的轨道上运行；另一台有一个主钩和一个副钩，在桥架下翼缘的轨道上运行，以便翻转和吊装大型的船体分段。起重量一般为 100 ~ 1 500t；跨度达 185m；起升速度为 2 ~ 15m/mim，还有 0.1 ~ 0.5m/min 的微动速度。

④集装箱龙门起重机：用于集装箱码头。拖挂车将岸壁集装箱运载桥从船上卸下的集装箱运到堆场或后方后，由集装箱龙门起重机堆码起来或直接装车运走，可

加快集装箱运载桥或其他起重机的周转。可堆放高 3 ～ 4 层、宽 6 排的集装箱的堆场，一般用轮胎式，也有用有轨式的。集装箱龙门起重机与集装箱跨车相比，它的跨度和门架两侧的高度都较大。为适应港口码头的运输需要，这种起重机的工作级别较高。起升速度为 8 ～ 10m/min；跨度根据需要跨越的集装箱排数来决定，最大为 60m 左右，相应于 20 ft，30 ft.40 ft 长集装箱的起重量分别约为 20t、25t 和 30t。

2）龙门起重机安全注意事项

①起吊重物时，吊钩钢丝绳应保持垂直，不准斜拖被吊物体。

②所吊重物应找准重心，并捆扎牢固，有锐角的应用垫木垫好。

③在重物未吊离地面前，起重机不得做回转运动。

④提升或降下重物时，速度要均匀平稳，避免速度急剧变化，造成重物在空中摆动，发生危险。落下重物时，速度不宜过快，以免落地时摔坏重物。

⑤起重机在吊重情况下，尽量避免起落臂杆。必须在吊重情况下起落臂杆时，起重量不得超过规定重量的 50%。

⑥起重机在吊重情况下回转时，应密切注意周围是否有障碍物，若有障碍物应设法避开或清除。

⑦起重机臂杆下不得有人员停留，并尽量避免人员通过。

⑧两台起重机在同一轨道上作业，两机间距离应大于 3m。

⑨两台起重机合吊一物体时，起重量不得超过两台总起重量的 75%，两台起重机走行、吊放动作要一致。

⑩起重、变幅钢丝绳需每周检查一次，并作好记录，具体要求按起重钢丝绳有关规定执行。

⑪空车走行或回转时，吊钩要离地面 2m 以上。

⑫风力超过六级时，应立即停止工作，将臂杆转至顺风方向并适当落低，将吊钩挂牢。龙门吊须打好铁楔（止轨器），并将吊钩升至上限。同时关好门窗，切断电源，拉好缆风绳。平时工作完毕后也应照此办理。

⑬起重机平台上严禁堆放杂物件，以防在运行中掉下伤人，经常用的工具应放在操作室内的专用工具箱内。

⑭运行中，不准突然变速或开倒车，以免引起重物在空中摆动，也不准同时开动两项以上（包括副钩）的操作机构。

⑮开车时，操作人员的手不得离开控制器，运行中突然发生故障时，应采取措施将重物安全降落，然后切断电源，进行修理。严禁在运行中检修保养。

第三节　混凝土施工设备及其应用

一、混凝土搅拌机械

混凝土搅拌机是把水泥、砂石骨料和水混合并拌制成混凝土混合料的机械，其主要由拌筒、加料和卸料机构、供水系统、原动机、传动机构、机架和支承装置等组成。

混凝土搅拌机按工作性质分间歇式（分批式）和连续式；按搅拌原理分自落式和强制式；按安装方式分固定式和移动式；按出料方式分倾翻式和非倾翻式；按拌筒结构形式分梨式、鼓筒式、双锥、圆盘立轴式和圆槽卧轴式等。

自落式混凝土搅拌机的拌筒内壁上有径向布置的搅拌叶片。工作时，拌筒绕其水平轴线回转，加入拌筒内的物料被叶片提升至一定高度后，借自重下落，这样周而复始的运动，达到均匀搅拌的效果。自落式混凝土搅拌机的结构简单，一般以搅拌塑性混凝土为主。

强制式混凝土搅拌机拌筒内的转轴臂架上装有搅拌叶片，加入拌筒内的物料在搅拌叶片的强力搅动下，形成交叉的物流。这种搅拌方式远比自落搅拌方式作用强烈，主要适于搅拌干硬性混凝土。

连续式混凝土搅拌机装有螺旋状搅拌叶片，各种材料分别按配合比经连续称量后送入搅拌机内，搅拌好的混凝土从卸料端连续向外卸出。这种搅拌机的搅拌时间短，生产率高，其发展引人注目。

随着混凝土材料和施工工艺的发展，又相继出现了许多新型结构的混凝土搅拌机，如蒸汽加热式搅拌机、超临界转速搅拌机、声波搅拌机、无搅拌叶片的摇摆盘式搅拌机和二次搅拌的混凝土搅拌机等。

二、混凝土搅拌站

混凝土搅拌站主要由搅拌主机、物料称量系统、物料输送系统、物料贮存系统和控制系统 5 大系统和其他附属设施组成。由于楼骨料计量与站骨料计量相比，减少了 4 个中间环节，并且是垂直下料计量，节约了计量时间，因此大大提高了生产效率，同型号的情况下，搅拌楼生产效率比搅拌站生产效率提高 1/3。比如：HLS90 楼的生产效率相当于 HZS120 站的生产效率，HLS120 楼的生产效率相当于 HZS180 站的生产效率，HLS180 楼的生产效率相当于 HZS240 站的生产效率。

连续式搅拌站工艺过程：开始生产后各原材料按其距搅拌机进口的距离顺序启

动均匀配料过程，同步到达拌缸口；各料按比例均匀进入搅拌机进口；搅拌机回旋搅拌的同时将料向前推进，料从进口开始搅拌 / 推进到出口即变为成品。生产到预先设定方量后，各材料按距搅拌机进口的距离顺序停止。从启动生产到生产结束，配料、搅拌、推进、出料是连续进行的。

连续式搅拌站的特点：主机工作平稳，原材料在相对较长的时间段均匀进入搅拌机，无间歇式突发投料过程；成品进车平稳，混凝土在较长时间段均匀进车，无间歇式突发卸料过程;空间占用较少,减少了大成品斗及骨料中储斗,高度低、占地面积小;耐磨件磨损低，无冲击平稳搅拌；能耗低，装机功率小，同时搅拌量少，原材料少量均匀进入搅拌机而极易混合均匀;使用及维护费用低,结构环节少,皮带短,工作平稳。

连续强制式水泥混凝土搅拌站优势：产量大，效率高，连续平稳工作，连续式搅拌站的单机产量高；搅拌均匀，进入搅拌机的混合料为均匀料，混合料在搅拌机内的搅拌过程为拌和及水化过程，因而搅拌时间可缩短；不漏浆，磨损小，连续式搅拌机进料端为干料搅拌以及两轴端均加有反螺旋，因此不存在漏浆问题；搅拌机对耐磨材料的要求也不高，故障低，连续式搅拌站所有设备启停次数仅为间隙式搅拌站的 1/7 ~ 1/3，因此设备寿命长、故障概率低。

间歇式搅拌站系统组成：搅拌系统为国外关键元件多维组装的双卧轴搅拌机。计量系统，骨料计量：标准型采用增量法计量，改进型采用电子棒减量法计量；粉料计量：搅拌机上方设水泥计量和粉煤灰计量斗，标准型搅拌站用交流接触器控制提升螺旋，无精配装置，改进型搅拌站用变频器实现配料粗、精配；水计量：采用三点悬挂式称量机构，配有粗、精配回路等装置，确保计量精度；外加剂计量：采用传感器载荷直接作用,配有粗、精配回路及计量箱、管路单独布置,保证计量精确。除尘系统：搅拌站设独立集中除尘器进行集中处理，除尘效果好，且避免了搅拌机腔内形成负压影响粉料计量精度。

三、混凝土输送泵和混凝土泵车

混凝土输送泵又名混凝土泵，由泵体和输送管组成，是一种利用压力将混凝土沿管道连续输送的机械，主要应用于房建、桥梁及隧道施工。目前主要分为闸板阀混凝土输送泵和 S 阀混凝土输送泵，另一种就是将泵体装在汽车底盘上，再装备可伸缩或曲折的布料杆而组成的泵车。混凝土大型输送装备，用于高楼、高速、立交桥等大型混凝土工程的混凝土输送工作。

混凝土输送泵性能特点：

①采用三泵系统，液压回路互不干扰；

②具有反泵功能，利于及时排除堵管故障，并可短时间的停机待料；

③采用先进的 S 管分配阀，可自动补偿磨损间隙，密封性能好；

④采用耐磨合金板和浮动切割环，使用寿命长；

⑤长行程的料缸，延长了料缸和活塞的使用寿命；

⑥优化设计的料斗，便于清洗，吸料性能更好；

⑦自动集中润滑系统，保证机器运行中得到有效润滑；

⑧具有远程遥控作用，操作更加安全方便。

混凝土泵车是利用压力将混凝土沿管道连续输送的机械。它是在载重汽车底盘上进行改造而成的，在底盘上安装有运动和动力传动装置、泵送和搅拌装置、布料装置以及其他一些辅助装置。混凝土泵车的动力通过动力分动箱将发动机的动力传送给液压泵组或者后桥，液压泵推动活塞带动混凝土泵工作，然后利用泵车上的布料杆和输送管，将混凝土输送到一定的高度和距离。

四、混凝土振捣设备

混凝土振动器按其传递振动的方式分为：内部振动器和外部式振动器。

1）内部振动器

内部振动器又称为插入式振动器（振动棒），多用于振捣现浇基础、柱、梁、墙等结构构件和大体积基础的混凝土。采用插入式振动器捣实混凝土时，振动棒应垂直插入混凝土中，为使上下层混凝土接合成整体，振动棒应插入下层混凝土 50mm。振动器移动间距不宜大于作用半径的 1.5 倍，振动器距离模板不应大于振动器作用半径的 1/2，振动器应避免碰撞钢筋、模板、芯管、吊环或预埋件。

2）外部式振动器

外部式振动器又称为平板式振动器、附着式振动器，是将振动器安装在预制构件模板底部或侧部，振捣时将振动器放在浇好的混凝土结构表面，振动力能够通过振动器的底板传给混凝土。使用时振动器底板与混凝土接触，振捣到混凝土不再下沉，表面返出水泥浆时即可，再移动到下一个位置。平板振动器、附着式振动器的移动间距应保证振动器的底板可以覆盖到已振实部分的边缘。

第四节　预应力张拉设备及其应用

一、预应力千斤顶

预应力千斤顶是用于张拉钢绞线等预应力筋的专用千斤顶。预应力千斤顶均为穿心式液压双作用千斤顶。预应力千斤顶需和高压油泵配合使用，张拉和回顶的动力均由高压油泵的高压油提供。预应力千斤顶结构紧凑，张拉时工作平稳，油压高，张拉力大，广泛应用于公路桥梁、铁路桥梁、水电坝体、高层建筑等预应力施工工程。

千斤顶使用时的注意事项：

①使用前应严格检查千斤顶的参数，切忌超压超载使用。张拉前检查油泵油量，并使千斤顶空行程运行几次以排空千斤顶及油管内的空气。

②前卡千斤顶主要用于初张拉和单根锚具张拉，普通穿心式千斤顶主要用于群锚整体张拉。安装锚具及千斤顶时，对直线预应力筋，应使张拉力的作用线与孔道中心线在张拉过程中相互重合；对曲线预应力筋，应使张拉力的作用线与孔道末端中心点的切线相互重合。张拉时预应力筋从工作锚、限位板、千斤顶中间穿过。预应力筋的张拉顺序应符合设计要求。

二、锚具类型及应用

预应力混凝土中所用的永久性锚固装置是在后张法结构或构件中，为保持预应力筋的拉力并将其传递到混凝土内部的锚固工具，也称之为预应力锚具。锚具根据使用形式可分为两大类：

①张拉端锚具：安装在预应力筋端部且可以在预应力筋的张拉过程中始终对预应力筋保持锚固状态的锚固工具。张拉端锚具根据锚固形式的不同，还可分为：用于张拉预应力钢绞线的夹片式锚具（YJM），用于张拉高强钢丝的钢制锥形锚（GZM），用于镦头后张拉高强钢丝的墩头锚（DM），用于张拉精轧螺纹钢筋的螺母（YGM），用于张拉多股平行钢丝束的冷铸镦头锚（LZM）等多种类型。

②固定端锚具：安装在预应力筋端部，通常埋入混凝土中且不用于张拉的锚具，也被称为挤压锚或者 P 锚。

应用领域：公路桥梁、铁路桥梁、城市立交、城市轻轨、高层建筑、水利水电大坝、港口码头、岩体护坡锚固、基础加固、隧道矿顶锚顶、预应力网架、地铁、大型楼堂馆所、仓库厂房、塔式建筑、重物提升、滑膜间歇推进、桥隧顶推、大型容器及船舶、轨枕、更换桥梁支座、桥梁及建筑物加固、钢筋工程、防磁及防腐工程（纤维锚具）、碳纤维加固、先张梁施工、体外预应力工程、斜拉索、悬索等。

目前国内普遍采用的锚具规格有：M15–N 锚具、M13–N 锚具。施工安全注意事项：

①预应力筋的切割宜采用砂轮锯，不得采用电弧切割。

②钢绞线编束时，应逐根理顺，捆扎成束，不得紊乱。钢绞线固定端的挤压型锚具或压花型锚具，应事先与承压板和螺旋筋进行组装。

③施加预应力用的机具设备及仪表，应定期维护和标定。

④预应力筋张拉前，应提供混凝土强度试压报告。当混凝土的抗压强度满足设计要求，且不低于设计强度等级的 75% 后，方可施加预应力。

⑤预应力筋张拉前，应清理承压板面，并检查承压板后面的混凝土质量。如该处混凝土有空洞现象，应在张拉前用环氧砂浆修补。

⑥模具安装时，锚板应对正，夹片应打紧，且片位要均匀，但打紧夹片时不得过重敲打，以免把夹片敲坏。

⑦大吨位预应力筋正式张拉前，应会同专业人员进行试张拉。确认张拉工艺合理，张拉伸长值正常，并无有害裂缝出现后，方可成批张拉。必要时测定实际的孔道摩擦损失。对曲线预应力束不得采用小型千斤顶单根张拉，以免造成不必要的预应力损失。在张拉时，操作人员必须站在安全地带，做好防护措施，注意操作人员严禁站在张拉时和张拉好的预应力筋前端。

⑧预应力筋在张拉时，应先从零加载至量测伸长值起点的初拉力，然后分级加载至所需的张拉力。

⑨预应力筋的张拉管理采取应力控制，伸长校核。实际伸长值与计算伸长值的允许偏差为 –5% ~ +10%。如超过该值，应暂停张拉；采取措施予以调整后，方可继续张拉；如伸长值偏小，可采取超张拉措施，但张拉力限值不得大于 0.8mPa 值；在多波曲线预应力筋中，为了提高内支座处的张拉应力，减少张拉后锚具下口的张拉应力，可采取超张拉回松技术。

⑩孔道灌浆要求密实，水泥浆强度等级不应低于 C30。

⑪用连接器连接的多跨连续预应力筋的孔道灌浆，应张拉完一跨再灌注一跨，不得在各跨全部张拉完毕后一次灌浆。

⑫预应力筋锚固后的外露长度不宜小于 30mm，锚具应用封端混凝土保护。当需长期外露时，应采取防止锈蚀的措施；当钢绞线有浮锈时，应将锚固夹持段及其外端的钢绞线浮锈和污物清除干净，以免在安装和张拉时浮锈、污物填满夹片赤槽而造成滑丝。

⑬工具夹片为三片式，工作夹片为二片，两者不可混用，工作锚不能当作工具锚，不能重复使用。

三、油泵车

油泵车是预应力张拉设备的重要组成部分，是实施张拉的动力源，它与张拉千斤顶配合构成液压系统回路，操作油泵车供给千斤顶高压油，并控制千斤顶动作，实现张拉预应力的目的。

油泵的类型：

①方向助力油泵，主要是提供方向机高压油；
②汽油泵，汽车发动时提供燃油系统充足的燃油压力；
③波箱油泵，提供自动波箱管道充足压力；
④机油泵，提供发动机润滑系统充足机油压力。

第五节　道路工程常用的施工机械设备

一、铲土运输机械

铲土运输机械由装卸机、推土机、平地机、铲运机及矿用载重自卸车5大类组成。

·推土机：机械履带推土机、液压履带推土机、液压轮胎式推土机。

·装载机：机械履带装载机、液压履带装载机、液压轮胎装载机、隧道型轮胎装载机。

·铲运机：自行轮胎式铲运机、自动履带式铲运机、链板轮胎式铲运机、双发动机轮胎式铲运机、拖式机械铲运机、拖式液压铲运机。

·平地机：自行机械式平地机、自行液压式平地机、拖式平地机。

·翻斗车：前置式重力卸料翻斗车、后置式重力卸料翻斗、车液压翻斗车、较接式液压翻斗车。

·清除机：除根机、除荆机。

1）推土机

推土机是一种工程车辆，前方装有大型的金属推土刀，使用时放下推土刀，向前铲削并推送泥、沙及石块等，推土刀位置和角度可以调整。推土机能单独完成挖土、运土和卸土工作，具有操作灵活、转动方便、所需工作面小、行驶速度快等特点。其主要适用于一至三类土的浅挖短运，如场地清理或平整、开挖深度不大的基坑以及回填、推筑高度不大的路基等。推土机可分为履带式和轮胎式两种。履带式推土机附着牵引力大，接地比压小（0.04-0.13mPa），爬坡能力强，但行驶速度低；轮胎式推土机行驶速度高，机动灵活，作业循环时间短，运输转移方便，但牵引力小，适用于需经常变换工地和野外工作的情况。

传动履带式推土机可分为通用型及专用型两种。通用型是按标准进行生产的机型，广泛用于土石方工程中。专用型用于特定的工况下，有采用三角形宽履带板以降低接地比压的湿地推土机和沼泽地推土机、水陆两用推土机、水下推土机、船舱推土机、无人驾驶推土机、高原型和高湿工况下作业的推土机等。

2）平地机

平地机是土方工程中用于整形和平整作业的主要机械，利用刮刀平整地面的土方机械，刮刀装在机械前后轮轴之间，能升降、倾斜、回转和外伸。动作灵活准确，操纵方便，平整场地有较高的精度，适用于构筑路基和路面、修筑边坡、开挖边沟，也可搅拌路面混合料、扫除积雪、推送散粒物料以及进行土路和碎石路的养护工作。平地机之所以有广泛的辅助作业能力，是由于它的刮土板能在空间完成6° 运动，它们可以单独进行，也可以组合进行。平地机在路基施工中，能为路基提供足够的强度和稳定性。它在路基施工中的主要方法有平地作业、刷坡作业、填筑路堤。平地机是一种高速、高效、高精度和多用途的土方工程机械，它可以完成公路重要场地、农田等大面积的地面平整和挖沟、刮坡、推土、排雪、疏松、压实、布料、拌和、助装和开荒等工作，是国防工程、矿山建设、道路修筑、水利建设和农田改良等施工中的重要设备。

3）铲运机

铲运机是一种能综合完成挖土、运土、卸土、填筑、整平的机械。按行走机构的不同，可分为拖式铲运机和自行式铲运机。按铲运机的操作系统的不同，又可分为液压式和索式铲运机。铲运机操作灵活，不受地形限制，不需特设道路，生产效率高。

4）翻斗车

翻斗车是一种特殊的料斗可倾翻的短途输送物料的车辆。车身上安装有一个“斗”状容器，可以翻转以方便卸货。适用于建筑、水利、筑路、矿山等作混凝土、砂石、土方、煤炭、矿石等各种散装物料的短途运输，动力强劲，通常有机械回斗功能。

翻斗车由料斗和行走底架组成。料斗装在轮胎行走底架前部，借助斗内物料的重力或液压缸推力倾翻卸料。卸料按方位不同，分前翻卸料、回转卸料、侧翻卸料、高支点卸料（卸料高度一定）和举升倾翻卸料（卸料高度可任意改变）等方式。为了适应工地道路不平，避免物料撒落，并做到卸料就位准确、迅速、操作省力，以及越野性能好和爬坡能力强，要求翻斗车行驶速度不能太快（一般最高车速在20km/h 以下）。驱动桥在前（料斗在其上方）、驾驶座在后的翻斗车适用于短途运输砂、石、灰浆、砖块、混凝土等材料。根据不同的施工作业要求，目前翻斗车正朝一机多用的方向发展，能快速换装起重、推土、装载等多种工作装置，使之具有多功能、高效率的特点。

二、挖掘机与装载机

1）挖掘机

挖掘机又称挖掘机械，是用铲斗挖掘高于或低于承机面的物料，并装入运输车辆或卸至堆料场的土方机械。挖掘的物料主要是土壤、煤、泥沙以及经过预松后的土壤和岩石。

常见的挖掘机结构包括动力装置、工作装置、回转机构、操纵机构、传动机构、行走机构和辅助设施等。从外观上看，挖掘机由工作装置、上部转台、行走机构三部分组成。根据其构造和用途可以区分为履带式、轮胎式、步履式、全液压、半液压、全回转、非全回转、通用型、专用型、铰接式、伸缩臂式等多种类型。工作装置是直接完成挖掘任务的装置，它由动臂、斗杆、铲斗三部分铰接而成，动臂起落、斗杆伸缩和铲斗转动都用往复式双作用液压缸控制。为了适应各种不同施工作业的需要，挖掘机可以配装多种工作装置，如挖掘、起重、装载、平整、夹钳、推土、冲击锤等多种作业机具。回转与行走装置是液压挖掘机的机体，转台上部设有动力装置和传动系统。发动机是挖掘机的动力源，大多采用柴油机，如果在方便的场地也可以改用电动机。传动机构通过液压泵将发动机的动力传递给液压马达、液压缸等执行元件，推动工作装置动作，从而完成各种作业。

常见的挖掘机，按驱动方式分有内燃机驱动挖掘机和电力驱动挖掘机两种。其中电动挖掘机主要应用在高原缺氧与地下矿井和其他一些易燃易爆的场所。按照行走方式的不同，挖掘机可分为履带式挖掘机和轮式挖掘机。按照传动方式的不同，挖掘机可分为液压挖掘机和机械挖掘机，机械挖掘机主要用在一些大型矿山上。按照用途来分，挖掘机又可以分为通用挖掘机、矿用挖掘机、船用挖掘机、特种挖掘机等不同的类别。按照铲斗来分，挖掘机又可以分为正铲挖掘机、反铲挖掘机、拉铲挖掘机和抓铲挖掘机。正铲挖掘机多用于挖掘地表以上的物料，反铲挖掘机多用于挖掘地表以下的物料。

2）装载机

装载机是一种广泛用于公路、铁路、建筑、水电、港口、矿山等建设工程的土石方施工机械，它主要用于铲装土壤、砂石、石灰、煤炭等散状物料，也可对矿石、硬土等做轻度铲挖作业。换装不同的辅助工作装置还可进行推土、起重和其他物料如木材的装卸作业。在道路，特别是在高等级公路施工中，装载机用于路基工程的填挖、沥青混合料和水泥混凝土料场的集料与装料等作业。此外还可进行推运土壤、刮平地面和牵引其他机械等作业。由于装载机具有作业速度快、效率高、机动性好、操作轻便等优点，因此是工程建设中土石方施工的主要机种之一。

常用的单斗装载机，按发动机功率进行分类主要有以下几种：功率小于 74kW 为小型装载机；功率在 74–147kW 为中型装载机；功率在 147–515kW 为大型装载机；功率大于 515kW 为特大型装载机。

三、工程运输车辆

工程运输车辆主要指自卸汽车。自卸汽车是指通过液压或机械举升而自行卸载货物的车辆，又称翻斗车。其由汽车底盘、液压举升机构、货厢和取力装置等部件组成。

自卸车在土木工程中，经常与挖掘机、装载机、带式输送机等工程机械联合作业，构成装、运、卸生产线，进行土方、砂石、散料的装卸运输工作。自卸车的发动机、底盘及驾驶室的构造和一般载重汽车相同。自卸车的车厢分后向倾翻和侧向倾翻两种，通过操纵系统控制活塞杆运动，推动活塞杆使车厢倾翻，后向倾翻较普遍，少数双向倾翻。高压油经分配阀、油管进入举升液压缸，车厢前端有驾驶室安全防护板。发动机通过变速器、取力装置驱动液压泵，车厢液压倾翻机构由油箱、液压泵、分配阀、举升液压缸、控制阀和油管等组成。发动机通过变速器、取力装置驱动液压泵，高压油经分配阀、油管进入举升液压缸，推动活塞杆使车厢倾翻。

按照品牌分类：东风自卸车、解放自卸车、欧曼自卸车、重汽斯太尔自卸车、红岩自卸车。

按照外形分类：单桥自卸车、双桥自卸车、平头自卸车、尖头自卸车、前四后八自卸车、双桥半挂自卸车、三桥半挂自卸车。

按照品种分类：小霸王自卸车、多利卡自卸车、140 自卸车、145 自卸车、153 自卸车、1208 自卸车、小金刚自卸车、大金刚自卸车。

按举升液压缸与车厢的链接形式分类：直推式倾斜机构、连杆式倾斜机构。

按照用途分类：农用自卸车、矿山自卸车、垃圾自卸车、煤炭运输自卸车、工程机械自卸车、污泥自卸车。

根据驱动模式的不同还分为 6×4、8×4 自卸及半挂自卸车。

根据用途的不同还分为矿用自卸车，用于运输煤矿、沙石；环卫绿化自卸车，用于运输垃圾等。

根据车厢翻动的方向还有前举式和侧翻式自卸车，目前还有双向侧翻自卸车，主要应用于建筑工程。

四、压实机械

压实机械是利用机械力使土壤、碎石等填层密实的土方机械，广泛用于地基、道路、飞机场、堤坝等工程。压实机械按工作原理分为静力碾压式、冲击式、振动式和复合作用式等。

利用碾轮的重力作用，振动作用的振动式压路机使被压层产生永久变形而密实。碾压和冲击作用的冲击式压路碾等，其碾轮分为光碾、槽碾、羊足碾和轮胎碾等。光碾压路机压实的表面平整光滑，使用最广，适用于各种路面、垫层、飞机场道面和广场等工程的压实；槽碾、羊足碾单位压力较大，压实层厚，适用于路基、堤坝的压实；轮胎式压路机轮胎气压可调节，可增减压重，单位压力可变，压实过程有揉搓作用，使压实层均匀密实，适用于道路、广场等垫层的压实，且不伤路面。

冲击式压实机械依靠机械的冲击力压实土壤，利用二冲程内燃机原理工作的火力夯，利用离心力原理工作的蛙夯和利用连杆机构及弹簧工作的快速冲击夯等。其特点是夯实厚度较大，适用于狭小面积及基坑的夯实。

振动式压实机械以机械激振力使材料颗粒在共振中重新排列而密实，如板式振动压实机。其特点是振动频率高，对黏结性低的松散土石，如砂土、碎石等压实效果较好。

复合作用压实机械有碾压和振动作用的振动压路机、碾压和冲击作用的冲击式压路碾等。

振动作用的振动式压路机，系在压路机上加装激振器而成，为目前发展迅速的机型，有取代静力碾压式压实机的趋势。

五、半刚性基层材料拌和机械

半刚性基层拌和机械主要有路拌法施工和厂拌法施工两种。路拌法施工主要有稳定土拌和机，厂拌法施工与水泥混凝土拌和方法基本上一样。

路拌法指的是采用人工或利用拖拉机或稳定土拌和机在路上（路槽中）或沿线就地拌和混合料的施工方法。路拌法施工仅适用于二级及二级以下的公路，其中二级公路应采用稳定土拌和机制备混合料。对二级及二级以上公路，应采用专用稳定土拌和机进行拌和并设专人跟随拌和机，随时检查拌和深度并配合拌和机操作员调整拌和深度。拌和深度应达稳定层底并宜侵入下承层 5 ~ 10mm，以利上下层黏结。严禁在拌和层底部留有素土夹层。通常应拌和两遍以上，在最后一遍拌和之前，必要时可先用多锋犁紧贴底面翻拌一遍。直接铺在土基上的拌和层也应避免素土夹层。对于三、四级公路，在没有专用拌和机械的情况下，可用农用旋转耕作机与多铮犁或平地机相配合进行拌和，但应注意拌和效果，拌和时间不能过长。

拌和站（又称拌和站）是工业建设中用于土建搅拌施工等大型机械的统称。拌和站用于高等级公路、城市道路、广场、机场的基层稳定土施工。可连续拌和生产不同级别的二灰砾石、石灰稳定土、工业废渣土稳定土成品料。

拌和站细分为稳定土拌和站、水稳拌和站等类别。稳定土拌和站分为移动式和固定式。移动式的拌和站各料带轮胎可以牵引行走，转场方便灵活，生产能力较低。固定式稳定土拌和站，需要用混凝土打地基，再把设备固定其上，生产能力高。稳定土拌和站专门用来拌和稳定土稳料的，主要拌和石灰、水泥、粉煤灰等结合料与土、沙砾或其他集料。水稳拌和站专门用来拌和水稳料的，水稳料一般为水泥、粉煤灰、级配碎石、稳定土层料。

六、沥青路面施工机械

沥青路面施工机械主要有拌和楼和摊铺机械等。

1）拌和楼

拌和楼设备可生产沥青混合料、改性沥青混合料、彩色沥青混合料，完全满足修筑高速公路、等级公路、市政道路、机场、港口等需要。LQG 系列沥青搅拌设备主要由配料系统、干燥系统、燃烧系统、热料提升、振动筛、热料贮存仓、称量搅拌系统、沥青供给系统、粉料供给系统、除尘系统、成品料仓及控制系统等部分组成，包括级配机、振动筛、皮带给料机、粉料输送机、干燥拌和滚筒、煤粉燃烧器、除尘器、提升机、成品料仓、沥青供应系统、配电房、电气控制系统。

双滚筒 SLB 系列特点：间歇式烘干滚筒和搅拌滚筒整体设计，为客户降低投资成本；正转烘干，反转出料，中部引风，整机结构简单，易于操作；PLC 可编程集中控制，触摸屏操作，自动手动切换自如；移动式的底盘结构，令运输与安装快捷、方便；燃煤燃油两用型燃烧炉，可根据需要选择。

移动强制式系列特点：间歇式烘干滚筒和双卧轴搅拌缸整体设计，搅拌更彻底，成品料质量更好；计量准确，质量稳定；正转烘干，反转出料，整机结构简单，易于操作；PLC 可编程集中控制，触摸屏操作，自动手动切换自如；移动式的底盘结构，令运输与安装快捷、方便；燃煤燃油两用型燃烧炉，可根据需要选择。

2）摊铺机

摊铺机是一种主要用于高速公路上基层和面层各种材料摊铺作业的施工设备。

碎石摊铺机：碎石摊铺机是路面施工机械之一，能够将碎石均匀地摊铺在路基上的施工机械，主要由料斗、支承滚轮、滑橇、V 形刮板、加宽侧板和运行轮等组成。

沥青混凝土摊铺机：将沥青混合料均匀摊铺在道路基层上，并进行初步振实和整平的机械，分履带式和轮胎式两种。其由牵引、摊铺和振实、熨平两部分组成。前者包括机架、动力装置、行走装置、料斗、料门、刮板输送器、螺旋摊铺器和驾驶室等；后者包括牵引臂、振实机构和熨平装置（由熨平板、厚度调节器、拱度调节器和加热装置等组成）。

七、水泥混凝土路面施工机械

水泥混凝土面层铺筑的技术方法有小型机具铺筑、滑模机械铺筑、轨道摊铺机铺筑、三辊轴机组铺筑和碾压混凝土等方法。

小型机具铺筑法在低等级的公路上应用比较多，主要有模板、平板振动器等。

滑模式水泥混凝土摊铺机（简称滑模摊铺机）是20世纪60年代中叶，在轨道式摊铺机的基础上开发研制而成的一种路面施工专用设备。它集混凝土的布料、计量、振捣、滑模挤压成型和平搓、抹平于一体，能自动、高质量、一次性地将混凝土料成型在路基上。用于公路施工的高档

摊铺机还具有传力杆打入功能，在摊铺过程中自动将横向传力杆、中央拉杆和侧向拉杆按要求打入混凝土铺层中。

由于滑模式水泥混凝土摊铺机具有自动化水平高、生产效率高、摊铺质量高等突出特点，发达国家以及我国在高等级公路、城市道路、机场跑道和停机坪、市政广场以及水渠渠面等铺层施工中均广泛采用。但滑模不仅包含普通的模板或专用模板等工具式模板，还包括动力滑升设备和配套施工工艺等综合技术，目前主要以液压千斤顶为滑升动力，在成组千斤顶的同步作用下，带动1m多高的工具式模板或滑框沿着刚成型的混凝土表面或模板表面滑动，混凝土由模板的上口分层向套槽内浇灌，每层一般不超过30cm厚，当模板内最下层的混凝土达到一定强度后，模板套槽依靠提升机具的作用，沿着已浇注的混凝土表面滑动或是滑框沿着模板外表面滑动，向上再滑动约30cm，这样如此连续循环作业，直到达到设计高度，完成整个施工。滑模施工技术作为一种现代（钢筋）混凝土结构工程高效率的快速机械施工方式，在土木建筑工程各行各业中都有广泛的应用。只要这些混凝土结构在某个方向是边界不变化的规则几何截面，便可采用滑模技术进行快速、高效率的施工制作或生产。在各种规则几何截面的混凝土结构上，滑模技术显示出无穷的威力。

滑模技术的最突出特点就是取消了固定模板，变固定死模板为滑移式活动钢模，从而不需要准备大量的固定模板架设技术，仅采用拉线、激光、声呐、超声波等作为结构高程、位置、方向的参照系，一次连续施工完成条带状结构或构件。

轨道摊铺机铺筑，施工模板应采用足够刚度的槽钢、规模或钢制边侧模板，不应使用木模板、塑料模板等易变形模板。支模前在基层上应进行模板安装及摊铺位置的测量放样，核对路面标高、面板分板、胀缝和构造物位置。纵横曲线路段应采用短模板，每块横板中点应安装在曲线切点上。模板安装应稳固、平顺、无扭曲，应能承受摊铺、振实、整平设备的负载行进，冲击和振动时不发生位移。模板与混凝土拌和物接触表面应涂脱模剂。模板拆除应在混凝土抗压强度不小于8.0mPa方可进行。

三辊轴式水泥混凝土振动摊铺滚平机是一种用于公路、桥面、机场跑道、室内外地面等铺筑工程的新型机械，主要由机架、驱动辗、振动辐、电气设备等组成。其结构特点如下：以电机为动力源，工作平稳可靠，对环境无污染，噪声小，故障率低；

以三根前后排列的辐轴为工作装置，与平板式整平机相比，工作连续，生产出的水泥混凝土表面平整、光滑；前辗轴为振动轴，由于它产生强烈的高频振动，因此能使混凝土表面及深层都具有较高的密实度，振实效果好，可铺筑低坍落度混凝土；中间辐轴和后辗轴均为行走驱动辗，可使滚平机实现前后自行，甚至转移工地时可自行上、下平板拖回；左、右机架均由前、后两部分组成，可根据施工需要调节振动辗的高度。

第六节　施工机械选型的一般原则

一、选择机械的一般原则

公路建设采用机械化施工，目的是为了优质、高效、安全、低耗地完成工程建设任务，在提高劳动生产率的同时减轻施工人员的劳动强度，这是公路建设机械化施工应遵循的基本原则。因此，在公路建设采用机械化施工时，选择施工机械应遵循以下原则：

①适应性。施工机械与公路建设项目的具体实际相适应，即施工机械要适应公路建设项目的施工条件和作业内容。例如，路基工程的施工范围广、施工条件变化大，选用的施工机械一方面应适应公路工程所在地的气候、地形、土质、场地大小、运输距离、施工断面形状与尺寸、工程质量要求等；另一方面施工机械的工作容量、生产效率等要与公路工程进度及工程量相符合，尽量避免因施工机械的作业能力不足而延误工期，或因作业能力过大而使施工机械利用率降低。在条件许可的情况下（购买新的施工机械或租赁施工机械或挖掘现有设备潜力），尽量选择最适合公路建设项目内容的施工机械。

②先进性。新型的公路工程施工机械具有高效低耗、性能优越稳定、工作安全可靠、施工质量优良等优点，产品单价虽然不同于一般，但其性价比仍较高，更能保质保量地完成公路工程施工任务。此外，采用先进的施工机械，由于其性能优点、安全可靠、故障费低，最终可取得较好的技术经济效益。

③经济性。公路工程施工机械经济性选择的基础是施工单价，它主要与施工机械的固定资产消耗及运行费用等因素有关。采用先进、大型的施工机械进行公路工程施工，虽然一次性投资较大，但可以分摊到较大的工程量当中，对公路建设项目的成本影响较小。因此在选择公路工程施工机械时，必须权衡工程量与机械费用的关系，同时要考虑施工机械的先进性和可靠性，这是影响公路工程机械化施工经济

效益的重要因素。

④安全性。在选择合适的施工机械，保证公路建设项目工程质量和施工进度的同时，应充分考虑施工机械的安全可靠性，如行驶稳定、有翻车或落体保护装置、防尘隔音、危险施工项目可遥控操作等。此外，在保证施工人员、设备安全的同时，应注意保护自然环境及已有的建筑设施，不致因所采用的施工机械及其作业而受到破坏。

⑤通用性和专用性。根据公路建设项目的技术要求，选择合适的施工机械是保证工程质量和施工进度的重要条件之一。在此过程中，应充分考虑施工机械的通用性和专用性。通用施工机械可以一机多用，用一种机械代替一系列机械，简化工序，减少作业场地，扩大机械使用范围，提高机械利用率，方便管理和修理。专用施工机械生产率高、作业质量好，因此某些作业量较大或有特殊施工要求的公路建设项目，选择专用性强的施工机械较为合理。

二、机械组合的原则

作为生产工具的施工机械，机种、机型是很多的，各有各的性能和特点，它们的价格一般都比较贵。为了使施工机械在施工过程中，既能适应复杂的工作环境和施工条件，又能保质保量地完成施工任务，还能发挥其最大的经济效益，选择合适的机种、机型和最佳的组合方案是十分重要的。具体遵循以下几点：

①尽量减少机械的组合数，机械的组合数越多，作业效率越低，停工的概率就越大；

②整个作业线上使用组合机械作业时，应对组合的各种机械能力进行平衡；

③组织机械化施工时，要注意分成几个系列的机械组合，同时并列施工，这样可减少当组合中某一台机械发生故障时，造成全面停工的现象；

④在组合机械时，力求选用的机型统一，以便维修和管理。

三、选择机械的方法

机械化施工方案的拟定和机械的选择是从分析单项工程的施工过程开始的。机械化施工过程包括准备工作、基本工作和辅助工作。拟定施工方案和选择施工机械应研究完成基本工作的机械，然后根据主要机械的生产能力和性能参数，再选择与其配套的组合机械。选择机械的方法具体如下：

①机械应适合工作的性质，适合施工对象的特点、规模、场地大小和运输距离等施工条件，能充分发挥机械的效率。所选机械的生产能力应满足施工强度、施工质量、施工设计的要求。

②机械应在结构上先进、生产率要高、性能可靠、易于维修、驾驶安全、环保性好等，并具有很好的机动性。

③机械的购置和运转费用要少，能源消耗要低，生产率要高，单位产品费用要低。

④选择机械时，应在容易获得的一般通用机械与专用机械之间进行比较。

⑤选择和购置新的机械设备时，应考虑到企业中陈旧设备的利用和报废问题。

⑥应优先考虑选用批量生产的国产机械，以利促进国内工程机械的发展，而且节省大量外汇。

⑦注意同类机械大型与小型的选择。

⑧选用能使操作人员舒适和安全工作的机械。

第三章　施工准备与施工技术的概述

第一节　公路施工的组成与发展概况

一、公路的分级与组成

（一）公路的分级

1．公路分级

交通部颁布的《公路工程技术标准》，将公路根据功能和适应的交通量分为五个等级，即高速公路、一级公路、二级公路、三级公路、四级公路。

（1）高速公路：专供汽车分向、分车道行驶，并应全部控制出入的多车道公路。

四车道高速公路应能适应将各种汽车折合成小客车的年平均日交通量 25000 ~ 55000 辆。

六车道高速公路应能适应将各种汽车折合成小客车的年平均日交通量 45000 ~ 80000 辆。

八车道高速公路应能适应将各种汽车折合成小客车的年平均日交通量 60000 ~ 100000 辆。

（2）一级公路：供汽车分向、分车道行驶，并可根据需要控制出入的多车道公路。

四车道一级公路应能适应将各种汽车折合成小客车的年平均日交通量 15000 ~ 30000 辆。

六车道一级公路应能适应将各种汽车折合成小客车的年平均日交通量 25000 ~ 55000 辆。

（3）二级公路：供汽车行驶的双车道公路。

二级公路应能适应将各种汽车折合成小客车的年平均日交通量 5000 ~ 15000 辆。

（4）三级公路：主要供汽车行驶的双车道公路。

三级公路应能适应将各种车辆折合成小客车的年平均日交通量 2000 ~ 60000 辆。

（5）四级公路：主要供汽车行驶的双车道或单车道公路 6 双车道四级公路应能适应将各种车辆折合成小客车的年平均日交通量 2000 辆以下。

单车道四级公路应能适应将各种车辆折合成小客车的年平均日交通量400辆以下。

2. 公路分类

公路按其在公路网的地位与作用分为以下五类：

（1）国道：在国家公路网中，具有全国性政治、经济、国防意义，并经确定为国家干线的公路。

（2）省道：在省公路网中，具有全省性政治、经济、国防意义，并经确定为省级干线的公路。

（3）县道：具有全县性政治、经济意义，并经确定为县级的公路。

（4）乡道：主要为乡村生产、生活服务，并经确定为乡级的公路。

（5）专用公路：专为企业或其他单位提供运输服务的道路，如专门或主要为工矿、林区、油田、农场、军事要地等与外部连接的公路。

（二）公路的组成

1. 路基工程

路基是按照道路的平面位置、纵面线形和一定的技术要求修筑的作为路面基础的岩土构造物。路基是路面的基础，又是公路的重要组成部分。按路基横断面形状的不同，通常可分为路堤、路堑和半填半挖路基三种形式。

2. 路面工程

路面是在路基之上用各种筑路材料铺筑的供汽车行驶的层状构造物，其作用是保证汽车能全天候地在道路上安全、迅速、舒适、经济的运行。路面结构一般由面层、基层、底基层与垫层组成。

面层是直接承受车轮荷载反复作用和自然因素长期影响的结构层。按面层所用材料的不同，可划分为柔性路面、刚性路面和半刚性路面三种。作为柔性路面的典型代表，沥青路面可由一到三层组成。三层式沥青路面的表面层应根据使用要求设置抗滑、耐磨、密实稳定的沥青层，中面层、下面层应根据公路等级、沥青层厚度、气候条件等选择适当的沥青结构层。

基层是设置在面层之下，并与面层一起将车轮荷载的反复作用传递到底基层、垫层、土基，起主要承重作用的层次。基层可分为柔性基层（沥青稳定碎石、沥青贯入式、级配碎石、级配砾石等）、半刚性基层（水泥稳定土或粒料、石灰或粉煤灰稳定土或粒料等）、刚性基层（碾压式水泥混凝土、贫混凝土等）、混合式基层（上部使用柔性基层、下部使用半刚性基层）等。对于高速公路、一级公路，应采用水泥稳定粒料、石灰粉煤灰（二灰）稳定粒料、沥青碎石以及级配碎砾石等材料铺筑高速公路、一级公路的底基层和二级及二级以下公路基层和底基层，除上述类型材料外，也可采用水泥稳定土、石灰稳定土、石灰粉煤灰稳定土、石灰工业废渣、填隙碎石等或其他适宜的当地材料铺筑。

垫层是设置在底基层与土基之间的结构层，起排水、隔水、防冻、防污等作用。各级公路当需要设置垫层时，一般可采用水稳性好的粗粒料或各种稳定性材料铺筑。

3．桥涵工程

桥梁是为道路跨越河流、山谷或人工障碍物而建造的构造物；涵洞是为宣泄地面水流而设置的横穿公路的小型排水构造物。

（1）按桥梁总长和跨径的不同分类：特大桥、大桥、中桥、小桥和涵洞，交通部颁布的《公路桥涵设计通用规范》给出了桥涵的分类。

（2）按桥梁受力体系分类：可分作梁式桥、拱式桥、刚架桥、吊桥四种基本体系，其中梁式桥以受弯为主，拱式桥以受压为主，吊桥以受拉为主。另外，由上述四大基本体系的相互组合，又派生出在受力上具有组合特征的组合体系桥型，如目前在我国广为流行的斜拉桥等。

4．隧道

是为公路从地层内部或水下通过而修建的结构物。当公路需要翻越高山或穿过深水层时，为了改善平纵线形和缩短路线长度，经过技术、经济比选，可选用隧道方式。

5．排水及防护工程

排水工程是为了排除地面水及地下水而设置的排水构造物。除桥涵外，还有边沟、截水沟、急流槽、盲沟、渗井和渡槽等路基排水构造物和路面排水构造物组成的道路排水系统。防护工程是为了加固路基边坡、确保路基稳定的结构物，如在路基边坡修建的填石边坡、砌石边坡、挡土墙、护脚和护面墙等构造物。

6．交通工程设施

是针对高等级公路行车速度快、通过能力大、交通事故少、服务水平高的特点设置的，它包括安全设施、管理设施、服务设施、收费设施、供电设施等。

（1）安全设施：整个交通工程系统的最基本的部分，主要有标志、标线、视线诱导标、护栏、隔离栅、防眩设施和照明设施等。

（2）管理设施：控制、监视、通信、数据采集与处理设施。

（3）服务设施：服务区、加油站、公共汽车停靠站等。

（4）收费设施：收费站等。

（5）供电设施：这是为了使整个交通工程系统正常运行而设置的配套设施。

（6）环保设施：为减少公路交通环境污染而设计的声屏障、减噪路面、绿化工程及公路景观（自然景观及人文景观）。

二、公路施工的发展概况

（一）我国公路施工技术发展回顾

我国在公路施工技术上有着悠久的历史，据史料考证，早在公元前2000年，我国已修建有可供行驶牛车、马车的道路。在西周时期道路建设已初具规模，唐代是我国古代道路发展的鼎盛时期，形成了以城市为中心的四通八达的道路网，其间在道路结构、施工方法等方面作了许多创新。到了清代，对道路进行了功能分级，分为官马大路、大路、小路三个等级。其中仅官马大路已达2000千米以上。

20世纪初，在第一辆汽车输入我国后，通行汽车的公路就随之诞生了，1908年建成了我国历史上的第一条公路，即广西的龙州至那堪公路e到新中国成立前，我国近代道路发展缓慢，并且屡遭破坏，40多年间修建的公路不足80000千米，其中铺有高级、次高级路面的还不到350千米。在这一时期，就施工技术而言，修建的多为天然泥土路、泥石路或泥结碎石路；就施工手段而言，主要是人工挑抬、石碾压实。虽然那时也引进了一些筑路机械，但由于配件和燃料供应困难，机械的利用率很低。到新中国成立初期，全国仅有推土机200余台，压路机还不足百台，拌和机刚过百台。

新中国成立以后，随着我国公路建设事业的蓬勃发展，公路施工技术水平也相应地得到了较快地提高。新中国成立后不久，全国从上到下成立了各级公路施工专业队伍，并颁布了相应的公路技术规范或规则，使公路施工及管理迅速走上了正轨。20世纪50年代，由专业施工队伍负责承担施工任务的康藏公路、海南岛公路、成都至阿坝公路等10余条重点公路工程相继竣工。结合这些公路自然条件复杂、工程艰巨、工期要求短等特点，在施工中探索、创造了土石方大爆破施工、泥结碎石路面施工和泥结碎石路面加铺级配磨耗层和保护层施工、软土等特殊地基的处理等一系列的公路施工技术，使我国的公路施工技术水平有了一个整体上的提高。20世纪60—80年代初，是我国公路发展的普及阶段，这个时期共修建公路800000千米。其中，高级、次高级路面（主要是渣油路面）达100000千米。这些公路以三、四级公路和等外路为主，基本上是采取发动群众和以手工操作方式为主进行施工的。因此，施工机械的发展和推广应用比较缓慢。

1988年是我国公路交通史上不平凡的一年，随着沪嘉高速公路于1988年10月31日的建成通车，结束了我国大陆没有高速公路的历史，这是我国公路建设迈入现代化的新起点。自20世纪80年代开始建设高速公路以来，我国高速公路的建设快速发展。1999年底，我国高速公路通车总里程突破1万千米，位列世界第四；2001年底达到19000千米，已跃居世界第二；至2008年底，我国高速公路的通车总里程实现了60300千米，直逼高速公路世界第一的美国；至2015年底达到12万千米。

按照我国公布的高速公路网发展规划，到 2020 年基本建成国家高速公路网，届时我国高速公路通车总里程将达 35 万千米。

为适应高等级公路高标准和高质量的要求，我国公路施工技术也获得了前所未有的发展。这些发展与变化主要体现在以下几个方面：

（1）制定或修订公路工程技术规范，建立起了一整套符合我国国情的公路施工控制、检测及验收标准。

（2）机械化施工水平大大提高，各种先进的筑路机械广泛应用于公路工程的施工。全国各地组建了一批设备先进、种类齐全的公路机械化施工队伍，公路施工实现了由手工操作逐步向机械作业方式的转变。到目前，全国公路施工部门已拥有一大批国产和进口的技术先进、种类齐全、成龙配套的筑路机械、试验仪器和检测设备，大型筑路机械已达 30 余万台（套），固定资产原值已达 30 多亿元。

（3）新技术、新工艺、新材料得到广泛应用，进而取得了巨大的社会、经济效益。

（4）施工的控制及检测手段日臻完善，从而有力地保证了工程质量，加快了施工进度。

（二）公路施工技术的发展趋势

随着世界各国技术经济的进步、交通事业的发展和人们物质文化要求的提高，对公路建设也提出了更高的要求，这主要表现为：一是对公路功能的要求越来越高，如通行能力、承载能力及行车的安全性与舒适性等；二是对公路整体线形、路容、路况的要求越来越高，特别是山区公路及旅游区道路，其路线与周围环境的协调性成为重要的评价指标；三是对公路环保的要求越来越高，如对行车污染和噪声的限制等；四是对公路的施工速度、施工质量和管理水平要求越来越高，在施工中将普遍采用自动化机械设备进行快速而且优质的作业。

针对上述要求，公路施工必将向着机械化、自动化、生物化学化、标准化和工厂化方向发展。

（1）在公路施工方案的拟订和选择方面：将充分利用计算机及其他现代先进手段，综合考虑施工材料、机具、工期、造价等因素，进行方案比选与优化，以获取最大的社会经济效益。

（2）在施工工艺方面：土石方爆破、稳定土、旧有沥青及水泥混凝土再生、工业废料筑路及水泥、沥青、土壤外加剂等的工艺水平将有突破性进展。

（3）施工机械方面：将研究使用一条龙的单机配套机械进行流水作业和多功能的联合施工机械；为实现施工机械自动化，还将使用电子装置、自控装置和激光技术，对施工现场进行遥控监测。

（4）在施工检测技术方面：将研究使用能自动连续量测动、静两种荷载作用下的路基、路面弯沉仪和曲率半径仪；研究使用冲击波、超声波测定强度和弹性模量；研究使用同位素方法测定密实度和厚度以及研究使用计算机自动连续量测路面抗滑性能和平整度的仪器的使用等。

（5）在施工作业方面：将大量使用预制结构，使人工构造物的施工实现标准化和工厂化。

（6）在特殊路基的处理方面：将充分应用生化技术，最大限度地利用当地材料。

（7）各种环保和交通工程设施：如声屏墙、减噪路面及绿化工程等的施工技术将提高到一个新的水平。

（8）施工技术的发展：施工技术的发展将更好地满足设计要求，设计与施工的结合将更加密切。

第二节　公路施工的方法与程序

一、公路施工的方法与特点

（一）施工的方法

高等级公路的施工方法主要有人工、简易机械化、机械化、水力机械化和爆破等。

1．人工施工法

是使用手工工具进行公路施工的方法。这种施工方法效率低、劳动强度大，不仅要占用大量的劳动力，而且施工进度慢，工程质量也难以保证。但在山区低等级公路路基工程中，当机械无法进入施工现场或施工场地难以展开机械化作业时，就不可避免地要采用人工施工法。

2．简易机械化施工法

是以人力为主，配以简易机械的公路施工方法。与人工施工法相比较，能适当地减轻劳动强度，而且可以加快施工进度，提高施工质量。在我国目前的施工生产条件下，特别是山区一般公路建设中，仍是一种值得推广的施工方法。

3．机械化施工法

是使用配套机械，主机配以辅机，相互协调，共同形成主要工序的综合机械化作业的公路施工方法。机械化施工可以极大地提高劳动生产率，减轻劳动强度，显著地加快施工进度，提高工程质量，而且安全程度高，是高速公路工程建设和实现公路施工现代化的根本途径。

4．爆破施工法

是通过爆破震松岩石、硬土或冻土，开挖路堑或采集石料的施工方法。这种方法是道路施工、特别是山区公路施工不可或缺的重要施工方法。

5．水力机械化施工法

是利用水菜、水枪等水力机械，喷射出强力水流，冲散土层，并流运至指定地点沉积的施工方法。这种方法需要有充足的水源和电源，适于挖掘比较松散的土质和地下钻孔工程。施工方法的选择，应根据工程性质、工程数量、施工期限以及可能获得的人力和机械设备等条件综合考虑。为了适应我国公路建设标准高和速度快的要求，近年来许多施工单位都先后从国内外购置了大量现代化筑路机械与设备，在高等级公路施工中，基本实现了机械化或半机械化作业，迅速提高了施工质量和劳动效率，大大加快了公路工程建设的步伐。

（二）施工特点

作为一种特定的人工构造物，公路工程施工与工业生产比较，虽然公路施工同样是把一系列的资源投入产品（即工程）的生产过程，其生产上的阶段性和连续性，组织上的专门化和协作化也与之基本相符。但是，公路施工与一般工业生产和其他土建工程施工（如房屋建筑）仍有所不同。

1．公路工程属于线性工程

一般一条公路项目的建设路段少则几千米，多则数十千米、数百千米以上，路线跨越山川、河谷。路线所经路段难以完全避开不良地质地区，如滑坡、软基、冻土、高填、深挖等路段；在地形复杂的地段，难以避免地要修建大桥、特大桥、隧道、挡墙等结构物。这就使得公路项目建设看似简单，实际上却比一般土木工程项目复杂得多。由于公路路线所经路段地质特性的多变性，使得公路路基施工复杂、多变性凸显，结构物的施工也因地质条件的不确定性，经常导致设计变更、工期延长，使进度控制、质量控制、投资控制的难度大大增加。

2．公路工程项目构成复杂

公路工程项目的单位工程包括：路基土石方工程、路面工程、桥梁工程、隧道工程、互通立交工程、沿线设施及交通工程、绿化工程等。各单位工程中的作业内容差异很大，如桥梁工程，随不同的桥型，施工技术差异很大。这也决定了公路工程项目施工的技术复杂性和管理的综合性。

3．公路工程项目规模庞大

施工过程缓慢，工作面有限，决定了其较长的工期。高速公路的施工工期通常在 2 ~ 5 年，工期长意味着在工程建设中面临着更多的不确定因素，承担着更大的风险。

4．公路工程项目建设投资大

高速公路造价一般为2000 ~ 4000万元/千米，有时甚至更高。工程建设需要的巨大资金能否及时到位，是保障工程按期完工的前提。资金投入对于投资活动的成功与否关系重大，同时，在工程建设中要求有高质量的工程管理，以确保项目的工期、投资和质量目标的实现。

二、公路施工的基本程序

施工程序是指施工单位从接受施工任务到工程竣工阶段必须遵守的工作程序，主要包括接受施工任务、签订工程承包合同、组织施工和竣工验收等。

（一）签订工程承包合同

1．接受施工任务的方式

施工企业接受任务的方式主要有三种：

（1）上级主管单位统一布置任务，安排计划下达。

（2）经主管部门同意，自行对外接受任务。

（3）参加招投标，中标而获得任务。

2．接受任务的要求

（1）查证核实工程项目是否列入国家计划。

（2）必须有批准的可行性研究、初步设计（或施工图设计）及工程概（预）算文件。

3．接受任务的方式

（1）签订工程承包合同，对工程接受加以肯定。

（2）施工承包合同的内容主要包括承包的依据、方式、工程范围、工程质量、施工工期、工程造价、技术物资供应、拨款结算方式、奖惩条款等。

（二）施工准备工作

施工准备工作是为拟建工程的施工建立必要的技术和物质条件，统筹安排施工力量和现场。施工准备工作也是施工企业搞好目标管理，推行技术经济承包的依据。要编制好施工组织设计，以保证工程建设的顺利进行。其作用是发挥企业优势，合理资源供应，加快施工速度，提高工程质量，降低工程成本

（三）组织施工

（1）施工准备就绪后，向监理工程师提交开工报告，经同意即可开工。

（2）按施工顺序和施工组织设计中所拟定的施工方法进行施工。

（3）组织施工应具备的文件有：①设计文件。②施工规范和技术操作规程。③各种定额。④施工图预算。⑤施工组织设计。⑥公路工程质量检验评定标准和施

工验收规范。

（四）竣工验收

1．所有建设项目和单位工程都已按设计文件内容建成。

2．以设计文件为依据，根据有关规定和评定质量等级进行工程验收。

第三节　施工的技术准备与组织准备

一、技术准备

（一）熟悉与审查设计文件并进行现场核对

组织有关人员学习设计文件，其目的是为了对设计文件、设计图及资料进行了解和研究，使施工人员明确设计者的设计意图和业主要求，熟悉设计图的细节，并对设计文件和设计图进行现场核对。其内容主要包括：

（1）设计图是否齐全，规定是否明确，与说明有无矛盾。

（2）路基平、纵、横断面，构造物总体布置和桥涵结构物形式等是否合理，相互之间是否有错误和矛盾。

（3）主要标高、尺寸、位置有无错误。

（4）设计文件所依据的水文、气象、土壤等资料是否准确、可靠、齐全。

（5）核对路线中线、主要控制点、水准点、三角点、基线等是否准确无误。

（6）路线或构造物与农田、水利、航道、公路、铁路、电信、管线及其他建筑物的互相干扰情况及其解决办法是否恰当，干扰可否避免。

（7）对地质不良地段采取的处理措施。

（8）主要材料、劳动力、机械台班等计算（含运距）是否准确。

（9）施工方法、料场分布、运输工具、道路条件等是否符合实际情况。

（10）结构物工程数量计算是否有误。

（11）工程预算以及采用的定额是否合理。如现场核对时发现设计不合理或有错误之处，应做好详细记录并拟定修改意见，待设计技术交底时提交。

（二）补充调查资料

进行现场补充调查是为编制实施性施工组织设计收集资料。调查的内容主要有：

（1）工程地点的水文、地形、气候条件和地质情况。

（2）自采加工料场、当地材料、可供利用的房屋情况。

（3）当地劳动力资源、工业加工能力、运输条件和运输工具情况。

（4）施工场地的水源、电源以及生活物资供应情况。

（5）当地风俗习惯等。

（三）设计交桩和设计技术交底

工程在正式施工之前，应由勘测设计单位向施工单位进行交桩和设计技术交底。交桩应在现场进行，设计单位将路线测设时所设置的导线控制点和水准点及其他重要点位的标志逐一移交给施工单位。施工单位在接受这些控制点后，要采取必要措施妥善地加固与保护。

设计技术交底一般由建设单位主持，设计、监理和施工单位参加。交底时设计单位应说明工程的设计依据、设计意图，并对某些特殊结构、新材料、新技术以及施工中的难点和需注意的方面详细说明，提出设计要求施工单位则将在研究设计文件中发现的问题及有关修改设计的意见提出，由设计单位对有关问题进行澄清和解释，对于合理的修改设计的意见，必要时可在统一认识的基础上，对所讨论的结果逐一记录，并形成会议纪要，由建设单位正式行文，参加单位共同会签，作为与设计文件同时使用的技术文件和指导施工的依据以及进行工程结算的依据。

（四）建立工地实验室

1．工地实验室的作用

公路工程施工过程中，必须进行各种材料试验，以便选用合适的材料及其材料性能参数，才能保证公路工程结构物的强度和耐久性，并有利于掌握各种材料的施工质量指标，保证结构物的施工质量。

随着公路技术等级的提高，相应的筑路材料试验任务增大，并要求试验结果具有更高的准确性和可靠性。高等级公路的线形更趋于平、直，使得路基工程的高填深挖及经过不良地带的路段增加。由于高等级公路对路面的行车性能及耐久性能提出更高的要求，相应地要求路基更为稳定，路面材料应具有更高的力学性能、耐磨蚀性和气候稳定性等。公路工程事业的进步，促进了其施工技术水平的不断提高，同时也推动了公路工程新材料的研究应用，并且使材料性能试验及质量检验工作显得日益重要；另一方面，随着经济体制改革的深化，要求不断改善公路工程的投资效益，因而工程质量问题已从一般化的要求变成了衡量工程施工单位技术质量水平的标志。因此，从某种意义上说，一项工程的质量如何，已关系到该公路施工单位以后的业务前景。基于上述情况，加强质量管理和施工质量检验、建立并充分发挥工地实验室的作用，是施工单位必须做的一项十分重要的工作。

2．工地实验室的主要工作内容

工地实验室是为施工现场提供直接服务的实验室，主要任务是配合路基、路面施工，对工地使用的各种原材料、加工材料及结构性材料的物理力学性能以及施工结构体的几何尺寸等进行检测。

3．工地实验室的人员及设施

工地实验室的试验检测人员必须是施工单位试验检测机构的正式人员。工地实验室负责人应由施工单位试验检测机构负责人授权，从事试验检测工作 3 年以上，具有交通部试验检测工程师资格的人员担任；工地实验室部门负责人需具有省交通厅试验检测员及以上资格的人员担任；一般试验检测人员需具有省交通厅试验检测员及以上资格或交通系统试验检测培训证的人员担任。未取得交通系统试验检测资格或培训证的人员不得上岗。

施工单位试验检测人员数量按施工合同额进行配备，5000 万元以下的至少 4 人；5000 万元以上、1 亿元以下的至少 6 人；1 亿元以上、2 亿元以下的至少 8 人；2 亿元以上的至少 10 人。

工地实验室在工程项目完工之前，不准对人员和设备进行更换和调离。确实需要更换和调离的，应取得项目建设单位的书面批准。工地实验室面积应达到 300m2，并按检测项目要求合理布局，满足工地试验要求；设备安置要合理，便于操作，并保持环境整洁卫生。

工地实验室应按照合同和工程实际需要配备合格的试验检测仪器设备。工地实验室试验检测仪器设备在使用前必须通过计量检定或校准。试验检测仪器设备应由专人负责日常保养、保管，做好使用记录、保养记录，主要试验检测仪器设备应建立设备档案，仪器设备的操作规程要张贴上墙。

（五）编制施工组织设计

施工组织设计是指工程项目在施工前，根据设计人员、业主和监理工程师的要求以及主客观条件，对工程项目施工的全过程所进行的一系列筹划和安排。公路施工组织设计是指导公路施工的基本技术经济文件，也是对施工实行科学管理的重要手段。编制施工组织设计的目的在于全面、合理、有计划地组织施工，从而具体实现设计意图，按质、按量、按期完成施工任务。实践证明，一个工程如果施工组织设计编制得好，并能得到认真地执行，施工就可以有条不紊地进行，否则将会出现盲目施工的混乱局面，造成不必要的损失。

1．编制原则

（1）严格遵守合同签订的或上级下达的施工期限，保质保量按期完成施工任务。对工期较长的大型项目，可根据施工情况，分期分批进行安排。

（2）科学、合理地安排施工顺序：在保证质量的基础上，尽可能缩短工期，加快施工进度。

（3）采用先进的施工方法和施工技术，不断提高施工机械化、预制装配化程度，减轻劳动强度，提高劳动生产率。

（4）应用科学的计划方法确定最合理的施工组织方法，根据工程特点和工期要求，因地制宜的快速施工、平行作业。对于复杂的工程应通过网络计划确定最佳的施工组织方案。

（5）落实季节性施工的措施，科学安排施工计划，组织连续、均衡的施工。

（6）严格遵守施工规范、规程和制度，认真按照基本建设程序办事，根据批准的设计文件与工期要求安排进度。严格执行有关技术规范和规程，提出具体的质量、安全控制和管理措施，并在制度上加以保证，确保工程质量和作业安全。

2. 编制施工组织设计的程序

需要遵守一定的程序，根据合同要求和施工现场的具体条件，按照施工的客观规律，协调和处理好各个影响因素的关系，用科学的方法进行编制。

3. 施工组织设计的主要内容

（1）工程概述：包括简要说明工程项目、施工单位、业主、监理机构、设计单位、质检单位名称、合同开工日期和竣工日期、合同价；简要介绍项目的地理位置、地形地貌、水文、气候、交通运输、水电供应等情况；介绍施工组织机构设置及职能部门之间的关系；说明工程结构、规模、主要工程量；说明合同特殊要求等。

（2）施工技术方案：包括施工方法（特别是冬期和雨期以及技术复杂的特殊施工方法），施工程序（重点是施工顺序及工序之间的衔接），决定采用的新技术、新工艺、新材料和新设备，技术安全措施、质量保证措施等。

（3）施工进度计划：主要是对施工顺序、开始和结束时间、搭接关系进行综合安排，包括以实物工程量和投资额表示的工程的总进度计划和分年度计划以及所需用的工日数和机械台班数。

（4）施工总平面图布置：必须以平面布置图表示，并标明项目建设的位置、生产区、生活区、预制厂、材料场、爆破器材库等的位置。

（5）劳动力需要量和来源：包括总需要量和分工种、分年度的需要量在内。

（6）施工现场平面布置。

（7）施工机械、建筑材料，施工用水、用电的分年度需要量及供应方案。

（8）便道、防洪、排水和生产、生活用房屋等设施的建设及时间要求。

（9）施工准备工作进度表：包括各项准备工作的负责单位、完成时间及要求等。

施工组织设计用文、图、表三种形式表示，互相结合，互相补充。凡能用图表表示的，应尽量采用图表。因为图表便于“上墙”，能形象、准确、直观地说明问题，有利于指导现场施工。

4．施工组织设计的编制步骤

（1）施工方案的制定：编制施工组织设计首先遇到的问题就是选择和制定施工方案，如果这个问题得不到解决，施工组织设计乃至以后的施工工作就不可能进行。所以，施工方案的优劣，在很大程度上决定了施工组织设计质量的好坏和施工任务能否圆满完成，施工方案是指对项目施工所作的总体设想和安排。施工方案应包括：施工方法和施工机具的选择，施工段划分，施工顺序，新工艺、新技术、新机具、新材料、新管理方法的使用，有关该工程的科学试验项目安排等。选择和制定施工方案，首先要考虑其是否可行，同时还要做到技术先进、经济合理、施工安全，应全面权衡、通盘考虑。施工方法是施工方案的核心内容，它对工程的实施具有决定性的作用。确定施工方法应突出重点，凡是采用新技术、新工艺和对本工程质量起关键作用的项目以及工人在操作上还不够熟练的项目，应详细而具体，不仅要拟订进行这一项目的操作过程和方法，而且要提出质量要求以及达到这些要求的技术措施，并要预见可能发生的问题，提出预防和解决这些问题的办法。对于一般性工程和常规施工方法则可适当简化，但要提出工程中的特殊要求。

确定施工方法，应考虑工程项目的特点，结合现场一切有关的自然条件和施工单位拥有的施工经验和设备，吸收国内外同类工程成功的施工方法和先进技术，以达到施工快速、经济和优质的目的。

（2）施工进度计划的编制：施工进度计划是对施工顺序、开始和结束时间、搭接关系进行综合安排。施工进度计划是施工组织设计中最重要的组成部分，它必须配合施工方案的选择进行安排，它又是劳动力组织、机具调配、材料供应以及施工场地布置的主要依据，一切施工组织工作都是围绕施工进度计划来进行的。

编制施工进度计划的目的是要确定各个项目的施工顺序，开竣工日期。一般以月为单位进行安排，从而据此计算人力、机具、材料等的分期（月）需要量，进行整个施工场地的布置和编制施工预算。

施工进度计划一般用图示法表现。进度计划的图形可以采用横道图、S形曲线、“香蕉”曲线、网络图等。通常采用横道图，它的形式简单、醒目，易绘制、易懂；还可以在施工过程中在同一图上描绘实际进度。与计划进度相比，当工程项目及工序比较简单，且它们之间的关系也不太复杂，其工序衔接及进度安排凭已有施工经验即可确定时，可以直接绘制横道图进度计划；当工程项目以及工序之间的相互关系比较复杂、各工序的衔接及进度安排有多种方案需进行比较时，则要用网络图求得最优先计划，再整理绘制成横道进度图。

（3）资源供应计划：资源供应计划包括劳动力供应计划、材料供应计划、施工机械和大型工具供应计划、预制品供应计划等，这些计划是根据施工进度计划编制的，是计划进度的保证性计划，是进行市场供应的依据。

（4）场外运输计划：将各种物资从产地或交货地点运到工地仓库、料场；称为场外运输。场外运输计划应解决的主要问题是正确选择运输方式及运输工具，以达到降低成本和加速工程进度的目的。

（六）施工现场规划和场地布置

1．施工现场规划和场地布置

施工现场和场地布置是施工组织设计的基本内容之一，它需要考虑的问题很多、很广泛也很具体。它是一项实践性、综合性很强的工作，只有充分掌握了现场的地形、地物、熟悉了现场的周围环境和其他有关条件，并对本工程情况有了一个清楚与正确的认识之后，才能做到统筹规划，合理布局。

施工现场规划和场地布置情况应以场地平面布置图表示出来。在施工场地平面布置图内应表示出公路的平面位置、场地内需要修建的各项临时工程和露天料场、作业场的平面位置和占地面积以及场地内各种运输线路（包括由场外运送材料至工地的进出口线路）。

2．材料加工及机械修配场地的规划和布置

施工单位为满足本身的需要，有条件时应设置采石场、采砂场、混凝土构件预制场、金属加工厂、机械修配厂等。对于预制场，一般宜设在工地上，以减少构件的运输。对于砂石材料开采场，宜设在材料产地。如有两个或两个以上的产地可供选择时，选择的条件首先是材料品质要符合设计要求；其次是运输距离要近；再次是开采的难易程度、成材率的高低。预制场的选择要综合考虑，做出综合经济分析。对于材料加工场地，则设在原材料产地较为有利。

3．工地临时房屋的规划与布置

工地临时房屋主要包括施工人员居住用房、办公用房、食堂和其他生活福利设施用房以及实验室、动力站、工作棚和仓库等。这些临时房屋应建在施工期间不被占用、不被水淹、不受塌方影响的安全地带。现场办公用房应建在靠近工地，且受施工噪声影响小的地方；工人宿舍、文化生活用房，应避免设在低洼潮湿、有烟尘和有害健康的地方；此外，房屋之间还应按消防规定相互隔离，并配备灭火器。

4．工地仓库及料场布置

工地储存材料的设施，一般有露天料场、简易料棚和临时仓库等。易受大气侵蚀的材料，如水泥、铁件、工具、机械配件及容易散失的材料等，宜储存在临时仓库中，钢材、木材等宜设置简易料棚堆放；砂石、石灰等一般在露天料场中堆放。

仓库、料棚、料场的位置，应选择在运输及进出料都方便，而且尽量靠近用料最集中、地形较平坦的地点。设置临时仓库、料棚时，应根据储存材料的特点，进出料的便利程度以及合理的储备定额，来计算需要的面积。面积过大会增加临时工程费用，过小可能满足不了储备需要及增加管理费用。

5．施工场内运输的规划

在工地范围内，从仓库、料场或预制场等地到施工点的料具、物资搬运，称为场内运输。场内运输方式应根据工地的地形、地物、材料在场内的运距、运量以及周围道路和环境等因素进行选择。如果材料供应运输与施工进度能密切配合，做到场外运输与场内运输一次完成，即由场外运来的材料直接运至施工使用地点，或场内外运输紧密衔接，材料运到场内后不存入仓库、料场，而由场内运输工具转运至使用地点，这是最经济的运输组织方法。这样可节省工地仓库、料场的面积，减少工地装卸费用。但这种场内外运输紧密结合的组织方法在工程实践中是很难做到的。大量的场内运输工作是不可避免的，必须做好施工场内运输规划。

（七）工地供电的规划

工地用电主要包括各种电动施工机械和设备的用电以及室内外照明的用电。公路工程施工离不开电，做好工地供电的组织计划，对保证施工的顺利进行有着重要的关系。

工地用电应尽可能利用当地的电力供应，从当地电站、变电站或高压电网取得电能。在当地没有电源，或电力供应不能满足施工需要的情况下，则要在工地设置临时发电站。最好选用两个来源不同的电站供电，或配备小型临时发电装置，以免工作中偶然停电造成损失。同时，还要注意供电线路、电线截面、变电站的功率和数目等的配置，使它们可以互相调剂，不致因为线路发生局部故障而引起停电。

（八）工地供水的规划

公路工程施工离不开水，施工组织设计必须规划工地临时供水问题。确保工地用水和节省供水费用。

二、组织准备

施工企业通过投标方式获得工程施工任务后，应根据签订的施工合同的要求，迅速组建符合本工程实际的施工管理机构，组织施工队伍进场施工。同时，为保证工程按设计要求的质量、计划规定的进度和低于合同运价的成本，安全、顺利地完成施工任务，还应针对施工管理工作复杂、困难多的特点，建立一整套完善的施工管理制度，采用科学的管理方法，切实有效地开展工作。

施工组织准备工作的主要任务是：组建施工项目经理部；选配强有力的施工领导班子和施工力量；强化施工队伍的技术培训。

（一）施工机构的组建和人员的配备

这里的施工机构是指为完成公路施工任务负责现场指挥、管理工作的组织机构。根据我国具体情况及以往的公路施工经验，施工机构一般由生产系统、职能部门和行政系统等组成。

（二）建立健全各项管理制度

1．施工计划管理制度

是施工管理工作的中心环节，其他管理工作都要围绕计划管理来开展。计划管理包括编制计划、实施计划、检查和调整计划等环节。由于公路施工受自然条件的影响大，其他客观情况的变化也难于准确预测，这就要求施工计划必须经过充分调查研究后制订，同时在执行过程中应随时检查，发现问题及时采取措施解决，必要时还应对计划进行调整修改，使之符合新的客观情况，保证计划的实现。

2．工程技术管理制度

是对施工技术进行一系列组织、指挥、调节和控制等活动的总称。其主要内容包括：施工工艺管理、工程质量管理、施工技术措施计划、技术革新和技术改造、安全生产技术措施、技术文件管理等。要搞好各项技术管理工作，关键是建立并严格执行各种技术管理制度，只有执行技术管理制度，才能很好地发挥技术管理作用，圆满地完成技术管理的任务。

3．工程成本管理制度

是施工企业为降低工程成本而进行的各项管理工作的总称。工程成本管理与其他管理工作有着密切的联系，施工企业总的技术水平和经营管理水平的高低，均能直接或间接地反映在成本这个指标上。工程成本的降低，表明施工企业在施工过程中活劳动（支付劳动者的报酬）和物化劳动（生产资料）的节约。活劳动的节约说明劳动生产率的提高，物化劳动的节约说明机械设备利用率的提高和建筑材料消耗率的降低。因此，建立成本管理制度，加强对工程成本的管理，不断降低工程造价，具有十分重要的意义。

4．施工安全管理制度

安全生产关系到人民群众生命和财产安全，关系到改革发展和社会稳定大局。加强施工安全、劳动保护对公路工程的质量、成本和工期有重要意义，也是企业管理的一项基本原则。其基本任务是：正确贯彻执行“以人为本”的思想和“安全第一、预防为主、综合治理”的方针。建立安全施工责任制，加强安全检查，开展安全教育，在保证安全施工的条件下，创优质工程。

第四节　物资准备与施工现场准备

一、物资准备

物资准备是指施工中必需的劳动手段和施工对象的准备，它是根据各种物资需要量计划，分别落实货源、组织运输和安排储备，以保证连续施工的需要。准备工作主要内容包括以下内容。

1．建筑材料准备

首先根据工程量用预算的方法进行工、料、机分析，按批准的施工进度计划的使用要求、材料储备定额和消耗定额，分别按材料名称、规格、使用时间进行汇总，编制材料需要量计划，同时根据不同材料的供应情况，随时注意市场行情，及时组织货源，签订供货合同主要包括：

（1）路基、路面工程所需的砂石料、石灰、水泥、工业废渣、沥青等材料的准备。

（2）沿线结构物所需的钢材、木材、砂石料和水泥等材料的准备。

2．施工机具设备的准备

根据采用的施工方案和施工进度计划，确定施工机械的类型、数量和进场时间，确定施工机具的供应方法和进场后的存放地点和方式，提出施工机具需要量计划，以便及时组织机械进场，保证工程的顺利进行。

3．周转材料准备

主要是指模板和架设工具。根据批准的施工进度计划和施工方案编制周转材料的需要计划，组织周转材料进场。

二、施工现场准备

（一）恢复定线测量

（1）承包人应检查工程原测设的所有永久性标桩，并将遗失的标桩在接管工地14天之内通知监理工程师，然后根据监理工程师提供的工程测设资料和测量标志，在28天之内将复测结果提交监理工程师。上述测量标志经检查批准后，承包人应自费进行施工测量和补充测量，并经监理工程师批准之后，在工地正确放样。

（2）通过复测，对持有异议的原地面标高，承包人应向监理工程师提交一份列出有误标高和相应的修正标高表。在监理工程师确定正确标高之前，对有争议的标高的原有地面不得扰动。

（3）在合同执行期间，承包人应将施工中所有的标桩，包括转角桩、曲线主点桩、桥涵结构物和隧道的起终点、控制点以及监理工程师认为对放样和检验有用的标桩等，进行加固保护，并对水准点、三角网点等树立易于识别的标志。承包人应对永久性测量标志进行保护，直至工程竣工验收后，完整地移交给监理工程师。

（4）承包人应根据批准的格式向监理工程师提供全部的测量标记资料，所有测量标记应涂上油漆，其颜色要得到监理工程师的同意，易于辨别。所有标桩保护和迁移的费用均由承包人承担，因施工而引起的标桩变动所发生的费用业主将不予以支付。

（5）承包人应按照上述测量标志资料自费完成全部恢复定线、施工测量设计和施工放样。承包人应对施工测量、设计和施工放样工作的质量负责到底。

（6）各合同段衔接处的测量应在监理工程师的统一协调下由相邻两合同段的承包人共同进行，将测量结果协调统一在允许的误差范围内。

（二）建造临时设施

1. 临时房屋设施

包括行政办公用房、宿舍、文化福利用房及作业棚等。临时房屋设施的需要量根据职工与家属的总人数和房屋指标确定。临时房屋修建的一般要求是，布置要紧凑，充分利用非耕地，尽量利用施工现场或附近已有的建筑物。必须修建的临时房屋，应以经济、实用为原则，合理选择形式（如装拆式移动式建筑）以便重复使用。

2. 仓库

是为存放施工所需要的各种物资器材而设的。按物资的性质和存放量要求，其形式可以是露天、敞棚、房屋或库房。仓库物资储存量应根据施工条件通过计算确定，一方面应保证工程施工的需要，有足够的储量；另一方面又不宜储存过多，以免增加库房面积，造成积压浪费。

为了保证物料及时顺利地卸入库内和发放使用，仓库必须设计有足够的卸装长度。在保证安全的条件下，应设在交通方便的地方，并利用天然地形组织装卸工作。对于材料使用量很大的仓库，应尽量靠近使用地点。

3. 临时交通便道

工程在正式施工前，必须解决好场内外的交通运输问题。在工地布设临时交通便道时应遵循下列原则：

（1）临时交通道路以最短距离通往主体工程施工场所，并连接主干道路，使内外交通便利。

（2）充分利用原有道路，对不满足使用要求的原有道路，应在充分利用的基础上进行改建，节约投资和施工准备时间。

（3）在本工程的施工与现有的道路、桥涵发生冲突和干扰之处，承包人都要在本工程施工之前完成改道施工或修建临时道路。临时道路应满足现有交通量的要求，路面宽度应不小于现有道路的宽度，且应加铺沥青面层。

（4）利用现有的乡村道路作为临时道路时，应将该乡村道路进行修整、加宽、加固及设置必要的交通标志，并经监理工程师验收合格后方可通行。

（5）工程施工期间，应配备人员对临时道路进行养护，以保证临时道路和结构物的正常通行。

（6）尽量避开洼地和河流，不建或少建临时桥梁。

4. 工地临时用电

施工现场用电，包括生产用电和生活用电。其中，生活用电主要是照明用电；生产用电包括各种生产设施用电、主体工程施工用电、其他临时设施用电。

第四章　公路施工技术

第一节　路基施工

路基是公路的主体和路面的基础，它应为路面提供一个平整层，并在承受路面传递下来的荷载和水、气温等自然因素的反复作用下，具有足够的强度和整体稳定性，满足设计与使用要求。为此，对路基设计和施工应予以足够重视，以确保路基工程具有良好的使用品质。

一、路基工程总论

（一）路基的变形、破坏及防治

1．路基的基本要求

在公路建设中，路基工程的主要特点是：工艺较简单，工程数量大，耗费劳力多，涉及面较广，耗资亦较多。根据资料分析表明，一般公路的路基修建投资约占公路总投资的25% ~ 45%，个别山区公路可达65%。路基施工改变了沿线原有的自然状态，挖填及借弃土石方涉及当地生态平衡、水土保持和农田水利。路基稳定与否，对路面工程质量影响甚大，关系到公路的正常投入使用。实践证明，没有坚固稳定的路基，就没有稳固的路面。因此，做好路基工程设计、施工与养护，不容忽视。路基应满足下列基本要求：

①路基横断面形式及尺寸应符合《标准》的有关规定和要求

②具有足够的整体稳定性

路基是直接在地面上填筑或挖去一部分地面建成的。路基建成后，改变了原地面的天然平衡状态。在工程地质不良的地区，修建路基可能加剧原地面的不平衡状态，从而导致路基发生各种破坏现象。因此，为防止路基结构在行车荷载和自然因素作用下，不致发生不允许的变形或破坏，必须因地制宜地采取一定的措施来保证路基结构的整体稳定性。

③具有足够的强度

路基的强度是指在行车荷载和自然因素的作用下，路基抵抗变形和破坏的能力。因为行车荷载及路基路面的自重使路基下层和地基产生一定的压力，这些压力可使路基产生一定的变形，直接影响路面的使用品质。为保证路基在外力作用下，不致产生超过允许范围的变形，要求路基应具有足够的强度。

④具有足够的水温稳定性

路基的水温稳定性是指路基在水和温度的作用下保持其强度的能力。路基在地面水和地下水的作用下其强度将会显著降低。特别是季节性冰冻地区，由于水温状况的变化，路基将发生周期性冻融作用，形成冻胀和翻浆，使路基强度急剧降低，这就要求路基应具有一定的水温稳定性。

2．影响路基稳定性的因素

影响公路路基稳定性的因素分为自然因素和人为因素两大类。

路基长期处在大自然环境中，其稳定性在很大程度上是由当地自然条件所决定。因此，在进行路基设计、施工、养护时，应深入调查公路沿线的自然条件，从总体到局部，从大区域到具体路段去分析研究，掌握各有关自然因素的变化规律及水温情况、人为因素对路基稳定性的影响，因地制宜地采取有效工程措施，确保路基工程质量。

①影响路基稳定性的自然因素

第一，地形条件。平原、丘陵、山岭各区地势不同，路基的水温状况也不同。平原区地势平坦，排水困难，地表易积水，地下水位相应较高，因而路基需要保持一定的最小填土高度；丘陵区和山岭区，地势起伏较大，排水设计至关重要，否则会导致稳定性下降，出现破坏现象，影响路基的稳定性。

第二，地质条件。沿线的地质条件，如岩石的种类、成因、节理、风化程度和裂隙情况，岩石走向、倾向、倾角、层理和岩层厚度，有无夹层或遇水软化的夹层，以及有无断层或其他不良地质现象（岩溶、冰川、泥石流、地震等）都对路基的稳定性有一定的影响。

第三，气候条件。如气温、降水、湿度、冰冻深度、日照、蒸发量、风向、风力等都会影响公路沿线地面水和地下水的状况，并且影响到路基的水温状况。

在一年之中，气候有季节性的变化，因此路基的水温状况也随之变化。气候还受地形的影响，例如，山顶与山脚，山南坡与山北坡气候有很大的差别，这些因素都会严重影响路基的稳定性。

第四，水文和水文地质条件。水文条件如公路沿线地表水的排泄，河流洪水位、常水位，有无地表积水和积水时期的长短、河岸的淤积情况等，水文地质条件如地下水位，地下水移动的规律，有无层间水、裂隙水、泉水等。所有这些地面水及地下水都会影响路基的稳定性，如果处理不当，往往会导致路基产生各种病害。

②影响路基稳定性的人为因素

第一，荷载作用。汽车荷载及其大小和重复作用次数等。

第二，路基结构。路基形式、路基填土或填石的类别与性质、排水结构物与支挡结构物的设置等。

第三，施工方法。填筑方法（是否分层填筑）、压实方法（是否分层压实）、压实度是否适当以及是否采用大爆破等。

第四，养护措施。一般养护措施及在设计、施工中未及时采用而在养护中加以补充的改善措施。此外还有沿线附近的人工设施如水库、排灌渠道、农田以及其他人为活动等。

3．路基的主要病害

路基裸露在大气中，经受着土体自重、行车荷载和各种自然因素的作用，路基的各个部位将产生变形。路基的变形分为可恢复的变形和不可恢复的变形两种情况。路基的不可恢复变形将引起路基高程和边坡坡度、形状的改变，严重时，造成土体位移，危及路基的整体性和稳定性，甚至导致路基各种破坏。

路基变形、破坏的形式主要有下列几种：

①路基沉陷

路基沉陷是指路基表面在垂直方向产生较大的沉落，一般为不均匀沉陷，。路基沉陷有以下两种情况：

第一，路基本身的沉陷。一般主要是由于填料选择不当，填筑方法不合理，压实度不足，在荷载和水温综合作用下引起的。

第二，由于路基下部天然地面承载力不足，在路基自重作用下，地基下沉或向两侧挤出，引起路基下陷。

②边坡滑塌

路基边坡滑塌是最常见的路基病害，根据边坡土质类别，破坏原因和规模的不同，可分为溜方和滑坡两种情况。

第一，溜方。通常指的是边坡上表面薄层土体沿土质边坡向下移动所形成。主要是由于流动水冲刷边坡或施工不当而引起的。

第二，滑坡。一部分土体在重力作用下沿某一滑动面滑动。主要是由于土体的稳定性不足所引起的。

路堤边坡坡度过陡，或边坡坡脚被水冲刷淘空，或填土层次安排不当是路堤边坡发生滑坡的主要原因。

路堑边坡滑坡的主要原因是边坡高度和坡度与天然岩土层次的性质不相适应。

黏性土层和蓄水的砂石层交替分层蕴藏，特别是有倾向于路堑方向的斜坡层理存在时，就更容易造成滑动。

③剥落、碎落和崩塌

剥落是指路堑边坡风化层表面，在大气温度与湿度的交替作用以及雨水冲刷和动力作用下，表层岩石成片状或带状从坡面上脱落下来，向下滚落，而且老的脱落后，新的又不断产生。碎落是坡面岩石成碎块的一种剥落现象，其规模与危害程度比剥落严重。大块岩石脱离坡面沿边坡滚落称为崩塌。

④路基沿山坡滑动

在较陡的山坡上填筑路基，如果原有地面较光滑，但又未进行必要的处理，如凿毛，人工挖台阶，坡脚设置必要的支撑等，特别是在受到水的浸润后，填方路基与原地面之间摩擦阻力减小，在路基自重和行车荷载作用下，整个路基沿倾斜的原地面向下滑动，路基整体失去稳定。

⑤不良地质和水文条件造成的路基破坏公路通过不良地质条件（如软土、溶洞等）或遭受较大的自然灾害（如地震、泥石流及特大暴雨等）作用，均可能导致路基的大规模破坏。

4．路基病害防治

为保证路基的强度与稳定性，防止各种病害的产生，其处治措施很多，可因地制宜选用不同方式，但其方法归纳起来不外乎有以下几个方面，且常相互配合综合采用：

第一，正确设计路基横断面。

第二，认真处理好基底，特别是软弱不良地基和陡坡地段。

第三，优选工程性质良好的土填筑路基。

第四，采用正确的施工方法，分层填筑，充分压实。

第五，做好排水设计（包括地面排水、地下排水、路面结构排水以及地基的特殊排水），保持路基经常处于干燥、稳定状态。

第六，必要时，设置垫层用以改善土基的湿度和温度状况，即起隔水（地下水、毛细水）、排水（其上面层次下渗的水分）、隔温（防冻胀、翻浆）、隔土（防路基土挤入碎石基层）以及传递荷载和扩散荷载。

第七，采取边坡加固与防护措施，以及修筑挡土结构物等。

（二）路基土的分类及工程性质

1．路基土的分类

世界各国公路用土的分类方法虽然不尽相同，但是分类的依据则大致相近，一般都根据土颗粒的粒径组成，土颗粒的矿物成分或其余物质的含量，土的塑性指标进行区划。我国公路用土是依据土的颗粒组成特征、土的塑性指标和土中有机质存在情况进行分类。首先，按有机质含量多少，划分成有机土和无机土两大类；其次，将无机土按粒组含量由粗到细划分为巨粒土、粗粒土和细粒土三类。

2．路基土石工程分级

对路基设计、施工和确定工程概、预算定额来说，最有实用意义的是将土石按其开挖的难易程度分级。我国公路、铁路工程的土石分级，即将土分为松土、普通土和硬土三级；将岩石分为软石、次坚石和坚石三级。我国水利、电力部门采用土石十六级分级，即将土分为 I–IV 四级，将岩石分为 V ～ XVI 十二级。

关于石方的鉴别，有些工程也有以指定功率的推土机、松土器是否勾动为石方的分类法，这要视具体工程标书中的规定而言。

交通部公路工程定额总站编制的《公路工程预算定额》给出了各类土石方的预算定额。依据施工路段的土石方等级，承包单位可以据以选择施工方案，计算主要材料需用量和土石方开挖机械设备的型号、数量，编制出完整的施工组织设计。

3．各类土的工程性质

各类公路用土具有不同的工程性质，在选择路基填筑材料，以及修筑稳定土路面结构层时，应根据不同的土类分别采取不同的工程技术措施。

①巨粒土

巨粒土有很高的强度和稳定性，是填筑路基很好的材料。用以填筑路堤时，应正确选用边坡值，以保证路基稳定。

②粗粒土

级配良好的砾石混合料，由于粒径较大，内摩擦系数亦大；密实程度好，强度和稳定性均能满足要求；级配不良的砾砂混合料，填筑时应保证密实程度，防止由于空隙大而造成路基渗水、不均匀沉陷或表面松散等病害。

砂类土分为砂、含细粒土砂和细粒土质砂三种。砂和含细粒土砂无塑性，透水性强，毛细水上升高度很小，具有较大的内摩擦系数，采用其修筑路基，强度和水稳定性均较好。但由于其黏性小，易于松散，压实困难，需用振动法才能压实，经充分压实后的路基压缩变形小。在有条件时，可掺加一些粉质土，以提高其稳定性，改善路基的使用品质。细粒土质砂既含有一定数量的粗颗粒，使路基获得足够的内摩擦力，又含有一定数量的细颗粒，使其具有一定的黏聚力，不致过分松散。其颗粒组成接近最佳级配，渗水性好，不膨胀，湿时不黏着，雨天不泥泞，晴天不扬尘，在行车作用下，易被压实成平整坚实的路基。因此，细粒土质砂是修筑路基的良好材料。

③细粒土

粉质土含有较多的粉土颗粒，干时虽稍有黏性，但分散后易扬尘，浸水时很快被湿透，易成流体状态（稀泥）。粉质土的毛细水上升高度大（可达 1.5m）。在季节性冰冻区，水分积聚现象严重，引起路基结冰期冻胀、春融期翻浆，故它又称为翻浆土。因此，粉质土是最差的筑路材料。如果必须用粉质土填筑路基，宜掺配其他材料，改善其性质，并加强排水以及采取设置隔离层等措施。

黏质土中细颗粒含量多，内摩擦角小，黏聚力大，透水性小，吸水能力强，具有较大的可塑性、黏结性和膨胀性，毛细水上升现象显著。黏质土干燥时较坚硬，不易破碎，亦不易被水浸湿；但浸水后，能比较长时间保持水分，因而承载力很小。在季节性冰冻地区或不良水温状况下，黏质土路基也容易产生冻胀和翻浆。黏质土如能在适当含水量时充分压实和采取良好的排水和隔水措施，修筑的路基也能保持稳定。

有机质土（如泥炭、腐殖土等）不宜作路基填料，如遇有机质土均应在设计和施工上采取一定的措施。

④特殊土

黄土属大孔和多孔结构，具有湿陷性；膨胀土受水浸湿发生膨胀，失水则收缩；红黏土失水后体积收缩量较大；盐渍土潮湿时承载力很低。因此，特殊土也不宜作路基填料。

综上所述，填方路基宜选用级配较好的粗粒土作为填料。细粒土质砂是修筑路基的最好材料，黏质土次之，粉质土是不良材料，最易引起路基路面病害，高液限黏土，特别是蒙脱土，也是不良的路基土。此外，对于特殊性质的土类，如泥炭、淤泥、冻土、强膨胀土及易溶盐超过允许限量的土，均不得直接用于填筑路基。

4. 土质调查

公路路基是一种线形结构物，具有距离长、与大自然接触面广的特点，其稳定性在很大程度上由当地自然条件决定。因此，需深入调查公路沿线的自然条件，从整体（地区）和局部（具体路段）去分析研究，掌握各有关自然因素的变化规律、水温情况以及人为因素对路基稳定性的影响，从而因地制宜地采取有效工程技术措施，以达到正确进行路基设计、施工和养护的目的。

为土方工程设计的需要，必须进行土质调查分析。在路堑段确定钻孔深度时，要考虑到公路纵断面设计方案可能的变动，留有足够余地。在路基填方段，很有必要确定填方时下面的地基土是否会发生什么问题。在所有结构部位的下部都应布置有钻孔，以便能够确定地基允许承载力和基础形式。此外，路面结构层厚度的确定同样也要依赖于土质调查的结果。

为了确定土的质量和性能，必须从钻孔中搜集土样进行试验分析。我国交通部门为了测定土的基本工程性质，统一试验方法，并为公路工程设计和施工提供可靠的计算指标和参数，专门制定了《公路土工试验规程》[现有更新版本《公路土工试验规程》（JTGE40—2007）]。该规程的制定可使公路系统的试验室在进行土工试验时有一个统一的试验准则，使所有的试验及试验结果具有一致性和可行性。

（三）路基施工方法及施工准备

1．路基施工方法

路基一般为土石方工程。施工方法有人工施工、简易机械施工、机械化施工及爆破施工等。施工时应根据工程性质、岩石类别、工程量、施工期限、施工条件等选择一种或几种。

人工施工是传统的施工方法，施工时主要是工人用简单工具进行作业。这种方法劳动强度大、工效低、进度慢，且工程质量难以得到保证，已不适应现代公路工程施工的要求，只能作为其他施工方法的辅助和补充。

简易机械施工是在人工施工的基础上，对施工过程中劳动强度大和技术要求相对较高的工序用机具或简易机械完成，以利加快工程进度、提高施工效率和工程质量。但这种施工方法工效有限，只能用于工程量较小、工期要求不严的路基或构造物施工，不适宜高速公路和一级公路路基的大规模施工。

机械化施工是通过合理选用施工机械，将各种机械科学地组织成有机的整体，优质、高效地进行路基施工的方法。若选用专业机械按路基施工要求对施工的各工序进行既分工又联合的作业，则为综合机械化施工。实现机械化施工是我国路基施工的发展方向，特别是对于工程量大、技术要求高、工期紧的高速公路和一级公路路基工程，必须采用机械化施工。组织机械化施工时，应使机械合理配套、科学组织，最大限度地发挥各种机械的效能。

爆破法施工是利用炸药爆炸的巨大能量炸松土石或将其移到预定位置。这种施工方法主要用于石质路堑的开挖，特殊情况下也用于土质路堑开挖或清除淤泥。在施工时若采用机械钻孔、机械清运，也属于机械化施工之列。

2．施工前的准备工作

路基施工的主要内容，大致可归纳为施工前的准备工作和基本工作两大部分。虽然路基施工基本工作，主要是开挖、运输、填筑、压实等比较简单的工序，以及与路基直接有关的各项附属工程，但其工程量大，施工期长，且所需人力、物力资源较大，因而必须集中精力，认真对待。但要保证正常施工，施工前的准备工作极为重要，它是组织施工的第一步，无准备的施工或准备不充分的施工，均会使路基施工的基本工作难以顺利进行。

路基施工前的准备工作，可大致归纳为组织准备、物资准备和技术准备三个方面。

①组织准备

开工前的组织准备工作主要是建立和健全工程管理机构和施工队伍，明确各自的施工任务，制定施工过程中必要的规章制度，确定工程应达到的目标等。组织准备亦是做好一切准备工作的前提。

②物资准备

路基施工要消耗大量的人工、材料和机具，因此，开工前应进行所需材料的购进、采集、加工、调运和储备，同时要检修或购置施工机械，做好施工人员的生活、后勤保障准备。为使供应工作能适应基本工作的需要，物资准备工作必须制订具体计划，其中有的计划内容，如劳动力调配、机具配置及主要材料供应计划，必须服从于保证施工组织计划顺利实施，而且亦常被列为施工组织计划的重要组成部分。

③技术准备

主要包括熟悉设计意图，查对图纸文件资料、现场踏勘与调查、制订施工组织计划、施工测量、施工前的复查与试验及清理施工现场等工作。对于高速公路和一级公路以及在特殊地区或采用新技术、新工艺、新材料进行路基施工时，除做好上述准备工作外，还应在大规模施工前铺筑试验路段，为正式施工提供技术指导。

第一，熟悉设计意图，查对图纸文件资料。施工前应组织施工人员对设计文件、图纸、资料认真进行熟悉，查对是否齐全、有无遗漏、差错或相互之间有无矛盾。在研究设计图纸、资料过程中，需与现场实际情况核对，并于必要时进行补充调查。发现差错应向设计单位提出，并要求补齐或更正，并做出记录。

第二，现场踏勘与调查。现场踏勘与调查的主要内容有：

①对施工有影响，需拆迁的各种建筑物、构筑物、公用事业杆线、管道和附属设施以及树木、农作物、坟墓等。

②因施工影响沿线建筑物、构筑物、公用事业杆线、管道安全，需加固保护的结构、数量和确切位置。

③沿线需重点保护的历史文物、古迹、测量标准及军事设施等。

④了解沿线填缺、挖余的地段和数量以及可供借土或弃土的地点。

⑤摸清沿线可利用的排水沟浜、下水道及以往暴雨后的积水情况，以便考虑施工期间的排水措施。

⑥了解现场附近供水、供电、通信设施、运输路线、场地及其他设施的情况。

⑦对外露的检查井、消防栓、人防通气孔等应在图上标明，以备核对，避免埋没或堵塞。

⑧了解沿线各单位因施工受到的影响情况，以及车辆交通影响，以便提出安排方案。

第三，编制施工组织计划。编制路基施工的实施性施工组织计划，是路基施工前非常重要的技术准备工作。施工单位应根据设计文件、工程实际条件、工程量、施工难易程度以及设备、人员、材料供应情况和工期要求等认真编制。所编制的施工组织计划应针对工程实际，科学合理，易于操作实施，有利于保证工程质量和工程进度，做到“运筹帷幄”，使路基施工能连续、均衡地进行。在编制过程中，施工单位应对设计文件和设计交底全面熟悉、认真研究，组织有关人员进行现场核对和施工调查；若有必要，应按有关程序提出修改意见并报请变更设计。

第四，施工测量。路基开工前应做好施工测量工作，其内容主要包括导线、中线、水准点复测，横断面检查与补测，增设水准点等。施工测量的精度应符合交通部颁布实施的《公路勘测规范》的要求。

开工前应全面复测路线的交点、转点、曲线主点等主要控制点，恢复路线中线桩并设置护桩。高速公路和一级公路应采用坐标法恢复主要控制桩。若设计文件中公路路线主要由导线控制，施工测量时必须根据设计单位提供的导线点及其坐标做好导线的复测工作以准确控制路线的平面位置。当原有导线点不能满足施工要求时，应进行加密。若发现路线中线与相邻施工段的中线或结构物中轴线不闭合，应及时查明原因并上报有关部门。若原设计路线长度丈量有错误或局部改线时，应作断链处理并相应调整纵坡。

路基施工时，若使用设计单位设置的水准点，应进行校核并与国家水准点闭合；产生的闭合差应按有关规定处理，闭合差超出允许误差应查明原因并报告有关部门。为方便施工可增设临时水准点。临时水准点必须可靠固定，符合精度要求，并与相邻路段水准点闭合。

施工前应对路基纵横断面进行检查和核对，并适当补测。根据恢复的路线中桩，按设计文件、施工规定和技术要求等钉出路基用地界桩、路堤坡脚、路堑堑顶、边沟、取土坑、护坡道、弃土堆等的具体位置。为方便施工，还应在距路线中线一定安全距离处设置控制桩，其间距不宜大于50m。桩上标明桩号及路线中心填挖高度，用（+）表示填方，用（–）表示挖方。

在路基施工过程中应采取有效措施保护所有测量标志，以免增加测量工作量，减少出现错误的可能。

第五，施工前的复查与试验。路基施工前，施工技术人员应对路基施工范围内的地质、地形、水文情况进行详细调查。根据设计文件提供的资料，对取自挖方、借土场、料场的路堤填料进行复查和取样试验。用作填料的土应按土工试验规程测定其物理、力学等性质，以试验结果作为判定可否应用的依据。若使用新材料（如工业废渣等）填筑路堤，除对相应指标进行试验外，还应进行环境保护分析并提出报告，经批准后方可使用。

第六，清理施工现场。路基施工前应先办好有关土地的征用、占用手续，依法使用土地。路基范围内的既有建筑物、道路、沟渠、通讯及电力设施等，施工单位应协同有关部门事先拆除或迁建。对路基附近的危险建筑物应进行适当加固，对文物古迹应妥善保护。

第七，铺筑试验路。高速公路和一级公路以及在特殊地区或采用新技术、新工艺、新材料的路基，在正式施工前，应采用不同的施工方案和施工方法，铺筑试验路并进行相关试验分析，从中选出最佳施工方案和施工方法以指导大面积路基施工。所铺筑的试验路应具有代表性，施工机械和工艺过程要与以后全面施工时相同。通过试验路铺筑可确定不同压实机械压实各种填料的最佳含水量、适宜的松铺厚度、相应的碾压遍数、最佳机械配置和施工组织方法等。

二、填方路堤的施工

填方路堤施工是公路工程施工中一个非常重要的环节，需要精心组织，精心施工，确保工程质量。同时，由于高速公路特殊的交通功能，对路基施工质量有着更高的要求。因此，路堤施工必须从基底处理、填料选择、压实、排水、防护等各方面加以重视，依靠科技进步，采用新技术、新材料、新的检测手段，保证路基具有足够的水温稳定性及耐久性。

（一）填方路堤的填筑施工

1. 填方路堤施工特点

第一，由于路堤存在沉降和稳定问题，特别是高路堤可能发生的稳定性问题，要求其施工质量高，因此，无论对基底的处理、填料的选择、排水措施、压实标准的控制等方面都要求比较高，以保证路基的稳定性与耐久性。

第二，高速公路路堤一般都比较高，所需土方量很大，因此，施工必须采用机械化作业，从基础的处理、填料的开挖、运送、摊铺、压实均采用一系列的机械进行施工。

第三，高速公路采用封闭形式，桥涵、通道较多，结构增多势必带来结构物两端路堤的填筑与压实困难问题，因此，必须采用各种技术措施保证结构物两端路堤的填筑压实质量，减少桥头跳车。

第四，为尽量减少路堤沉降，提高路堤稳定性，必须广泛采用新材料、新的施工设备和新的检测手段，如采用粉煤灰材料填筑路堤，采用重型压实标准等。

第五，公路施工中必须做好环境保护和绿化工作，而这一点在路堤施工中是相当重要的，施工中存在的水土、植被、地貌都不应由于施工而遭到破坏，填料不能含有害物质，防止环境受污染。

2．路堤基底处理

路堤基底是指土石填料与原地面的接触部分。为使路基的强度和整体稳定性得到保证，应根据基底的土质、水文、坡度和植被情况及路基高度等进行适当的处理。

第一，应做好原地面临时排水工作。临时排水设施要与永久排水设施相结合，排走的雨水不得流入农田、耕地，也不得引起水沟淤积和冲刷路基；原地面易积水的坑、洞、墓穴等应用原地土或砂性土回填，并按规定进行压实。

第二，路基用地范围内的树木、灌木丛等均应在施工前砍伐或移植清理，砍伐的树木应移植于路基用地之外，进行妥善处理。高速公路、一级公路和填方高度小于 1m 的其他公路应将路基范围内的树根全部挖除并将坑穴填平夯实；填方高度大于 1m 的其他公路允许保留树根但根部露出地面不得超过 20cm。取土坑范围内的树根也应全部挖除。

第三，路堤基底为耕地或松土时，应先清除有机土、种植土，平整后按规定要求压实。在深耕地段，必要时应将松土翻挖，土块打碎，然后回填、整平、压实。

第四，路堤基底原状土的强度不符合要求时，应进行换填处理（或采取其他地基加固方法），换填深度应不小于 30cm，并分层找平压实。

第五，山坡路堤，地面横坡不陡于 1 ： 5，而基底土质密实稳定时，可将路堤直接修筑在天然地面上；当地面横坡陡于 1 ： 5 时，应将原地面挖成台阶并夯实，台阶宽度不小于 1m。对于原地面横坡较陡的高速公路和一级公路半填半挖路基，必须在山坡上从填方坡脚向上挖成向内倾斜的台阶，台阶宽度不小于 1m，台阶高度不小于 0.5m，台阶顶面做成 2% ~ 4% 的内倾斜坡，并用小型机具夯实，再填筑路堤。

第六，当路堤稳定受到地下水位影响时，应在路堤底部填以水稳性优良、不易风化的砂、砂砾、碎石等材料或采用无机结合料（生石灰粉、水泥等固化材料）进行加固处理，使基底形成水稳性好、厚约 30cm 的稳定层。

3．填料选择

一般的土和石都可以用作路堤的填料。用卵石、碎石、砾石、粗砂等透水性良好的填料，只要分层填筑分层压实，可不控制含水量；用黏性土等透水性不良的填料，应在接近最佳含水量情况下分层填筑与压实。

《公路路基施工技术规范》及《公路软土地基路堤设计与施工技术规范》中对路基用土有如下规定：

第一，路堤填料不得使用淤泥、沼泽土、冻土、有机土、含草皮土、生活垃圾、树根和含有腐朽物质的土。采用盐渍土、黄土、膨胀土填筑路堤时，应遵照有关规定执行。

第二，液限大于 50%、塑性指数大于 26 的土，以及含水量超过规定的土，不得直接作为路堤填料。需要应用时，必须采取满足设计要求的技术措施，经检查合格后方可使用。

第三，钢渣、粉煤灰等材料，可用做路堤填料，其他工业废渣在使用前应进行有害物质的含量试验，避免有害物质超标，污染环境。

第四，捣碎后的种植土，可用于路堤边坡表层。

应当指出，有多种料源可供选择时，应优先选用那些挖取方便、压实容易、强度高、水稳性好的土料。路堤受水浸淹部分，应尽量选用水稳性好的填料。

4．填方路堤的填筑施工

填方路堤的填筑方式因填料类型不同而不同。

①土方路堤填筑

土方路堤常根据路段地形情况的不同分别采用水平分层填筑法、纵向分层填筑法、横向填筑法和混合填筑法四种形式。

第一，水平分层填筑法。水平分层填筑法，即按照路基设计横断面全宽分成水平层次逐层向上填筑。如原地面不平，应由最低处分层填筑，每填一层，需经压实符合规定后，再填上一层。路堤填土宽度每侧应宽于填层设计宽度，压实宽度不得小于设计宽度，逐层填、压密实，最后整修削坡。路堤两侧超填宽度一般应控制在 0.3 ~ 0.5m。水平分层填筑法是填筑路堤的基本方法，它最能保证填土质量，一般均应优先采用。

用透水性不良的土填筑路堤时，应控制其含水量在最佳压实含水量 ±2% 之内。采用机械压实时，分层的最大松铺厚度，高速公路和一级公路不应超过 30cm；其他公路，按土质类别、压实机具功能、碾压遍数等，经过试验确定。但最大松铺厚度，不宜超过 50cm。填筑至路床顶面最后一层的最小压实厚度，不应小于 8cm。

若填方分几个作业段施工，两段衔接处必须采取分层相互搭接、相互覆盖的做法，以利路基整体稳定。若两个地段不在同一时间填筑，则先填地段，应按 1 ∶ 1 坡度分层留台阶。若两个地段同时填筑，则应分层相互交叠衔接，其搭接长度不得小于 2m。

加宽旧路堤时，所用填土宜与旧路相同或选用透水性较好的土，并将老路加宽一侧（单面加宽法）或两侧（双面加宽法）沿边坡挖成向内倾斜的台阶，台阶宽度一般不小于 1m，台阶高度不小于 0.5m。然后分层填筑，分层碾压，以利新、老路堤紧密结合。在新、老路基已达到相同高度时，加高部分再按断面全宽度分层填筑。

新填筑的路堤或旧路加高，在填筑过程中应随时注意防止雨水聚集浸湿，因而必须留有一定横坡，并做好路堤边沟，以利纵、横向排水通畅和及时。

在施工中，沿线的土质经常发生变化，为不致将不同性质的土任意混填，以致造成路基病害，必须在施工前进行现场调查，做出正确的规划，拟订合理的调配方案。

不同土质混合填筑时，应遵循以下原则：

用透水性较小的土填筑路堤下层时，其顶面应设4%的双向横坡，以保证来自上面透水性填土层的水及时排出。

路堤上层用透水性较差的土填筑时，不应覆盖封闭其下层透水性较大的填料，以保证路堤内的水分蒸发。

不得将透水性不同的土混杂填筑，以免形成水囊或滑动面。每种填料层累计总厚度不宜小于0.5m。

根据强度和转定性要求，合理安排不同土质的层位，不因潮湿及冻融而改变其体积的优良土质应填筑在路堤上层，强度较低的土填筑在下层。

沿公路纵向用不同的土质填筑路堤时，为防止在相接处发生不均匀变形，应在交接处做成斜面，并将透水性差的土安排在斜面下方。

第二，纵向分层填筑法。原地面纵坡大于12%的地段，可采用纵向分层法施工，沿纵坡分层，逐层填压密实。适用于推土机或铲运机从路堑取土填筑运距较短的路堤。

第三，混合填筑法。混合填筑法亦称路堤联合填筑法。在陡坡路段，下层采用横向填筑方式，上层（至填筑一定高度后）改用水平分层填筑法，其大约深度相当于路基应力工作区深度，这样可使上部填土获得足够的压实度。

填筑土质路堤时应根据填料运距、填筑高度、工程量等进行施工机械的配置，确定作业方式。施工机械应尽量配套，以最大限度地发挥各种机械的工效。对于两侧取土，填土高度在3m以内的路堤，可用推土机从两侧分层堆填，配合平地机分层整平，然后在最佳含水量下用压路机压实。对于填方量较集中的路堤填筑，当填料运距超过1km时，可用松土机翻松，用挖土机、装载机配合自卸汽车运输，料运到作业面后用平地机整平，再配合洒水车和压路机压实；当填料运距在1km范围内时，可用铲运机运土，辅以推土机开道、翻松硬土、平整取土段、清除障碍和推土等。

②填石路堤填筑

填石路堤的石料强度不应小于15MPa（用于护坡者不应小于20MPa），石料最大粒径不宜超过层厚的2/3。

高速公路、一级公路和铺设高级路面的其他等级公路的填石路堤均应分层填筑，分层压实。分层松铺厚度：高速公路、一级公路不宜大于0.5m，其他公路不宜大于1.0m。二级及二级以下且铺设低级路面的公路在陡峻山坡段施工特别困难或大量爆破移挖作填时，可采用倾填方式将石料填筑于路堤下部，但倾填路堤在路床底面下不小于 1.0m 范围内仍应分层填筑压实。

填石路堤倾填前，路堤边坡坡脚应用粒径大于 30cm 的硬质石料码砌。当设计无规定时，填石路堤高度小于或等于 6m 时，起码砌厚度不应小于 1m；当高度大于 6m 时，码砌厚度不应小于 2m。

当石块级配较差，粒径较大，填层较厚，石块间的空隙较大时，可于每层表面的空隙里扫入石渣、石屑、中粗砂，再以压力水将砂冲入下部，反复数次，使空隙填满。

人工铺填粒径 25cm 以上石料时，应先铺填大块石料，大面向下，小面向上，摆平放稳，再用小石块找平，石屑塞缝，最后压实。人工铺填块径 25cm 以下石料时，可直接分层摊铺，分层压实。

用强风化石料或软质岩石填筑路堤时，应按土质路堤施工规定先检验其 CBR 值是否符合要求，不符合要求者不得使用，符合使用要求时应按土质填筑的技术要求施工。

高速公路及一级公路填石路堤时其路床顶面以下 50cm 范围内应填筑符合路床要求的土并分层压实，填料最大粒径不得大于 10cm。其他公路填石路堤时其路床顶面以下 30cm 范围内宜填筑符合路床要求的土并压实，填料最大粒径不应大于 15cm。

压实度检验：在规定深度范围内，以通过 12t 以上振动压路机进行压实试验，当压实层顶面稳定，不再下沉（无轨迹）时，可判为密实状态。

③土石路堤填筑

天然土石混合材料中所含石料强度大于 20MPa 时，石料的最大粒径不得超过压实层厚的 2/3，超过的应予清除；当所含石料为软质岩（强度小于 15MPa）时，石料最大粒径不得超过压实层厚，超过的应打碎。

土石路堤必须分层填筑，分层压实，每层铺填厚度应根据压实机械类型和规格确定，但不宜超过 40cm。

压实后渗水性差异较大的土石混合料应分层或分段填筑，不宜纵向分幅填筑。如确需纵向分幅填筑，应将压实后渗水良好的土石混合料填筑于路堤两侧。

当石料含量超过 70% 时，应先铺填大块石料，再铺小块石料、石楂或石屑嵌缝找平，然后碾压。当石料含量小于 70% 时，土石可混合铺填，但应避免硬质石块（特别是尺寸大的硬质石块）集中。

土石混合料填筑高等级公路时，其路床顶面以下 30 ~ 50cm 范围内仍应填筑符合路床要求的土并分层压实，填料最大粒径不大于 10cm；其他公路在路床顶面以下填筑 30cm 的砂类土，最大粒径不大于 15cm。

④高填方路堤填筑

水稻田或长年积水地带，用细粒土填筑的路堤高度在6m以上，其他地带填土或填石路堤高度在20m以上（填砂、砾路堤在12m以上）时，都属于高填方路堤填筑。

高填方路堤，应严格按设计边坡填筑，不得缺填。每层填筑厚度，根据所采用的填料，分别按土方路堤、石方路堤或土石路堤的有关规定执行。如填料来源不同，其性质相差较大时，应分层填筑，不应分段或纵向分幅填筑。

高填方路堤受水浸淹部分，应采用水稳性高及渗水性好的填料，其边坡比不宜小于1 ： 2。

高填方路堤填筑过程，尤应注意防止局部积水，以免影响填筑质量。特别在原地面倾斜较急的坡面上半填半挖时，除应挖成阶梯与填方衔接分层填压外，还要挖好截水沟，引导泄水于路堤之外。

（二）桥涵及其他构造物处的填筑施工

公路投入运营使用后，往往在桥头或其他构造物处存在跳车现象，而在一些软土地基或高路堤跳车现象更为严重。这不仅影响行车速度、行车的舒适性和安全性，而且容易使桥台、台背、桥头伸缩缝以及连接的路面结构遭到破坏，从而成为公路运营中必须经常维修养护的主要路段。为此，在公路施工时，必须充分注意并尽可能地做好桥涵及其他结构物处路堤的填筑施工。

1．一般要求

①填料

除设计文件另有规定外，一般应采用砂类土或渗水性土。当采用非渗水性土时，应在土中增加外掺剂，如石灰、水泥等。但严禁使用淤泥、沼泽土、冻土以及含有草皮、树根、生活垃圾、杂物和含水量过大的土用作填料。

②填筑

桥涵及其他构筑物处的填土，应适时分层回填压实。回填土时对桥涵圬工的强度等要求应按照《公路桥涵施工技术规范》有关规定办理，同时还应注意必须在隐蔽工程检验合格后方可开始回填。要严格控制回填土的含水量。分层松铺厚度宜小于20cm。当采用小型夯具时，一级以上的公路松铺厚度不宜大于15cm，并应充分压（夯）实到规定要求。

桥台背后填土宜与锥坡同时进行；涵洞缺口填土应在两侧对称均匀分层回填压实。如使用机械回填，则涵台胸腔部分及检查井周围应先用小型压实机械压实填好后.，方可用机械进行大面积回填。涵顶面填土压实厚度大于50cm时，方可通过重型机械和汽车；挡墙墙址部分的基坑，应及时回填压实，并做成向外倾斜的横坡。

适用于构造物处填土压实的小型机械，有蛙式打夯机、内燃打夯机、手扶式振动压路机、振动平板夯等。

③桥涵填土的范围

台背填土路线方向长度，顶部为距翼墙尾端不小于台高加 2m；底部距基础内边缘不小于 2m；拱桥台背填土长度不应小于台高的 3 ~ 4 倍；涵洞填土长度每侧不应小于 2 倍孔径长度。

④排水

桥涵等结构物处填土，在施工中要竭力防止雨水流入；对已有积水应挖沟或用水泵将其排除。对于地下渗水，可设盲沟引出。当不得不用非渗水土填筑时，应在其上设置横向盲沟或用黏土等不透水材料封顶。挡土墙墙背应做好反滤层，使水能顺利地从泄水孔流出去。

2．填土基底的加固处理

①桥背填土基底的常用处理措施

桥台填土路堤施工后沉降控制标准一般在 10cm 以内，因此，为尽量减少路、桥衔接处的差异沉降，设计时往往采用加设钢筋混凝土搭板的形式。此外，正确处理好桥背软弱土地基，是减少施工后沉降、控制桥头跳车的重要技术措施，常用的方法有换土法、超载预压法、减少附加应力法、排水固结法、粉体搅拌桩、高压喷射注浆、振动碎石桩和矿渣桩等复合地基法，这些方法均已广泛应用于已建公路的路堤施工中。

②做好桥头路基的排水施工

施工中应充分注意填土的排水，防止路面及中央分隔带水流对填土的浸泡或冲刷。同时在路堤填筑前，在基底顶面应设置必要的排水设施，如横向泄水管或盲沟等。其铺设方法，如有设计时可根据设计要求进行，如无设计时，可参考以下方法进行：

横向泄水管的铺设，通常先在基底顶面填筑 3% ~ 4% 的夯实黏土横坡路基，再在其上挖一条宽 × 深为（40 ~ 60）cm×（30 ~ 50）cm 的双向地沟，然后在台背后全宽范围内满铺一层土工织物等排水隔离层；在地沟内四周再铺设直径不小于 10cm、有孔径为 5mm 的小孔硬塑料泄水管，布成梅花形，间距控制在内，其出口应伸出路基或桥头锥坡外。在硬塑料管四周再填筑粒径较大、透水性好的材料，并分层填筑至路堤顶面。

盲沟设置，即不采用泄水管，而以渗透系数大的透水材料（如大粒径碎石）填筑地沟，并用土工织物包裹，出口处做必要的处理。

3．填筑压实质量控制要点

桥涵及其他结构物处回填是路基工程中的关键部位，为保证桥头路堤稳定，在施工中应克服认为结构物处回填工程量小、操作空间小而往往被忽视，致使回填材料不符合要求，压实度达不到设计标准的现象。为防止桥头跳车等病害，必须严格控制桥涵及其他构造物处的填筑压实质量。其质量控制要点如下：

第一，结构物回填应选择适宜的材料并通过检验，所用机具应适应回填操作空间，若不适宜用大型压路机碾压时，应尽量采用小型手扶振动夯或手扶振动压路机压实。

第二，结构物回填处顺路线方向长度应按设计或规范规定，并挖成台阶，经监理工程师检查后才能分层回填。分层厚度一般规定每层 15cm，并应在桥台背墙或明显地方标明高度逐层填筑、逐层碾压检测。检查频率为每 50 平方米检验 1 点，不足 50 平方米时至少检验 1 点，且每点都应合格。

第三，回填处如有泄水孔或其他构筑物时，一定要按设计要求或设置碎石、粗砂或砾料层，以便达到泄水孔处过滤作用。

第四，回填钢筋混凝土圆管时，必须注意两边对称同时进行，直至管顶。回填时特别要注意管道两侧腋下的回填压实。

回填钢筋混凝土盖板涵时，只有在盖上钢筋混凝土板后才能回填。当客观情况需要两侧不均匀填筑时，必须等到涵台（墙）的混凝土或圬工砌体的砂浆达到规定强度后才能进行。

第五，结构物回填应分层平铺，紧接桥台、翼墙处，应密切注意与结构物相接的压实度，但也应注意任何压实不能对结构物部位造成损害。

第六，对于圆柱式桥台或肋柱式桥台的台背回填，应内、外侧同时分层填筑，并随时砌筑护坡以减少单向推力。

（三）影响路基压实效果的因素

路基施工，使天然结构的土体经过挖、运、填等工序后变为松散状态，为使路基具有足够的强度、稳定性，必须将路基填土碾压密实。通过压实还可提高路基承载力和隔温性能，降低渗透系数和塑性变形等。因此，路基的压实工作，是路基施工过程中一个重要工序，是保证路基获得强度与稳定性的根本技术措施之一。

1. 路基压实标准

为了便于检查和控制压实质量，路基的压实标准常用压实度来表示。路基的压实度是工地路基土经压实后实际达到的干密度与其室内标准击实试验所得的最大干密度的比值，用百分数表示。

合理确定作为压实标准的压实度，对保证路基的强度和稳定性十分重要，同时这还关系到技术上的可行性和工程经济性。实际施工过程中，压实度一般难以达到 100%。鉴于行车荷载应力传播的特点，对路基不同层位的压实度要求可有所不同。对于路基上部，由于汽车荷载产生的应力较大，故压实度要求最高，而路基下部由于受汽车荷载影响较小，压实度要求可适当降低。公路等级和路面等级越高，则路基压实度要求也越高。

2. 影响压实效果的主要因素

在室内对细粒土或多种路面材料进行击实试验时，影响土或路面材料达到规定密实度的主要因素有：含水量、土或材料的颗粒组成以及压实功能。

在施工现场碾压细粒土的路基时，影响路基达到规定压实度的主要因素有：土的含水量、碾压层的厚度、压实机械的类型和功能、碾压遍数以及地基的强度。

在施工现场碾压级配集料时，影响集料达到规定密实度的主要因素，除上述因素外，还有集料的特性（包括质量、级配的均匀性和细料的塑性指数）以及下承层的强度。

此外，土和路面材料的类型对所能达到压实度也有明显影响。

①含水量

通过室内击实试验绘制的密实度（干密度）与含水量之间的关系曲线（击实曲线）。在压实过程中，土或材料的含水量对所能达到的密实度起着非常大的作用。锤击或碾压的功需要克服土颗粒间的内摩阻力和凝聚力，才能使土颗粒产生位移并互相靠近。土的内摩阻力和凝聚力是随密实度而增加的。土的含水量小时，土颗粒间的内摩阻力大，压实到一定程度后，某一压实功不再能克服土的抗力，压实所得的干密度小。当土的含水量逐渐增加时，水在土颗粒间起着润滑作用，使土的内摩阻力减小，因此同样的压实功可以得到较大的干密度。在这个过程中，单位土体中空气的体积逐渐减小，而固体体积和水的体积则逐渐增加。当土的含水量继续增加到超过某一限度后，虽然土的内摩阻力还在减小，但单位土体中的空气体积已减到最小限度，而水的体积却在不断增加。由于水是不可压缩的，因此在同样的压实功下，土的千密度反而逐渐减小。在击实曲线上与最大干密度对应的含水量称为最佳含水量。土的含水量是影响压实效果的决定性因素，在最佳含水量下，最容易获得最佳压实效果。但是，某一种土或路面材料的最佳含水量和最大干密度不是固定不变的，它随压实功能而变。在室内进行击实试验时，它随所用的击实功而变。在工地碾压时，它随所用压路机的重量或功能以及碾压遍数而变。

在施工现场，用某种压路机碾压含水量过小的土或级配集料，要达到高的压实度是困难的；如土的含水量超过最佳值过多，要达到较大的压实度同样是困难的。因此，在特殊干旱和特殊潮湿地区，在无法或不能采取合适措施的情况下，实际施工中往往不得不降低对压实度的要求。对含水量过大的土、沙砾土、无机结合料稳定土等路面材料进行碾压时，经常会发生“弹簧”现象，而不能压实。

②压实功能

压实功能包括压实机械质量、碾压遍数或锤落高度、作用时间等。压实功能是影响压实效果的另一重要因素。

对同一类土，最佳含水量随压实功能的增加而降低，而最大干密度则随压实功能的增加而增加；在相同含水量条件下，压实功能愈高，土基密实度愈高。据此规律，工程实践中可以增加压实功能（选用重碾，增加碾压遍数或延长碾压时间等），以提高其压实度。然而，用增加压实功能的办法来提高土的密实度是有限度的，当压实功能增大到一定程度后，土的密实度增加较缓慢，在经济效益和施工组织上不够合理，甚至功能过大，破坏土基结构，效果适得其反。相比之下，严格控制最佳含水量，要比增加压实功能收效大得多。当含水量不足，洒水有困难时，适当增大压实功能，可见收效。如果土的含水量过大，此时如果增大压实功能，必将出现“弹簧”现象，压实效果很差，造成返工浪费。所以，土基压实施工中，控制最佳含水量，是首要关键，在此前提下采取分层填土，控制有效土层厚度，必要时适当增大压实功能，乃土基压实工作的基本要领。

③土质

土质不同压实效果也不同，一般情况是在同一压实功能作用下，粗颗粒含量多的土，最大干密度较大，最佳含水量较小，比较容易压实。土中粉粒和黏粒含量愈多，土的塑性指数愈大，土的最佳含水量也就愈大，同时其最大干密度愈小。各种不同土的最佳含水量和最大干密度虽然不同，它们击实曲线的性质却是基本相同的。砂土易散失水分，松散不易压实，最佳含水量的概念，没有多大的实际意义。

路基施工最好的土质是亚砂土和亚黏土，它们压实性好，容易施工，水稳性良好。重黏土塑性指数高，成团不易打碎，造成压实困难。

④压实机械

压实机具的选择，以及合理的操作，亦是影响土基压实效果的另一些综合因素。

土基压实机具的类型很多，大致分为碾压式、夯击式和振动式三大类型。碾压式（又称静力碾压式），包括光面碾（普通的两轮和三轮压路机）、羊足碾和气胎碾等几种。夯击式中除人工使用的石硪、木夯外，还包括机动设备中的夯锤、夯板、风动夯及蛙式夯机等。振动式中有振动器、振动压路机等。每一种类型的压路机都有多种不同的重量。此外，运土工具中的汽车、拖拉机以及土方机械等，亦可用于路基压实。

在公路路基路面施工中，通常采用自行式压路机。

不同压实机具，适用于不同土质及不同土层厚度等条件，这亦是选择压实机具的主要依据。

采用光面钢轮压路机碾压时，由于碾压轮与土或路面结构层材料的接触面积大，单位压力小，且压实工作系由层的表面向下，上层密实度大于下层，因此其压实厚度较小。用光面钢轮压路机碾压一定厚度的填土及路面结构层，既可以获得密实的结果，又可以得到平整的表面。

轻型和中型光面钢轮压路机可以用作预压，普通的中型光面钢轮压路机更适宜于压实低黏性土和非黏性土。重型光面钢轮压路机可以成功地压实黏性土。对于无黏性的砂，不适宜用重型光面钢轮压路机碾压。通常光面钢轮压路机还用于碾压路面结构层。

轮胎压路机是以充气轮胎对铺筑材料进行压实，它可以用增加配重改变每个轮胎的负荷和变更轮胎的内压使接触压力改变，因此能适应各种土壤的压实，适用范围广，压实深度大，压实效果好。由于轮胎对被碾压材料的揉压作用，使其在压实沥青路面时，更显其优越性。轮胎压路机的另一优点是机动性能好，便于运输。

振动压路机的压实功能很高，它兼有重量轻、体积小、速度快、效率高、操纵灵活等优点。振动压路机特别适宜于压实黏性小的土体，对黏性土，其压实效果较差。手扶式的小型振动压路机特别适宜于碾压路肩及台背填土。

⑤碾压层的厚度和碾压遍数

碾压层的厚度应该适当。碾压层过厚，非但该层的下部的压实度达不到要求，而且该层的上部的压实度也要受到不利影响。同时，碾压层的厚度应该与所用压路机的质量或功能相适应，它也随压路机的类型而变：不同压路机的一层的压实厚度具体多少比较合适，应通过现场的碾压试验及分层测定干密度来确定。

压路机的碾压遍数对路基土和路面材料的密实度的影响是众所周知的。用同一压路机对同一种材料进行碾压时，最初的若干遍碾压，对增高材料的干密度影响很大；碾压遍数继续增加，干密度的增长率就逐渐减小；碾压遍数超过一定数值后，干密度实际上就不再增加了。

路基施工时，首先需要确定每层填土的厚度以及压路机的碾压遍数，以保证达到要求的密实度。在解决这个问题时，还应该将机械压实作用能够达到的深度与符合要求密实度的压实深度区别开来，通常前者大于后者。实际施工中，重要的是能符合要求密实度的有效压实深度，这个深度也就是每层填土的合适压实厚度。有效压实深度主要与压实机械类型、碾压遍数或夯击次数、土的性质和含水量有关。若压实遍数超过 10 遍，应考虑减少填土层厚。

⑥碾压速度

不管使用哪种类型或质量的压路机进行碾压，其碾压速度对路基土或路面材料层所能达到的密实度有明显影响。在相同碾压遍数的情况下，碾压速度愈高，所得的压实度愈小；为了达到同样的压实度，碾压速度愈高，所需要的碾压遍数就愈多。

虽然采用高碾压速度要比采用低碾压速度的压实生产率高而且比较经济，但速度过快，容易导致被压层的平整度变差（形成小波浪）。因此，应针对具体碾压的材料层和所用的压路机，通过铺筑试验段选择合适的碾压速度。通常，碾压层厚和难以压实的材料，应采用较低的碾压速度。

⑦地基或下承层的强度

实践证明，在填筑路堤时，如地基没有足够的强度，路堤的第一层是难于达到较高压实度的。因此，在填筑路堤之前，必须先碾压地基（在清场后），使其达到足够的压实度和强度。如地基本身比较湿软（在水稻田地区常有这种情况），直接在上面填筑路堤，往往会产生困难，路堤的第一层（每层以压实厚度 20cm 考虑）甚至第二层上，重型压路机无法进行碾压；重型压路机进行碾压，土层就发生“弹簧”现象，碾压得愈多，“弹簧现象”愈严重。在这种情况下，应该先采用石灰或固化剂处理地基，或者先将地基土用砂、砂砾、沙砾土或其他类似的材料换填 1 ~ 3 层，进行适当碾压后，再进行填土。

由于原状结构土的密实度不够、强度不足，如直接用压路机在路堑表面碾压，经常达不到所要求的压实度。因此，应该首先将路堑上层厚 30 ~ 40cm 的土推出路外，用重型压路机将下层碾压密实（通常需压 5 ~ 6 遍）后，再将土分两层回填 .，并分别碾压，才能达到要求的压实度。在某些情况下，甚至需要先推出 60cm，并分三层回填和压实。

下承层的强弱对所需压实层的密实度也有明显的影响。试验表明，直接铺筑在土基上的同一种级配集料，用相同的压实机械和压实方法碾压时，如土基强度高，集料的密实度就大；反之，集料的密实度就小。

⑧碾压方式

路基、路面基层和沥青面层的施工技术规范都要求碾压时必须“先轻后重”，即先用轻型压路机碾压一定遍数后，再用重型压路机碾压。这种合适的碾压方式既有利于提高压实度，又有利于提高平整度。

（四）路基压实施工

1. 路基压实的准备工作

①铺筑试验路段确定路基压实的最佳方案

影响路基压实的主要因素有土的力学性质和压实功能、土的含水量、铺层厚度、土的级配以及底层的强度和压实度等。路基碾压时，并不是这些因素独立起作用，而是这些因素共同起作用。因此，高速公路、一级公路以及在特殊地区或采用新技术、新工艺、新材料进行路基施工时，施工单位应采用不同的施工方案做试验路段，从中选出路基压实的最佳方案。

铺筑试验段需制订试验方案，其目的是在给定压路机的情况下，找出达到压实标准的最经济的铺层厚度和碾压遍数。确切地说，就是寻求铺层厚度与碾压遍数之比的极大值。试验路段位置应选择在地质条件、断面形式均具有代表性的地段，路段长度不宜小于 100m。具体实施可以按以下步骤进行：

第一，根据土的干密度与含水量关系曲线控制土的含水量

第二，确定铺层厚度和碾压遍数。一般可根据压路机械的功能及土质情况确定铺层厚度，高速公路一般应按松铺厚度 30cm. 进行试验，以确保压实层的均匀性。其他公路，按土质类别、压实机具功能、碾压遍数等，经过试验确定，但最大松铺厚度，不宜超过 50cm。

砂性土需碾压遍数少，黏性土需碾压遍数多。光轮压路机碾压遍数较高，轮胎压路机次之，振动压路机和夯击机遍数最少。

通过试验段的铺筑及有关数据的检测，写出试验报告，最后确定土的适宜铺筑厚度、所需碾压遍数及填土的实际含水量，以利于施工中掌握控制。

②根据土壤性质，选择确定压实机械

土壤的性质不同，有效的压实机械也不同。各种压路机都有其特点，可以根据土质情况合理选用。

对于高速公路路基填土压实宜采用振动压路机或 35 ~ 50t 轮胎压路机进行。

③含水量的检测与控制

路基的强度与稳定性主要是通过压实得以提高，压实度受含水量的制约，也就是有效地控制含水量后，才能可靠地压实到压实标准。一般控制压实时土的含水量在最佳含水量 ±2% 以内。当土的实际含水量超过上述范围时，应将土摊开、晾晒或适当洒水以达到要求后方可进行压实。当需要对土采用人工洒水时，需要加的水宜在取土的前一天浇洒在取土坑内的表面，使其均匀渗透入土中，也可将土运至路堤上后，用水车均匀、适量地浇洒在土中，并用拌和设备拌和均匀。

此外，还应增加洒水至碾压时的水分蒸发消耗量。

2. 压实施工

通过上述的准备工作，在确定了所采用的压实机械、需要的碾压遍数、最佳含水量后，即可对路基进行压实施工。路堤、路堑和路堤基底均应进行压实。

碾压前应对填土层的松铺厚度、平整度和含水量进行检查，如果不合要求，不要急于碾压，而必须采取处理措施，如减少填土层厚、平地机整平、晾晒或洒水。

各种压路机的碾压行驶速度开始时宜用慢速，最大速度不宜超过 4km/h；碾压时直线段由两边向中间，小半径曲线段由内侧向外侧，纵向进退式进行；横向接头对振动压路机一般重叠 0.4 ~ 0.5m，对三轮压路机一般重叠后轮宽的 1/2，前后

相邻两区段（碾压区段之前的平整预压区段与其后的检验区段）宜纵向重叠 1.0 ~ 1.5m。应达到无漏压、无死角，确保碾压均匀。采用振动压路机碾压时，第一遍应不振动静压，然后先慢后快，由弱振至强振。

有大型运载车辆的标段，应合理安排行车路线，充分利用大型车辆对路基的压实作用。大型车辆轴载大，对路基具有压实作用，但长时间在同一路线上行驶，会导致过度碾压，形成车辙，反而对路基有害。因此，施工时应尽量让车辆在路基全幅宽度内分开行驶。

3．压实质量的检查和评价

为确保路基达到规定的压实度要求，必须认真做好压实质量的检查与监理工作。

在压实过程中，施工单位的自检人员应经常检查压实度是否符合要求。压实度测试方法可采用环刀法、蜡封法、灌水法（水袋法）、灌砂法或核子密度湿度仪测定。细粒土现场压实度检查可以采用环刀法或灌砂法；粗粒土及路面结构层压实度检查可以采用灌砂法、水袋法或钻孔取样蜡封法。核子密度湿度仪应与环刀法、灌砂法等进行对比标定后才可应用。每一压实层均应检验压实度。

路基压实度检验频率为每 2000 平方米每压实层测 4 处；路面结构层压实度检验频率为每 200m 每车道 2 处（沥青混凝土面层和沥青碎（砾）石面层为每 200m 每车道 1 处）。必要时可根据需要增加检验点，以防止压实不足处漏检。检验合格后方可填筑其上一层。若检验不合格，则应查明原因，进行补压，直至符合要求为止。

路基、路面压实度的评定以 1 ~ 3km 长的路段为检验评定单元，按其检测频率进行现场压实度抽样检查，求算每一测点的压实度。

土质路基顶面及沥青路面压实竟成后还应进行弯沉测试，以检查路基、路面的刚度是否符合设计要求。弯沉值用贝克曼梁或自动弯沉仪测量。检验频率为每一双车道评定路段（不超过 1km）检查 80 ~ 100 个点，多车道公路必须按车道数与双车道之比，相应增加测点。

计算平均值和标准差时，可将超出 7+（2 ~ 3）S 的弯沉特异值舍弃。对舍弃的弯沉值过大的点，应找出其周围界限，进行局部处理。用两台弯沉仪同时进行左右轮弯沉值测定时，应按两个独立测点计，不能采用左右两点的平均值。

弯沉代表值不大于设计要求的弯沉值时得满分；大于时得零分。

弯沉值测试在不利季节进行。若在非不利季节测定时，应乘以季节影响系数。

弯沉值反映路基上部的整体强度，而压实度反映路基每一层的密实状态，只有弯沉值和压实度两者都合格，路基的整体强度、稳定性和耐久性才能符合要求。

在路基完成后对路基顶面进行检查测定的其他项目还有：纵断面高程用水准仪每 200m 测 4 个断面；中线偏位用经纬仪每 200m 测 4 点，弯道加 HY、YH 两点；

宽度用米尺每 200m 测 4 处；平整度用 3m 直尺每 200m 测 4 处 ×3 尺；横坡度用水准仪每 200m 测 4 个断面；边坡用坡度尺抽查，每 200m 测 4 处。

路基达到碾压遍数后，均由施工单位（承包人）按上述规定自己检测，检验不合格时，自行补压。若检验合格，应填写工序报检查已铺土含水量，有无不适用材料验单，附上检测记录，报监理工程师进行抽检，或者在碾压到规定遍数后，施工单位（承包人）会同监理工程师共同到达工地，监理工程师旁站监督旁站。旁站检测合格时即可签订认可，不合格时承包人自费进行补压或返工。无论何时，在摊铺下一层之前，每一层的压实都必须经监理工程师批准。

（五）路基整修、检查验收与维修

1．路基整修

路基工程基本完成后，由施工单位会同监理单位按设计文件和施工规范要求检查路基中线、高程、宽度、边坡坡度和排水设施等，根据检查结果制订整修计划并进行整修。

①土质路基的整修

土质路基表面的整修可用机械配合人工切土和补土，并配合压路机碾压。填土经压实后不得有松散、软弹、翻浆及表面不平现象，到设计高程后，宜用平地机刮平，路堤两侧超过设计高度部分应切除。

②边坡加固与整修

边坡需防护加固地段，应预留加固位置和厚度，使完工后的边坡与设计一致。深路堑边坡应按设计自上而下进行削坡整修，不得在边坡上贴补。当路堑边坡被雨水冲刷成沟槽时，应自下而上，分层挖台阶填筑并夯实。若填补厚度很小，又非加固边坡地段时，可用种植土填补并种草。当填方边坡出现冲沟或坍塌缺口时，应自下而上分层挖台阶加宽填补并压实，再按设计坡面修坡。

③排水系统的整修

边沟整修时应挂线进行。对各种排水设施的纵坡应进行仔细检查，断面尺寸应符合设计要求，沟底应平整、排水畅通。

2．检查验收及质量标准

①中间检查

施工过程中当每一分项、分部工程完成后，应按设计文件及施工规范等进行中间检查。如路基原地面处理完毕，应检查基底处理情况；边坡加固前，应对加固方法、加固形式、填挖方边坡加固的适用性、边坡坡度是否适当等进行检查；若发现已完工路基受水浸淹损坏、取土及弃土超过设计、意外的填土下陷、填挖方边坡坍塌需增加土方及边坡加固工程数量时应进行中间检查。此外，在路基渗沟回填土前、路基换土工作完成后、各类防护加固工程基坑开挖后必须进行中间检查验收，检查不合格不得进行下一工序的施工。

②竣工验收

对路基进行竣工验收时，应对以下项目进行检查、验收：路基的平面位置、路基宽度、高程、横坡和平整度；边坡坡度及加固设施；边沟等排水设施的尺寸及沟底纵坡；防护工程的修建位置和各部尺寸；填土压实度及表面弯沉；取土坑、弃土堆、护坡道、截水沟、渗水井等的位置和形式；隐蔽工程施工记录等。这些项目的评定按《公路工程质量检验评定标准》进行。

③质量标准

第一，土方路基。土方路基施工应符合下列质量要求：路基必须分层填筑压实，表面平整坚实，无软弹和翻浆现象，路拱合适，排水良好，土的压实度、强度和路床的整体强度符合设计要求。挖方地段上边坡应平整稳定。路床土压实度及强度必须符合规定。

第二，路肩。路肩施工必须做到表面平整密实、无积水、边缘顺直、曲线圆滑。

第三，地表排水设施。边沟、截水沟或排水沟应线条顺直，曲线圆滑，沟底平整，排水畅通。浆砌片石加固砌体，砂浆应密实饱满，配合比符合设计要求。边沟勾缝平顺，缝宽均匀，无脱落现象。沟渠断面应均匀平整，无凹凸不平现象，勾底无积水。

3．路基维修

路基工程完工后，在路面施工前及公路工程初验后直至竣工验收终验前，路基如有损坏，施工单位应进行维修，并保证路基排水设施完好，及时清除排水设施中的淤积物、杂草等。对较长时间停工和暂时不做路面的路基，则应保持排水畅通；复工前应对路基各分项工程予以修整。

路面施工前应整修路基，使表面无坑槽，保持规定的路拱。若路堤经雨水冲刷或发生沉降时，应立即修补、加固或采取其他处理措施，并查明原因，做好记录。遇路堑边坡坍方时，应及时清除，未经加固的高路堤和路堑边坡以及潮湿地区的土质路基边坡上的积雪应及时清除，以免危害路基。当路基构造物有变形时，应详细查明原因，及时修复，使之保持稳定。

路基工程完工后，每当大雨、连日暴雨或积雪融化期间，应控制施工机械和车辆在土质路基上通行；若不能避免时，应及时排干积水，整平压实。

三、挖方路堑的施工

路堑开挖是将路基范围内设计高程之上的天然土体挖除并运到填方地段或其他指定地点的施工活动。开挖路堑将破坏土体原来的平衡状态，开挖时保证挖方边坡的稳定性是一个十分重要的问题。深长路堑往往工程量巨大，开挖作业面狭窄，常常是一段路基施工进度的控制性工程。因此，应因地制宜，以加快施工进度、保证工程质量和施工安全为原则，综合考虑工程量大小、路堑深度与长度、开挖作业面大小、地形与地质情况、土石方调配方案、机械设备等因素，制订切实可行的开挖方式。

（一）土质路堑的开挖

土方路堑开挖根据路堑深度和纵向长度，开挖方式分为横挖法、纵挖法及混合式开挖法三种。

1. 横挖法

从路堑的一端或两端在横断面全宽范围内向前开挖路堑的方式，称为横挖法，主要适用于短而浅的路堑。路堑深度不大时，一次挖到设计高程的开挖方式称为单层横挖法。若路堑较深，为增加作业面，以便容纳较多的劳动力和施工机械，做到多层、多方向出土，以加快施工进度，而在不同高度上分几个台阶同时开挖的方式称为多层横挖法。多层横挖法的各施工层面应具有独立的出土通道和临时排水设施。每层挖掘深度根据工作方便和施工安全而定，人力横挖法施工时，一般为 1.5 ~ 2.0m；机械横挖法施工时，每层台阶深度可加大到 3 ~ 4m。当运距较近时用推土机进行开挖；运距较远时宜采用挖掘机配合自卸汽车进行开挖，或用推土机推土堆积，再用装载机配合自卸汽车运土。机械开挖时，边坡应配以平地机或人工分层修刮平整。

2. 纵挖法

纵挖法是开挖时沿路堑纵向将开挖深度内的土体分成厚度不大的土层依次开挖，分为分层纵挖法、通道纵挖法和分段纵挖法三种。

①分层纵挖法

沿路堑全宽以深度不大的纵向分层挖掘前进的路堑开挖方式，称为分层纵挖法，（图中数字为挖掘顺序）。本法适用于较长的路堑开挖。施工中当路堑的长度较短（不超过 100m），开挖深度不大于 3m 时，若地面横坡较陡，宜采用推土机作业，其适当运距为 20 ~ 70m，最远不宜超过 100m；若地面横坡较平缓，表面宜横向铲土，下层的土宜纵向推运；若路堑横向宽度较大，宜采用两台或多台推土机横向联合作业；当路堑剪傍陡峻山坡时，宜采用斜铲推土。当路堑长度较长（超过 100m）时，宜采用铲运机或铲运机加推土机助铲作业。

②通道纵挖法

沿路堑纵向挖掘一通道，然后将通道向两侧拓宽，上层通道拓宽至路堑边坡后，再开挖下层通道，按此方向直至开挖到挖方路基顶面高程，这种开挖路堑的方式称为通道纵挖法。这是一种快速施工的有效方法，通道可作为机械运和出土的路线，便于土方挖掘和外运的流水作业。本法适用于较长、较宽、较深而两端地面坡度较小的路堑开挖。

③分段纵挖法

沿路堑纵向选择一个或几个适宜处，将较薄一侧路堑横向挖穿，将路堑在纵向按桩号分成两段或数段，各段再纵向开挖，这种开挖路堑的方式称为分段纵挖法。本办法适用于路堑过长，弃土运距过远的傍山路堑，或一侧的堑壁不厚的路堑开挖，同时还应满足其中间段有经批准的弃土场、土方调配计划有多余的挖方废弃的条件。

3．混合式开挖法

即将横挖法与通道纵挖法混合使用，先沿路堑纵向开挖通道，然后从通道沿横向坡面挖掘，以增加开挖坡面。每一坡面应能容纳一个施工作业组或一台机械作业。在挖方量较大地段，还可沿横向再挖通道以安装运土传送设备或布置运土车辆。这种方法适用于路堑纵向长度和深度都很大的地段。

路堑开挖应自上而下进行，不得超挖滥挖。在不影响边坡稳定的条件下可采用小型爆破以提高开挖效率。应保证开挖过程中及竣工后能顺利排水。在开挖过程中，当土质发生变化时，应及时修改施工方案和边坡坡度。对于已开挖的适宜种植草皮和有其他用途的土，应储备利用。路堑路床的表层土若为有机土、难以晾干或其他不宜作路床的土时，应用符合要求的土置换，然后按路堤填筑要求进行压实。

（二）石质路堑的开挖

由于岩石坚硬，石质路堑的开挖往往比较困难，这对路基的施工进度影响很大，尤其是工程量大而集中的山区石方路堑更是如此。因此，采用何种开挖方式以加快工程进度，是石质路堑开挖需要解决的重要问题。通常，应根据岩石的类别、风化程度、节理发育程度、施工条件及工程量大小等选择爆破法、松土法或破碎法进行开挖。对于软石和强风化岩石，能用机械直接开挖的均应采用机械开挖，也可人工开挖。凡不能使用机械或人工直接开挖的石方，则应采用爆破法开挖。

1．爆破法开挖

爆破法是利用炸药爆炸的能量将土石炸碎以利挖运或借助爆炸能量将土石移到预定位置。用这种方法开挖石质路堑具有工效高、速度快、劳动力消耗少、施工成本低等优点。对于岩质坚硬，不可能用人工或机械开挖的石质路堑，通常要采用爆破法开挖。爆破后用机械清方，是非常有效的路堑开挖方法。

根据炸药用量的多少，爆破法分为中小型爆破和大爆破，其中使用频率最高的是中小型爆破，大爆破的应用则受多种因素的限制。例如，开挖山岭地带的石方路堑时，若岩层不太破碎，路堑较深且路线通过突出的山嘴时，采用大爆破开挖可有效提高施工效率。但如果路堑位于页岩、片岩、砂岩、砾岩等非整体性岩体时，则不应采用大爆破开挖。尤其是路堑位于岩石倾斜朝向路线且有夹砂层、黏土层的软弱地段及易坍塌的堆积层时，禁止采用大爆破开挖，以免对路基稳定性造成危害。

①爆破原理

为了爆破某一岩体，在其中或表面放置一定数量的炸药，称为药包，根据其形状和集结程度的不同，分为集中药包、延长药包和分集药包三种。凡药包形状接近球形或立方体，以及高度不超过直径四倍的圆柱体和最长边不超过最短边四倍的直角六面体，均属于集中药包；相反，药包的长度或高度超过上述情况者，属于延长药包；分集药包是提高炸药有效能量利用率的新型装药方式，它是将一个集中药包分为保持一定距离集中的子药包。

第一，药包在无限介质内的爆破作用。药包在无限介质内爆炸时，炸药在瞬间转化成气体状爆炸产物，体积增加数千倍乃至上万倍，形成高温高压，产生的冲击波以每秒数千米的速度自药包中心按球面等量扩展，传递到周围介质，在介质内产生各种不同程度的破坏和振动作用,这种作用随距药包中心距离的增大而逐渐消失。按介质被破坏的不同程度，将药包爆炸影响的范围分为四个区。

①压缩圈。在此作用圈范围内，介质直接承受药包爆炸产生的巨大作用力。若介质为坚硬的脆性岩石，则将会被爆炸能量粉碎；若介质为可塑性土，则将会被压缩而形成空腔。以为半径的球形区称为压缩区。

②抛掷圈。所受的爆破作用力虽较压缩圈内小，但介质原有的结构将受到强烈破坏而破裂成碎块，且爆炸力尚有足够的能量使这些碎块获得运动速度。若药包在有限介质内，这些碎块的一部分会向临空面（即自然地面）方向抛掷出去。在无限介质内不会产生任何的抛掷现象。

③松动圈。爆破的作用力更弱，但能使介质结构受到不同程度的破坏，但没有较大的位移，因而叫松动圈。

④振动圈。微弱的爆破作用力不能使介质产生破坏，而只能产生振动现象。振动区以外，爆破作用的能量就完全消失了。

以上现象就称为药包的球形爆破作用。

形爆破作用，在具有临空面的表面，都会出现一个爆破坑，一部分被炸碎的土石被抛出坑外，一部分仍回落到坑底，爆破坑形状好像漏斗一样，故称爆破漏斗。爆破漏斗的形状和大小，既与药包量大小、炸药性能、介质类别有关，又与临空面的数量和所处边界条件有关。

②爆破器材

爆破器材又叫火工产品，分军用与民用两大类。民用爆破器材又称工业爆破器材，包括炸药、雷管、导火索等。

第一，炸药。即能够发生化学爆炸反应的物质。公路工程施工中最常用的是硝铵炸药中2号岩石铵梯炸药，具有中等威力和一定的敏感性，在8号雷管的作用下可以充分起爆，是安全的炸药。但其受潮和结块后，爆破性能会降低，而生成的有毒气体明显增加。湿度超过3%则可能会拒爆，湿度大于0.5%时不得用于地下，大于1.5%时不得用于露天爆破。

第二，雷管。雷管是用来起爆炸药的，按点火方式分为电雷管与火雷管。用导火索引爆的雷管叫火雷管，分6号、8号两种，除有沼气和矿井中不用外，可用于一般爆破工程，使用中注意纸壳雷管的防潮；电雷管的构造与火雷管基本相同，只是增加了一个电气点火装置，根据雷管中主装药量不同分为6号、8号两种。

延期电雷管与瞬发电雷管的不同点，只是延期电雷管在电气点火装置与起爆炸药之间有一段缓燃导火索，根据导火索燃烧时间不同，延长起爆时间也不同，延长时间以秒、毫秒计。

一个作业面需要同时爆炸的，用瞬发电雷管；需要不同时爆炸制造临空面以扩大爆破效果的，用延期电雷管。

第三，导火索和火花起爆。导火索是一种以黑火药为药芯，以一定燃速传递火焰的索状火工品。导火索以火点燃，用以引爆火雷管或黑火药包，按燃烧速度分为普通导火索和缓燃导火索，每米燃烧速度分别为100 ~ 125s与180 ~ 215s。

火花起爆法是利用导火线燃烧引爆雷管，从而使药包爆炸的一种起爆方法。

第四，导爆索和导爆索起爆法。导爆索其索芯用高级烈性炸药制成，按其包缠结构分棉线导爆索和塑料导爆索。由于导爆索着火较困难，使用时须在药室外的一段导爆线上捆扎一个8号雷管来起爆。由于导爆索的爆速快，每秒可达6000多米，故适用于深孔洞室爆破。

第五，塑料导爆管非电起爆方法。塑料导爆管由高压聚乙烯制成，内、外径分别为1.4mm和3mm的软管，内装以混合炸药，药量为14 ~ 16mg/m国产塑料导爆管爆速为1600 ~ 2500m/s，可用雷管、导爆索、火帽、引火头等产生冲击波的器材激发，通过塑料导爆管传递到雷管使雷管激发而起爆。起爆网络与药包的联结方式有并联、串联、簇联和复式联结法等，由于该起爆法具有抗杂电、操作简便、使用安全可靠、成本较低等优点，致使有逐渐替代导火索和导爆索起爆法的趋势。

③常用爆破方法

开挖岩石路基所采用的爆破方法一般分为中小型爆破和大爆破两大类。

第一，中小型爆破。中小型爆破主要包括裸露药包法、炮孔法、药壶法和猫洞法等。

①裸露药包法。这种方法是将药包置于被炸物体表面或经过清理的石缝中，药

包表面用草皮或稀泥覆盖，然后进行爆破。由于炸药利用率低，这种方法仅限用于爆破孤石或大块岩石的二次爆破。

②炮孔法。根据炮孔的深浅不同，炮孔法又可分为浅孔爆破法和深孔爆破法。

a. 浅孔爆破法。此方法又称为钢钎炮，它是在被爆破的岩石内钻凿直径为 25 ~ 75mm、深度为 1 ~ 5m 的炮孔进行装药爆破。由于炮孔浅，用药量少，每次爆破的石方量不大（通常不超过 10 立方米），在路基石方工程量大而集中时，很少采用这种方法。但这种方法操作简单、机动性好、耗药量少，在工程分散、石方量少及地形艰险地段时仍是比较适宜的炮型。在大规模爆破工程施工中是一种改造地形、为其他爆破方法创造临空面的辅助爆破方法。

b. 深孔爆破法。此方法就是孔径一般为 75 ~ 120mm、深度大于 5m，使用延长药包的一种爆破方法。炮孔需用大型的凿岩机或钻孔机打孔。这种爆破方法装药量大，一次爆破量大，施工进度快，爆破效率较高，对路基边坡稳定性的影响比大爆破小，爆破效果容易控制，比较安全。但这种方法需要使用大型机械，施工准备和转移工地比较困难，因此，多用于石方工程量大而集中的工地。深孔爆破后仍有 10% ~ 25% 的大石块需进行二次爆破以方便清方。

当最小抵抗线穿过不同岩层时，可用加权平均的方法计算，或以占大于 30% 的最小抵抗线的岩性的尺值，作为整个药包尺的值。当所遇岩体节理发育或风化严重时，可酌情降低岩石等级 1 ~ 2 级选用值。

③药壶法（葫芦炮）。此方法俗称葫芦炮，爆破时先将少量炸药装入炮孔底部，经一次或多次哄堂后扩大成葫芦形，这样炸药将基本集中于炮孔底部的药壶内，使爆破效果大大提高。药壶法炮孔深度常为 5 ~ 7m，装药量 10 ~ 60kg，适用于开挖均匀致密的黏土（硬土）、次坚石、坚石。但对于炮眼深度小于 2.5m、节理发育的软石、地下水较发育或在雨季施工时不宜采用。

药壶法每次可炸岩石数十方到百余方，是中小型爆破中最省炸药的方法。一般布置在有较大较多临空面、地面横坡较陡的地段，但不宜靠近设计边坡布设，药室至设计边坡线的水平距离不宜小于最小抵抗线。炮孔哄堂后应将药室内的碎渣掏净。

④猫洞法。此方法是将集中药包直接放入直径为 0.2 ~ 0.5m、深度为 2 ~ 6m 的水平或略微倾斜的炮洞底部进行爆破。这种方法的特点是充分利用岩体的崩坍作用，能用较浅的炮洞爆破较高的岩体，适用于硬土、胶结良好的古河床、冰渍层、软石和节理发育的次坚石等，还可以利用坚实的裂隙形成炮洞或药室进行爆破。猫洞法爆破的炮洞深度应与台阶高度和自然地面横坡相配合，遇高阶梯时应布置多层药包。炮洞可根据岩土类别，分别采用浅眼哄堂、深眼哄堂和内部扩眼等方法形成。

⑤微差爆破。此方法是指相邻两个药包或前后排药包以数十毫秒的时间间隔

（一般为 15 ~ 75ms）依次起爆。微差爆破的特点是在装药量相等的条件下，可减振 1/3 ~ 2/3 左右；前发药包为后发药包开创临空面，从而加强了对岩石的破碎作用，同时可降低岩石堆集高度以利清方。由于是依次爆破，减少了岩石夹制力，可节省 20% 的炸药，并可增大孔距，提高每米钻孔的爆破方显示。

多排孔微差爆破是浅孔、深孔爆破的发展方向。

⑥光面爆破和预裂爆破。这两爆破都属于控制爆破。光面爆破是在开挖界面的周边，适当排列一定间隔的炮孔，在有侧向临空面的情况下，用控制抵抗线和落量的方法使爆破后的坡面顺直、平整。预裂爆破是在开挖界限处按适当间隔排列炮孔，在没有侧向临空面和最小抵抗线的情况下，用控制用药量的方法，预先炸出一条裂隙，使拟爆破岩体与山体分离，作为隔震减震带，从而消除和减弱开挖界面以外山体或建筑物受爆破震动的破坏作用。

②大爆破

大爆破是采用导洞和药室装药，用药量在 1000kg 以上的爆破。大爆破具有威力大，效率高，节约劳力等优点。但若使用不当，则会破坏山体自然平衡，产生意外坍方，还可能在路基建成后遗留后患，长时间影响路基的正常使用。

导洞和药室的开挖，约占大爆破全部准备工作时间的 70%，因此，应在施工中合理组织人力，充分发挥机械效率，加快开挖进度。为使药包集中，药室宜做成近似立方体，药室断面应按设计规范开挖。导洞与药室之间用横洞连接，二者保持垂直，药室中心距导洞中心一般不小于 2.5m。导洞分竖井和平洞两种，竖井深度不宜大于 16m，如超过或有地下水时，

最好采用平洞，平洞总长度以 30m 左右为宜。选用竖井或平洞时，除考虑施工进度外，还应考虑爆破效果。平洞采用梯形断面，断面尺寸为 1.8m×（0.8+1.2）m，断面最小尺寸不应小于 1.4m×0.8m 的长方形。竖井断面尺寸与竖井深度有关，当深度 H ＞ 15m 时，断面最小尺寸不应小于 1.4m×1.2m。土质竖井可采用直径不小于 1.0m 的圆形断面或边长不小于 1m 的正方形断面。竖井开挖深度大于 6m 时，应采取通风措施。导洞和药室开挖，可用风钻或掏槽眼，炮眼深度不应大于工作面最小边长的 0.6 ~ 0.8 倍，如岩石节理发育，导洞和药室应考虑临时支撑。

为了达到使路基设计断面内的岩体大量抛掷（抛坍）出、减少爆破后的清方工作量、保证路基稳定性等目的，应根据施工地段的地形和地质条件，采用合适的爆破形式并进行爆破设计。采用大爆破施工，必须做好技术设计，有详细技术经济论证和边坡稳定性分析，并报主管部门审核批准后方可实施。

大爆破的技术设计文件包括：

①工程名称、概述、工程概况、爆破地点（粧号）、工程数量、地形特征、预

计爆破范围、要求或预测爆破效果、工期。

②自然条件及工程地质、水文地质资料。

③爆破方案及类型说明。

④药室位置的布置图，包括平面图和导洞药室剖面图、用药量和爆破网络的主要计算资料。

⑤施工方案和施爆步骤。

⑥爆破危险区预计。

⑦安全措施。

⑧劳动力、机械、材料费用与经济指标。

⑨大爆破施工的总平面布置图，纵横剖面图，药室位置图。平面图比例 1 ∶ 200 ~ 1 ∶ 500，在平面及纵横剖面上应示出爆破范围、药室位置、用于爆破工程的电缆、电线网络以及安全警戒位置等。

在地质不良地段，如滑坡体、断层破碎带、周围有重要建筑物及人烟稠密的城镇附近等条件下，公路石方开挖不宜采用大爆破。

④选用各种爆破方法的原则

以上爆破方法各有特点，应因地制宜、利用地形地质等客观条件，充分发挥各种爆破方法的优势，尽可能地综合使用各种爆破方法，达到爆破方量大、炸药用量少、路基边坡稳定的最佳效果。选用爆破方法应按以下原则进行：

第一，全面规划，重点设计。对拟爆破的路基工程，应根据其工程量大小和集中程度、微地形变化、横断面形式以及地质条件所能允许的爆破规模等，结合各种爆破方法的特点进行全面规划，确定哪些地段采用洞室炮、深孔炮，哪些地段采用小炮群（一般中心挖深大于 6m 时，可采用洞室炮，小于 6m 可采用小炮群）以及各段的开挖顺序。然后对石方较集中的地段进行重点设计。

第二，进行的爆破应为后续的爆破创造条件，增加临空面，提高爆破效率。

第三，综合利用小炮群，分段分批爆破。

根据不同的客观条件，采用不同的爆破方法，可以使工效提高 2 ~ 10 倍，劳动强度也可大大减轻。但由于单位耗药量都比小炮定额高 2 ~ 4 倍以上，因此，工程造价的减低并不显著。为了降低工程造价，有条件时可在综合爆破中采用铵油炸药。

虽然综合爆破具有不少优点，但是在快速施工方面仍很不够。目前，特别严重的是导洞掘进和清方这两道工序很慢，一般人工开挖导洞就需要 15 ~ 30 天，爆破后虽有 65% 左右的岩体被抛掷（抛坍）出路基，但剩下岩体若用人工清方，仍需较长时间。这种两头慢中间快的不协调现象，只有采用机械化打眼和机械化、半机械化清方的办法才能改变。

⑤爆破作业

所有的爆破作业均应由操作熟练、受过专业培训并取得爆破资格的人员进行。

第一，施爆区管理。需要进行爆破作业的路段，应先进行空中线缆的平面位置及高度、地下管线的平面位置及埋置深度的详细调查。同时，还要调查开挖边界线以外的建筑物结构类型、完好程度、距开挖界面距离等，作为进行爆破方法选择和爆破设计的依据。任何方式的爆破，都要保证空中线缆、地下管线和施爆区边界内建筑物的安全。

第二，炮孔位置选择与钻孔。炮孔位置选择应注意以下几点：

①炮孔设计应充分考虑岩石的产状、类别、节理发育程度、溶蚀情况等，炮孔药室应避开溶洞和大的裂隙。

②避免在两种硬度相差较大的岩石交界面上设置炮孔、药室。

③非群炮的单炮或数炮施爆，炮孔宜选在抵抗线最小、临空面较多且与各临空面距离大致相等的位置，同时为下次布设炮孔创造更多的临空面。

④应根据地形、岩石类别、炮型等确定群炮炮孔间距，炮孔位置应准确。群炮宜分排或分区采用微差爆破。

备炮孔方向宜与岩石临空面大致平行，一般按岩石外形、节理、裂隙等情况，分别选择正炮孔、斜炮孔、平炮孔或吊炮孔。

钻孔作业分人工钻眼和机械钻眼两种。人工钻孔操作简单，工具简便，但效率低，适宜于工程量较小，工期要求不严的石质路堑开挖；当工程量大，工期紧时，应采用风钻和潜孔钻等机具钻孔。炮孔钻成后，应将其中的石粉、石渣或泥浆清除干净并将孔口塞好。

第三，爆破器材检查与试爆。为保证施工安全，爆破器材在使用前应进行安全检查，不符合施工要求的变质器材不得使用；炸药的名称、规格应与实际相符，有怀疑时应作性能试验；各种炸药的含水量应符合以下要求：黑火药不大于1%，硝铵炸药不大于3%，铵油炸药不大于5%；雷管应符合规定的性能要求，外形完整，加强帽不脱落变形，无药粉漏出；火雷管的发火处不得有铜锈，必要时做试爆鉴定；导火索和传爆线应做燃速试验，其燃速应稳定一致，否则不能在群炮中使用。

第四，装药、堵塞与引爆。向炮孔内装填炸药是一项细致而危险的工作，必须由经过专业培训的人员操作。装药时无关人员应撤离危险区，装药现场严禁火源、电源。装药与堵塞炮孔应连续而快速地进行，避免炸药受潮而降低威力。不得在雨雪、大风、雷电、浓雾天气及黑夜装药；不得使用铁器装填散装的黑火药，可用木片或竹片将炸药装入孔中，再将导火索插入，用木棍轻轻捣实。可使用散装黄色炸药装填炮孔，也可将包装成条状药包的黄色炸药直接装入，待炸药装入一半时，将插好导火索的雷管放入，再散装另一半炸药，最后用木棍轻轻捣实。炮孔必须堵塞 1/3 的深度，否则容易出现冲天炮，因此装药量大致为炮孔深度的 1/3 ~ 1/2，特殊情况下不得超过 2/3，最少不能少于炮孔深度的 1/4。

炮孔可用细砂土、黏土等堵塞，最好用最佳含水量时的黏土、粗砂混合料堵塞。炸药装好后，先用干砂灌入并捣实，然后用堵塞料塞满炮孔、捣实，捣实时应保护导火索或电爆线。炮孔堵塞完毕后立即布置安全警戒，组织施爆区和飞石、强震影响区内的人、畜疏散，布置安全警戒岗，封闭所有与施爆区相通的路径，做好起爆准备。

引爆前应向安全警戒范围发出引爆信号，以确保施工安全。引爆火雷管时，应指定专人按规定顺序点火。点火时用草绳或香火引燃导火索，禁止用明火引爆。电雷管用接通电源的方法引爆。点火引爆后，应仔细记录爆炸的炮数，当爆炸的炮数与装药引爆的炮数相同时，可解除安全警戒；若炮数不相等，应在最后一炮响过 30min 后，方可解除警戒。

第五，瞎炮处理。点火后未爆炸的炮称为瞎炮，也叫拒爆药包，必须尽快清除。清除瞎炮不但费工费时，影响施工进度，而且清除工作有一定的难度和危险性，因此，在施工过程中应尽量避免产生瞎炮。产生瞎炮的原因有雷管、导火索受潮失效；导火索与雷管接头脱开；堵塞炮孔时导火索被扯断；炮孔潮湿有水；点炮时漏点等。

清除瞎炮时，先找出其位置，在其附近重新打眼，布置新的药包，通过引爆新炮使瞎炮一起爆炸。若瞎炮为小炮且为一般炸药时，可用水冲洗处理。待瞎炮清除后方可解除警戒，随后进行清方工作。

2．松土法开挖

松土法开挖是充分利用岩体自身存在的各种裂缝和结构面，用推土机牵引的松土器将岩体翻碎，再用推土机或装载机与自卸汽车配合，将翻松的岩块搬运到指定地点。松土法开挖 + 避免了爆破法所具有的危险性，而且有利于开挖边坡的稳定与附近建筑物的安全，凡能用松土法开挖的石方路堑，应尽量不采用爆破法施工。随着大功率施工机械的使用，松土法愈来愈多地应用于石质路堑的开挖，而且开挖的效率也愈来愈高，能够用松土法施工的范围也愈来愈广。

松土法开挖的效率与岩体破裂面情况和风化程度有关。岩体被破碎岩石分隔成较大块体时，松开效率较高；当岩体已裂成小块或粒状时，只能劈成沟槽，效率较低。砂岩、石灰岩、页岩等沉积岩有沉积层面，是比较容易松开的岩石，沉积层愈薄愈容易分开。花岗岩、玄武岩、安山岩等岩浆岩不呈层状或带状，松开比较困难。片麻岩、片岩、石英岩等变质岩，松开的难易程度视其破裂面发育程度而异。

多齿松土器适用于松动较破碎的薄层岩体，单齿松土器则适用于松动较坚硬的厚层岩体。松土器型号及松土间隔应根据岩石的强度、裂隙情况、推土机功率等选择，最好通过现场松土器劈松试验来确定。遇到较坚硬的岩石，松土器难以贯入，引起推土机后部翘起或履带打滑时，可用另一台推土机在松土器顶推。若岩石较为完整与坚硬，可先进行适当的浅孔松动爆破，再进行松土作业。

3．破碎法开挖

破碎法开挖是利用破碎机凿碎岩块，然后进行挖运等作业。凿子安装在推土机或挖掘机上，利用活塞的冲击作用使凿子产生冲击力以凿碎岩石，其破碎岩石的能力取决于活塞的大小。破碎法宜用于岩体裂缝较多，岩块体积较小，抗压强度低于100MPa的岩石。破碎法的工效不高，不宜作为开挖岩石的主要的方法，仅用于不能使用爆破法或松土法施工的局部场合，作为爆破法和松土法的辅助作业方式。

以上三种开挖方法各有特点，应视施工条件合理选用。

四、路基排水、防护与加固

（一）路基排水的目的及设计原则

1．路基排水的目的与要求

路基的填筑与压实要求在达到或接近最佳含水量时进行，以获得最大的密实度。此时，水的有益作用是显而易见的。然而，当浸入路基的水分过多，便会危害路基。就路基病害的规模、范围、成因、类型及其程度而言，水往往是决定性的因素之一。因此，路基排水设计是路基设计中必不可少的项目和内容之一。

根据水源的不同，影响路基的水流可分为地面水和地下水。所以，路基排水可分为地面排水和地下辨水两大类。

地面水包括大气降水（雨和雪）和海、河、湖、水渠及水库水。地面水对路基产生冲刷和渗透，冲刷可能导致路基整体稳定性受损害，形成水毁现象。渗入路基土体的水分，使土体过湿而降低路基强度。

地下水包括上层滞水、潜水及层间水等，它们对路基的危害程度，因条件不同而异。轻者能使路基湿软，降低路基强度；重者会引起冻胀、翻浆或边坡滑坍，甚至整个路基沿倾斜基底滑动。水还可能造成掺有膨胀土的路基工程毁灭性的破坏。

路基排水的目的，就是将路基范围内的土基湿度降低到一定的限度以内，保持路基常年处于干燥状态，确保路基及路面具有足够的强度和稳定性。

路基设计时，必须考虑将影响路基稳定性的地面水，排除和拦截于路基用地范围以外，并防止地面水漫流、滞积或下渗。对于影响路基稳定性的地下水，则应予以隔断、疏干和降低，并引导至路基范围以外的适当地点。

路基施工中，首先应校核全线路基排水系统的设计是否完备和妥善，必要时应予以补充或修改，应重视排水工程的质量和使用效果。此外，应根据实际情况与需要，设置施工现场的临时性排水设施，以保证路基土石方及附属结构物在正常条件下进行施工作业，消除路基基底和土体内与水有关的隐患，保证路基工程质量，提高施工效率。临时性排水设施宜尽量同永久性排水设施相结合，以减少临时工程的费用。

路基养护中，对排水设施应定期检查与维修，以保证排水设施正常使用，水流畅通，并根据实际情况不断改善路基排水条件。

高速公路路基排水的目的、要求及设计原则与一般等级公路基本上是一致的。但由于高速公路的重要性，沿线构造物不应受到水的危害而降低或失去它的使用功能，而且其修复的复杂性和难度性大，费用也高，因此，高速公路的路基排水综合设计就更为重要。

2．路基排水设计的一般原则

第一，排水设施要因地制宜、全面规划、合理布局、综合治理、讲究实效、经济适用，并充分利用有利地形和自然水系。一般情况下地面和地下设置的排水沟渠，宜短不宜长，以使水流不过于集中，做到及时疏散，就近分流。

第二，各种路基排水沟渠的设置，应注意与农田水利相配合，必要时可适当地增设涵管或加大涵管孔径，以防农业用水影响路基稳定。路基边沟一般不应用做农田灌溉渠道，两者必须合并使用时，边沟的断面尺寸应加大，并予以加固，以防水流危害路基。

第三，设计前必须进行调查研究，查明水源与地质条件，重点路段要进行排水系统的全面规划，考虑路基排水和桥涵布置相结合，做到路基路面综合设计与分期修建。对于排水困难和地质不良的路段，还应与路基防护与加固相配合，并进行特殊设计。

第四，路基排水要注意防止附近山坡的水土流失，尽量不破坏天然水系，不轻易合并自然沟溪和改变水流性质，尽量选择有利地形条件布设人工沟渠，减少排水沟渠的防护与加固工程。对于重点路段的主要排水设施，以及土质松软和纵坡较陡地段的排水沟渠，应注意必要的防护与加固。

第五，路基排水要结合当地水文条件和公路等级等具体情况，注意就地取材，以防为主，防治结合。排水沟渠既要稳固适用，又必须讲究经济效益。

（二）路基地面排水设施的构造与布置

常用的路基地面排水设施有边沟、截水沟、排水沟、跌水与急流槽、倒虹吸管与渡水槽以及蒸发池等几种。

1．边沟

挖方路基以及填土高度低于路基设计要求临界高度的路堤，在路肩外缘或坡脚外侧均应设置纵向人工沟渠，称之为边沟（或称侧沟），主要功能是排泄路基顶面及边坡汇集起来的地面水。常用的边沟断面形式有梯形、矩形、三角形和碟形等。

高速公路、一级公路宜采用三角形或碟形边沟，条件受限而需采用矩形边沟时，应在顶面加带槽孔的混凝土盖板；二级及二级以下公路的土质边沟用梯形，石质边沟用矩形；易于积雪或积砂的路段宜用碟形；较矮路堤边沟可用三角形；公路两侧为农田时，可采用石砌矩形边沟，以少占农田。

边沟的纵坡一般应与路线纵坡一致，并不宜小于 0.3%，以防淤积。边沟的单向排水长度一般不宜超过 300 ~ 500m，否则应增设排水沟或涵洞，将水引出路基范围以外。

2. 截水沟（天沟）

设在路基上方，以拦截地面水流向路基的人工沟渠，称为截水沟。截水沟多数设在挖方边坡坡顶之外侧或山坡路堤上方的适当地点。主要是保护边坡不受地面水冲刷，减少边沟的水量，是多雨地区、山岭和丘陵地区路基排水的重要设施之一。其长度以 200 ~ 500m 为宜；超过 500m 时，可在中间适宜位置处增设泄水口，由急流槽或急流管分流引排。

3. 排水沟（引水沟）

排水沟主要用于将来自边沟、截水沟或其他水源的水流排泄至就近桥涵或河谷中，以形成整个排水系统。排水沟的横断面一般采用梯形，尺寸大小应通过水利水文计算选定。

4. 跌水与急流槽

上述各种排水设施的纵坡均有限制，以免水流速度太快，造成冲刷破坏。跌水与急流槽均为人工排水沟渠的特殊形式，用于山区陡坡地段，沟槽的纵坡可达 7% 以上（跌水）或更陡（急流槽），是山区公路路基排水常见的结构物。

跌水是一种将沟低设成台阶状的人工沟渠。当排水沟进入涵洞前，高边坡上需要在短距离内将水引到坡脚处，陡坡路段（坡度大于 7%）的边沟，以及其他需要水流消能减速时，均可设置跌水。跌水的构造可分为进水口、消力池和出水口三个组成部分。

急流槽的纵坡比跌水更陡，要求坚固耐用，通常在短距离内遇有排泄急速水流时考虑采用。急流槽的构造可分为进口、槽身和出口三个组成部分。

由于纵坡大，水流湍急，冲刷作用严重，所以跌水和急流槽必须采用浆砌石块或水泥混凝土砌筑，且应埋设牢固。

5. 倒虹吸管与渡水槽

当水流需要横跨路基，同时设计高程又受到限制时，可采用管道和沟槽，从路基底部或上部架空跨越，前者为倒虹吸管，后者为渡水槽，分别相当于特殊的涵洞和渡水桥，属于路基地面排水的特殊结构物。

6．蒸发池

气候干旱、平坦地面排水困难地段，可在离路基适当的地方利用沿线的集中取土坑或专门开挖的凹坑修筑蒸发池，以汇集路界地表水，靠自然蒸发或下渗将水排除。

（三）路基地下排水设施的构造与布置

公路路基的地下排水，主要是为了截断与排除流向路基的地下水，其中包括层间水或泉水等，使之不致侵蚀路基，有时也用于降低地下水位，隔断毛细水上升或排除路基下面的积水。地下排水设施的投资较大，维修较困难，因此应尽量不设或少设。当地下水位较高且路基高程受到限制时会造成路基水温条件差，影响路基的强度与稳定性时可考虑采用。

常用的地下排水设施有暗沟、渗沟和渗井等。

1．暗沟

暗沟是设在地面以下引导水流的沟渠，无渗水和汇水功能。暗沟主要作用是把路基范围内的泉水或渗沟所拦截、汇集的水流，排到路基范围之外。

暗沟可分为洞式和管式两大类。沟宽或管径按水流量大小决定，一般为 20 ~ 30cm，净高 h 约为 20cm。若两侧沟壁为石质，盖板可直接放在两侧石壁上，盖板周围用碎（砾）石做成反滤层，反滤层顶部设双层反铺草皮，再用黏土夯实。沟底纵坡不小于 1%，不允许出现倒灌现象。冰冻地区暗沟的埋置深度应大于当地的冰冻深度。

2．渗沟

渗沟是以渗透的方式吸收降低地下水位，汇集和拦截流向路基的地下水，并通过沟底通道将水排到路基范围以外的指定地点，使路基上部保持干燥。根据地下水分布情况，渗沟可设在边沟、路肩、路基中线以下或路基上侧山坡适当位置。

渗沟按排水构造的不同，渗沟可分为填石渗沟（盲沟）、管式渗沟、洞式渗沟三种形式，均由排水层、反滤层和封闭层组成。填石渗沟与暗沟相似，但构造更为完美。当地下水流量较大，

需要埋置更深时，可采用洞式渗沟。当排除地下水的流量更大，或排水距离较长时，可考虑采用管式渗沟，一般用陶土管或混凝土预制管，管的内径由水力计算确定，一般为 0.4 ~ 0.6m，管壁上留有交错排列的渗水孔。

3．渗井

将排不出的地表水或边沟水渗到地下水层中而设置的用透水材料填筑的竖井称为渗水井。

渗井构造分为上部集水部分和下部排水部分。渗井断面一般为矩形或圆形，尺

寸不小于 0.6m，填筑砂石材料由外向内，粒径由小到大。顶部用黏土夯实，并加设混凝土盖板。

（四）路基防护与加固

1．防护与加固的意义

由岩土修筑成的路基，长期大面积受自然因素的侵蚀，在不利水温作用下，物理、力学性质将发生变化，导致路基产生较大变形甚至破坏，所以在路基设计时，应在路基位置、横断面尺寸、岩土组成等方面综合考虑。

为确保路基的强度和稳定性，路基的防护和加固也是不可缺少的工程技术措施。随着公路等级的提高，为维护正常的汽车运输，减少公路灾害，确保行车安全，保持公路与自然环境协调，保证公路使用品质，提高投资效益等，路基防护与加固更具有重要的意义。

2．防护与加固的分类

路基防护与加固设施主要有边坡坡面防护、沿河路堤河岸冲刷防护与加固、湿软地基的加固处理以及路基的支挡工程等。

①坡面防护

坡面防护的作用主要是隔离大气与路基接触，保护路基边坡的整体稳定性，在一定程度上还可以美化路基和协调自然环境。

常用的坡面防护设施有植物防护、圬工防护、骨架植物防护三种。

第一，植物防护。植物防护可以美化路容，协调环境，调节边坡土的湿润，起到固结和稳定边坡的作用。它对于高度不大，坡度比较平缓的土质边坡非常简易有效，其方法有种草、铺草皮、拉伸网草皮和植树等。

①种草：适用于坡度不陡于 1 ∶ 1 的土质边坡。

②铺草皮：适用于边坡坡度不陡于 1 ∶ 1 的土质和强风化、全风化的岩石边坡。

③拉伸网草皮：在土工网或土工垫等合成材料上铺设 3 ~ 5cm 的种植土层，经过撒种、养护后形成的人工草皮。

④植树：适用于边坡坡度不陡于 1 ∶ 1.5 的土质和全风化的岩石边坡。

第二，圬工防护。当不宜使用植物防护或考虑就地取材时，采用砂石、水泥、石灰等矿质材料进行的坡面防护称为圬工防护。它主要有喷护、挂网喷护、护坡、护面墙等形式。

①喷护：常用的喷护方法有喷掺砂水泥土、喷浆、喷射混凝土等。

对于易受冲刷的土质路堑边坡，坡度不陡于 1 ∶ 0.75，宜采用喷掺砂水泥土，厚度 60 ~ 100mm；喷浆适用于边坡坡度不陡于 1 ∶ 0.5 的易风化但未遭强风化、全风化的岩石挖方边坡，厚度不小于 50mm；喷射混凝土适用于边坡坡度不陡于

1 ： 0.5 的易风化但未遭强风化、全风化的岩石边坡，厚度不小于 80nun。

②挂网喷护：挂网喷护是在清挖出密实、稳定的新鲜坡面上钻孔、安装锚杆、灌浆，然后挂上钢丝网或纤丝网，最后用高压泵喷射混凝土形成防护层。适用于风化破碎的岩石边坡防护。

③护坡：护坡分为两种：干砌片石护坡和浆砌片石护坡。

干砌片石护坡适用于土质路堤边坡或有少量地下水渗出的局部堑坡或局部土质茎坡嵌补。边坡坡度不陡于 1 ： 1.25，分为单层铺砌和双层铺砌。

浆砌片石护坡适用于防护流速较大（3 ～ 6m/s）的边坡。

④护面墙：浆砌片石护面墙适用于边坡坡度不陡于 1 ： 0.5 的土质和易风化剥落的岩石边坡。分为实体式、窗孔式、拱式等类型。

第三，骨架植物防护。对于仅用植物防护不足以抵抗侵蚀冲刷的黏土路基或高填路段，受雨水侵蚀和风化严重易产生沟槽的路段，以及土质不适宜植物生长和周围环境需要绿化的路段，可采用骨架植物防护。骨架植物防护可分为浆砌片石或混凝土骨架植物防护及水泥混凝土预制块骨架植物防护等形式。框架可为方格形、拱形和人字形等，框架内可铺种草皮、种草或采用其他辅助防护措施。

②冲刷防护

为了防止流水直接危害沿河、滨海路堤以及有关海河堤坝护岸的堤岸边坡和坡脚，必须采用一定的防止冲刷的措施。冲刷防护的措施有直接和间接两类。

第一，直接措施。直接防护是为了防止水流直接危害路基或堤岸，防护重点在边坡和坡脚。直接防护包括植物防护、石砌防护或抛石与石笼防护，以及必要时设置的支挡（驳岸等）。植物防护和石硒防护与边坡防护所述基本相同，但冲刷防护的要求更高。

抛石防护一般多用于抢修工程，当使用的石块大小适当，级配合适并细心抛掷时，可取得较好的效果。

石笼防护除可使沿河路堤及河岸免受水流和风浪的破坏外，还是加固河床、防止冲刷的常用措施。石笼的种类有铁丝石笼和竹、木石笼，形状有箱形和圆柱形。

第二，间接措施。间接防护是通过设置导流结构物改变水流方向，消除和减缓水流对堤岸直接破坏，减轻堤岸近旁淤积，彻底解除水流对局部堤岸的损害，起安全保护作用。导流结构物主要有丁坝、顺坝、格坝等。

丁坝适用于宽浅变迁性河段，可采用堆石、干砌块石、石笼，以及内填渗水性土外用干砌片石等材料砌筑。

顺坝亦称导流坝，基本上不改变原有水流结构，一般用于河床断面窄小，不允许过多侵占或修建丁坝后河岸或边坡防护工程量大以及地质条件不宜于修筑丁坝等情况下的导流防护。

顺坝一般采用石砌或混凝土结构，横断面一般为梯形，其要求大体与丁坝相同。

沿河路基受水流冲刷严重，或防护工程艰巨，以及路线在短距离内多次跨越弯曲河道时可改移河道，但改河方案需与当地政府及有关单位共同商定后才能实施。

③地基加固

路基敷设于天然地基上，自身荷载及行车荷载较大，要求地基具有足够的承载能力，以保持地基的稳定。湿软地基主要是指天然含水量过大，胀缩性高，具有湿陷性，承载能力低，在荷载作用下容易产生滑动或固结沉降的土质地基，如软土泥沼、湿陷性黄土、人为垃圾、松散杂填土、膨胀土等。在软土地基上填筑路堤有可能出现失稳，或者沉降量和沉降速度不能满足要求时，对软土地基进行适当的处理，以增加其稳定性，减少沉降量或加速沉降。软土地基的处理方法很多，各种方法具有不同的特点，可得到不同的效果。以下主要介绍：换填土层法、重锤夯实法、排水固结法、挤密法和化学加固法等几种常用的地基加固方法。

第一，换填土层法。将基底下一定深度范围的湿软土层挖去，换以强度较大的砂、碎（砾）石、灰土或素土，以及其他性能稳定、无侵蚀性的土类，并予以压实。主要用于路基工程中低洼区域填筑、高填方路基以及挡土墙、涵洞地基处理。

第二，重锤夯实法。重锤夯实法可提高地基表层土的强度。适用于地下水位0.8m以下稍湿的一般黏性土、砂土、湿陷性黄土、杂填土等。重锤重量一般为1.5t或稍重，落距为2.5 ~ 5m。

强夯法（又称动力固结法）是从20世纪60年代末期发展起来的，重锤重量达8 ~ 12t（甚至20t），落距为8 ~ 20m（最高40m），通过强力夯击，利用冲击波和动应力，达到土基加固的目的。

第三，排水固结法。饱和软土在荷载作用下，排水固结后，抗减强度得到提高，达到加固目的，常用于加固软弱地基，包括天然沉积层和人工充填的土层，如沼泽土、淤泥及淤泥质土，水力冲击土等。

常用的方法为堆载预压法，即运用堆载预压，挤出土中的过多含水，达到挤密土粒和提高强度的目的。为加速排水，缩短固结时间，可加设砂井竖向排水通道或铺设砂垫层。

第四，挤密法。挤密法的原理是土基成孔后，在孔中灌以砂、石、土、灰土或石灰等材料，捣实而成直径较大的桩体，利用横向挤紧作用，使地基土粒彼此靠紧，空隙减少，而且孔被填满和压紧，形成桩体，桩体具有较高的承载能力，群桩的面积约占松散土加固面积的20%，以至桩和原土组成复合地基，达到加固的目的。

常用的有以下两种：

①砂桩（孔中灌砂）：砂井的作用是排水固结，井径较小而间距较大，适用于过湿软土层；砂桩的作用是将地基土挤密，井径较大间距宜小，适用于处理松砂、杂填土和黏粒含量不大的普通黏性土，并有效防止基底的振动液化。

②石灰桩（新方法）：主要作用是挤密，并利用生石灰的吸水、膨胀、发热及离子交换作用，使桩体硬化，改善原地基土的性质，还可减少因周围土的蠕变所引起的侧向位移。

第五，化学加固法。利用化学溶液或胶结剂，采用压力灌注或搅拌混合等措施，使土颗粒胶结起来，达到加固目的，又称胶结法。其效果取决于土的性质和所用化学剂及施工工艺。

目前化学溶液主要有：①水玻璃溶液（较贵）；②丙烯酸氨（较贵）；③水泥浆液（使用较多）；④纸浆溶液（有毒）。

化学加固法的施工工艺有注浆法、旋喷法（化学搅拌成型法）、深层搅拌法等几种。

④支挡工程

用以防止路基变形或支挡路基本体或山体的位移，以保证其稳定性，常用的类型有路基边坡支撑（挡土墙、土垛、石垛及其他具有承重作用的结构物）和堤岸支挡（沿河驳岸、浸水挡土墙）。驳岸与浸水挡土墙的主要区别在于，前者主要起防水作用，后者既防水，又兼起支挡路基的土侧压力。

路基防护与加固工程中，一般把防止风化和冲刷，主要起隔离、封闭作用的设施称为防护工程。防护工程不能承受外力作用，所以要求路基本身必须是稳定的。把防止路基或山体因重力作用而坍滑，地基承载力不足而沉陷，主要起支撑、加固作用的结构物称为加固工程。它们当中有些措施往往兼有防护与加固双重作用。

（五）挡土墙

1．概述

①挡土墙的分类及用途

为防止路基填土或山坡土体坍塌而修筑的承受土体侧压力的墙式构造物，称为挡土墙。在公路工程中，它广泛用于支撑路堤填土或路堑边坡，以及桥台、隧道洞口和河流堤岸等处。公路工程中的挡土墙主要可以按下述几种方法分类：

按照挡土墙设置的位置，挡土墙可分为：路堑墙、路堤墙、路肩墙、山坡墙等。

按照挡土墙的结构形式，挡土墙可分为：重力式挡土墙、锚定式挡土墙、薄壁式挡土墙、加筋土挡土墙等。

按照挡土墙的墙体材料，挡土墙可分为：石砌挡土墙、混凝土挡土墙、钢筋混凝土挡土墙、钢板挡土墙等。

挡土墙各部分名称。靠回填土或山体的一侧面称为墙背；外露的一侧面称为墙面（墙胸）；墙的顶面部分称为墙顶；墙的底面部分称为墙底（基底）；墙面与墙底的交线称为墙趾；墙背与墙底的交线称为墙踵；墙背与铅垂线的夹角称为墙背倾角 α。

②挡土墙的使用条件

第一，重力式挡土墙。依靠墙身自重支撑土压力维持稳定，形式简单，施工方便，可就地取材，适用性较强，被广泛应用，但其圬工数量较大，对地基承载力要求较高。

第二，加筋土挡土墙。填土、拉筋、面板三者的结合体，依靠填土和拉筋之间的摩擦力改善土的物理力学性质，使之结合为一整体。属柔性结构，对地基变形适应性较大，建筑高度大，具有省工、省料、施工方便、快速等优点，适用于填土路基。

第三，锚定式挡土墙。分为锚杆式和锚定板式两种，由锚杆与稳定岩层之间的锚固力使墙稳定。前者适用于墙高较大，缺乏石料或挖基困难地区，具有锚固条件的路堑挡土墙；后者适用于缺乏石料地区的路肩墙或路堤墙。

第四，薄壁式挡土墙。分为悬臂式和扶壁式两种，依靠墙踵板上的填土重量保证稳定。断面尺寸较小，自重轻，能修建在较弱的地基上，适用于城市或缺乏石料的地区；缺点是耗用一定数量的水泥和钢筋，施工工艺较为复杂。

2．重力式挡土墙的构造

常用的重力式挡土墙，一般由墙身、基础、排水设施、沉降缝和伸缩缝等几部分组成。

①墙身

第一，墙背。根据墙背倾斜方向的不同，墙身断面形式可分为仰斜、垂直、俯斜、凸形折线形和衡重式等几种。

第二，墙面。墙面一般为平面，墙面坡度除应与墙背的坡度相协调外，还应考虑到墙趾处地面的横坡度。当地面横坡度较陡时，墙面可直立或外斜 1 ∶ 0.05 ~ 1 ∶ 0.20，以减少墙高；当地面横坡平缓时，一般采用 1 ∶ 0.20 ~ 1 ∶ 0.35 较为经济。

第三，墙顶。重力式挡土墙可采用浆砌或干砌圬工。墙顶最小宽度，浆砌时应不小于 50cm，干砌时一般不小于 60cm。

第四，护栏。为增加驾驶员心理上的安全感，保证行车安全，在地形险峻地段的路肩墙，或墙顶高出地面 6m 以上且连续长度大于 20m 的路肩墙，或弯道处的路肩墙的墙顶应设置护栏等防护设施。护栏分墙式和柱式两种。

②基础

地基不良和基础处理不当，往往引起挡土墙的破坏，因此，应重视挡土墙的基础设计。基础设计的程序为：首先应对地基的地质条件作详细调查，必要时做挖探或钻探，然后再确定基础类型和埋置深度。

第一，基础类型。常用的挡土墙基础有扩大基础、钢筋混凝土基础、台阶形基础及拱形基础四种。

当地基为软弱土层时，可采用砂砾、碎石、矿渣或石灰土等材料予以换填。

第二，基础埋置深度。挡土墙的基础，应视地形、地质条件埋置足够的深度，以保证挡土墙的稳定性。设置在土质地基上的挡土墙，基础埋置深度应符合下列要求：

①无冲刷：一般应在地面线以下不小于 1.0m。

②有冲刷：应在冲刷线以下不小于 1.0m。

③受冻胀影响时：应在冰冻线以下不小于 0.25m。

挡土墙基础设置在岩石上时，应清除表面风化层。当墙趾前的地面横坡较大时，基础埋置深度用墙趾前的安全襟边宽度 L 来控制，以防地基剪切破坏。

③排水设施

挡土墙的排水设施通常由地面排水和墙身排水两部分组成。

地面排水可设置地面排水沟，引排地面水。墙身排水主要是为了迅速排除墙后积水。浆砌挡土墙应根据渗水量在墙身的适当高度处布置泄水孔。为防止水分渗入地基，在最下一排泄水孔的底部应设置 30cm 厚的黏土隔水层。在泄水孔进口处应设置粗粒反滤层，以避免堵塞孔道。干砌挡土墙因墙身透水可不设泄水孔。

④沉降缝和伸缩缝

为了防止因地基不均匀沉陷而引起墙身开裂，应根据地基的地质条件及墙高、墙身断面的变化情况设置沉降缝；为了防止圬工砌体因砂浆硬化收缩和温度变化而产生裂缝，须设置伸缩缝。通常把沉降缝和伸缩缝合并在一起，统称为沉降伸缩缝或变形缝。沉降伸缩缝的间距按实际情况而定，对于非岩石地基，宜每隔 10 ~ 15m 设置一道沉降伸缩缝；对于岩石地基，其沉降伸缩缝间距可适当增大。沉降伸缩缝的缝宽一般为 2 ~ 3cm。浆砌挡土墙的沉降伸缩缝内可用胶泥填塞，但在渗水量大、冻害严重的地区，宜用沥青麻筋或沥青木板等材料，沿墙内、外、顶三边填塞，填深不宜小于 15cm；当墙背为填石且冻害不严重时，可仅留空隙，不嵌填料。

对于干砌挡土墙，沉降伸缩缝两侧应选平整石料砌筑，使其形成垂直通缝。

第二节　路面基层施工

一、半刚性基层材料

在路面结构中，将直接位于路面面层之下的主要承重层称为基层，铺筑在基层下的次要承重层称为底基层，但一般常将二者统称为基层。基层承受由面层传递而来的行车荷载应力作用，抵御环境因素的影响，是构成路面整体强度的主要组成部分，因此要求路面基层既应具有足够的强度，又应具有良好的水温稳定性和耐久性。根据材料组成及使用性能的不同，可将基层分为有结合料稳定类（包括有机结合料类和无机结合料类）和无结合料的粒料类。

1．半刚性基层分类

半刚性基层是用无机结合料与集料或土组成的混合料铺筑的、具有一定厚度的路面结构层。这类基层称为半刚性基层，具有整体性好、强度高、刚度大、水稳定性好、经济效益佳等特点，是二级以上公路的主要基层类型。按结合料种类和强度形成机理的不同，半刚性基层分为水泥稳定类、石灰稳定类及工业废渣稳定类三种。

①水泥稳定类基层

水泥稳定类基层是在粉碎的或原来松散的集料或土中掺入适量的水泥和水，经拌和后得到的混合料通过压实及养生，当其抗压强度达到要求时所得到的结构层。可用水泥稳定的材料包括级配碎石、砂砾、未筛分碎石、沙砾土、碎石土、石屑、土等，经加工后性能稳定的钢渣、矿渣等也可用水泥来稳定。水泥稳定类基层具有较高的强度及刚度，适用于各种交通类别的公路路面基层和底基层，但水泥稳定细粒土（水泥土）的细料含量多、强度低、容易开裂，不应用做薄沥青混凝土面层的基层，只能用作底基层。在高速公路和一级公路的水泥混凝土路面板下也不应用水泥稳定细粒土做基层。

②石灰稳定类基层

石灰稳定类基层是在粉碎的或原来松散的集料或土中掺入适量的石灰和水，经拌和、压实及养生，当其抗压强度符合规定时得到的路面结构层。可用石灰稳定的材料包括细粒土、天然沙砾土、天然碎石土、级配砂砾、级配碎石和矿渣等。同时用石灰和水泥稳定某种集料或土时，称为石灰水泥综合稳定类基层。石灰稳定类适用于各级公路路面底基层，也可用做二级公路的基层。与水泥稳定细粒土一样，石灰稳定细粒土（石灰土）不能用作薄沥青混凝土面层的基层，在冰冻地区的潮湿路段及其他地区地过湿路段也不宜采用石灰土做基层或底基层。

③工业废渣稳定类基层

用一定数量的石灰与粉煤灰、水泥与粉煤灰或石灰与煤渣等混合料与其他集料或土配合，加入适量的水，经拌和、压实及养生后得到的混合料，当其抗压强度符合规定时即得到工业废渣稳定类基层。石灰粉煤灰稳定类包括石灰粉煤灰土、石灰粉煤灰砂砾、石灰粉煤灰碎石、石灰粉煤灰矿渣等。水泥粉煤灰稳定类包括水泥粉煤灰稳定砂砾、碎石及砂等。石灰煤渣类包括石灰煤渣、石灰煤渣碎石等。用工业废渣做路面基层，可大量利用各种工业废渣，减少占地，变废为宝，具有良好的经济效益和社会效益。工业废渣稳定类混合料适用于各级公路的基层，但石灰粉煤灰稳定细粒土（二灰土）与水泥稳定细粒土一样不应用作薄沥青混凝土面层的基层，而只能用作底基层。在高速公路和一级公路的水泥混凝土路面板下，也不应采用石灰粉煤灰稳定细粒土做基层。

2．材料质量要求

路面基层施工的目的，就是要保证路面在交付使用后不致因基层施工质量不符合要求而提早破坏。科学研究和工程实践证明：要铺筑满足质量要求的路面基层，必须使用质量符合要求的原材料，采用性能优良的施工机械和合理的施工工艺，在施工过程中实行科学的施工组织管理。使用质量符合要求的原材料及合理、正确的混合料组成设计是铺筑高质量路面基层的重要物质保证。因此，施工前应对组成半刚性基层的所有原材料进行质量检验，通过试验选择符合要求的原材料，然后进行配合比设计，在证明混合料强度和稳定性均符合要求后才能用于铺筑基层。

①原材料试验项目

进行混合料配合比设计前，抽取有代表性的原材料样品进行试验，以试验结果作为判定是否选用该种材料的主要技术依据。主要的试验项目有：含水量测定，确定土及砂砾、碎石等集料的原始含水量；颗粒筛析，用筛分法分析砂砾、碎石等集料的颗粒组成情况，检验所用材料的级配是否符合要求，为集料配合比设计提供依据；液限和塑限试验，计算土的塑性指数并判定该种土是否适用；相对密度、吸水率试验，测定砂砾、碎石等粒料的相对密度与吸水率，评定其质量，计算固体体积率；压碎值试验，评定碎石、沙砾的抗压碎能力是否符合要求；有机质和硫酸盐含量试验，对土有怀疑时做该项试验，判断土是否适宜用石灰和水泥稳定；石灰有效氧化钙和氧化镁含量测定，确定石灰有效成分含量，评定石灰的质量，以便确定结合料剂量；水泥标号和终凝时间测定，确定水泥质量是否满足设计强度和施工时间要求；烧失量测定，确定粉煤灰、煤渣等是否适用；粉煤灰化学成分及细度，评定粉煤灰的质量。

②原材料质量要求

1）集料和土

对集料和土的一般要求是能被经济的粉碎，满足一定级配要求，便于碾压成型，并应满足以下指标要求：

第一，液限和塑性指数。结合料为水泥时，土的均匀系数（集料通过率为60% 的筛孔与通过率为 10% 的筛孔尺寸的比值）应大于 5，细粒土的液限不应超过 40%，塑性指数不应超过 17。对于中粒土和粗粒土，如土中小于 0.6m 的颗粒含量小于 30%，塑性指数可稍大。在实际工程中通常选用均匀系数大于 10、塑性指数小于 12 的土。塑性指数大于 17 的土宜用石灰稳定或水泥与石灰综合稳定：结合料为石灰工业废渣时，宜采用塑性指数为 12 ~ 20 的黏性土（压黏土），有机质含量超过 10% 的土不宜选用。二灰稳定的中粒土和粗粒土不宜含有塑性指数的土；结合粒为石灰时，应采用塑性指数为 15 ~ 20 的黏性土及含有一定数量黏性土的中粒土和粗粒土（对于无塑性指数的级配砂粒、级配碎石和未筛分碎石，应添加 15% 左右的黏土）。塑性指数偏大的黏性土应加强粉碎，粉碎后土块的最大粒径不应大于 15mm。

第二，颗粒组成。用水泥稳定土做二级和二级以下公路的底基层时，土的单个颗粒最大粒径不应超过 53mm（方孔筛，以下同）。做高速公路和一级公路的底基层时，土的单个颗粒最大粒径不应超过 37.5mm。用石灰粉煤灰稳定土做二级和二级以下公路的底基层时，土的单个颗粒最大粒径不应超过 53mm，做高速公路和一级公路的底基层时，土的单个颗检最大粒径不应超过 37.5mm。做二级和二级以下公路的基层时，土的单个颗粒最大粒径不应超过 37.5mm，做高速公路和一级公路的基层时，土的单个颗粒最大粒径不应超过 31.5mm。

第三，压碎值。用于半刚性基层的碎石、砾石应具有足够的抗压碎能力。高速公路和一级公路的半刚性基层集料压碎值不应大于 30%，用于其他公路的集料压碎值不应大于 35%（底基层可放宽到 40%）。

第四，硫酸盐及腐殖质。用水泥做结合料时，土中硫酸盐含量不应超过 0.25%，有机质含量不应超过 2%；超过上述规定时，不应单纯用水泥稳定，可先用石灰与土混合均匀，闷料一昼夜后再用水泥稳定。用工业废渣稳定土时，土中硫酸盐含量不应超过 0.8%，有机质含量不应超过 10%。

2）无机结合料

常用的无机结合料为水泥、石灰、粉煤灰及煤渣等。

第一，水泥。硅酸盐水泥、普通硅酸盐水泥、矿渣硅酸盐水泥和火山灰质硅酸盐水泥均可用于稳定集料和土。为了有充裕的时间组织施工，不应使用快硬水泥、早强水泥或受潮变质的水泥，应选用终凝时间较长（6h 以上）的水泥。

第二，石灰。石灰质量应符合三级以上消石灰或生石灰的质量要求。准备使用的石灰应尽量缩短存放时间，以免有效成分损失过多，若存放时间过长则应采取措施妥善保管。

第三，粉煤灰。粉煤灰的主要成分是 $Si0_2$、$A1_20_3$ 和 Fe_20_3，三者总含量应超过 70%，烧失量不应超过 20%；若烧失量过大，则混合料强度将明显降低，甚至难以成型。粉煤灰比表面积宜大于 $2500cm^2/g$，粒径变化范围为 0.001 ~ 0.3mm。干湿粉煤灰均可使用，但湿粉煤灰含水量不宜超过 35%；干粉煤灰露天堆放时应洒水湿润，防止随风飞扬造成污染。使用时结团的灰块应打碎或过筛，并清除有害杂质。

第四，煤渣。煤渣是煤燃烧后的残留物，主要成分是 SiO_2 和 Al_2O_3，松干密度为 700 ~ 1000kg/m^3，最大粒径不应大于 30mm，颗粒组成以有一定级配为佳。

3）水

一般人、畜饮用水均可使用。

3．混合料组成设计

①设计目的

半刚性基层的混合料必须具有足够的强度、良好的水温稳定性和耐久性，为便于施工，还应具有适宜的施工和易性。为达到这一目的，应在经济适用的原则下进行混合料配合比设计，即以设计文件和施工技术规范规定的混合料强度为设计标准，通过试验选择最适宜稳定的集料或土，确定结合料剂量和混合料最佳含水量。设计得到的参数和试验结果是检查和控制施工质量的重要依据。

②混合料试验

混合料的物理力学指标必须经过相关试验来测定，以试验结果作为评定混合料质量的主要依据。试验项目为：

1）重型击实试验

该试验用击实仪进行，目的是确定混合料的最佳含水量和最大干密度。试验结果一方面用于控制强度试验和耐久性试验的混合料含水量和干密度，另一方面作为检验混合料压实度是否达到要求的标准。

2）承载比试验

承载比试验用路面材料强度测试仪进行，目的是测试工地预期干密度下混合料的承载比（CBR 值），以试验结果评定混合料的承载能力是否满足路面基层或底基层的要求。

3）抗压强度试验

抗压强度是评定混合料质量的重要技术标准，用路面材料强度测试仪测试。进行半刚性基层混合料组成设计时，通过测试混合料的无侧限抗压强度，选定最适宜用结合料稳定的集料或土，确定结合料剂量，为工地提供施工质量评定标准。

除上述试验外，路面结构设计时还需要测试半刚性基层材料的劈裂强度等。

③混合料组成设计的步骤

半刚性基层混合料的配合比设计过程为：首先通过前述有关试验，检验拟采用的结合料、集料和土的各项技术指标，初步确定适宜的原材料。其次是确定混合料中各种原材料所占比例，制成混合料后通过击实试验测定最大干密度和最佳含水量，并在此基础上进行承载比试验和抗压强度试验，选择最适宜的原材料及其混合料组成方案。混合料组成设计的具体步骤为：

1）制备混合料

试验前先制备一种集料或土、不同结合料剂量的混合料。所谓结合料剂量是结合料质量占全部集料或土干质量的百分比。剂量过低时，混合料将难以形成半刚性材料，其强度将难以抵抗行车荷载产生的应力；剂量过高时，混合料会由于刚度过大而容易出现开裂现象，同时也不经济。当采用水泥和石灰综合稳定集料或土时，若水泥用量占结合料总质量的 30% 以上，按水泥稳定土设计，否则按石灰稳定土设计。通常，施工实际采用的水泥剂量和石灰剂量应比设计剂量高 0.5% ~ 1.0%。

2）击实试验

通过击实试验确定各种混合料的最佳含水量和最大干密度。试验时每一种土样至少做 3 个不同结合料剂量的混合料进行试验，即结合料最小剂量、中间剂量和最大剂量。其他剂量混合料的最佳含水量和最大干密度用内插法求得。

3）强度试验

首先制备抗压试验试件，混合料取最佳含水量，干密度由工地预定达到的压实度与最大干密度确定。

4）确定结合料剂量

选定符合强度要求的结合料剂量。

二、半刚性基层施工

半刚性基层的混合料可在拌和厂（场）集中拌和，也可沿路拌和，故施工方法有厂拌法和路拌法之分。高速公路和一级公路的半刚性基层对强度、平整度等技术性能有很高的要求，应采用施工质量好、进度快的厂拌法施工；其他公路的半刚性基层可用路拌法施工。

1. 铺筑试验路

高速公路和一级公路或使用新技术、新材料及新工艺的半刚性基层，在大面积施工前，应先铺筑一定长度的试验路。通过试验路的铺筑，施工单位可进行施工工艺的优化，找出施工过程中存在的主要问题，取得实现成功施工的经验，为大面积基层的铺筑确定合适的施工方法，同时还可检验拌和、运输、碾压、养生等施工设备的可靠性。根据试验路铺筑的具体情况，制定合理可行的施工组织计划，检验铺筑的半刚性基层质量是否符合设计和规范要求，并提出质量控制措施。此外，设计和建设单位也可对试验路的实际使用效果进行分析，对所设计的路面结构形式、混合料组成设计、基层的路用性能等一系列指标进行再次论证，从而优选出经济、适用的路面结构方案，并确定最终采用的基层类型及混合料配合比。

2．厂拌法施工

厂拌法施工是在中心拌和厂（场）用强制式拌和机、双转轴桨叶式拌和机等拌和设备将原材料拌和成混合料，然后运至施工现场进行摊铺、碾压、养生等工序作业的施工方法。无拌和设备时，也可用路拌机械或人工在现场分批集中拌和，之后，再进行其他工序的作业。

厂拌法施工前，应先调试用于拌和、摊铺、碾压等工序的设备，使之处于良好的工作状态。

拌和前应进行适当的试拌，使大量拌和的混合料组成符合设计要求。其中与施工质量有关的重要工序是混合料拌和、摊铺及碾压。

①下承层准备与施工放样

半刚性基层施工前应对下承层（底基层或土基）按施工质量验收标准进行检查验收，验收合格后方可进行基层施工。下承层应平整、密实，无松散和“弹簧”等不良现象，并符合设计高程、横断面宽度等几何尺寸要求。注意采取措施搞好基层施工的临时排水工作。

施工放样主要是恢复路中线，在直线段每隔 20m、曲线段每隔 10 ～ 15m 设一中桩，并在两侧路肩边缘设置指示桩，在指示桩上明显标记出基层的边缘设计高程及松铺厚度的位置。

②备料

半刚性基层的原材料应符合质量要求。料场中的各种原材料应分别堆放，不得混杂。运到料场的水泥应防雨防潮，准备使用的石灰应提前洒水，使石灰充分消解。石灰和粉煤灰过干会随风飞扬而造成污染，过湿又会成团而不便于施工，因此，应适时洒水或设遮雨棚，使之含有适宜的水分。在潮湿多雨地区施工时，应采取有效措施使细粒土、结合料免受雨淋。

③拌和与摊铺

拌和时应按混合料配合比要求准确配料，使集料级配、结合料剂量等符合设计要求，并根据原材料实际含水量及时调整加入拌和机内的水量。水泥稳定类和工业废渣稳定类混合判的含水量可比最佳含水量大 1% ～ 2%，而石灰稳定类混合料的含水量可比最佳含水量小 1% ～ 2%，这样可获得较好的压实效果。

拌和好的水泥稳定土混合料和水泥石灰稳定土混合料应尽快运到施工现场摊铺并碾压成型，以免因时间过长而使混合料强度损失过大。工业废渣稳定类混合料在 24h 内进行摊铺碾压即可。运输混合料的距离较长时，应用篷布等覆盖混合料以免水分损失过大。

高速公路和一级公路的半刚性基层应用沥青混合料摊铺机、水泥混凝土摊铺机或专用稳定土摊铺机摊铺，这样可保证基层的强度及平整度、路拱横坡、高程等几何外形质量指标符合设计和施工规范要求。摊铺过程中应设专人跟随摊铺机行进，以便随时消除粗、细集料严重离析的部位。应严格控制基层的厚度和高程，禁止用薄层贴补的办法找平，确保基层的整体承载能力。拌和机与摊铺机的生产能力应相互协调，避免出现机械停工待料和生产能力不足的问题。

④碾压

碾压是使半刚性基层获得强度和稳定性的关键工序。摊铺整平的混合料应立即用 12t 以上的振动压路机、三轮压路机或轮胎压路机碾压。必须分层碾压时，最小分层厚度不应小于 10cm。碾压时应遵循先轻后重的次序安排各型压路机，以先慢后快的方法逐步碾压密实。在直线段由两侧向路中心碾压，在平曲线范围内由弯道内侧逐步向外侧碾压。碾压过程中若局部出现“弹簧”、松散、起皮等不良现象时，应将这些部位的混合料翻松，重新拌和均匀再碾压密实。

水泥稳定类混合料从开始加水拌和到碾压完毕的时间称为延迟时间。混合料从开始拌和到碾压完毕的所有作业必须在延迟时间内完成，以免混合料的强度达不到设计要求。厂拌法施工的延迟时间为 2 ～ 3h。

⑤养生与交通管制

半刚性基层碾压完毕，应进行保湿养生，养生期不少于 7d。水泥稳定类混合料在碾压完成后立即开始养生，石灰或工业废渣稳定类混合料可在碾压完成后 3d 内开始养生：养生期内应使基层表面保持湿润或潮湿，一般可洒水或用湿砂、湿麻布、湿草帘、低黏质土覆盖，基层表面还可采用沥青乳液做下封层进行养生。水泥稳定类混合料需分层铺筑时，下层碾压完毕，待养生 1d 后即可铺筑上层；石灰或工业废渣稳定类混合料需分层铺筑时，下层碾压完即可进行铺筑，下层无须经过 7d 养生。养生期间应尽量封闭交通，若必须开放交通时，应限制重型车辆通行并控制行车速度，以减少行车对基层的扰动。

3．路拌法施工

路拌法施工是将集料或土、结合料按一定顺序均匀平铺在施工作业面上，用路拌机械拌和均匀并使混合料含水量接近最佳含水量，随后进行碾压等工序的作业。路拌法施工的流程为：下承层准备－施工测量－备料－摊铺－拌和－整形－碾压－养生。其中，下承层准备、施工测量、碾压及养生的施工方法和要求与厂拌法施工相同。

路拌法施工时，备料在准备完毕的下承层上进行。首先根据铺筑层的宽度、厚度及预定达到的干密度计算各施工段所需干集料的数量。其次是根据混合料的配合比、原材料含水量及运输车辆的吨位计算各种原材料每车的堆放距离；对于水泥、石灰等结合料，当以袋（或小翻斗车）为计量单位时，应计算每计量单位结合料的堆放距离。这样分层堆放的原材料经摊平、拌和后得到的混合料更容易符合规定的配合比要求。

通常先堆放集料或土，用自动平地机等适合的机械或人工按铺筑试验路确定的松铺系数摊铺均匀，然后按上述计算结果堆放结合料并摊平，摊铺应使混合料层厚度均匀。摊铺完毕，用稳定土拌和机、农用旋耕机或多铧犁进行拌和，拌和深度应达到稳定层底部，略扰动下承层，使基层与下承层结合良好。在拌和过程中，应设专人跟随拌和机行进，以便随时调整拌和深度并检查拌和质量。混合料应充分拌和均匀，严禁在拌和层底留有“素土”或夹层，否则会严重影响稳定层的强度和稳定性。拌和时应适时检查混合料的含水量，若含水量不符合设计要求，应通过自然蒸发或补充洒水使之处于最佳值，并再次拌和均匀。

混合料拌和均匀后，立即用平地机初平、整形。在直线段，平地机由两侧向路中心刮平；在曲线段，平地机由内侧向外侧刮平。初平后，用拖拉机、平地机或轮胎式压路机快速碾压 1 ~ 2 遍，使可能的不平整部位暴露出来，再用平地机整形，如此反复 1 ~ 2 遍。整形过程中要及时消除集料离析现象，特别是粗集料集中的部位。低洼处应用齿耙将距表面 5cm 深度范围内的混合料耙松，再用新拌和的混合料找平。初步整形后，应检查混合料松铺厚度，并进行必要的补料和减料。碾压作业与厂拌法施工相同。碾压结束前，用平地机再最终找平一次，使基层纵向顺适，路拱、超高、高程等符合设计要求。特别要将高出部分刮除并扫出路外，以保证上层路面结构的有效厚度。

4. 施工应注意的问题

①施工季节

半刚性基层宜在春末或夏季组织施工。施工期间的最低气温应在 5℃以上；在冰冻地区，应保证在结冻前有一定成型时间，即在第一次重冰冻（–3 ~ –5℃）到来之前的半个月到一个月（水泥稳定类）或一个月到一个半月（石灰、工业废渣稳定类）完成。若不能达到上述要求，则碾压成型的半刚性基层应采取覆盖措施以防冻融破坏。多雨地区应避免在雨季施工石灰土结构层。雨季施工水泥稳定土或石灰稳定中、粗粒土时，应特别注意气候变化，采取措施避免结合料或混合料遭雨淋。降雨时应停止施工，及时排除地表水，使运到路上的材料不过分潮湿。已经摊铺的混合料应尽快碾压密实。

②接缝及“掉头”处的处理

无论用厂拌法还是路拌法施工，均应尽量减少横向接缝和纵向接缝，必须设置接缝时应妥善处理。对于水泥稳定类基层，同一天施工的两个作业段衔接处应搭接拌和，即前一段拌和后留下 5 ~ 8m 长的混合料不碾压，待后一段施工时，在前一段未碾压的混合料中加入水泥，并拌和均匀。每一工作日的最后一段水泥稳定类基层完工后，应将末端设置成垂直端面，以保证接缝处有良好的传荷能力。对于石灰稳定类和工业废渣稳定类基层，同一天施工的两作业段衔接处可按前述方法处理，但不再添加结合料。施工过程中出现的纵向接缝应设置成垂直接缝，接缝区的混合料应充分碾压密实。

拌和机等施工机械不应在已碾压成型的稳定类基层上“掉头”、制动或突然起动。若必须进行这些操作时，应采取有效的措施保护基层。

③水泥稳定类混合料基层施工作业段长度的确定

确定水泥稳定类混合料基层的施工作业段长度应考虑水泥的终凝时间、延迟时间、工程质量要求、施工机械效率及气候条件等因素。延迟时间宜控制在 3 ~ 4h 内，不得超过水泥的终凝时间。在保证混合料强度符合要求的前提下，尽可能增长施工作业段长度。为此，水泥稳定类基层应采用流水作业法组织施工，使各工序紧密衔接，尽可能缩短延迟时间以增加施工流水段长度。一般条件下，每作业段长度以 200m 为宜。

三、粒料类基层施工

粒料类基层是由有一定级配的矿质集料经拌和、摊铺、碾压后，当强度符合规定时得到的基层。按强度形成原理的不同，矿质集料分为嵌挤型和密实型两种类型。嵌挤型粒料包括泥结碎石、泥灰结碎石、填隙碎石等，这种基层的强度靠颗粒之间的摩擦和嵌挤锁结作用形成。密实型粒料具有连续级配，故也称级配型基层，材料包括级配碎（砾）石、符合级配要求的天然沙砾等。本节主要介绍级配碎石、级配砾石和填隙碎石基层的施工技术。

1. 粒料类基层及其材料质量要求

①级配碎石基层

级配碎石基层由粗、细碎石和石屑各占一定比例、级配符合要求的碎石混合料铺筑而成。级配碎石基层适用于各级公路的基层和底基层，还可用作较薄沥青面层与半刚性基层之间的中间层，起减轻和消除半刚性基层开裂对沥青面层影响的作用，避免出现反射裂缝。符合级配要求的碎石可用几组颗粒组成不同的碎石或未筛分碎石与石屑掺配而成，用于基层时，碎石的最大粒径及颗粒组成等应符设计的要求，级配曲线应连续圆滑。

级配碎石基层的强度主要由碎石颗粒间的密实、填充作用形成，对碎石颗粒的强度要求很高。碎石的压碎值应符合以下要求：高速公路和一级公路基层，不大于

26%；高速公路和一级公路底基层、二级公路基层，不大于 30%；二级公路底基层及二级以下公路基层，不大于 35%；二级以下公路底基层，不大于 40%。石屑和其他细集料可以用碎石场的筛余细料、专门轧制的细碎石集料、天然沙砾等。若级配碎石中所含细料的塑性指数偏大，则塑性指数与 0.5mm 以下细料含量的乘积应符合以下要求：年降雨量小于 600，mm 的中干和干旱地区，地下水对土基无影响时，该乘积不大于 120；在潮湿多雨地区，该乘积不大于 100。

②级配砾石基层

级配砾石基层是用粗、细砾石和砂按一定比例配制的混合料铺筑的、具有规定强度的路面结构层，适用于二级及二级以下公路的基层及各级公路底基层。级配砾石基层的颗粒组成应符合设计规定的级配要求，级配不符合要求的可用其他粒料掺配，达到规定的级配后同样可作为级配砾石基层，塑性指数在 6（潮湿多雨地区）或 9（其他地区）以下的天然沙砾可直接用作基层。对于细料含量较多的砾石，可先筛除部分细料后再使用。塑性指数偏大的可掺加少量石灰或无塑性砂土。

级配砾石颗粒的级配曲线应连续圆滑。当塑性指数偏大时，塑性指数与 5mm 以下细土含量的乘积应符合与级配碎石相同的规定。级配砾石的压碎值应符合下列要求：高速公路及一级公路底基层或二级公路基层，不大于 30%；二级公路底基层或二级以下公路基层，不大于 35%；二级以下公路底基层，不大于 40%。

③填隙碎石基层

填隙碎石基层是用单一尺寸的粗碎石作主骨料，用石屑作填隙料铺筑而成的结构层。填隙碎石适用于各级公路的底基层和二级以下公路的基层，颗粒组成等技术指标应符合设计的要求。填隙碎石基层以粗碎石作嵌锁骨架，石屑填充于粗碎石间的空隙中，使密实度增加，从而提高强度和稳定性。当缺乏石屑时，可用细沙砾或粗砂替代。粗碎石应用坚硬的各类岩石或漂石轧制而成，压碎值应符合下列规定：用作基层，不大于 26%；用作底基层，不大于 30%。若抗压碎能力不能满足上述要求，则填隙碎石基层的整体强度将难以得到保证。

2. 施工方法

①级配碎（砾）石基层施工

级配碎（砾）石基层大都采用路拌法施工，施工次序为：准备下承层 – 施工放样 – 运输和摊铺主集料 – 运输和摊铺掺配集料 – 洒水拌和 – 整形 – 碾压 – 做封层。采用集中厂拌法施工，施工次序为，准备下承层 – 施工放样 – 混合料拌和与摊铺 – 整形 – 碾压 – 做封层。下承层准备与施工放样按半刚性基层施工的方法和要求进行；运输和摊铺集料是确保级配碎（砾）石基层施工质量的关键工序之一，通过准确配料、均匀摊铺可使碎（砾）石混合料具有规定的级配，从而达到规定的强度等技术要求。施工时根据拟定的混合料配合比、基层宽度与厚度及预定达到的干密度等计算确定各规格集料的用量，以先粗后细的顺序将集料分层平铺在下承层上，然后用人工或平地机进行摊平；级配碎（砾）石混合料可用稳定土拌和机、自动平地机、多铧犁与缺口圆盘耙相配合拌和，拌和应均匀，避免出现集料离析现象，确保级配碎（砾）石基层具有良好的整体强度。应边拌和边洒水，使混合料达到最佳含水量。混合料拌和均匀即可按松铺厚度摊平，级配碎石的松铺系数为 1.4 ~ 1.5，级配砾石的松铺系数为 1.25 ~ 1.35。表面整理成规定的路拱横坡，随后用拖拉机、平地机或轮胎压路机在初平的混合料上快速碾压 1 ~ 2 遍，使潜在的不平整部位暴露出来，再用平地机整平。混合料整形完毕，含水量等于或略大于最佳含水量时，用 12t 以上三轮压路机或振动压路机碾压。在直线段，由路肩开始向路中心碾压；在平曲线段，由弯道内侧向外侧碾压，碾压轮重叠 1/2 轮宽，后轮超过施工段接缝。后轮压完路面全宽即为一遍，一般应碾压 6 ~ 8 遍，直到符合规定的密实度，表面无轨迹为止。压路机碾压头两遍的速度为 1.5 ~ 1.7km/h，然后为 2.0 ~ 2.5km/h。路面外侧应多压 2 ~ 3 遍。对于含细土的级配碎（砾）石，应进行滚浆碾压，一直到碎（砾）石基层中无多余细土泛到表面为止，泛到表面的泥浆应清除干净。用级配碎石做基层时，压实度不应小于 98%；做底基层时，压实度不应小于 96%。用级配砾石做基层时，压实度不应小于 98%，CBR 值不应小于 60%；做底基层时，压实度不应小于 96%，中等交通条件下 CBR 值不应小于 60%，轻交通条件下 CBR 值不应小于 40%。

级配碎石用作薄沥青面层与半刚性基层间的中间层时，主要起防治反射裂缝的作用，碎石混合料应采用强制式拌和机、卧式双转轴桨叶式拌和机或普通水泥混凝土拌和机等集中拌和，用沥青混凝土摊铺机、水泥混凝土摊铺机或稳定土摊铺机摊铺，这样可使其具有良好的强度和稳定性，表面平整，质量明显高于路拌法施工的基层。

②填隙碎石基层施工

填隙碎石基层施工的顺序为：准备下承层 – 施工放样 – 运输和摊铺粗骨料 – 稳压 – 撒布石屑 – 振动压实 – 第二次撒布石屑 – 振动压实 – 局部补撒石屑并扫匀 – 振动压实，填满空隙—洒水饱和（湿法）或洒少量水（干法）– 碾压。其中，运输和摊铺粗骨料及振动压实是确保施工质量的关键。

填隙碎石施工时，细集料应干燥；采用振动压路机充分碾压，尽量使粗碎石骨料的空隙被细集料填充密实，而填隙料又不覆盖粗碎石表面自成一层，粗碎石应“露子”。填隙碎石的压实度用固体体积率来表示，用作基层时，不应小于 83%；用作底基层时，不应小于 85%。填隙碎石基层碾压完毕，铺封层前禁止开放交通。

四、基层施工质量控制与检查验收

1．施工质量控制

确保基层的施工质量符合设计文件和技术规范要求是基层施工的首要任务，施工过程中应采取有效措施控制施工质量，如建立、健全工地现场试验设施、质量检查与工序间的交接验收制度。各工序完成后应进行相应指标的检查验收，上一道工序完成且质量符合要求方可进入下一道工序的施工。施工质量控制的内容包括原材料与混合料技术指标的检验、试验路铺筑及施工过程中的质量控制与外形管理三大部分。

①原材料与混合料质量技术指标试验

基层施工前及施工过程中原材料出现变化时，应对所采用的原材料进行规定项目的质量技术指标试验，以试验结果作为判定材料是否适用于基层的主要依据。原材料技术指标试验项目及试验方法参见前述有关内容。

②铺筑试验路

为了有一个标准的施工方法作指导，在正式施工前应铺筑一定长度的试验路，以便考查混合料的配合比是否适宜，确定混合料的松铺系数、标准施工方法及作业段的长度等，并根据铺筑试验路的实际过程优化基层的施工组织设计。

③质量控制与外形管理

基层施工质量控制是在施工过程中对混合料的含水量、集料级配、结合料剂量、混合料抗压强度、拌和均匀性、压实度、表面回弹弯沉值等项目进行检查。外形管理包括基层的宽度、厚度、路拱横坡、平整度等，施工时应按规定的频度和质量标准进行检查。施工质量控制主要项目的检查频度和标准

2．检查验收

基层施工完毕应进行竣工检查验收，内容包括竣工基层的外形、施工质量和材料质量三个方面。检查验收过程中的试验、检验应做到原始记录齐全、数据真实可靠，为质量评定提供客观、准确的依据。检查验收应随机抽样进行，不能带有任何倾向性，通常以 1km 长的路段为一个评定单位。

第三节　沥青路面施工

一、材料质量要求

沥青路面具有表面平整、无接缝、行车舒适、耐磨、噪声低、施工期短、养护

维修简便，且适宜于分期修建等优点，因此得到了广泛的应用。沥青与矿料的性质对沥青路面的强度、稳定性及其他路用性能的影响很大，可以说，高质量的原材料是铺筑高质量沥青路面的根本保证，因此，沥青路面使用的各种材料，必须符合规定的质量要求。

（一）沥青材料

沥青路面所用的沥青材料有石油沥青、软煤沥青、液体石油沥青和乳化石油沥青等。各类沥青路面所用沥青材料的标号，应根据路面的类型、交通量、施工条件、地区气候条件、施工季节矿料性质和材料来源等因素而定。煤沥青不宜作沥青面层使用，一般仅作透层沥青使用。选用乳化沥青时，对于酸性石料、潮湿的石料，以及低温季节施工宜选用阳离子乳化沥青，对于碱性石料与掺入的水泥、石灰、粉煤灰共同使用时，宜选用阴离子乳化沥青。对热拌热铺沥青路面，由于沥青材料和矿料均必须加热拌和，并在热态下铺压，故可采用稠度较高的沥青材料。而热拌冷铺类沥青路面，所用沥青材料的稠度可较低。对于浇灌类沥青路面，若采用的沥青材料过稠，难以贯入碎石中，过稀又易流入到路面底部，因此，这类路面宜采用中等稠度的沥青材料。当地气候寒冷、施工气温较低、矿料粒径偏细时，宜采用稠度较低的沥青材料；但在炎热季节施工时，由于沥青材料的温度散失较慢，则可用稠度较高的沥青材料。对于路拌类沥青路面，一般采用稠度较低的沥青材料。

沥青存放于储运站或拌和站时，不同标号、不同来源的沥青必须分开，以免混杂。路用: 沥青长时间存放后化学组分会发生变化，路用性能会受到一定程度的影响，因此使用前应抽样检验，质量不符合要求的不得使用。连续施工沥青路面时，沥青储存罐或储油池中温度应不低于 130℃，并不高于 180℃，避免因温度过低而引起沥青供给困难，温度过高而使沥青老化。沥青在存放、储运及使用过程中应做好防水工作，避免雨水或加热管内的蒸汽进入沥青罐（池）中。

（二）矿料

沥青混合料的矿料包括粗集料、细集料及填料。粗、细集料形成沥青混合料的矿质骨架，填料与沥青组成的沥青胶浆填充与骨架间的空隙中并将矿料颗粒黏结在一起，使沥青混合料具有抵抗行车荷载和环境因素作用的能力。

（1）粗集料

粗集料形成沥青混合料的主骨架，应洁净、干燥、无风化、无杂质，具有足够的强度和耐磨耗能力，与沥青有着良好的黏附性能，颗粒形状以近似于立方体为佳。碎石、破碎砾石、筛选碎石、矿渣等均可作为沥青混合料的粗集料，但破碎砾石仅用于三级及三级以下公路沥青表面处治，或用于拌和法施工的沥青混合料下面层。

粗集料质量技术要符合设计规定，安定性试验根据需要进行，石灰岩用于高等级公路时，石灰压碎值指标可放宽至28%，但必须得到主管部门批准。对高等级公路沥青面层的碎石不宜采用腭式破碎机加工。抗滑表层使用的粗集料应尽量选用坚硬、耐磨、抗冲击的碎石或轧制砾石。石料的磨光值是必须进行的指标，道端磨耗损失及石料冲击值根据需要进行。

乳制砾石的质量与碎石要求相同。轧制砾石用作高等级公路沥青面层混合料时，粒径大于5mm的颗粒中至少有两个破裂面以上的含量应不小于50%。

酸性石料（花岗岩、石英岩）不宜用于高等级公路，不得不使用时，宜使用针入度较低的沥青，并采取抗剥离措施。通常在沥青中掺加胺类表面活化抗剥落剂，也可用水泥或消石灰作为填料的一部分，但用量不能超过矿料总重的2%。

（2）细集料

细集料石质粒径小于5mm的天然砂（河砂、海砂、山砂）、人工砂、石屑。天然砂的细度模数及级配要符合规范要求。石屑是指采石场加工碎石后2.5 ~ 5mm的筛下部分。热拌沥青混合料的细集料宜采用天然砂或机制砂，在缺少天然砂的地区，也可以使用石屑，但高速公路和一级公路的沥青混凝土面层及抗滑表层的石料用量不宜超过天然砂及机制砂的用量，以确保沥青混凝土混合料的施工和易性和工作性。细集料应洁净、干燥、无风化、无杂质并有一定的级配，与沥青有良好的黏附能力，安定性试验根据需要进行，泥土含量指标仅适用于天然砂，此处指水洗法小于0.075mm部分含量。细集料应与沥青具有良好的黏结力，酸性岩石的人工砂或石屑不宜用于高等级公路沥青面层。

（3）填料

填料一般采用石灰岩或岩浆岩中强基性岩石等憎水性石料经磨细而得到的矿粉。矿粉应干燥、洁净、无团粒，其质量技术要符合规范规定。最大粒径0.075mm的填料可以是粗集料和细集料颗粒组成中的一部分，可以是砸石和筛分场得到的石粉，也可以是沥青拌和厂干燥筒抽出的粉料。最常用的外加填料有：硅酸盐水泥、水泥厂的转窑水泥飞灰、磨细石灰石粉、磨细矿渣粉、消石灰、粉煤灰。使用填料可使沥青混合料达到一些规定的技术要求，填料使矿料级配达到规定的要求，填料增加沥青胶砂的强度并使其变硬，但也可能减小工作度。

粉煤灰可作为填料的一部分使用，但应经试验确认其属于碱性，与沥青有良好的黏结力，其质量要求与矿粉同。粉煤灰用作填料时，其烧失量应小于10% ~ 20%，塑性指数应小于4。实践表明，粉煤灰用作沥青混凝土的填料能提高沥青混凝土的高、低温稳定性和抗水性，其性能优于石灰石矿粉，高钙粉煤灰比硅铝粉煤灰性能更好，有利于进一步改善沥青混凝土的性能。

拌和机除尘的粉尘回收后可作为矿粉的一部分来使用，但其用量不得超过填料总量的5%，掺有粉尘的填料，其塑性指数不得大于4。

由于填料的粒径跟个，比表面积很大，使混合料中的结构沥青含量增加，从而提高沥青混合料的黏结力，因此填料是构成沥青混合料强度的重要组成部分。

二、沥青混合料的选用及其组成设计

（一）沥青混合料的选用

（1）沥青混合料分类

通常是将未经摊铺、碾压的沥青混凝土和沥青碎石的拌和物统称为沥青混合料。根据混合料中骨料的粒径的不同，沥青混凝土混合料分为粗粒式、中粒式、细粒式及砂砾式等类型；按标准压实后的剩余空隙率还可将其分为Ⅰ型（剩余空隙率为3% ~ 6%，城市道路为2% ~ 6%）和Ⅱ型（剩余空隙率为6% ~ 10%）。沥青碎石混合料分为粗粒式、中粒式、细粒式。沥青路面的集料最大粒径一般是从上至下逐渐增大，因此，中粒式及细粒式适用于上层，粗粒式只能用于中下层。

沥青混合料按其强度构成的不同可分为嵌挤型和级配型两大类。嵌挤型沥青混合料的强度是以矿料之间的嵌挤力和内摩阻力为主、沥青的黏结作用为辅而构成。沥青碎石就属此类，这类混合料是以颗粒较粗、尺寸均匀的矿料构成骨架，沥青结合料填充其空隙，并把矿料黏结成一个整体。这类沥青混合料的结构强度受自然因素（温度）的影响较小。

按密实级配原则构成的沥青混合料的结构强度，是以沥青与矿料之间的黏结力为主，矿料的嵌挤力和内摩阻力为辅而构成的，沥青混凝土属于此类，按其结构方式通常可分为：

第一，悬浮密实结构。由连续级配矿料组成的密实混合料，当主骨料约为30% ~ 40%时，沥青混合料虽可以形成密实结构，但因粗集料数量较少，不能形成骨架，而以悬浮状态处于较小颗粒之中，这种沥青混合料表现为黏结力较高，内摩阻力受沥青材料的性质和物理状态的影响较大，稳定性较差。

第二，骨架空隙结构。采用连续型级配矿质混合料，当矿质集料中主骨料较多，可以形成骨架，但因细集料数量过少，不足以填满空隙时，则形成“骨架－空隙”结构。这种沥青混合料强度主要取决于内摩阻力，黏结力低，其结构强度受沥青的性质和物理状态影响较小。

第三，骨架密实结构。当采用间断型级配时，混合料中既有一定数量的粗集料形成骨架，同时细集料又足以填满骨架的空隙。这种沥青混合料黏结力和内摩阻力均较高。

（2）沥青混合料的选用

确定沥青路面的沥青混合料类型应考虑以下几点：

第一，应满足耐久性、抗车辙、抗裂、抗水损害能力以及抗滑性能等多方面要求，并应根据施工机械、工程造价等实际情况选择。

第二，沥青混凝土混合料面层采用双层或三层式结构，其中应有一层及一层以上是I型密级配沥青混凝土混合料。当各层均采用沥青碎石混合料时，沥青面层必须做下封层。

第三，多雨潮湿地区的高速公路、一级公路和城市快速路、主干路的上面层，宜采用抗滑表层混合料，一般道路及少雨干燥地区的高速公路、一级公路和城市快速路、主干路宜采用I型沥青混合料作表层。

第四，沥青面层集料的最大粒径宜从上至下逐渐增大，上层宜使用中粒式及细粒式，不宜使用粗粒式混合料。砂粒式仅适用于城市一般道路、市镇街及非机动车道、人行道路等工程。

第五，上面层沥青混合料集料的最大粒径不宜超过层厚的1/2，中下面层及联结层集料的最大粒径不宜超过层厚的2/3。

第六，高速公路的硬路肩沥青表面宜采用Ⅰ型沥青混凝土混合料作表层。

（二）混合料配合比设计

沥青混合料的组成设计主要任务就是确定粗集料、细集料、矿粉和沥青材料相互配合的最佳组成比例，使之既能满足沥青混合料的技术要求又符合经济的原则。通常按照试验室目标配合比设计、生产配合比设计及生产配合比验证三个阶段进行，设计结果作为控制沥青路面施工质量的依据。

（1）试验室目标配合比设计

试验室目标配合比设计阶段的任务是确定矿料的最大粒径、级配类型和最佳沥青用量。

第一，确定矿料最大粒径。矿料最大粒径（D）对沥青混合料的路用性能影响很大。通常取结构层厚度（h）与矿料最大粒径（h）的比值 $h/D > 2$，此时沥青混合料的施工和易性、压实性较好，易于达到规定的密实度和平整度，从而保证沥青混合料的路用性能符合要求。

第二，确定矿料级配。沥青混合料组成设计的一个主要内容就是合理地确定矿质材料的级配组成。所谓矿料的级配组成，就是指矿料中不同粒径的粒料相互之间的比例关系，级配常以不同粒径粒料的质量比来表示。

一个良好的矿料级配组成，应该使其空隙率在热稳定性容许的条件下为最小，以及形成足够的结构沥青所果腹的充分表面积，以保证矿料之间处于最密的状态，并为矿料与沥青之间相互作用创造良好条件，使沥青混合料最大限度地发挥其结构强度效应，从而获得最好的使用品质。矿料级配分成两类：连续级配和间断级配。其中连续级配又可以分成连续密级配和连续开级配。

沥青混合料类型确定后，在保证混合料密实度和稳定性的前提下，根据级配理论和实际需要，确定工程设计级配范围。确定矿料级配曲线时，可采用表中规定级配范围的中值。对于交通量大、轴载重及抗车辙性能要求高的公路，可取表中所列级配范围中的下限（矿料偏粗）；对于交通量小、轴载轻的公路或人行道，可取级配范围中上限（矿料偏细）。矿料配合比可采用试算法、图解法、正规方程法等方法确定。

第三，确定沥青最佳用量。沥青最佳用量可以采用各种理论或半理论经验公式计算，但是由于实际材料性质的差异，计算公式具有很大的局限性，只能用做粗略估计用量。而且由于沥青用量对沥青混合料，特别是密实型沥青混合料的技术性质影响很大，因此，沥青混合料的沥青用量一般均需要通过试验确定。我国现行施工技术规范规定，沥青混合料的沥青最佳用量，采用马歇尔试验法确定。该方法是：首先从沥青用量范围或已有经验初步估计沥青用量，以估计值为中值，以 0.5% 间隔上、下变化沥青用量制备马歇尔试件，试件数不少于 5 组。然后在规定的试验温度及试验时间内用马歇尔试验仪测定其稳定度、流值、密度，并计算其空隙率和饱和度及矿料间隙率。根据试验和计算所得的结果分别绘制沥青用量同密度、稳定度、空隙率、流值与饱和度的关系曲线。

第四，水稳性与抗车辙能力的检验。按最佳沥青用量 OAC 制作马歇尔试件进行浸水马歇尔试验或真空饱水马歇尔试验，检验其残留稳定度是否合格。

（2）生产配合比设计阶段

用间歇式拌和机拌和沥青混合料时，应按规定方法取样测试各热料仓的材料级配，确定各热料仓的配合比，供拌和机控制室使用。同时选择适宜的筛孔尺寸和安装角度，尽量使各热料仓的供料大体平衡。并取目标配合比设计的最佳沥青用量 OAC、OAC ± 0.3% 等 3 个沥青用量进行马歇尔试验和试拌，通过室内试验及拌和机取样试验综合确定生产配合比的最佳沥青用量，由此确定的最佳沥青用量与目标配合比设计的结果的差值不宜大于 ± 0.2%。用连续式拌和机拌和时，可省略生产配合比设计步骤。

（3）生产配合比验证阶段

按照生产配合比设计结果进行试拌、铺筑试验路段，并取样进行马歇尔试验，同时从路上钻芯取样观察空隙率的大小，由此确定生产用的标准配合比。标准配合比的矿料合成级配中，至少应包括 0.075mm、2.36mm、（4）75mm 及公称最大粒径筛孔的通过率接近优选的工程设计级配范围的中值，并避免在0.3 ~ 0.6mm处出现“驼峰”。对确定的标准配合比，宜再次进行车辙试验和水稳性检验。

三、热拌沥青混合料路面施工

热拌沥青混合料是矿料与沥青在热态下拌和、热态下铺筑施工成型的混合料的总称，它包括热拌沥青碎石、沥青混凝土、抗滑表层等多种类型，其特点是矿料、沥青及拌和混合料从拌和到铺筑成型均需在较高的温度范围内完成。热拌沥青混合料路面的施工包括混合料配合比的确定、拌和与运输，摊铺与压实等方面，其施工工艺和质量控制流程。

（一）施工前的准备工作

施工前的准备工作主要有确定料源及进场材料的质量检验、机械选型、拌和厂选址、修筑试验路段等项工作。

（1）确定料源及进场材料的质量检验

第一，沥青材料。应从质量和经济两方面综合考虑，选用国外进口沥青或国产沥青，对进场的沥青材料应抽样检测其技术指标。试验中如有一项达不到规定要求时，应加倍抽样试验，如仍不合格，则退货并索赔。沥青材料的试验项目有：针入度、延度、软化点、薄膜加热、蜡含量、比重等。有时根据合同要求，可增加其他非常规测试项目。

第二，石料。确定石料场，主要是检查石料的技术标准能否满足要求，如石料等级、饱水抗压强度、磨耗率、压碎值、磨光值及石料与沥青的黏结力。对各个料场采取样品，制备试件，进行试验，并考虑经济等因素后确定。

第三，砂、石屑及矿粉。砂的质量是确定砂料场的主要条件。进场砂、石屑、矿粉应满足规范规定的质量要求。

（2）拌和设备的选型及场地布置

第一，拌和设备选型。应根据工程量和工期来选择拌和设备的生产能力和移动方式（固定式、半固定式和移动式）。且其生产能力应和摊铺能力相匹配，不应低于摊铺能力，最好高于摊铺能力5%左右。高等级公路沥青路面施工，应选用拌和能力较大的设备。按工艺流程，拌和设备可分为三种，即间歇强制式拌和机（又称周期式或循环式）、连续强制式拌和机和连续滚筒式拌和机。

①间歇强制式拌和机：

间歇强制式拌和设备的特点是：冷矿料的烘干、加热以及与热沥青的拌和，是先后在不同设备中进行的，其中集料的烘干与加热是连续进行的，而混合料的拌制则是间歇地进行，由搅拌器强制拌和。

由于间歇强制式拌和设备历史悠久，技术已趋完善，并且采用相对较简单的计量技术，即可获得各种沥青混合料较精确的配合比，因此得到了广泛的应用，目前国内外大多数拌和设备属于此类。它的缺点是：与滚筒式拌和设备相比，在同等生产能力条件下，间歇强制式拌和设备组成部分较多，结构复杂，设备庞大，对除尘设施要求高，搬迁困难，因此一般固定式或半固定式搅拌设备多采取这种作业方式。

②连续强制式拌和机

连续强制式拌和设备的特点是：集料的烘干、加热及混合料的拌制均为连续进行，由搅拌器强制拌和。其工作过程是：从各冷料仓进入烘干筒的矿料，除粉尘外将全部进入拌和室并与矿粉和沥青一起拌成沥青混合料，也就是进什么料出什么混合料，因此，从冷料仓中出来的各种不同规格矿料颗粒组成的变化直接影响制成沥青混凝土的颗粒组成和质量，只有原材料的颗粒组成变化小，才能得到矿料级配组成和质量都比较稳定的沥青混合料。

强制式沥青混凝土拌和设备的一个很大缺点是在工作过程中产生大量粉尘，造成严重的环境污染，除非大大改进除尘设施，提高净化程度，使逸出粉尘控制在环保法的容许范围内，否则，这种拌和设备的使用就要受到限制。但要提高除尘效果，使之达到很高的净化标准，势必大大增加除尘设施的投资，这种投资通常可达到拌和设备总造价的 30% ~ 40%，从而使这种拌和设备的成本剧增，建设投资大，能耗也高。

③连续滚筒式拌和机：

连续滚筒式拌和设备的工艺特点是：骨料烘干、加热及同沥青的搅拌是在同一个滚筒内完成的，即骨料烘干与加热后未出滚筒就被沥青裹覆，从而避免了粉尘的飞扬和逸出。其拌和方式是非强制式的，它依靠滚筒的旋转，筒内矿料不断地被提升和自由跌落，从而得到拌和，这种拌和设备的工艺过程与传统式拌和设备相比，具有结构简单、投资少、能耗低和污染少等优点。

滚筒式沥青混凝土拌和设备与强制式拌和设备相比，其优点是：对空气污染少，设备组成工艺较简单。例如，可省去热骨料提升机、筛分机、热骨料储仓、矿料秤和专门的搅拌器等。因此，投资省、维护费用低、能耗少。其缺点是：骨料的加热采用顺流式，热利用率低，拌制好的混合料含有较多的残余水分，且温度也较低。

第二，拌和厂的选址与布置。沥青混合料拌和设备是一种由若干个能独立工作的装置所组成的综合性设备。因此，不论采用哪一类型拌和设备，其各个组成部分的总体布置，都应满足紧凑、相互密切配合又不相互干扰的原则。

固定式沥青混合料拌和厂（不搬迁，又称沥青混合料工厂，适用于工程集中的城市道路和公路施工），应根据设备的数量、工作时产生的粉尘与噪声、供电与供水以及施工运输等条件来选择厂址和确定场地面积。

半固定式（装置在几个拖车上，在施工地点拼装，多用于公路施工）和移动式（拌和设备一般都是小型的，装置在拖车上，可随施工地点转移，多用于拌制沥青碎石混合料）沥青混合料拌和设备可安装在特制的平板车上，要便于安装、拆卸、转移和使用。

（3）施工机械检查

拌和设备在开始运转前要进行一次全面检查，注意连接的紧固情况，检查搅拌器内有无积存余料、冷料运输机是否运转正常和有无跑偏现象，仔细检查各个接头，严禁吸沥青管有漏气现象，注意检查电子系统，对于机械传动部分，还要检查传动链的张紧度，检查运输车辆是否符合要求，保温设施是否齐全。

洒油车应检查油泵系统、洒油管道、量油表、保温设备等有无故障。应先在路上试洒，校核其洒油量。

矿料撒铺车应检查其传动和液压调整系统，应事先进行试撒，以确定撒铺每一种规格矿料时应控制的间隙和行驶速度。

摊铺机应检查其规格和主要机械性能，如振捣板、振动器、熨平板、螺旋摊铺器、离合器、刮板送料器、料斗闸门、厚度调节器、自动找平装置等是否正常。

压路机应检查其规格和主要机械性能及滚筒表面的磨损情况。

（4）修筑试验段

沥青路面大面积施工前，应根据计划使用的机械设备和设计的混合料配合比来铺筑试验路段，以确定合适的拌和时间和拌和温度、摊铺温度、摊铺速度、摊铺宽度、自动找平方式、机械之间的组合关系、压实温度、压实方法、松铺系数、合适的作业段长度。并在试验中抽样检测沥青混合料的沥青含量、矿料级配、稳定度、流值、空隙率、饱和度、密实度等，最终提出混合料的生产配合比及标准施工方法和质量检查标准。

试验段铺筑结束后，施工单位应就各项试验内容提出试验总结报告，取得主管部门的批准后方可用以指导大面积沥青路面的施工。

（二）沥青混合料的拌和与运输

（1）试拌

在拌制一种新配合比的混合料之前，或生产中断了一段时间之后，应根据室内配合比进行试拌及抽样试验确定施工质量控制指标。

第一，对间歇式拌和设备，应确定每盘热料仓的配合比。对连续式拌和设备，应确定各种矿料送料口的大小及沥青、矿料的进料速度。

第二，沥青混合料应按设计沥青用量进行试拌，试拌后取样进行马歇尔试验，并将其试验值与室内配合比试验结果进行比较，验证设计沥青用量的合理性，必要时可适当调整。

第三，确定适宜的拌和时间。以沥青混合料拌和均匀为准。

第四，确定适宜的拌和与出厂温度。控制沥青混合料拌和及出厂温度是混合料质量控制的关键环节之一。

（2）沥青混合料的拌制

根据配料单进料，严格控制各种材料的用量及其加热温度，所用矿料应符合质量要求，储存量应为平均日用量的 5 倍，场地应加遮盖，以防雨水。拌和后的混合料应均匀一致，无花白、无离析和结团成块等现象。每班抽样做沥青混合料性能、矿料级配组成和沥青用量检验。每班拌和结束时，应清洁拌和设备，放空管道中的沥青，并用柴油清洗系统，以防止沥青堵塞管路。做好各项检查记录，不符合技术要求的沥青混合料禁止出厂。拌和的沥青混合料不能立即使用时，应存入成品储料仓，以防止施工中由于拌和设备的小故障导致摊铺机停机。

（3）拌和质量检测

第一，拌和质量的直观检查。质检人员必须在料车装料过程中和开离拌和厂前往摊铺工地途中经常进行目测，仔细地目测有可能发现混合料中存在的某些严重问题：

①如料车装载的混合料中冒黄烟，往往表明混合料温度过高。

②如果混合料在料车中容易坍平（不易堆积），则可能是因为沥青过量或矿料湿度过大。

③如运料车上的沥青混合料能够堆积很高则说明混合料温度偏低或沥青含量过低。

④如出现花白料则可能是矿料温度偏低，拌和时间偏短或吸尘不理想，无形中造成填充料数量偏多，这时，需根据经检查确定的原因采取措施，或升高集料加热温度，或增加拌和时间，或减少矿粉用量。

⑤沥青混合料：其原因可能是原材料中细集料的含水量过大，造成在烘干筒中，当细集料加热温度达到规定值时，粗集料的温度则已大大超过了规定值，这时，需控制集料进入烘干筒之前的含水量，不允许使用含水量大于 7% 的细集料。

⑥拌制的沥青混合料没有色泽，其原因是沥青加热温度偏高，造成沥青老化，这时，应根据沥青品种，严格控制沥青加热温度。

⑦混合料颗粒发生明显变化，出现该现象的原因可能是冷料颗粒组成发生了较大变化或振动筛筛网上热料过多，来不及正常筛分就直接进入热料仓，造成热料仓中集料颗粒组成发生较大的变化。

第二，拌和质量测试。混合料的质量测试包括温度的测试和抽样进行马歇尔试验并保留详细的检验记录。温度是质量控制的首要因素，通常在混合料装车时用有度盘和铠装曲轴的温度计或红外测温仪测试。抽取拌和的沥青混合料进行马歇尔试验，测试稳定度、流值、空隙率。用沥青抽提试验确定沥青用量，并检查抽提后矿料的级配组成，以各项测试数据作为判定拌和质量的依据。

（4）混合料的运输

沥青混合料成品应及时运往工地。运输前应查明具体位置、施工条件、摊铺能力、运输路线、运距和运输时间，以及所需混合料的种类和数量等。运输车辆数量必须满足拌和设备连续生产的要求，不因车辆少而临时停工。运输车辆的车厢应具有紧密、清洁、光滑的金属底板并应打扫干净。为防止沥青混合料与车厢板黏结，在车厢侧板和底部涂 1 ∶ 3 的柴油水混合液，但要严格控制涂液用量，以均匀、涂遍但不积油水为宜。不允许用石油衍生剂来运作料车底板的涂料。

要组织好车辆在拌和处装料和工地卸料的顺序，尤其要计划好车辆在工地卸料时的停置地点。在往运料车上装载沥青混合料时，为减少混合料颗粒离析，应尽量缩短出料口至车厢的下料距离，且自卸车不应停在一个位置上受料，每往车厢内装一斗料，车就应移动一次位置。装料时必须按其载重量装足，安全检查后再起运。为了精确控制材料，载料车出厂时应进行称量。为了不因特殊事故或其他原因而使设备停工，拌和设备应有足够的混合料成品储存仓。

将混合料从拌和厂运到摊铺现场，必须用篷布覆盖运输车内的沥青混合料以保持混合料的温度。在雨季施工时，运料车还应有防雨篷布。

（三）沥青混合料摊铺

摊铺作业是沥青路面施工的关键工序之一。常包括下承层准备、施工放样、摊铺机各种参数的调整与选择、摊铺机作业等主要内容。

（1）摊铺前的准备工作

第一，下承层准备。在铺筑沥青混合料时，其下承层无非是基层、联结层或面层下层。虽然下承层完工后，已按照验收标准进行过检查，但在两层施工的间隔，很可能因某种原因，如雨天、通车或其他施工干扰等使其表面发生不同程度的破坏，出现松散、浮尘、下沉、泥泞等，在摊铺沥青混合料前，因进行维修、重新分层填筑并压实、清洗干净。对下承层表面缺陷进行处理并满足规定要求后，即可再洒透层沥青或黏层油。

第二，施工放样。施工放样包括平面控制与高程测量。平面控制主要是恢复道路中线；高程测量的目的是确定下承层表面高程与原设计高程相差的确切值，以便在挂线时纠正到设计值或保证施工层厚度。对无自控装置的摊铺机，应根据下承层的实测高程和面层的设计高程，确定实铺厚度。

第三，摊铺机工前检查。摊铺机在每日开工前，应对摊铺机的刮板送料器、闸门、螺旋布料器、振动梁、熨平板、厚度调节器等工作装置和调节机构进行检查，在确认各种装置及机构处于正常工作状态后才能开始施工，若存在缺陷和故障应及时排除。

（2）摊铺机参数的调整与选择

在摊铺前，根据施工要求需调整和选择摊铺机的结构参数有：熨平板宽度和拱度；摊铺厚度与熨平板的初始工作迎角；摊铺速度。

第一，熨平板宽度和拱度的调整。为减少摊铺次数，每条摊铺带的宽度应按该型号摊铺机的最大摊铺宽度来考虑。路面的宽度应为摊铺机总摊铺宽度减去重叠后的整数倍。如整数时，尽可能在减少摊铺次数的前提下，使所剩的最后一条摊铺带宽度不小于该摊铺机的标准摊铺宽度。实在不足时，采取切割装置（截断滑靴）来切窄摊铺带。

每一条摊铺带要尽可能宽，这样不仅可减少机械通过次数，还可减少路面的纵向接茬，有利于提高施工质量。确定摊铺带宽度时：上、下铺层的纵向接茬应错开30cm以上；摊铺下层时，熨平板的侧面与路缘石或边沟间留有10cm以上的间距；纵向接茬处应有一定的重叠量（平均为2.5 ~ 5cm）；接宽熨平板时必须同时相应地接长螺旋摊铺器和振动梁，同时检查接长后熨平板底板的平直度和整体刚度。调整奥平板长度时应对摊铺机本身左右对称，否则，摊铺机容易走偏，并因混合料的惯性作用使熨平板前混合料的压力不一致，造成在横断面上摊铺厚度的差异。

熨平板宽度调整后，再调整其拱度，可在标尺上直接读出拱度的绝对数（mm）值或横坡百分数。拱度调整后要进行试铺校验，必要时再次调整。对大型摊铺机，有前后两幅调拱机构，其前拱的调节量略大于后拱，其前后拱之差为3 ~ 5mm，液压伸缩调宽的熨平板，差值为2 ~ 3mm。

第二，摊铺厚度的确定和熨平板初始工作迎角的调整。摊铺前，准备两块长方垫木，作为摊铺厚度的基准。垫木宽5 ~ 10cm，与熨平板纵向尺寸相同或稍长，厚度为松铺厚度。将摊铺机停置于摊铺带起点的平整处，抬起熨平板，把两块垫木分别置于熨平板两端的下面，如果熨平板加宽，垫木则放在加宽部分的近侧边处。

垫木放好后，放下熨平板，让其提升油缸处于浮动状态。然后转动左右两只厚度调节螺杆，使它们处于微量间隙的中立位置。此时，熨平板以其自重落在垫木上。

熨平板放置妥当后，利用手动调整机构，调整初始工作迎角。每调整一次，必须在5cm范围内做多点厚度检验，取平均值与设计值比较。一次调整之后，在测定均值之前，不得做任何调整。对于凹凸不平较大的下承层，几处测量仍难求得正确的厚度值时，可从摊铺的面积和使用的混合料数量求出每平方米所用的混合料的质量，以此与规定的密度做比较，就可确定摊铺厚度是否需要再次调整。

摊铺厚度还直接与刮板输送器的生产能力有关。在实际施工过程中，如果知道刮板输送器的生产能力，又知道最大摊铺宽度，就可方便地调整摊铺厚度。

第三，布料螺旋与熨平板前缘距离的调整。近年新生产的摊铺机的熨平板前缘与布料螺旋之间的距离是可变的。它主要根据摊铺厚度、混合料级配及油石比、下承层强度与刚度、矿料粒径等条件，对这一距离进行适当调整。当摊铺厚度较大、骨料粒径较大、要求密实度高、沥青混合料温度偏低或发现摊铺层表面出现波纹时则应将此距离调大，使混合料有较高的下料速度和较好的通过性。在下承层较软（如各类稳定土），或混合料粒径较小、摊铺厚度较小时，需要较小的下料速度和通过性，宜将距离调小。但如果距离过小，不仅满足不了规定的摊铺厚度，而且可能使摊铺层出现波纹，导致平整度下降。一般条件下，对摊铺厚度小于 10cm 的中、粗粒式沥青混合料，最大粒径约 30mm，混合料温度适中时，将距离调至中间位置。

熨平板前缘与布料器之间的距离变化，会引起窥平板前沿堆料高度的变化，影响摊铺质量。因此，这一调整是在其他项目调整全部完成后进行。

第四，振动梁行程调整。大多数摊铺机在熨平板之前设有机械往复式振动梁，由一偏心轴传动。偏心轴一般由一台液压电动机驱动，往复运动的行程可进行有机或无机调整，视摊铺厚度、温度和密度而定。通常在 4 ~ 12mm 之间。一般情况下，薄层、矿料粒径小宜调为较短行程；反之，摊铺厚度大、温度低、矿料粒径大时，宜调为长行程。摊铺面层只能选用短行程。

第五，熨平板前刮料护板高度的调整。有些摊铺机製平板前装有刮料护板。其作用在于保持熨平板前部混合料的堆积高度为定值。因此，刮料护板的高度调整得当，有助于提高摊铺质量。

第六，摊铺机的摊铺速度的选择。摊铺机的摊铺速度对摊铺作业效率和摊铺质量影响极大。正确选择作业速度，是加速施工进度、提高摊铺质量的重要手段。现代摊铺机都具有较宽的速度变化范围，从零值到每分钟数十米之内，可进行无级调节。如摊铺机时快时慢、时开时停将导致熨平板受力系统平衡变化频繁，会对铺层平整度和密实度产生很大影响；过快使铺层疏松、供料困难，停机会使铺层表面形成台阶状，且料温下降，不易压实。

选择摊铺速度的原则是保证摊铺机连续作业。首先要考虑供料能力，包括沥青混合料和设备的生产能力和运输车辆的运输能力。

实践中，摊铺速度还与混合料的种类、温度及摊铺的层次有关。一般面层下层的摊铺速度较快，约为 10m/min，面层上层的摊铺速度较慢，为 6m/min 以下。这是为了使面层能获得足够的密实度和平整度。

（3）摊铺机的摊铺作业

第一，熨平板加热。每天开始工作时，应对熨平板进行加热，以防止混合料冷黏在板底上，拉裂铺层表面，形成沟槽和裂纹。加热后的熨平板对铺层起到熨烫作用，使路表面平整无痕。但过热，除了使熨平板变形和加速磨损外，还会使铺层表面被烫出沥青胶浆和拉沟。因此一旦发现这种现象应即停止加热。

在连续摊铺过程中，当熨平板已充分受热时，可暂停对其加热。但对摊铺低温混合料和沥青砂，熨平板应连续加热，以使底板对材料经常起到熨烫作用。

第二，摊铺机供料机构操作。摊铺机供料机构包括刮板输送器和两侧布料的螺旋布料器两部分。两者的工作应相互密切配合，工作速度匹配。工作速度确定后，还要力求保持其均匀性，这是决定路面平整度的一项重要因素。

刮板输送器的运转速度一经确定后应保持稳定，供料量基本依靠闸门的开启高度来调整。摊铺室内最恰当的混合料数量是料堆的高度平齐于或略高于螺旋摊铺器的轴心线，即稍微看见螺旋叶片或刚盖住叶片为度。料堆的这种高度应沿螺旋全长一致。因此要求螺旋的转速配合恰当。

闸门的最佳开度，应保证摊铺室内混合料处于正确堆料高度状态下，使刮板输送器和螺旋摊铺器在全部工作时间内都能不停歇地持续工作。为了保持摊铺室内混合料高度常处于标准状态，最好的办法就是采用闸门自控系统。

第三，自卸汽车卸料。测量沥青混合料的温度符合要求后，第一辆自卸车缓慢后退到摊铺机前，轻轻接触摊铺机后，挂空挡，向摊铺机受料斗中缓缓卸料，直到受料斗中料满即停止卸料。

摊铺机边受料边将混合料向后输送到分料室。摊铺机按事先确定的行驶速度起步摊铺混合料。起步时应控制好熨平板的高程，同时应有两人专门看护传感器，不让它滑出钢丝绳外，并注意不要有钢丝绳滑落现象。

摊铺机起步后边摊铺沥青混合料边推动自卸车前进，同时自卸车继续向受料斗中卸料。第一辆自卸车卸料完毕后立即开离摊铺机，同时第二辆自卸车向摊铺机倒退。为了维持摊铺机连续摊铺，也为了能让下一辆车顺利卸料，过去习惯将摊铺机受料斗的两块侧板翻起，将混合料集中在链板送料器上并继续后送到分料室中。由于最后集中在送料器上的混合料中大碎石较多，用这种方式摊铺混合料容易产生局部大碎石集中现象（即摊铺层表面出现片状离析现象）。为了避免这种局部大碎石集中现象，第一辆车应尽早卸完料并立即开离，第二辆车应尽快后退到摊铺机前并及时向摊铺机喂料，使新料与受料斗中余料混合，严禁送料刮料板外露现象发生。第二辆自卸车后退到离摊铺机 20 ~ 30cm 时即停止并挂空挡，同时准备卸料。摊铺机继续向前进摊铺混合料，接触第二辆运料车并推动料车前进。第二辆运料车立即向摊铺机受料斗缓缓卸料。以这种方式保持摊铺机匀速不间断地摊铺沥青混合料。

应十分注意，后退的料车不得撞击摊铺机，料车停在摊铺机前待卸料和卸料过程中不得使用制动而增加摊铺机的牵引负荷，另外，卸料不得过猛。否则，摊铺机的速度变化会使平整度下降，甚至形成波浪或“搓板”等面层缺陷。

第四，摊铺方式。先按前述方法确定摊铺宽度，各条摊铺带的宽度最好相同，以节省重新接宽熨平板的时间（液压伸缩式调宽较省时）。使用单机进行不同宽度的多次摊铺时，应尽可能先摊铺较窄的那一条，以减少拆接宽次数。

若为多机摊铺，应在尽可能减少摊铺次数的前提下，各条摊铺带的宽度可按梯队方式作业，梯队间距宜在 5 ~ 15m，以便形成热接茬。若为单机非全幅作业，每幅铺筑应在 100 ~ 150m 后调头完成另一幅，并注意接好茬。

第五，其他注意事项。在摊铺作业时，还应注意以下几点：

①设专人清扫摊铺机的两条履带前（或轮胎前）和浮式基准梁小车前的路面，保证摊铺机平稳打走。

②摊铺机操作人员要注意“三点”观察，即螺旋输料器末端供料情况，整机转向情况和倾向指标计变化情况，三点中任何一点出现意外情况，应抓紧时间处理。另设专人处理螺旋输料器末端的离析现象。

③在摊铺机的熨平板上，非本机操作人员不得站立和通行，防止浮动熨平板瞬间下沉，影响路面平整度。

④应设专人对摊铺温度、虚铺厚度等进行实际测量，并做好记录。

第六，接缝处理。接缝包括纵向接缝和横向接缝（工作缝）两种。接缝处理的好坏直接影响路面质量。接缝处理不好，易使接缝处下凹或凸起造成平整度不良，或由于接缝处压实度不够和结合强度不足而产生裂纹。在用宽幅摊铺机全幅摊铺时，可避免纵向接缝，但横向接缝是不可避免的。

①纵向接缝。摊铺时采用梯队作业的纵缝应采用热接缝，将已铺部分留下 100 ~ 200mm 宽暂不碾压，作为后续部分的基准面，然后作跨缝碾压以消除缝迹。

当半幅施工或因特殊原因而产生纵向冷接缝时，宜加设挡板或加切刀切齐，也可在混合料尚未完全冷却前用镐刨除边缘留下毛茬的方式，但不宜在冷却后采用切割机做纵向切缝。加铺另半幅前应涂洒少量沥青，重叠在已铺层上 50 ~ 100mm，再铲走铺在前半幅上面的混合料，碾压时由边向中碾压留下 100 ~ 150mm，再跨缝挤紧压实。

②横向接缝。横向接缝的质量好坏对路面的平整度影响很大，它比纵向接缝对汽车行驶速度和舒适性的影响更大。

横向接缝一般有斜接缝、阶梯形接缝和平接缝三种。高速公路和一级公路的表面层横向接缝应采用垂直的平接缝，以下各层可采用自然碾压的斜接缝，沥青层较厚时也可做阶梯形接缝。

斜接缝的搭接长度与层厚有关，宜为 0.4 ~ 0.8m。搭接处应洒少量沥青，混合料中的粗集料颗粒应予以剔除，并补上细料，搭接平整，充分压实。阶梯形接缝的台阶经铣刨而成，并洒黏层沥青，搭结长度不小于 3m。

平接缝宜趁尚未冷透时用凿岩机或人工垂直刨除端部层厚不足的部分，使工作缝成直角连接。当采用切割机制作平接缝时，宜在铺设当天混合料冷却但尚未结硬时进行。刨除或切割不得损伤下层路面。切割时留下的泥水必须冲洗干净，待干燥后透刷黏层油。

在预先处理好的接缝处，要求摊铺机第一次布满料时，不前行，用热料预热横向冷接缝至少 10min（最好达到 30min），并用温度最高的一车料开始摊铺，这样有利于提高接缝温度，也有利于整平压密接缝处混合料。新铺面与已铺的冷铺面重叠 5cm，碾压前用耙子剔除重叠部分大料，搂回细料，整平接缝并对齐，趁热横向碾压，压路机大部分钢轮在冷铺面，新铺面第一次压 15 ~ 20cm，以后逐渐展向新铺面直至全部在新铺层上为止，再改为纵向碾压。在碾压过程中，用 3m 直尺检验平整度，低凹处用筛子筛出料弥补，料多时用耙子耙松，去掉多余大料，人工整平后再筛细料修饰表面，直至平整致密为止。

（4）自动找平装置的运用

所有摊铺机都装有浮动式熨平板，具有自动找平功能，不会机械地复现下承层表面的波形。这种具有“滤波”的作用随摊铺机的结构、类型不同而不同。实际工作中，工作环境对浮动式熨平板的干扰因素错综复杂，很少有规律。因此，单纯依靠自动调平功能来“滤波”，不可能完全消除各种干扰因素的影响，必须辅之以外加调整。用人工转动调整手轮，通过螺杆传动来改变熨平板的工作迎角，用以改善平整度，其效果在很大程度上取决于工人的经验和熟练程度，实际上这种方式无法满足高等级公路施工摊铺质量的要求。而自动找平装置的诞生解决了这个问题。

运用自动找平装置，需要有一个准确的基准面（线），常用的基准面（线）控制有：基准线钢丝法、滑橇法和平均梁法。基准线钢丝法的优点是可在大范围内相对准确地控制设计高程、纵横坡、厚度和平整度，但采用基准线钢丝法要求操作中各环节都必须从严要求。

第一，纵坡基准的选择。使用自动调平装置必须事先选好纵坡基准。基准有专设的弦线或已铺好的路面结构层或路缘石等。

①弦线基准及敷设。当下承层高低不平，边侧又无平坦的基准面参考时，可在边侧专门设置符合设计纵坡的参考弦线（细钢丝或尼龙线），让传感器的触件沿着

弦线移动。参考弦线要在施工前设好，它由弦线、铁立杆、弹簧秤和张紧器等组成。钢丝可使用直径为 2 ~ 2.5mm 的弹簧钢丝，每段的长度以 200m 为宜。总长度应满足两三天的施工用量。钢丝的优点是不受外界因素变化的影响，缺点是张紧度显示不明显，易出现松弛现象。为此，要做脚踩实验。200m 长钢丝的张紧力一般需 800 ~ 1000N。尼龙线的缺点是遇水会伸长，所以在遭受露水、雨水或受潮后都要再次张紧。每天早晨上班前要复查其张紧度，必要时再进行张紧。但尼龙线柔软，使用起来十分方便，所以使用较普遍。每根尼龙线长约 150 ~ 200m，立杆间距 10m 时，其张紧力需 300 ~ 400N。

基准线的敷设。两根立杆的间距一般为 5 ~ 10m，在弯道处的间距要短些。标桩是用来测定拉线的高程，所以它应设在立杆的附近，以便检查用，其数量视坡度变化程度而定。敷设基准线时，除了应按规定的纵坡保证各支点都处于正确的高程外，还要注意其纵向走向的正确性，最好使每根立杆与路中线的距离相等，这样，就兼作导向线。对敷设好的基准线必须复核其高程的正确性，如果高程不正确，非但失去使用自动调平装置的意义，反而会出现不平整或纵坡不符合要求的铺层。另外，为了避免施工过程中可能发生碰撞，最好在各立杆上做出醒目的标志。

②利用现成表面作基准。现成基准面有较平整的下承层或路缘石，甚至坚实的边沟等。作为传感器的接触件有滑橇、平均梁等。

第二，纵向传感器的安置、检查和调整。纵向传感器的安装位置一般在牵引点上，或在熨平板上，或在牵引点与熨平板之间。调整之前要先检查左、右牵引臂铰点的高度是否一致，其适当的高度应使油缸行程处于中间位置。调整时要将牵引臂的铰锁住。传感器处于中间位置其信号灯不亮，如果信号灯亮，则表明它还未处于中间位置，要再次调整。调好后，拔出牵引臂锁销，将传感器的工作选择开关拨到“工作”位置。此后，接上电线，打开电源开关预热约 10min。等到摊铺机摊铺到 10 ~ 15m 后，铺层厚度达到规定值时，就可让自动调平装置投入工作。

第三，横坡的控制。

铺层的横坡由横坡控制系统配合一侧的纵坡传感器来控制。但是如果一次摊铺的宽度较大（6m 以上），由于熨平板的横向刚度降低，容易出现变形，使摆锤式横坡传感器的检测精度降低，因此常改用左、右两侧的横坡控制系统。横坡控制系统包括横坡传感器、选择器和控制器等。

直线摊铺时，只要给定设计横坡值，就能实现自动控制。在弯道上摊铺时，因横坡在变化，难以实现自动控制。为了正确操作，可事先在弯道路段每 5m 打一标桩，将各桩处的坡度值计入表格内，并画一曲线图；如果转弯半径很小，两桩的间距可适当缩小（最小为 1m），进和出弯道处都要有标桩，不过其间距可较大一些，操作人员根据图表在进入某标桩之前约 2m 处提前调整横坡选择器（因为横坡的实际变化滞后于调整动作）。

（四）摊铺过程中的质量检验及缺陷分析

（1）质量检验

第一，沥青含量的直观检查。如果混合料又黑又亮、运料车上的混合料呈圆锥状或混合料在摊铺机受料斗中“蠕动”，则表明沥青含量正常；如果混合料特别黑亮，料车上的混合料呈平坦状或沥青结合料从骨料中分离出来则表明沥青含量过大（或骨料没有充分烘干，表面上看起来沥青太多）；如果混合料呈褐色、暗而脆、粗骨料没有完全被裹覆、受料斗中混合料不“蠕动”，则表明含量太少（或过热、拌和不充分）。

第二，混合料温度检查。沥青混合料在正常摊铺和碾压温度范围内，往往冒出淡蓝色蒸汽。

沥青混合料产生黄色蒸汽或缺少蒸汽说明温度过高或过低。通常在料车到达工地时，要测定混合料的温度。

第三，厚度检测。摊铺机在摊铺过程中，应经常检测虚铺厚度。

第四，表观检查。未压实混合料的表面结构无论是纵向或横向都应均匀、密实、平整。无撕裂、小波浪、局部粗糙、拉沟等现象，否则，应查明原因，及时处理。

（2）摊铺中的质量缺陷及防治对策

摊铺中常见的质量缺陷主要有：厚度不准、平整度差（小波浪、台阶）、混合料离析、裂纹、拉沟等。

为了防止和消除在施工中可能发生的各种质量缺陷，应注意以下几点：

第一，波浪形基层的摊铺，不必考虑摊铺厚度的均一性，实际的混合料用量应比理论计算的要多。对有大波浪的基层应待其缺陷经处理，满足要求后方可摊铺。

第二，摊铺机的操作及本身的调整对摊铺质量影响很大。摊铺机速度的改变会导致摊铺厚度的变化。为了保持恒定的摊铺厚度，当速度变快时，厚度调节器应稍微向右（增加厚度方向）转动。当速度减慢时，则稍微向左（减少厚度的方向）转动。

振动梁起捣实混合料，同时混合料对熨平板有一定的支承作用，如果工作不正常，会改变混合料的支承能力，从而使摊铺厚度发生变化，铺层出现不平。振动梁应调整到比熨平板底面低 0.4 ~ 0.5mm 为宜；熨平板底面磨损或严重变形时，铺层容易产生裂纹和拉沟，故应及时更换。有时熨平板的工作迎角太小，也会使铺层的两边形成裂纹或拉沟。在这种情况下，可调整熨平板的前缘拱度，并在试铺过程中应多次调整，直到能铺出具有良好的铺层为止。

第三，沥青混合料的性质也是影响摊铺质量的主要原因之一。混合料的性质不稳定，易使摊铺厚度发生变化。如温度过高，沥青量过多，矿粉掺量过多等都会使铺层变薄。

第四，其他因素。轮胎摊铺机气压超限（一般为 0.5 ~ 0.55MPa），摊铺机易打滑，气压过低，机体会随受料重量变化而上下变动，使铺层出现波浪。履带式摊铺机履带松紧超限将导致摊铺速度发生脉冲，进而使铺面形成搓板。履带或轮胎的行使线上因卸料而撒落的粒料未清除，该部分摊铺厚度易突变。被顶摊的料车刹车太紧，使摊铺机负荷增大，或料车倒退撞击摊铺机或单测轮接触、另侧脱空等会引起速度变化或偏载，使铺面出现凸楞。施工中往往第一、二车料质量常较差，注意取舍或调剂使用。自动熨平板装置运用中，挂线不紧，中间出现挠度，会引起铺层波浪。以上这些因素，在施工中加以注意，缺陷是能够避免的。

（五）沥青混合料的压实

压实是沥青路面施工的最后一道工序，若采用了优质的筑路材料，精良的拌和与摊铺设备及良好的施工技术，摊铺出了较理想的混合料层，而良好的路面质量最终要通过碾压来体现。如果碾压过程中出现任何质量缺陷，必将前功尽弃。因此，必须重视压实工作。

压实的目的是提高沥青混合料的密实度，从而提高沥青路面的强度、高温抗车辙能力及抗疲劳特性等路用性能。压实工作的主要内容包括碾压机械的选型与组合、压实温度、碾压速度、碾压遍数、碾压方式及压实质量的检查等。

（1）碾压机械的选型与组合

第一，常用的沥青路面压实机械。沥青路面压实机械分静载光轮压路机、轮胎压路机和振动压路机。静载压路机分为双轮式和三轮式，常用的有 6 ~ 8t 双轮钢筒压路机、8 ~ 12t 或 12 ~ 15t 三轮钢筒压路机。静载光轮压路机的工作量较小，常用于预压、消除碾压轮迹。轮胎压路机安装的光面橡胶碾压轮具有改变压力的性能，通常为 5 ~ 11 个，工作质量 5 ~ 25t，主要用于接缝和坡道的预压、消除裂纹、压实薄沥青层。振动压路机多为自行式，前面为钢质振动轮，后面有两个橡胶驱动轮，工作质量随振动频率和振幅的增大而增大，可作为主要的压实机械。

第二，选型与组合。结合工程实际，选择压路机种类、大小和数量，应考虑摊铺机的生产率、混合料特性、摊铺厚度、天气气温状况、施工现场的具体条件。

（2）压实作业

沥青混合料路面的压十分初压、复压、终压三个阶段进行。

第一，初压。初压的目的是整平、稳定混合料，为复压创造条件。初压是压实沥青混合料的基础，一般采用轻筒压路机或关闭振动装置的振动压路机碾压两遍。应在沥青混合料摊铺后温度较高时进行初压，压实温度应根据沥青稠度、压路机类型、气温、摊铺层厚度、混合料类型等条件，经试铺、试压而定，并符合规定的碾压温度要求。

第二，复压。复压的目的是使混合料密实、稳定、成型，是使混合料的稳定度达到要求的关键。初压后紧接着进行复压，一般采用重型压路机，碾压遍数经试压确定，一般不小于 4 ~ 6 遍，达到规定的压实度为止。用于复压的轮胎式压路机的压实质量应不小于 15t，用于碾压较厚的沥青混合料时，总质量应不小于 22t，轮胎充气压力不小于 0.5MPa。当采用三轮钢轮压路机时，总质量不应低于 15t。当采用振动压垮机时，应根据混合料种类、温度和厚度选择振动压路机的类型，振动频率取 35 ~ 50Hz，振幅取 0.3 ~ 0.8mm，碾压层较厚时选用较大的振幅和频率。

第三，终压。终压的目的是消除碾压产生的轨迹，最后形成平整的路面。终压应紧跟在复压后用 6 ~ 8t 的振动压路机（关闭振动装置）进行，碾压不少于两遍，直至无轨迹为止。

碾压时必须将驱动轮朝向摊铺机，以免使温度较高的摊铺层产生推移和裂缝。压路机应从路面两侧向中间碾压，这样能够保持压路机以压实后的材料作为支撑边。三轮压路机每次重叠后轮轮宽的 1/2，这种碾压方式，可减少压路机前推料、起波纹等。双轮压路机每次重叠宜为 30cm。压路机应以慢而均匀的速度碾压，压路机的碾压速度应符合规范规定。

碾压过程中，为了保持正常的碾压温度范围，每完成一遍碾压，压路机就要向摊铺机靠近一些。这样做，也可避免在整个摊铺层宽度上，在相同横断面换向所造成的压痕。变更碾压道时，要在碾压区较冷的一端，并在停止压路机振动的情况下进行。

碾压过程中如有沥青混合料黏附于碾压轮时，可间歇向碾压轮洒少量水，但应防止用水量过大，以免使混合料表面冷却。压路机不得在新摊铺的混合料上转向、调头、左右移动位置或突然刹车。压路机的碾压路线及碾压方向不应突然改变以防止混合料产生推移，压路机启动、停止必须缓慢进行。压实后的沥青路面在冷却前，任何机械不得在其上停放或行使，并防止矿料、油料等杂物的污染。路面冷却后方可开放交通。

第四，其他应注意的问题。为了保证各阶段的碾压作业始终在混合料处于稳定的状态下进行，碾压作业时应按下述规则进行：

①先静压后振动碾压，最后再静压。

②碾压时驱动轮在前（靠近摊铺机），从动轮在后。

③后退时沿前进碾压的轨迹行驶，压路机折回的地点不在同一断面上，而是呈阶梯形。初压、复压和终压的回程不准在相同的断面处，前后相距不少于 1m。

④压路机的碾压作业度应与摊铺机速度相平衡，随摊铺机向前推进。

⑤碾压中，要确保压路机滚轮湿润，以免黏附沥青混合料，有时可采用间歇喷水，但应防止用水量过大，以免使混合料表面冷却。

⑥压路机不得在新铺混合料上转向、调头、左右移动位置或突然刹车和从刚碾压完毕的路段进出。

⑦当天碾压完成尚未冷却的沥青混合料面层上不得停放一切施工设备（包括临时停放压路机），以免产生变形，振动压路机在已成型的路面上行驶时应关闭振动。在压实成型的沥青面层完全冷却后才能开放交通。

（3）接缝碾压

第一，横向接缝碾压。可使用较小型压路机对横向接缝进行横向碾压或纵向碾压。开始时，将轮宽的 10 ～ 20cm 置于新铺的沥青混合料上进行碾压，然后逐步横移至整个滚轮在新铺层上。

第二，纵向接缝碾压。当热料层与冷料层相接时，可将压路机位于热沥青混合料上，进行振动碾压，这种碾压方法，是把混合料从热边区压入相对的冷结合边，从而产生较高的结合密实度。也可采用另一种方法：在碾压开始时，只允许轮宽的 10 ～ 20cm 在热料层上，压路机的其余部分位于冷料层上，碾压时，过量的混合料从未压实的料中挤出，这样就减少了结合边缘的料量，这种方法产生的结合密度较低。碾压时速度均应较低。

当采用热料层相接（梯队作业时）时，应先压实离中心热接缝两边大约 20cm 以外的地方，最后压实中间剩下来的一窄条混合料。这样，混合料就不可能从旁边挤出，并形成良好的结合。

（4）特殊路段的碾压

特殊路段的碾压是指弯道、交叉口、路边、陡坡等处的压实。

（1）弯道或交叉口的碾压。应选用铰接转向式压路机作业，先内侧后外侧。急转弯处应尽可能采取直线式碾压（即缺角式碾压），并逐一转换压道，对缺角处用小型机具压实。压实中注意，转向同速度相结合，尽可能用振动碾压，以减少剪切力。

第二，路边碾压。可离边缘 30 ～ 40cm 处开始碾压，留下一部分。这样就能在路边压实前，形成一条支承侧面，以减少沥青混合料碾压时塌边。留下的部分碾压时，压路机每次只能向自由边缘推进 10cm。

第三，陡坡碾压。先用轻型压路机（不宜采用轮胎压路机）预压，压路机的从动轮应朝着摊铺方向。采用振动压路机压实时，应先静压，待混合料稳定后，方可采用低振幅的振动碾压。陡坡碾压过程中，压路机的启动、停止、变速要平稳，避免速度过高或过低，混合料温度不宜过高。

（5）提高压实质量的关键技术与压实质量的检测

第一，合理确定碾压温度。实践证明，碾压温度是影响沥青混合料压实密实度的最主要因素。沥青混合料在规定的温度范围内温度越高，其塑性越大，越容易在外力作用下缩小其空隙和增加密实度，也越容易取得平整效果。而温度较低时，碾压工作变得较为困难，且容易产生很难消除的轨迹，造成路面不平整。因此，在实际施工中，要求在摊铺后及时进行碾压。

沥青混合料的最佳碾压温度是指在材料允许的温度范围内，沥青混合料能够支承压路机而不产生水平推移、表面无开裂情况且压实阻力较小的温度，此时可用较少的碾压遍数，获得较高的密实度和较好的压实效果。最佳碾压温度与矿料组成、沥青材料及压实设备有关。

若碾压时混合料温度过高，会引起压路机两旁混合料隆起、碾轮后的摊铺层裂纹、碾轮上黏起沥青混合料（尽管用水喷洒），以及前轮推料等问题，而碾压温度过低时，例如，当温度低于 70℃时，由于混合料黏性增大，导致压实无效，或起副作用。

摊铺机后面的碾压作业段长度，由混合料的种类和压实温度来确定。一般来说，压路机尽可能靠近摊铺机进行碾压。达到了密实度后，再以最少的碾压遍数进行表面修整时，压路机可离摊铺机远一点。

压实质量与压实温度有直接关系，而摊铺后混合料温度是在不断变化的，特别是摊铺后 4 ~ 15min 内温度损失最大（约 1 ~ 5℃ /min），因此必须掌握好有效压实时间，适时碾压。有效压实时间的长短与混合料的冷却速度、压实厚度等因素有密切关系。影响冷却速度的因素有气温、湿度、风力和混合料下承层的温度等。凡遇气温低、湿度大、风力大，以及下承层温度低等情况，都会使有效压实时间缩短，并增加碾压困难。当沥青层厚增大 25% 时，其有效压实时间将会增大近 50%。对较薄层沥青混合料碾压时，反而要比较厚的沥青层压实困难些，这主要是因为较薄层的沥青混合料温度降低速度要比厚层快得多,从而使其有效压实时间大大缩短。因此，对于较薄沥青面层的施工，除了加强混合料运输过程中的保温措施以外，摊铺后应立即碾压（碾压段长度 30 ~ 50m，压路机与摊铺机之间的最短距离 4 ~ 5m），除了初压时速度不应超过 2.5km/h，以免表面发生推移以外，可适当提高复压时的碾压速度，以保证在较短的有效压实时间内完成初压、复压和终压三个碾压阶段。

第二，选择合理的压实速度和遍数。合理的压实速度，对减少碾压时间，提高作业效率有着十分重要的意义。碾压速度过低，会使摊铺与压实工序间断，影响压实效果；碾压速度过快，则会产生推移、横向裂纹等◊选择碾压速度的基本原则是：在保证沥青混合料碾压质量的前提下，最大限度地提高碾压速度，从而减少碾压遍数，提高工作效率。

第三，选择合理的振频和振幅。为了获得最佳的碾压效果，合理地选择振频和振幅是非常重要的。振频主要影响沥青面层的表面压实质量。振动压路机的振频比沥青混合料的固有频率高一些，则可获得较好的压实效果。振幅主要影响沥青面层的压实深度。当碾压层较薄时，宜选用高振频、低振幅；而碾压层较厚时，则可在较低振频下，选取较大的振幅，以达到压实的目的。

第四，现场检测。沥青混合料施工现场质量检测及纠正很重要，一旦成型，很难补救。因此在施工中，随时检测，随时纠正，保证施工质量。

第五，压实度与厚度的检测。一般可通过钻芯取样的办法来检测，通常在第二天，用取芯机进行钻孔取样，量取试样的厚度。将芯样拿回试验室进行压实度检测，以确定沥青路面的压实度是否符合规范的要求。

四、其他沥青路面施工

（一）冷拌沥青混合料路面

（1）适用范围

冷拌沥青混合料适用于三级及三级以下公路的沥青面层、二级公路的罩面层，以及各级公路沥青路面的基层、联结层或整平层。冷拌改性沥青混合料可用于沥青路面的坑槽冷补。冷拌沥青混合料宜采用乳化沥青或液体沥青拌制，也可采用改性乳化沥青。冷拌沥青混合料宜采用密级配沥青混合料，当采用半开级配的冷拌沥青碎石混合料路面时应铺筑上封层。

（2）混合料的配合比设计

冷拌沥青混合料矿料级配可按本章相应的矿料级配使用，并根据已有的成功经验经试拌确定设计级配范围和施工配合比。乳化沥青碎石混合料的乳液用量应根据当地实践经验以及交通量、气候、集料情况、沥青标号、施工机械等条件确定，也可按热拌沥青混合料的用量折算，实际的沥青残留物数量可比热拌沥青混合料的沥青用量少 10% ~ 20%。

（3）冷拌沥青混合料路面施工

第一，混合料拌和。冷拌沥青混合料宜采用拌和厂机械拌和及沥青摊铺机摊铺的方式。缺乏厂拌条件时也可采用现场路拌及人工摊铺的方式。当采用阳离子乳化沥青拌和时，宜先用水使集料湿润，若湿润后仍难于与乳液拌和均匀时，应改用破乳速度更慢的乳液，或用 1% ~ 3% 浓度的氯化钙水溶液代替水润湿集料表面。矿料与乳液应充分拌和，适宜的拌和时间应根据实际情况调节并通过试拌确定，矿料中加进乳液后的机械拌和时间不宜超过 30s，人工拌和时间不宜超过 60s。若在上述时间内不能拌和均匀，则应考虑使用性能更好的拌和机。拌和好的混合料应具有良好的施工和易性，以免冷拌沥青混合料施工时出现离析。

第二，摊铺混合料。已拌好的混合料应立即运至现场进行摊铺，并在乳液破乳前结束。在拌和与摊铺过程中已破乳的混合料，应予废弃，不得使用。摊铺时宜采用沥青混合料摊铺机摊铺，若采用人工摊铺，则更应防止混合料离析。

第三，碾压。混合料摊铺完毕，厚度、平整度、路拱横坡度等符合设计和规范要求，即可进行碾压。宜采用6t左右的轻型压路机初压1 ~ 2遍，使混合料初步稳定，再用轮胎式或钢筒式压路机碾压1 ~ 2遍。当乳化沥青开始破乳、混合料由褐色转变成黑色时，改用12 ~ 15t轮胎压路机碾压，将水分挤出，复压2 ~ 3遍后停止，待晾晒一段时间，水分基本蒸发后继续复压至密实为止。当压实过程中出现推移现象时应停止碾压，待稳定后再碾压。当天不能完全压实时，可在较高气温条件下补充碾压。施工遇雨应立即停止摊铺，以防止雨水将乳液冲走。

压实成型、路面水分完全蒸发后方可加铺上封层。乳化沥青混合料路面施工结束后宜封闭交通2 ~ 6h，并注意做好早期养护。开放交通初期，应设专人指挥，车速不得超过20km/h，不得刹车或调头。

第四，施工中应注意的问题：

①混合料的拌和。由于乳液的黏度低，与各级配骨料都有良好的施工和易性，但由于乳液与骨料有黏附、破乳、析水、恢复沥青性能等过程，拌和操作应注意下列事项：

粗级配混合料可用机械或人工拌和，密级配混合料因骨料中含有矿粉等细料，应采用机械拌和。拌和机械应选用强制式拌和机，不宜用自落式拌和机。因自落式拌和机拌和能力差、出料慢、细料容易聚团或黏附在拌和筒壁上，拌和混合料质量不均匀。

混合料的拌和应在乳液的破乳前结束，否则将因乳液的破乳而失去施工的和易性。如在乳液破乳后继续搅拌混合料，会使骨料表面黏附的沥青膜剥落。因此掌握好拌和时间是保证混合料质量的重要环节。在保证乳液与骨料拌和均匀的前提下，拌和时间宜短不宜长。

矿料在与乳液拌和前，需用水将矿料润湿，潮湿的骨料便于乳液的分布，也可延缓乳液的破乳时间，保持良好的施工和易性，使乳液均匀裹覆在骨料的表面。但在低温季节（如15℃以下）施工时，骨料不必先湿润，可直接与乳液掺拌。

②混合料的摊铺。拌制的混合料可用摊铺机摊铺，也可用人工摊铺，但人工摊铺不得扬锹甩料，避免混合料的离散。整平工作，不要过多地用刮板摊料，因刚拌完混合料时沥青膜与骨料的黏附不牢，尤其是大骨料表面的沥青膜，在刮板来回地

推动下，可能使其剥落，所以在人工摊铺时，摊铺厚度应大致均匀，稍加平整即可。

③混合料的碾压。由于混合料含水，碾压受气温与湿度的影响，因此，对于这种混合料的压实应注意以下事项：

当混合料摊铺平整后，可以立即进行压实。为了防止初期碾压出现波浪推移现象，开始应用6t左右的轻型压路机碾压1 ~ 2遍，使混合料达到初步稳定，碾压时应匀速进退，不要在碾压路段上制动和启动，以免混合料发生局部拥包和搓板开裂。

为了避免碾压时黏轮，应在钢轮上经常涂废机油或洒水。

在混合料经过轻型压路机初步碾压后，最好再用轮胎压路机继续进行充分压实，也可用10 ~ 20t钢轮压路机碾压，但重型的钢轮压路机不能多碾，过碾会使路面出现开裂或推移，一般只宜碾压1 ~ 2遍。如果路面铺筑厚度小于4cm时，更不可用重型钢轮压路机碾压。

为了促使路面加快成型，可将出现开裂和推移的路面晾晒一段时间后再进行压实，也可以将前一日完成的路段进行复压。这种复压工作最好在地面温度较高（25℃以上）时进行。

进行碾压时，应配有经验的人工随机检查路面，发现局部有松散和开裂的地方，应立即将局部混合料挖换，补料整平后继续碾压密实。修补要仔细，保证路面的平整度。

④表面封层。用阳离子沥青乳液拌制的混合料，虽经压实，但其中仍然还有水分不断蒸发出来，使路面产生空隙，为了提高路面的密实性、稳定性和耐磨性，在铺好的路面上再做一次表面的封层处理。

（二）沥青表面处治与封层

（1）使用条件

沥青表面处治是指用拌和法或层铺法施工的路面薄层，主要用于改善行车条件，厚度不大于3cm。由于处置层很薄，一般不起提高强度作用，其主要作用是抵抗行车的磨耗，增强防水性，提高平整度，改善路面的行车条件。沥青表面处治适用于三级及三级以下公路、城市道路的支路、县镇道路、各级公路的施工便道以及在旧沥青面层上加铺的罩面层或磨耗层。

各种封层适用于加铺薄层罩面、磨耗层、水泥混凝土路面上的应力缓冲层、各种防水和密水层、预防性养护罩面层。

沥青表面处治具有三个主要目的：提供耐久抗滑的道路表面；封闭道路表面以防止被水浸入；抑制道路表面的崩解。

影响表面处治性能的因素有：

第一，交通量。每条道路每天货运汽车的数量对石屑嵌入道路表面有一定的影响。货运汽车是指未载货自重大于1.5t的车，较低轴载的车辆对石屑埋入影响不大。

第二，现有道路表面。石屑陷入原有道路表面的程度与它的表面硬度以及车道上面行驶的货运汽车数量有关。当陈旧道路表面呈多孔情况，必须估计到部分黏结料因渗入下层导致面层黏膜的实际厚度减少。陈旧道路表面严重开裂最终会扩展到表面处置层上。

第三，石块粒径和种类。石屑不应太小，否则不久会埋入表面下层；要是太大，车辆会把它们从路面挤脱。石屑应有足够的强度和抗磨光能力，适宜于道路的表面处治。

第四，黏结料。它的功能是填实裂缝并把石屑同下层表面结合起来。黏结料须有适当的黏度，以使它在摊铺时将石屑充分湿润，道路开放行车后可以防止石屑脱落，并在长期低温时不致脆化。

第五，黏结料的撒布率。必须有足够的撒布率在表面处治施工后牢固地黏住石屑，在表面处治使用期内要有足够的表面纹理深度，撒布时不应过量，但要考虑部分黏结料应用手工填补孔隙。

第六，环境条件。环境条件可能与当时的位置、气候或特殊的交通情况有关，表面处治的黏结料凝结速度与铺筑的地点（空旷或有遮盖场地）有关，进行表面处治的季节和处治后初期使用的气候对其性能有重要的影响；车辆在交叉口或环道处因制动、加速或转弯而增加的应力会加速石屑被剥落。

（2）材料规格和用量

沥青表面处治可采用道路石油沥青、乳化沥青、煤沥青铺筑，沥青标号应按照现行《公路沥青路面施工技术规范》相关规定选用。沥青表面处治的集料最大粒径应与处置层的厚相等。沥青表面处治施工后，应在路侧另备 812（5 ~ 1001111）碎石或 514（3 ~ 501111）石屑、粗砂或小砾石（2 ~ 3）1113/10001112 作为初期养护用料。

（3）施工方法

第一，沥青表面处治。沥青表面处治宜选择在干燥和较热的季节施工，并在最高温度低于 15℃时期到来之前半个月及雨季前结束，施工方法可采用拌和法和层铺法，沥青表面处治材料规格和用量要符合规范规定。

①拌和法。拌和法施工时可采用热拌热铺法，也可采用冷拌冷铺法。热拌热铺可按照热拌沥青混合料路面的施工方法进行；冷拌冷铺时可按照乳化沥青碎石混合料路面的施工方法进行。

②层铺法。层铺法施工前应做好路用材料的准备及质量检验工作，调试沥青洒布车、集料撒布车及压实等机械，使其处于正常工作状态。沥青表面处置层的下承

层上应浇洒透层、黏层或铺筑封层。三层式沥青表面处治的施工工艺应按下列步骤进行：

清扫基层，撒布第一层沥青。沥青的撒布温度根据气温及沥青标号选择，石油沥青宜为 130 ~ 170℃，煤沥青宜为 80 ~ 120℃，乳化沥青在常温下撒布，加温撒布的乳液温度不得超过 60℃。前后两车喷洒的接茬处用铁板或建筑纸铺 1 ~ 1.5cm，使搭接良好。分几幅浇洒时，纵向搭接宽度宜为 100 ~ 150cm。撒布第二、第三层沥青的搭接缝应错开。浇洒应均匀，若出现空白或缺边，应立即用人工补洒，沥青过分积聚时应予刮除。

撒布主层沥青后应立即用集料撒布机或人工撒布第一层主集料。撒布集 # 后应及时扫匀，达到全面覆盖、厚度一致、集料不重叠，也不露出沥青。局部有缺料时适当找补，积料过多的要将多余集料扫出。两幅搭接处，第一幅撒布沥青应暂留 100 ~ 150mm 宽度不撒布石料，待第二幅一起撒布。

撒布主集料后，不必等全段撒布完，立即用 6 ~ 8t 钢轮双轮压路机从路边向路中心碾压 3 ~ 4 遍，每次轨迹重叠约 30cm。碾压速度开始不宜超过 2km/h，以后可适当增加。

第二、第三层的施工方法和要求与第一层相同，但可以采用 8t 以上的压路机碾压。沥青表面处治应注意初期养护。当发现有泛油时，应在泛油处补撒与最后一层石料规格相同的嵌缝料并扫匀，过多的浮料应扫出路外。

第二，封层。为封闭表面空隙、备止水分浸入面层或基层而铺筑的沥青混合料薄层。铺筑在面层表面的称为上封层；铺筑在面层下面的称为下封层。一般当面层空隙较大、渗水严重、有裂缝或已修补的旧沥青路面和需要铺筑抗滑磨耗层或保护层的旧沥青路面，需要在沥青面层上铺筑上封层；当位于多雨地区且沥青面层空隙较大、渗水严重的路面或基层铺筑后不能及时铺沥青面层而又需要开放交通的路面，宜在喷洒透层油后铺筑下封层。

①上封层根据情况可选用乳化沥青稀浆封层、微表处、改性沥青集料封层、薄层磨耗层或其他适宜的材料。铺设上封层的下承层必须彻底清扫干净，对车辙、坑槽、裂缝进行处理或挖补。上封层的类型根据使用目的、路面的破损程度选用：

裂缝较细、较密的可采用涂洒类密封剂、软化再生剂等涂刷罩面。

对二级及二级以下公路的旧沥青路面可以采用普通的乳化沥青稀浆封层，也可在喷洒道路石油沥青后撒布石屑（砂）后碾压作封层。

对高速公路、一级公路有轻微损坏的宜铺筑微表处。

对用于改善抗滑性能的上封层可采用稀浆封层、微表处或改性沥青集料封层。

②下封层宜采用层铺法表面处治或稀浆封层法施工。下封层的厚度不宜小于

6mm，且做到完全密水。

③稀浆封层和微表处。稀浆封层是用适当的石屑或砂、填料（水泥、石灰、粉煤灰、石粉等）与乳化沥青、外加剂和水按一定比例拌和成流态的乳化沥青稀浆，然后用稀浆封层摊铺机均匀地摊铺在需设置封层的结构层上，厚度为 3 ~ 6mm。稀浆封层可采用普通乳化沥青或改性沥青（慢裂或中裂拌和型），其品种和质量均应符合要求。一般适用于二级及二级以下公路的预防性养护，也适用于新建公路的下封层。

稀浆封层是用适当的石屑或砂、填料（水泥、石灰、粉煤灰、石粉等）与聚合物改性乳化沥青、外加剂和水按一定比例拌和而成的流动状态的沥青混合料，将其均匀地摊铺在路面上形成的沥青封层。微表处主要用于高速公路及一级公路的预防性养护以及填补轻度车辙，也适用于新建公路的抗滑磨耗层。必须采用专用的摊铺机进行摊铺，单层微表处适用于旧路面车辙深度不大于 15mm 的情况；超过 15mm 的必须分两层铺筑，或先用 V 字形车辙摊铺箱摊铺；深度大于 40mm 时不宜做微表处处理。

稀浆封层和微表处应选择坚硬、粗糙、耐磨、洁净的集料，各项性能应符合规定要求。

其中稀浆封层用通过（4）75mm 筛的合成矿料的砂当量不得低于 50%；微表处用通过（4）75mm 筛的合成矿料的砂当量不得低于 65%。细集料宜采用碱性石料生产的机制砂或洁净的石屑。对于集料中超尺寸的颗粒必须筛除。

根据铺筑厚度、处治目的、公路等级等条件，选用合适的矿料级配。

稀浆封层和微表处的混合料中乳化沥青及改性沥青的用量应通过配合比设计确定。

稀浆封层和微表处施工前，应彻底清除原路面的泥土、杂物、修补坑槽、凹陷，较宽的裂缝宜清理灌缝。在水泥混凝土路面上铺筑微表处时宜洒布黏层油，过于光滑的表面需拉毛处理。最低施工温度不得低于 10℃，严禁在雨天施工，摊铺后尚未成型混合料遇雨时应予以铲除。稀浆封层和微表处两幅纵缝搭接的宽度不宜超过 80mm，横向接缝宜做成对接缝。分两层摊铺时，第一层摊铺后至少应开放交通 24h 后方可进行第二层摊铺。

（三）沥青贯入式路面

（1）使用条件

沥青贯入式路面是在初步压实的碎石（砾石）层上，分层浇洒沥青、撒布嵌缝料后经压实而成的路面。沥青贯入式路面适用于三级及三级以下公路，也可作为沥青路面的联结层或基层。厚度一般为 4 ~ 8cm，但乳化沥青不宜超过 5cm。当贯入层上部加铺拌和的沥青混合料面层成为上拌下贯式路面时，拌和层的厚度不宜小于

1.5cm。沥青贯入式路面宜选择在干燥和较热的季节施工，并宜在日最高温度降低至15℃以前半个月结束，使贯入式结构层通过开放交通碾压成型。

（2）材料规格和用量

沥青贯入式路面可选用黏稠石油沥青、煤沥青或乳化沥青作为结合料，沥青用量选用时应根据当地气温和施工季节及沥青标号等在规定的范围内选用。沥青贯入式路面的集料应选择有棱角、嵌挤性好的坚硬石料。沥青贯入层集料中大于粒径范围中值的数量不宜少于50%。表面不加铺拌和层地灌入式路面在施工结束后每1000平方米铺撒主层集料。采用碎石摊铺机、平地机或人工摊铺主层集料。应避免颗粒大小不均匀，松铺系数约为1.25 ~ 1.30，应经试铺实测确定。撒布集料的同时，检查路拱和平整度，并严禁车辆通行。宜另备2 ~ 3m立方米碾压主层集料。主层集料撒布后，应采用6 ~ 8t的轻型钢筒式压路机自路侧向路中心碾压，碾压速度宜为2km/h，每次轨迹重叠约30cm，碾压一遍后检查路拱和纵向坡度，当不符合要求时，应调整找平后再压。然后用重型的钢轮压路机碾压，每次轨迹重叠1/2左右与最后一层嵌缝料规格相同的细集料，以供初期养护使用。沥青贯入式的主层集料的最大粒径宜与贯入层厚度相当。当采用乳化沥青时，主层集料的最大粒径可采用厚度的0.8 ~ 0.85倍，数量宜按压实系数1.25 ~ 1.30计算。

（3）施工方法

第一，施工准备。沥青贯入式路面施工前，基层必须清扫干净。需要安装路缘石时,应在安装后进行施工。当采用乳化沥青贯入式路面必须先浇洒透层或黏层沥青。沥青贯入式路面厚度小于或等于5cm时，也应浇洒透层或黏层沥青。

第二，铺撒主层集料。采用碎石摊铺机、平地机或人工摊铺主层集料。应避免颗粒大小不均匀，松铺系数约为1.25 ~ 1.30，应经试铺实测确定。撒布集料的同时，检查路拱和平整度，并严禁车辆通行。

第三，碾压主层集料。主层集料撒布后，应采用6 ~ 8t的轻型钢筒式压路机自路侧向路中心碾压，碾压速度宜为2km/h，每次轨迹重叠约30cm，碾压一遍后检查路拱和纵向坡度，当不符合要求时，应调整找平后再压。然后用重型的钢轮压路机碾压，每次轨迹重叠1/2左右，宜碾压4 ~ 6遍，直至主层集料嵌挤稳定，无显著轨迹为止。

第四，浇撒第一层沥青。主层集料碾压完毕后应立即用沥青撒布车浇洒沥青，浇洒方法与沥青表面处置层施工相同。浇洒时沥青的温度应根据沥青标号、施工环境及气温状确定。当采用乳化沥青时，为避免乳液下渗过多，可在主层集料碾压稳定后，先撒一部分嵌缝料，再洒主层乳化沥青。

第五，撒布第一层嵌缝料。主层沥青浇洒后，应立即用集料撒布机或人工撒布第一层嵌缝料。撒布应均匀，不足之处应找补。当使用乳化沥青时，石料撒布必须在乳液破乳前完成。

第六，碾压嵌缝料。应立即用 8 ～ 12t 钢筒式压路机碾压嵌缝料，轨迹重叠轮宽的 1/2 左右，宜碾压 4 ～ 6 遍，直至稳定为止。碾压时应随压随扫，使嵌缝料均匀嵌入。当气温较高使碾压过程中发生较大推移现象时，应立即停止碾压，待气温稍低时再继续碾压。

第七，按上述方法浇洒第二层沥青、撒布第二层嵌缝料，然后碾压，再浇洒第三层沥青。

第八，撒布封层料。按照撒布嵌缝料的方法撒布封层料。

第九，终压。用 6 ～ 8t 压路机做最后碾压，宜碾压 2 ～ 4 遍，然后开放交通并进行交通管制，尽可能使路面全宽受到行车的均匀碾压。

当铺筑上拌下贯式路面时，贯入层不撒布封层料，拌和层应紧跟贯入层施工，使上下层成为一整体。贯入部分采用乳化沥青时应待其破乳、水分蒸发且成型稳定后方可铺筑拌和层。当拌和层与贯入部分不能连续施工，且要在短期内通行施工车辆时，贯入部分的第二遍嵌缝料应增加 2 ～ 3 立方米 /1000 平方米，在摊铺拌和层沥青混合料前，应作补充碾压。

（四）透层、黏层

（1）透层

透层是为了使路面沥青层与非沥青材料层结合良好而在非沥青材料层上浇洒乳化沥青、煤沥青或液体石油沥青后形成的透入基层表面的薄沥青层。沥青路面各类基层都必须喷洒透油层，沥青层必须在透油层完全渗入基层后方可铺筑。基层上设置下封层时，透层不宜省略。透层沥青宜采用慢裂洒布型乳化沥青，也可使用中、慢裂液体石油沥青或煤沥青。表面致密、平整的半刚性基层上宜采用较稀的透层沥青，粒料类基层宜采用较稠的透层沥青。根据基层类型，透层坜青的用量通过试洒确定。

透层沥青应紧跟在基层施工结束，表面稍干（对半刚性基层尚未硬化）后浇洒。当基层完工后时间较长时，应对表面进行清扫；若表面过于干燥时，应在基层表面适当洒水并待稍干后浇洒透层沥青，高速公路和一级公路的透层沥青宜采用沥青洒布车一次喷洒均匀，沥青洒布车喷洒不均匀时宜改用手工沥青洒布机喷洒；其他公路可采用手工沥青洒布机喷洒。

浇洒透层沥青应符合以下要求：浇洒的透层沥青应渗入基层的深度不小于 5mm，但又不致流淌而在表面形成油膜；气温低于 10℃及大风、降雨时不得浇洒透层沥青；浇洒后，禁止车辆、行人通行；未渗入基层的多余透层沥青应刮除，有遗漏的部位应补洒。

透层沥青洒布后的养生时间随透层沥青的品质和气候条件由试验确定，确保液体沥青中的稀释剂全部挥发，乳化沥青渗透且水分蒸发，然后尽早铺筑沥青面层，防止工程车辆损坏透层。在半刚性基层上浇洒透层沥青后，立即以 2 ~ 3 立方米 /1000 平方米的用量将石料或粗砂撒布在基层上，然后用 6 ~ 8t 的钢筒压路机稳压一遍，压路机应行驶平稳，并不得刹车或调头。当通行车辆时，应控制车速。在铺筑沥青面层前如发现局部地方透层沥青剥落，应予修补，当有多余的浮动石屑或砂时也应予扫除。

透层洒布后应尽早铺筑沥青面层。当用乳化沥青作透层时，洒布后应待其充分渗透、水分蒸发后方可铺筑沥青面层，此段时间不宜少于 24h。

碾压完毕后原则上封闭交通 7d，必须行驶的施工车辆最少在 12h 后才可上路，并保证车速低于 5km/h，不得刹车或调头，7d 至一个月内亦要控制车辆行驶，一个月后可开放正常交通 7d 后若摊铺下面层，只需将下封层上的多余石屑扫去即可进行下面层的摊铺）。从养生期间到后一层铺筑完之前，洒过透层油的表面，应采用路帚拖扫的办法养护，并防止产生车辙。

（2）黏层

黏层是为了加强沥青层之间、沥青层与水泥混凝土面板之间的黏结而洒布的薄沥青层。黏层沥青宜采用快裂或中裂乳化沥青、改性乳化沥青，也可采用快、中凝液体石油沥青。其规格和质量应符合规范的要求，所使用的基质沥青标号宜与主层沥青混合料相同，黏层沥青的品种和用量，应根据下承层的类型通过试洒确定。

一般符合下列情况之一时，必须喷洒黏层沥青：

第一，双层式或三层式热拌热铺沥青混合料路面的沥青层之间。

第二，水泥混凝土路面、沥青稳定碎石基层或旧沥青路面层上加铺沥青层。

第三，路缘石、雨水口、检查井等构造物与新铺沥青混合料接触的侧面。

黏层沥青宜采用沥青洒布车喷洒，并选择适宜的喷嘴，洒布速度和喷洒量保持稳定。当采用机动或手摇的手工沥青洒布机喷洒时，必须由熟练的技术工人操作，均匀洒布。气温低于 10℃时不得喷洒黏层沥青，寒冷季节施工不得不喷洒时可分成两次喷洒。路面潮湿时不得喷洒黏层沥青，用水洗刷后需待表面干燥后喷洒。

喷洒的黏层沥青必须呈均匀雾状，在路面全宽范围内均匀分布成一薄层，不得有洒花漏空或成条状，也不得有堆积。喷洒不足的要不洒，喷洒过量处应予以刮除。喷洒黏层沥青后，严禁除运料车外的其他车辆和行人通过。黏层沥青宜在当天洒布，待乳化沥青破乳、水分蒸发完成，或稀释沥青中的稀释剂基本挥发完成后，紧跟着铺筑沥青层，确保黏层不受污染。

五、沥青面层施工质量控制与验收

沥青路面的施工质量必须达到设计和规范的要求。施工过程中应进行全面质量管理，建立健全行之有效的质量保证体系。实行严格的目标管理、工序管理及岗位质量责任制度，对各施工阶段的工程质量进行检查、控制、评定，从制度上确保沥青路面的施工质量。

（一）质量控制的基本内容

沥青路面的施工质量控制包括所用材料的质量检验、修筑试验路段、施工过程中的质量控制和工序间的检查验收。

（1）材料的质量检验

沥青路面施工前应按规定的技术要求对原材料的质量进行检验或试验。在施工过程中逐班抽样检验时，对于沥青材料可根据实际情况只做针入度、软化点、延度的试验；对石料的检测项目有：抗压强度、磨耗率、磨光值、压碎值、级配组成、相对密实度（比重）、含水量、吸水率、土及杂质含量、扁平细长颗粒含量、与沥青黏结力、松方单位等指标；对于砂和石屑测定其相对密度、级配组成、含水量、含土量等；对矿粉测定其相对密度和含水量并进行筛析试验。材料的质量以同一料源、同一次购入并运至生产现场为一“批”进行检查。

（2）施工过程中的质量管理与检查

在沥青路面施工过程中，施工单位应随时对施工质量进行抽检，工序间实行交接验收，前一工序质量符合要求后方可进入下一工序的施工。施工过程中应对沥青混合料性能做抽样检查，其项目主要有：马歇尔稳定度、流值、空隙率、饱和度、沥青抽提试验、抽提后矿料级配组成等。

（3）质量控制标准

施工中沥青混凝土、沥青碎石路面、沥青表面处治、沥青贯入式及公路稀浆封层、微表处的工程质量控制标准应符合设计要求。

（二）交工验收阶段的工程质量检查与验收

沥青路面施工完毕，施工单位应将全线以 1 ~ 3km 作为一评定路段，随机选取测点进行检测；对沥青面层进行全线自检，将单个测定值与表中的质量要求或允许偏差进行比较，计算合格率；然后计算一个评定路段的平均值、极差、标准差及偏差系数。施工单位应在规定时间内提交全线检测结果及施工总结报告，申请交工验收。施工质量监理单位在检查工程质量时，应随机抽取检查段，总长度不少于施工里程的 30%，且不少于 3 个检查段。路面弯沉测定应在基层的设计龄期或第二年的不利季节进行。

竣工检查的检验数据应真实、准确，能客观地反映沥青路面的施工质量，为准确评价路面的施工质量提供可靠的依据。

正确地进行工程项目质量的评定和验收，是保证工程质量的重要手段。公路工程验收分为交工验收和竣工验收两个阶段，交工验收由建设单位或业主主持，主要是检查施工合同的执行和监理工作情况，并对工程质量进行评分，提出工程质量等级建议。竣工验收由交通主管部门主持，主要是全面考核建设成果，总结经验教训，对建设项目进行综合评价，确定工程质量等级。在验收时，需按照《公路工程质量检验评定标准》UTGF80/1—2004）进行质量评定。该标准也是公路工程质量监督部门对工程质量的检查鉴定、监理工程师对工程质量的抽查认定、施工单位自检和分项工程交接验收的质量标准，是公路工程交工验收和竣工验收的质量评定依据。

（三）工程施工总结及质量保证期管理

工程结束后，施工企业应根据国家竣工文件编制的规定，提出施工总结报告及若干个专项报告，连同竣工图表，形成完整的施工资料档案。施工总结报告应包括工程概况（包括设计及变更情况）、工程基础资料、材料、施工组织、机械及人员配备、施工方法、施工进度、试验研究、工程质量评价、工程决算、工程服务计划等。

施工管理与质量检查报告应包括施工管理体系、质量保证体系、施工质量目标、试验段铺筑报告、施工前及施工中材料质量检查结果、施工过程中工程质量检查结果、工程交工验收质量自检结果、工程质量评价，以及原始记录、相册、录像等各种附件。

施工企业在质保期内，应进行路面使用情况观测、局部损坏的原因分析和维修保养等。

第四节 水泥混凝土路面施工

一、概述

水泥混凝土路面俗称白色路面，它是以水泥与水拌和成的水泥浆为结合料，以碎（砾）石、砂等矿质集料为骨料和填充料，经过拌和、摊铺、振捣、整平和养生后修筑的水泥混凝土板作面层的路面。总体由面层、基层、垫层（底基层）、路基、路肩和排水设施等组成，是高等级重交通公路路面的主要类型之一，属于刚性路面。

（一）水泥混凝土路面类型

按组成材料和施工方法不同，水泥混凝土路面有以下几种类型：

（1）普通混凝土路面

亦称无筋混凝土或素混凝土路面，是指除接缝处和边角外，板内不配筋的水泥混凝土路面。这是目前在公路、城市道路及机场道路中应用最为广泛的一种类型，通常采用常规的振捣方法进行铺筑。

（2）碾压混凝土路面

指水泥和水的用量较普通混凝土显著减少的水泥混凝土混合料经摊铺、碾压成型的无筋混凝土路面，这是近年来出现的新的施工工艺。

（3）钢筋混凝土路面

为防止混凝土板产生的裂缝缝隙张开而在板内配置纵、横向钢筋或钢筋网的水泥混凝土路面。

（4）连续配筋混凝土路面

指沿纵向配置连续的钢筋，除了在与其他路面交接处或邻近构造物处设置胀缝以及视施工需要设置施工缝外，不设横向缩缝的水泥混凝土路面。由于钢筋用量大，造价较高，目前在我国仅铺筑了试验路。

（5）预应力混凝土路面

对混凝土和钢筋施加预应力的无筋或钢筋混凝土路面。在我国曾修建过试验路，尚未推广应用。

（6）钢纤维混凝土路面

指在混凝土中掺入一些低碳钢或不锈钢纤维，形成一种均匀多向配筋的水泥混凝土路面，我国已铺筑过试验路。

（7）复合式混凝土路面

指由两层或两层以上不同强度或不同类型的混凝土复合而成的水泥混凝土路面。

（二）水泥混凝土路面特点

与其他类型路面相比，水泥混凝土路面具有以下特点：

（1）刚度大、强度高、板体性好

水泥混凝土具有较高的刚度，弹性模量达（25 ~ 40）$\times 10^3$MPa。路面用混凝土的抗弯拉强度达 4.0 ~ 5.5MPa，抗压强度达 30 ~ 40MPa。因而，混凝土路面具有较高的承载能力和扩散荷载的能力。

（2）稳定性好

水泥混凝土路面的水稳性、热稳性均较好，特别是它的强度能随着时间的延长而逐渐提高，不存在沥青路面的那种“老化”现象，也不易出现沥青路面的某些稳定性不足的损坏（如车辙等）。

（3）耐久性

由于水泥混凝土路面的强度和稳定性好，所以它经久耐用，在保证设计和施工质量的情况下，可使用 20 ~ 40 年以上。

（4）抗侵蚀能力强

水泥混凝土对油、大多数化学物质不敏感，有较强的抗侵蚀能力。

（5）养护费用少

在正常设计、施工和养护条件下，水泥混凝土路面的养护工作量和养护费用均比沥青路面小，通常约为后者的 1/3 ~ 1/4。因此，从长远角度来看，选用混凝土路面，其经济效益是比较显著的。

（6）有利于夜间行车

混凝土路面色泽鲜明，能见度好，对夜间行车有利。

但是，混凝土路面也存在一些缺点，主要有以下几个方面：

（1）对水泥和水的需要量大

修筑 0.2m 厚、7m 宽的混凝土路面，每 1km 要耗费水泥约 400 ~ 500t 和水约 250t，尚不包括养生用水在内，这对水泥供应不足和缺水地区带来较大困难。

（2）有接缝

由于混凝土的硬化收缩和热胀冷缩影响，水泥混凝土路面设有许多纵向和横向接缝。这些接缝一方面增加了施工的难度，另一方面又形成了路面的薄弱 . 处，当施工和养护不当时，易于导致唧泥、错台和断裂等损坏。同时，接缝也容易引起行车跳动，影响行驶的舒适性。

（3）开放交通较迟

除碾压混凝土外，其他混凝土路面需要一定的养生期，以获得足够的强度。因而，铺筑完工后需要隔一定时期（14 ~ 21d 以上）才能开放交通。

（4）修补困难

水泥混凝土路面出现损坏后，修补工作较沥青路面困难得多，且修补的整体强度稍差。

（5）噪声大

混凝土路面使用的中后期，由于接缝变形，而使平整度降低，车辆行驶的噪声较大。

（三）水泥混凝土路面适用场合

由于水泥混凝土路面具有上述的特点，使其适用的场合与沥青路面有所不同。国内外对水泥混凝土路面的修筑技术一直进行不懈的研究和总结，使水泥混凝土路面在技术上日臻完善，得到了较为广泛的应用。总的概括来说，水泥混凝土路面适用于交通繁重和重载交通道路、天气炎热和严重冰冻、路基承载能力低，且无不均匀沉降、缺乏优质集料，而水泥和其他水硬性结合料资源充足、建设资金筹集无困难等情况。

（四）水泥混凝土原材料的要求

组成混凝土的原材料包括：水泥、细集料（砂）、粗集料（碎石或砾石）、水及外加剂。

（1）水泥

水泥是混凝土路面的重要组成材料，混凝土的性能（强度、收缩性、温度徐变等）很大程度上取决于水泥的质量和用量。水泥品种及强度等级的选用，必须根据公路等级、工期、铺筑时间和方法及经济性等因素综合考虑决定。通常情况下，应采用强度高、收缩性小、耐磨性强、抗冻性好的水泥。公路城市道路、厂矿道路应采用硅酸盐水泥或普通硅酸盐水泥（简称普通水泥），水泥强度等级不应低于 32.5 级。当条件受到限制时，亦可采用矿渣水泥，但其强度等级不应低于 32.5 级，并应严格控制用水量，适当延长搅拌时间，加强养护工作。民航机场道面和高速公路，必须采用强度等级不低于 32.5 级的硅酸盐水泥。

水泥进场时，应有产品合格证及化验单。并应对品种、强度等级、包装、数量、出厂日期等进行检查验收。不同强度等级、厂牌、品种、出厂日期的水泥，不得混合堆放，严禁混合使用。出厂期超过三个月或受潮的水泥，必须经过试验，按其试验结果决定正常使用或降级使用，已经结块变质的水泥不得使用。

（2）细集料

混凝土中粒径在 0.16 ~ 5mm 范围的集料称为细集料。细集料一般宜采用天然砂与人工砂或石屑，其质地应坚硬、耐久、洁净，并具有良好的级配。其细度模数宜在 2.5 以上。

（3）粗集料

集料粒径大于 5mm 的叫作粗集料。普通混凝土常用的粗集料有砾（卵）石与碎石两种。为满足混凝土高强、抗滑、耐磨及耐久性等方面的要求，所用粗集料（碎石或卵石）必须坚硬、耐磨耗、洁净，并符合一定级配。颗粒应接近立方体，最大粒径不应超过 40mm。

（4）水

一般饮用水均可用于水泥混凝土拌制和养护；对非饮用水，应经化验并符合下列要求：

第一，硫酸盐含量不得超过（2）7mg/ 立方厘米。

第二，含盐量不得超过 5mg/ 立方厘米。

第三，pH 值不得小于 4。

（5）外加剂

为改善混凝土的技术性质，如早强、大流动度、高耐久性、缓凝、速凝、降低水化热等，可以在混凝土的制备过程中加入适量的外掺剂。修建路面常用的外加剂有以下四类：

第一，改善混凝土拌和物流动性能的外加剂包括：减水剂、引气剂、泵送剂等。

第二，调节水泥凝结时间、硬化性能的外加剂包括：缓凝剂、速凝剂、早强剂。

第三，改善混凝土耐久性的外加剂包括：引气剂、防水剂、阻锈剂。

第四，改善混凝土其他性能的外加剂包括：加气剂、膨胀剂、防冻剂、着色剂等。

所选用的外加剂的质量应符合现行的国家标准。并应在充分调查、试验和实地试用后，再决定其是否适用。

（6）接缝材料

接缝材料主要包括填缝料和接缝板。

第一，填缝料。填缝料是指为防止雨水及砂、石等杂物进入水泥混凝土路面面板各种接缝内部，在其上部灌入的材料。填缝料应具有与混凝土面板缝壁黏结能力强、弹性好、拉伸量大、不溶于水、不渗水、高温时不流淌、低温时不脆裂和耐久性好等性能。常用的填缝料按施工温度分为两种，一种是加热施工式填缝料，另一种是常温施工式填缝料。加热施工式填缝料的品种主要有聚氯乙烯胶泥、沥青橡胶类和沥青玛蹄脂等；常温施工式填缝料的品种主要有聚氨醋焦油类、氯丁橡胶类、乳化沥青橡胶类等。

第二，接缝板。接缝板是指为防止水泥混凝土路面面板膨胀压屈，置放在胀缝板中的预制板。混凝土面层的各种伸缩缝均应设置接缝板。接缝板的品种主要有杉木板、泡沫橡胶板、泡沫树脂板和纤维板等。

（7）钢材

水泥混凝土路面所用的钢筋有传力杆、拉杆及补强钢筋等。各种钢筋必须符合现行国家标准的规定。但不作为加强混凝土板构造强度用的钢筋，如支架等所用的钢筋，不受此限制。

二、接缝的构造与布置

混凝土面层是由一定厚度的混凝土板所组成，它具有热胀冷缩的性质。由于一年四季气温的变化，混凝土板会产生不同程度的膨胀和收缩。而一昼夜中，白天气温升高，混凝土板顶面温度较底面为高，这种温度坡差会造成板的中部隆起。夜间气温降低，板顶面温度较底面为低，会使板的周边和角隅翘起。这些变形会受到板与基础之间的摩阻力和黏结力以及板的自重和车轮荷载等的约束，致使板内产生过大的应力，造成板的断裂或拱胀等破坏。

混凝土板由于温度变化而产生的伸缩变形和翘曲变形会因板的尺寸过大而产生较大的内应力。为了避免混凝土板的损坏，混凝土路面不得不在纵横两个方向设置许多接缝，把整个路面分割成较小尺寸的板块。

水泥混凝土路面的接缝按方向分为垂直于行车方向的横向接缝和平行于行车方向的纵向接缝。按它所起的作用又可分为缩缝、胀缝和施工缝。缩缝保证板因温度和湿度的降低而收缩时沿该薄弱断面断裂，从而表面不产生不规则的裂缝。胀缝保证板在温度升高时能部分伸长，从而避免产生路面板在热天的拱胀和折断破坏，同时也能起到缩缝的作用。混凝土施工时，摊铺和振捣等机具有一定的操作宽度限制，每天的工作量有一定限度而必须中断以及因雨天或其他原因不能继续施工时，需要设置施工缝。

（一）横缝的构造与布置

横缝分为横向缩缝、横向胀缝和横向施工缝。

（1）横向缩缝

横向缩缝间距即为混凝土板块的长度。随着板长增加，混凝土的收缩应力增大，特别是温度翘曲应力迅速增大。对现有路面的大量使用调查表明，当板长控制在 5 ~ 6m 以上时，出现横向断裂的坏板比例急剧增高。同时，板长愈短，温度变化引起的板长伸缩量越小，因而缝隙的变化量也越小。这对于保证接缝的传荷能力可以起重要作用，特别是对于靠集料嵌锁作用传荷的假缝作用更大。因此，目前都倾向于采用短板，其长度为 4 ~ 5tn。横向缩缝通常都成等间距布置。为改善行驶质量，国外也有采用变间距布置，并倾斜于行车方向的布置方案。

横向缩缝一般采用假缝形式，不设传力杆。但在特重交通公路上或地基水文条件不良的公路上，宜在板中央设置传力杆。其他各级交通的公路上，在邻近胀缝或路面自由端部的 3 条缩缝内，均宜加设传力杆。横向缩缝的槽口可采用锯切或压入的方式形成。

（2）横向胀缝

横向胀缝处混凝土板完全断开，因而也称之为真缝。缝宽为 2.0 ~ 2.5cm，在缝隙上部 3 ~ 4cm 深度内浇灌填缝料，下部则设置富有弹性的嵌缝板，它可由油浸或沥青浸制的软木板制成。在板厚的中央设置传力杆，传力杆的一半以上应涂沥青或加塑料套，并加长 10cm 的小套子，套底和传力杆头之间留 3cm 的空隙（用纱头填），在同一条胀缝上的传力杆，设有套筒的活动端最好在缝的两边交错布置。在与建筑物衔接处或其他公路交叉处的胀缝，当无法设置传力杆时，可采用边缘钢筋型或厚边型。

（3）横向施工缝

每日工作结束或因临时原因而中断施工时，需设置横向施工缝。原则上，横向施工缝应尽量少设，如需设置，其位置宜在胀缝或缩缝处。设在胀缝处的施工缝；设在缩缝处的施工缝应采用平缝加传力杆。

在桥涵两端以及小半径平、竖曲线处应设置胀逢。胀缝是混凝土路面的薄弱环节，它不仅给施工带来不便，同时由于施工传力杆设置不当（未能准确定位），使胀缝处的混凝土常出现裂碎等病害；当雨水通过胀缝渗入地基后，易使地基软化，引起唧泥、错台等破坏。

当砂石进入胀缝后，易造成胀缝处边板挤碎、拱胀等破坏。同时，胀缝容易引起行车跳动，其中的填缝料又要经常补充或更换，增加了养护的麻烦。因此，近年来国内外修筑的混凝土路面均有减少胀缝的趋势。我国现行混凝土路面设计规范规定，胀缝应尽量少设或不设；但在临近桥梁或固定建筑物处，或与其他类型路面相连接处、板厚变化处、隧道口、小半径曲线和纵坡变换处，均应设置胀缝。在其他位置，当板厚等于或大于 20cm 并在夏季施工时，也可不设胀缝。但是，采用长间距胀缝或无胀缝路面结构时，需注意采取一些相应的措施，如增大基层表面的摩阻力以约束板在高温或潮湿时伸长的趋势；在气温较高时施工，应尽量减小水泥混凝土板的胀缩幅度；相对地缩短缩缝间距，以便减少板的温度翘曲应力，缩小缩缝缝隙的宽度以提高传荷能力，并增进板对地基变形的适应性。

（二）纵缝的构造与布置

纵缝分为纵向缩缝和纵向施工缝。纵缝间距为板宽，可按路面宽度和每个车道宽度而定，一般按 3 ~ 4.5m 设置，其最大间距不得超过 4.5m，这对行车和施工都较方便。

（1）纵向缩缝

当双车道路面按全幅宽度施工时，应增设纵向缩缝。纵向缩缝可做成假缝加拉杆形式。

（2）纵向施工缝

当一次铺筑宽度小于路面宽度时，需设置纵向施工缝。纵向施工缝可采用设拉杆的企口缝或设拉杆的平缝形式。根据国内外的实践经验，企口缝易产生破坏。因此，纵向施工缝一般采用平缝。

对多车道路面，应每隔 3 ~ 4 个车道设一条纵向胀缝，其构造与横向胀缝相同。当路旁有路缘石时，缘石与路面板之间也应设胀缝，但不必设置传力杆。

纵缝与横缝一般做成垂直正交，使混凝土板具有 90° 的角隅。纵缝两旁的横缝一般成一条直线。实践证明，如横缝在纵缝两旁错开，将导致板产生从横缝延伸出来的裂缝。

（二）拉杆和传力杆

（1）拉杆

拉杆是设在纵缝板厚中央的螺纹钢筋，其目的是为了防止板块横向位移。对拉杆中部 10cm 范围内应进行防锈处理。其最外边的拉杆距接缝或自由边的距离一般为 25 ～ 35cm。

（2）传力杆

传力杆主要用于横向接缝，一般采用光圆钢筋，传力杆长度的一半再加 5cm 范围内应涂沥青或加塑料套。胀缝处的传力杆应在涂沥青一端加一套子，内留 3cm 孔隙并填纱头或泡沫塑料，套子端宜在相邻板中交错布置。其最外边的传力杆距接缝或自由边的距离一般为 15 ～ 25cm。

（四）水泥混凝土路面与其他构造物的衔接

（1）混凝土路面与沥青路面相接

在混凝土路面和沥青路面相接处，常出现沉陷、错台或沥青路面受顶推而拥起等破坏现象，因此，在相接处要采取合理技术措施进行处理。对高速公路和一级公路，应在沥青路面面层下埋设长度为 3m 的混凝土板，此板在混凝土路面相接的一端的厚度与混凝土面板相同，另一端不小于 15cm。埋设的混凝土板与混凝土路面相接处的拉杆，应采用螺纹钢筋，直径一般为 25mm，长为 70cm，间距为 40cm。对于其他各等级公路，由于汽车行驶速度低，交通量不大，可采用径向连接或混凝土预制块过渡，过渡长度一般不小于 3m。

（2）混凝土路面与桥梁相接

在各等级的公路上，特别是在高等级的公路上，应设置桥头搭板。搭板与混凝土路面之间采用钢筋混凝土面板过渡，其长度不小于 5m。搭板与钢筋混凝土面板之间的接缝应设置传力杆，钢筋混凝土面板与混凝土面板之间应设置胀缝。当桥梁为斜交时，在钢筋混凝土搭板与混凝土面板之间要设钢筋混凝土渐变板，渐变板的块数根据与桥梁斜交的角度而定：＞ 70° 时设 1 块；70 ～ 45° 时设 2 块；＜ 45° 时设 3 块以上。渐变板的短边不得小于 5m，长边最大为 10m。搭板和渐变板角隅部分用发针钢筋或钢筋网补强。

（3）构造物横穿公路

为了防止横穿公路的涵洞、管线等构造物不因行车荷载下传的力而造成破坏，引起路面出现裂缝、错台和跳车现象，应对构造物顶部及两侧适当范围内的混凝土板采用钢筋网补强或用钢筋混凝土板。

（五）补强钢筋

混凝土面板的边缘和角隅是薄弱处，容易在行车荷载作用下应力过大而断裂破坏。当采用板中计算厚度的等厚式板时，或混凝土板纵、横向自由边缘下的基础有可能产生较大的塑性变形时，应在其纵横向自由边缘加设补强钢筋，角隅处加设发针形钢筋或钢筋网补强。

（1）边缘钢筋布置

边缘钢筋一般用两根直径 12 ~ 16mm 的螺纹钢筋或圆钢筋，设在板的下部板厚 1/4 处，且距边缘和板底均不小于 5cm，间距一般为 10cm。纵向边缘钢筋一般只做在一块板内，不得穿过缩缝，以免妨碍板的翘曲；但有时亦可将其穿过缩缝，但不得穿过胀缝。为加强锚固能力，钢筋两端应向上弯起。在横向胀缝两侧板边缘以及混凝土路面的起终端处，为加强板的横向边缘，亦可设置横向边缘钢筋。

（2）角隅钢筋布置

设置在胀缝两侧板的角隅处，一般可用两根直径 12 ~ 16mm 的螺纹钢筋，布置在板的上部，距板边一般为 10cm。

绊脚呈锐角时，亦可采用双层钢筋网补强。钢筋可选用直径为 6mm，布置在板的上、下部，距板顶和板底以 5 ~ 10cm 为宜。

三、小型机具施工

水泥混凝土路面的小型机具施工是指由机器拌和，人工摊铺，辅助配备一些小型机具（如插入式振捣器、平板振动器、振动梁、真空吸水设备、切缝机等）进行混凝土路面施工的方式。

（一）施工前的准备工作

施工准备工作是路面施工质量保证体系的重要一环，是保证路面施工顺利进行，按期完成任务的关键。因此，必须做好施工前的一切准备工作。

（1）编制施工组织设计

施工单位根据设计文件及施工条件，确定施工方案，编制施工组织设计，包括施工工艺、材料使用计划、劳动计划、机械选型及使用计划、临时设施、现场组织管理计划、安全措施等。

（2）选择混凝土拌和场地

拌和场地选择既要考虑交通便利、运距最短，又要考虑水电供应方便，并且有足够的场地堆放材料和搭建办公生活用房、工棚仓库和消防等设施，一般情况下宜设置在施工路段的中部。

（3）进行材料试验和混凝土配合比检验及调整

按公路等级的要求及工地的具体情况在现场建立工地试验室，并依据相应的试验规程和检测频率对混凝土面层所用的各种原材料进行检验，并根据检验结果调整混凝土的配合比和改善施工工艺。

（4）基层检查与整修

检查基层的宽度、高程、横坡、弯沉、平整度等是否符合要求。在混凝土摊铺施工前，应清理基层表面，并充分洒水湿润，以防混凝土底部的水分被干燥基层吸去，使混凝土变得疏松以致产生细小裂缝。

（5）模板安装

常用模板有木模和钢模。模板应平直，装、拆方便，而且加载后挠度小。同时其高度应与混凝土板厚相同。高速公路、一级公路混凝土路面施工，应采用钢模板，这样不仅保证工程质量，而且可多次重复使用。钢模板可用 4 ~ 5mm 厚钢板冲压制作，或用 3 ~ 4mm 厚钢板与边宽 40 ~ 50mm 的角（槽）钢组合构成。模板一般长为 3m，接头处应设置牢固的拼装配件。

安装模板前，应根据设计图纸定出路面中心及路面边缘线，模板顶面应与路面设计高程一致。如果因基层局部低洼而造成模板下出现空隙，可在空隙处模板两边填入砂浆等材料。

模板两侧用铁钎打入基层以固定位置，接头处拼装应牢固紧密。安装完毕后，应再检查一次模板相接处的高差和模板内侧是否有错位和不平整等情况，高度差大于 3mm 或有错位和不平整的模板应拆掉重新安装。确认安装合格的模板其内侧表面应刷涂隔离剂，以利于拆模。两侧模板安装就位后，应横跨路面拉线，用直尺检测拉线至基层表面的距离是否满足混凝土板厚的要求，基层局部高出部分应予以铲除。

模板准确定位是保证混凝土路面质量的重要因素，因此，施工时必须经常检查，严格控制。

（二）混凝土的制备和运输

（1）混凝土的制备

混凝土混合料应采用机械搅拌，搅拌站位置应根据施工和运输工具选定，容量由工程量大小和施工进度确定。进行拌和时，掌握好混凝土施工配合比，严格控制加水量，应根据砂、石料的实测含水量，调整拌和时的实际用水量。混合料组成材料的计量允许误差为：水泥为 ±1%，粗、细骨料为 ±5%；水为 ±1%，外加剂为 ±2%。搅拌机装料顺序宜为砂、水泥、碎（砾）石，进料后，边搅拌边加水。每锅混合料的搅拌时间取决于搅拌机的性能和混合料的和易性，一般为 1.5 ~ 3.0min，干硬性混凝土搅拌时间略长一点，一般为 2.0 ~ 4.0min。

常用的搅拌机械有自落式搅拌机和强制式搅拌机两大类。

自落式搅拌机是通过搅拌鼓的转动，将混合料提到一定高度后自由落下而达到拌和目的。其优点是能耗小，价格较便宜，但仅适用于搅拌塑性和半塑性混凝土。而对于干硬性混凝土，由于坍落度小，粒料容易黏附在叶片上，难以拌和均匀，出料也有困难，因而不宜使用。

强制式搅拌机是在固定不动的搅拌筒内，用高速旋转的多组搅拌叶片对筒内材料进行强制搅拌。它的优点是搅拌时间短、效率高、操纵系统灵活、卸料干净；缺点是需要较大的动力，搅拌叶片及搅拌筒磨耗大。它适用于搅拌干硬性混凝土及细粒料混凝土。强制式搅拌机从构造上分为立轴式和卧轴式，立轴强制式搅拌机由于其叶片、衬板磨耗量较大，其使用受到一定限制。双卧轴强制式搅拌机拌和均匀，轴和叶片更换方便、省电，有较好的技术经济指标。因此，水泥混凝土搅拌设备选型时应尽可能选用双卧轴强制式搅拌机。

（2）混凝土的运输

混合料宜采用翻斗车或自卸车运输，当运距较远时，宜采用水泥混凝土搅拌运输车运输。混合料从搅拌机出料后，运至铺筑施工现场进行摊铺、振捣、整平，直至铺筑结束的允许时间，可根据水泥初凝时间及施工气温确定。装运混合料，应防漏浆和离析，夏季和冬季施工，应有遮盖或保温设备，卸料高度不宜超过 1.5m。若出现明显离析时，铺筑时应重新拌匀。

（三）混凝土的摊铺和振捣

（1）混凝土的摊铺

摊铺混凝土前，应对模板的位置、高度、支承情况及拉杆的放置再进行一次全面检查，确认满足要求后，即可进行混凝土的摊铺。

混凝土混合料由运输车辆直接卸在基层上，卸料时应不使混合料离析，且应尽可能将其卸成几小堆，以便于摊铺。如发现离析现象，应在铺筑时用铁锹拌均匀，但严禁第二次加水。

混凝土板厚度不大于 24cm 时可一次摊铺。大于 24cm 时宜分两次摊铺，下层厚度宜为总厚的 3/5。摊铺时应考虑混凝土振捣后的下落高度，而预留一定厚度，松铺厚度通过现场试验确定，一般为设计厚度的 1.1 ~ 1.15 倍左右。

人工用铁锹摊铺时，应采用“扣锹”的方法，严禁抛掷和搂耙，以暗止混合料离析。

（2）钢筋设置

当混凝土板中根据设计要求需要设置钢筋时，应配合摊铺工作一起进行。

安放单层钢筋网片时，应在其底部先摊铺一层混凝土，其高度按钢筋网片设计位置预加一定的下落高度。待钢筋网片就位后，再继续浇注混凝土。

安放双层钢筋网时，对厚度不大于25cm的板，上、下两层钢筋网可事先用架立筋扎成骨架后，一次安放就位；厚度大于25cm的，按单层网片的方法，上、下两层网片分两次安放。

钢筋网的接头应搭接，其搭接长度应为一个网格或者20cm，搭接处应用细铁丝绑扎。

安放角隅钢筋时，先在角隅处摊铺一层混凝土拌和物，摊铺厚度应按钢筋设计位置预加一定的下落度，角隅钢筋就位后，用混凝土拌和物压住。

安放边缘钢筋时，先沿边缘铺筑一条混凝土拌和物，拍实至钢筋位置，然后放置边缘钢筋，在钢筋两端弯起，用混凝土拌和物压住。

（3）混凝土的振捣

混合料摊铺后，应迅速振捣密实。常用振捣器有插入式振捣器、平板式振捣器和振动梁。对厚度不大于24cm的铺层，应先用插入式振捣器对边角及安置钢筋的部位依顺序振捣，然后再用不小于2.2kW的平板式振捣器纵横交错全面振捣。振捣器在每一位置振捣的持续时间以混合料停止下沉，不再冒气泡并泛出水泥浆为准，不宜过振，一般为10 ~ 15s。水灰比小于0.45时，用平板振捣器，不宜少于30s；用插入式振捣器时，不宜少于20s。

平板式振捣器作业完成后，再用带有振动器且底面平直的振动梁进一步拖拉振实并初步整平。振动梁移动的速度要缓慢均匀，一般以每分钟1.2 ~ 1.5m为宜，不允许中途停留。拖振过程中，多余的混合料随着振动梁的拖移而刮去。低陷处应及时人工填补，填补时应用较细的混合料，但严禁用纯砂浆。最后再用直径130 ~ 150mm的平直无缝钢管滚杠进一步滚揉表面，使表面进一步提浆并整平。滚杠既可滚拉又可平推提浆赶浆，使混凝土表面均匀保持5 ~ 6mm左右的砂浆层，以利于密封合作面。

对采用两次摊铺的混凝土板（厚度＞24cm），应特别注意上层混凝土拌和料的振捣必须在下层拌和料初凝之前完成。另外，在振捣上层拌和料时，插入式振捣器应插入下层拌和料5cm，以使两层很好融合。

在整个振捣过程中，要随时注意检查模板，如发现问题，应及时处理。

（四）接缝施工

接缝是混凝土路面施工的难点，接缝施工质量的好坏直接影响到混凝土路面的使用寿命和行车的舒适性，因此，需特别认真加以对待。

（1）胀缝施工

胀缝应与混凝土路面中心线垂直，缝壁垂直于板面，宽度均匀一致，缝中不得有黏浆或坚硬杂物，相邻板的胀缝应设在同一横断面上。胀缝传力杆的准确定位是胀缝施工成败的关键。为了保证传力杆位置的正确（平行于混凝土板面及路面中心线，其误差不得大于 5mm），可采用两种固定方式：顶头木模固定法和支架固定法。

第一，顶头木模固定法。适用于混凝土一天施工终了时设置的胀缝。传力杆长度的一半穿过端头挡板，固定于外侧定位模板中。在混凝土拌和料浇筑前先检查传力杆位置，浇筑时先摊铺下层拌和料，用插入式振捣器振实，并在校正传力杆位置后，再浇筑上层拌和料。第二天浇筑邻板前，拆去顶头木模，并及时设置胀缝板、木制嵌条和传力杆套管等。

第二，支架固定法。适用于混凝土板连续浇铸过程中设置的胀缝。传力杆长度的一半穿过胀缝板和端头挡板，并用钢筋支架固定就位。浇筑时先检查传力杆位置，再在胀缝两侧摊铺混凝土捧和料至板面，振捣密实后，抽出端头挡板，空隙部分填补混凝土拌和料，并用插入式振捣器振实，然后整平。

胀缝中嵌条的尺寸及拆除时间应把握好。嵌条尺寸应比设计接缝稍宽些，稍低些，最好做成上宽下窄的楔形，以便拔出。嵌条拆除时间以混凝土初凝前、泌水后为宜。嵌条取出后，再将缝槽抹平整。

（2）横向缩缝施工

横向缩缝一般采用锯切缝或压入缝。与压入缝相比，切缝法做出的缩缝质量较好，接缝处质量均匀。因此，缩缝施工应尽量采用切缝法。为防止切缝不及时可能出现的早期裂缝，也可每隔几条切缝做一条压缝。

第一，切缝。混凝土结硬后应及时用金刚石或碳化硅锯片切缝。

切缝时间的早晚一定要控制好，切得过早（混凝土抗压强度＜ 10MPa），粗骨料容易从砂浆中脱落，不能切出整齐的缝；切得过迟，不但造成切缝困难，增加切缝刀片的消耗，而且会使因混凝土的温度下降和水分减少而产生的收缩因板较长而受到阻碍，导致收缩应力超出其抗拉强度而在非预定位置出现不规则的早期裂缝。目前施工中较多采用“温度 – 小时”法来控制切缝的合适时间。即混凝土浇筑到切割开始的间隔小时与气温的乘积一般控制在 250 ~ 300“温度 – 小时”左右。当然，这只是一种粗略估算的方法。最佳切缝时间除与施工温度有关外，还与混凝土质量，特别是集料的质量、水泥类型及水灰比等因素有关，施工时应通过试切后确定。

切缝可采用一次切割成型或两次切割成型的方法。一次切割成型的槽口窄而深，进行嵌缝料施工不易填实，且当缝隙因板的伸缩稍有变化时，嵌缝料便会在深度上出现较大的起落，引起嵌缝料被挤出槽口外或槽口内嵌缝料不足。两次切割成型即先用薄锯片进行深锯切再用厚锯片作浅锯切以加宽上部槽口。这种两次切割成型的槽口工作性能较前种好。

第二，压缝。为防止出现早期裂缝，每隔 3 ~ 4 条切缝做一条压缝。

压缝的做法是：当混凝土拌和料做面后，立即用振动压缝刀压缝，当压至规定深度后提出压缝刀，用原浆修平缝槽，然后放入铁制或木制的嵌条，再次修平缝槽，待混凝土初凝前、泌水后，取出嵌条，便形成了缝槽。施工时应特别小心，尽量避免接缝两边的混凝土结构受到扰动，并应保证两边平整。如难以做到这一点，缩缝也可仅由切缝形成，但应保证不出现早期裂缝。

缩缝传力杆的安装一般采用支架固定法，传力杆长度的一半再加 5cm 范围内涂上沥青，保证其在混凝土中自由滑动。

（3）纵缝施工

纵缝一般为平缝加拉杆形式。纵缝施工应符合设计规定的构造，保持顺直、美观。拉杆可采用三种方式设置。施工时应注意使拉杆螺纹接头端面紧靠板侧面，且套节的螺纹部分不能进入混凝土或砂浆（用黄油等材料封填），以免另一半拉杆无法接上。此方法在日本广泛使用，效果良好。

（4）施工缝

施工缝宜设于胀缝或缩缝处，多车道路面及民航机场道面的施工缝应避免设在同一横断面上。传力杆一半锚固于混凝土中，另一半应涂上沥青，传力杆必须平行于板面，垂直于缝壁。

（5）灌注嵌缝料

混凝土养护期满即可灌注嵌缝料，嵌缝料必须清洁、干燥，并与缝壁黏附紧密、不渗水，灌注高度一般比板面低 2mm 左右。当使用加热施工型嵌缝料时，应加热到规定的温度并搅匀，采用灌缝机或灌缝枪灌缝；气温较低时应用喷灯加热缝壁，使嵌缝料与缝壁结合良好。

四、真空作业施工

（一）概述

在混凝土施工工艺中，密实成型是保证质量的一个重要环节。目前运用最广泛的是振动成型，其设备简单，操作方便、效果良好，但它噪声大、能耗多、机械磨损严重。混凝土真空作业法，既避免了振动成型的缺点，又能有效地排除混凝土中多余的水分，使混凝土拌和物得到密实，是一项很有发展前途的技术。

真空作业法，是借助于真空负压，将水从刚成型的混凝土拌和物中排出，同时又能使混凝土密实的一种成型方法。

按真空作业的方式，分为表面真空作业与内部真空作业两种。表面真空作业是在混凝土构件的上、下表面及侧表面布置真空腔进行。上表面真空作业适用于水泥混凝土路面、机场道面、楼面及预制混凝土平板的施工。下表面真空作业适用于薄壳、隧道顶板等结构。对于水池、桥墩、水坝等则可采用侧表面真空作业。有时，还可将上述几种方法结合使用。

内部真空作业，是利用插入混凝土内部的真空管进行的，在不能实现表面作业情况下可采用此法。对于一些没有预留孔道的构件或构筑物，如能直接利用结构的预留孔道，布置真空管进行内部真空作业则尤为适宜。一般说来，内部真空作业比较复杂，实际工程中应用较少。

（二）真空混凝土路面的施工

（1）工艺设备

混凝土真空作业的主要设备有真空吸水机组、真空腔及吸水软管三部分。辅助设备有清洗槽、抹面机及振动机等。

真空吸水机组由真空泵、电动机、真空室、集水室、排水管及滤网等组成。真空泵启动后，在真空腔内形成一定的真空度，水便被挤压吸出，经吸水软管引入真空室，再由真空室进入集水室，最后从排水管排出。泵的吸口处设有滤网，以防止水泥颗粒进入泵内。这种轻型真空吸水机组十分轻巧，其质量一般只有100kg左右，安装在手推车上，移动灵活。

真空腔有刚性吸盘与柔性吸垫两种。刚性吸盘用金属板材做成，其底部为带孔钢板，外设滤网、滤布、沿吸盘周边有一条边框，边框下贴有橡胶垫以防止外界空气吸入。刚性吸盘能承受较大压力而不变形，作业后表面平整度较好，但吸盘下容易漏气。此外，它比较笨重，一般适用于预制构件的施工。瑞典研制的柔性吸垫轻便、耐用。吸垫的过滤层，由透水纤维织物如尼龙做成，直接铺于新浇混凝土拌和物的表面，骨架层由柔性塑料网做成，用以形成真空区并作为吸水通道，密封层一般用致密的橡胶布或化纤织物类胶布做成，覆盖在骨架上起密封作用。用这种柔性吸垫，施工方便，效果良好，可广泛用于各种现浇混凝土的施工。

（2）施工程序

为了保证真空作业的顺利进行，特别应防止真空系统的漏气及空腔底部过滤层的堵塞。对于柔性吸垫，在真空系统处理将近完毕时，要掀开吸垫边缘，然后继续做一段时间的真空处理，以除去吸垫底层的残余水分，不使其回渗到混凝土拌和物内。

（三）真空作业

（1）真空度的选择

由真空脱水密实的原理可知，真空作业采用的真空度越高，混凝土拌和物受到的附加作用力越大，其脱水密实的效果也越好。实际上，要达到较高的真空度，对设备的要求也相应提高，因而采用过高的真空度是不经济的。

对于不同厚度的构件，可采用不同的真空度，构件厚度越大，真空度也要相应提高，对薄壁构件可采用较小的真空度。

（2）真空作业时间

真空作业时间与构件厚度、所采用的真空度、环境温度、水泥品种以及混凝土的配合比（主是水泥用量、水灰比）等因素有关。

构件厚度越大，作业时间越长，构件厚度小于15cm时，两者关系近似线形。一般情况下，水泥用量越大，水灰比越大，真空作业的时间就越长。

（3）真空－振动作业方式

在真空作业过程中，附加适当的振动，可促使混凝土拌和物液化，减小脱水阻力，并有利于固相颗粒位置的调整和气泡的排出。采用合理的真空－振动制度，真空混凝土的强度，比普通振动成型的混凝土提高60%左右。

进行真空－振动作业时，应采用周期性的短时振动，振动的频率要高，而振幅要低，这可防止混凝土的分层离析和提高脱水密实效率。

振动时，真空腔内保持较高的真空度，会削弱振动的效果，对混凝土的强度也产生不利影响。

（四）真空作业施工中常见问题及对策

（1）“弹簧层”现象

真空吸水作业完成后，踩在板面上感到像踩在弹簧上一样，这就是“弹簧层”现象。出现此现象可能是由于板体上、下层脱水不匀所造成，也可能是吸垫搭接处理不当造成漏吸所致。因此在真空吸水过程中要经常检查密封情况，随时补漏，并应在两块吸垫之间搭接20cm。

（2）裂缝

出现裂缝的原因之一是，开始阶段真空度提得过高，混凝土应负压差过大而产生收缩裂缝，因此，开泵吸水时，真空度应缓慢升高。原因之二是，真空吸垫搭接宽度不够或出现空位，在混凝土的干湿交接处出现收缩裂缝，故吸垫严禁留有空位，并至少保证搭接20cm吸水完成后，若偶有裂缝，可用抹光机多抹一会，在混凝土有塑性时将缝抹平即可。

五、轨道式摊铺机施工

轨道式摊铺机施工是由支撑在平底型轨道上的摊铺机将混凝土拌和物摊铺在基层上。摊铺机的轨道与模板是连在一起的，安装时同步进行。轨模式摊铺机施工混凝土路面包括施工准备、拌和与运输混凝土、摊铺与振捣、表面整修及养护等工作。

（一）施工准备

（1）材料准备及其性能检验

混凝土路面施工前的准备工作包括材料准备及质量检验、混合料配合比检验与调整、基层的检验与整修、施工放样及机械准备等。

根据混凝土路面施工进度计划，施工前应分批备好所需的各种材料，并在使用前进行核对、调整，各种材料应符合规定的质量要求。新出厂的水泥应至少存放一周后方可使用。路面在浇筑前必须对混凝土拌和物的工作性进行检验并做必要的调整。

（2）基层检查与整修

混凝土路面施工前，应对混凝土路面板下的基层进行强度、密实度及几何尺寸等方面的质量检验。基层质量检查项目及其标准应符合基层施工规范要求。基层宽度应比混凝土路面板宽 30 ~ 35cm 或与路基同宽。

（3）施工放样

施工放样是用轨模式摊铺机施工混凝土路面的重要准备工作。首先根据设计图纸恢复路中心线和混凝土路面边线，在中心线上每隔 20m 设一中桩，同时布设曲线主点桩及纵坡变坡点、路面板胀缝等施工控制点，并在路边设置相应的边桩，重要的中心桩要进行拴桩。每隔 100m 左右应设置一临时水准点，以便复核路面高程。由于混凝土路面一旦浇筑成功就很难拆除，因此测量放样必须经常复核，在浇捣过程中也要进行复核，做到勤测、勤核、勤纠偏，确保混凝土路面的平面位置和高程符合设计要求。

（4）机械配套及检修

混凝土路面施工前必须做好各种机械的检修工作，以便施工时能正常运行。用轨道式摊铺机施工时，主要工序是混凝土的拌和与摊铺成型，因此，应把混凝土摊铺机作为第一主导机械，搅拌机作为第二主导机械。选择的主导机械应能满足施工质量和工程进度要求。搅拌机与摊铺机应互相匹配，拌和质量、拌和能力、技术可靠性及工作效率等应能满足要求。在保证主导机械发挥最大效率的前提下，选用的配套机械要尽可能少。

（二）拌和与运输

（1）混凝土拌和

确保混凝土拌和质量的关键是选用质量符合规定的原材料、搅拌机技术性能满足要求、拌和时配合比计量准确。采用轨道式摊铺机施工时，拌和设备应附有可自动准确计量的供料系统；无此条件时，可采用集料箱力加地磅的方法进行计量。各种组成材料的计量精度应不超过下列范围：水和水泥 ±1%，粗、细集料 ±3%，外

加剂 ±2%。拌和过程中加入外加剂时，外加剂应单独计量。最佳拌和时间应控制为：立轴式强制搅拌机为 90 ~ 180s；双卧轴强制式搅拌机为 60 ~ 90s，最短拌和时间不低于低限，最长拌和时间不超过高限的 3 倍。

（2）混凝土运输

通常采用自卸汽车运输混凝土拌和物，拌和物坍落度大于 5cm 时应采用搅拌车运输。从开始拌和到浇筑的时间应满足下列要求：用自卸汽车运输时，不得超过 1h; 用搅拌车运输时，不得超过 1.5h。若运输时间超过上述时间限制或在夏季浇筑时，拌和过程中应加入适量的缓凝剂。运输时间过长，混凝土拌和物的水分蒸发和离析现象会增加，因此应尽量缩短混凝土拌和物的运输时间，并采取措施防止水分损失和混合料离析。拌和物运到摊铺现场后倾卸于摊铺机的卸料机内，摊铺机卸料机械有侧向和纵向两种。侧向卸料机在路面摊铺范围外操作，自卸汽车不进入路面铺摊范围卸料，设有供卸料机和汽车行驶的通道；纵向卸料机在摊铺范围内操作，自卸汽车后退供料，施工时不能像侧向卸料机那样在基层上预先安设传力杆。

（三）摊铺与振捣

（1）轨道与模板（规模）安装

轨道式摊铺机的整套机械在轨道上前后移动，并以轨道为基准控制路面的高程。摊铺机的轨道与模板同时进行安装，固定在模板上，然后统一调整定位，形成的轨模既是路面边模又是摊铺机的行走轨道。模板应能承受机组的质量，横向要有足够的刚度。轨模数量应根据施工进度配备并能满足周转要求，连续施工时至少需配备三个全工作量的轨模。

轨模安装时必须精确控制高程，做到规模平直、接头平顺，否则将影响路面的外观质量和摊铺机的行驶性能。

（2）摊铺

轨道式摊铺机有刮板式、箱式或螺旋式三种类型，摊铺时将卸在基层上或摊铺箱内的混凝土拌和物按摊铺厚度均匀地充满轨模范围内。刮板式摊铺机本身能在轨道上前后自由移动，刮板旋转时将卸在基层上的混凝土拌和物向任意方向摊铺。这种摊铺机质量轻，容易操作，易于掌握，使用较普遍，但摊铺能力较小。箱式摊铺机摊铺时，先将混凝土拌和物通过卸料机一次卸在钢制料箱内，摊铺机向前行驶时料箱内的混合料摊铺于基层上，通过料箱横向移动按松铺厚度准确、均匀地刮平拌和物。螺旋式摊铺机由可以正向和反向旋转的螺旋布料器将拌和物摊平，螺旋布料器的刮板能准确调整高度。螺旋式摊铺机的摊铺质量优于前述两种摊铺机，摊铺能力较大。

摊铺过程中应严格控制混凝土拌和物的松铺厚度，确保混凝土路面的厚度和高程符合设计要求。一般应通过试铺来确定拌和物的松铺厚度。

（3）振捣

摊铺机摊铺时，振捣机跟在摊铺机后面对拌和物做进一步的整平和捣实。在振捣梁前方设置一道长度与铺筑宽度相同的复平梁，用于纠正摊铺机初平的缺陷并使松铺的拌和物在全宽范围内达到正确的高度，复平梁的工作质量对振捣密实度和路面平整度影响很大。复平梁后面是一道弧面振动梁，以表面平板式振动将振动力传到全宽范围内。拌和物的坍落度及集料粒径对振动效果有很大影响，拌和物的坍落度通常不大于 2.5cm，集料最大粒径应控制在 40mm 以下。当混凝土拌和物的坍落度小于 2cm 时，应采用插入式振捣器对路面板的边部进行振捣，以达到应有的密实度和均匀性。振捣机械的工作行走速度一般应控制在 0.8m/min，但随拌和物坍落度的增减可适当变化，混凝土拌和物坍落度较小时可适当放慢速度。

（四）表面整修

振捣密实的混凝土表面应进行整平、精光、纹理制作等工序的作业，使竣工后的混凝土路面具有良好的路用性能。

（1）表面整平

振捣密实的混凝土表面用能纵向移动或斜向移动的表面整修机整平。纵向表面整修机工作时，整平梁在混凝土表面纵向往返移动，通过机身的移动将混凝土表面整平。斜向表面整修机通过一对与机械行走轴线成 10° 左右的整平梁做相对运动来完成整平作业，其中一根整平梁为振动梁。机械整平的速度决定于混凝土的易整修性和机械特性。机械行走的轨模顶面应保持平顺，以便整修机械能顺畅通行。整平时应使整平机械前保持高度为 10 ~ 15cm 的壅料，并使壅料向较高的一侧移动，以保证路面板的平整，防止出现麻面及空洞等缺陷。

（2）精光及纹理制作

精光是对混凝土路面进行最后的精平，使混凝土表面更加致密、平整、美观，此工序是提高混凝土路面外观质量的关键工序之一。混凝土路面整修机配置有完善的精光机械，只要在施工过程中加强质量检查和校核，便可保证精光质量。

在混凝土表面制作纹理，是提高路面抗滑性能的有效措施之一。制作纹理时用纹理制作机在路面上拉毛、压槽或刻纹，纹理深度控制在 1 ~ 2mm 范围内；在不影响平整度的前提下提高混凝土路面的构造深度，可提高表面的抗滑性能。纹理应与路面前进方向垂直，相邻板的纹理应相互沟通以利排水。纹理制作从混凝土表面无波纹水迹开始，过早或过晚均会影响纹理质量。

（五）养护

混凝土表面整修完毕，应立即进行湿治养护，使混凝土在开放交通时具有规定的强度，尤其在气温较高时，必须保持已浇筑的混凝土表面湿润，以免混凝土表面干裂。在养护初期，可用活动三角形罩棚遮盖混凝土，以减少水分蒸发，避免阳光照晒，防止风吹、雨淋等。混凝土泌水消失后，在表面均匀喷洒薄膜养护剂。喷洒时在纵横方向各喷一次，养护剂用量应足够，一般为20.33kg/m左右。在高温、干燥、大风时，喷洒后应及时用草帘、麻袋、塑料薄膜、湿砂等遮盖混凝土表面并适时均匀洒水。养护时间由试验确定，以混凝土达到28d强度的80%以上为准。在养护期间禁止车辆通行以保护混凝土路面。

（六）接缝施工

（1）纵缝施工

纵缝施工应符合设计规定的构造，保持顺直、美观。纵缝为平缝带拉杆时，应根据设计要求，预先在模板上制作拉杆置放孔，模板内侧涂刷隔离剂，拉杆采用螺纹钢筋制作。缝槽顶面采用锯缝机切割，深度为3 ~ 4cm，并用填缝料灌缝。不切割顶面缝槽时，应及时清除面板上的黏浆。假缝型纵缝的施工应预先用门形支架将拉杆固定在基层上或用拉杆置放机在施工时置入。假缝顶面的缝槽采用锯缝机切割，深6 ~ 7cm，使混凝土在收缩时能从切缝处规则开裂。

（2）横缝施工

混凝土面板的横向缩缝一般采用锯缝的办法形成。混凝土结硬后应适时锯缝，合适的锯缝时间应控制在混凝土已达到足够的强度，而收缩变形受到约束时产生的拉应力仍未在将混凝土面板拉断的时间范围内。经验表明，锯缝时间以施工温度与施工后时间的乘积为200 ~ 300个温度小时或混凝土抗压强度为5 ~ 10MPa较为合适。切缝的方法以调深、调速的切缝机锯切效果较好。为减少早期裂缝，切缝可采用“跳仓法”，即每隔几块板切一缝，然后再逐块锯。切缝深度一般为板厚的1/4 ~ 1/3，切缝太浅会引起不规则断板。

（3）胀缝施工

胀缝应与混凝土路面中心线垂直，缝壁垂直于板面，宽度均匀一致，缝中不得有黏浆或坚硬杂物，相邻板的胀缝应设在同一横断面上。胀缝传力杆的准确定位是胀缝施工成败的关键，传力杆固定端可设在缝的一侧或交错布置。施工过程中固定传力杆位置的支架应准确、可靠地固定在基层上，使固定后的传力杆平行于板面和路中线，误差不大于5mm。铺筑混凝土拌和物时严禁造成传力杆位移，否则，将导致混凝土路面接缝区的破坏。在传力杆滑动端安装长度为10cm的套筒，套筒内底与传力杆的间隙为1 ~ 1.5cm，空隙内用沥青麻絮填塞，滑动端涂二度沥青。

机械化施工混凝土路面时，胀缝可在连续铺筑混凝土拌和物的过程中完成，也可在施工终了时完成。

（4）施工缝

施工中断形成的横向施工缝应尽可能设置在胀缝或缩缝处，多车道路面的施工缝应避免设在同一横断面上。施工缝设在缩缝处应增设一半锚固、另一半涂刷沥青的传力杆，传力杆必须垂直于缝壁、平行于板面。

（5）接缝填封

混凝土养护期满即可填封接缝，填封时接缝必须清洁、干燥。填缝料应与缝壁黏附紧密、不渗水，灌注高度一般比板面低 2mm 左右。当使用加热施工型填缝料时，应加热到规定的温度并搅匀，采用灌缝机或灌缝枪灌缝；气温较低时应用喷灯加热缝壁，使填缝料与缝壁结合良好。

（七）提高表面功能的技术措施

水泥混凝土路面表面功能包括抗滑、耐磨、平整等方面的内容。

第一，提高表面抗滑能力的技术途径有：确保粗、细集料的抗磨光和抗磨耗性能；采用不同的表面处理工艺形成粗糙耐久的表面构造，通常可采用拉槽、压槽、裸露、嵌屑等法。

第二，提高耐磨性的主要措施有：采用抗压强度较高的混凝土；采用优质材料，. 严格控制砂、石中的含泥量。

第三，提高表面平整度的措施：减少各种构造缝，采取优质填缝料；严格控制模板安装质量，防止模板变形；混凝土拌和及摊铺要均匀；混凝土振捣适当，提浆均匀，加强抹平；表面拉槽和压纹时采用平直的导梁；减少工作缝，缩缝尽量不用压缝。

六、滑模式摊铺机施工

采用基线导向装置的摊铺机，沿混凝土的整个断面进行摊铺，通过挤压或找平完成振捣成型。滑模摊铺机上的短模板随摊铺机连续移动，因而不必安装模板。滑模摊铺要求混凝土在新拌条件下具有稳定的、垂直的边缘。滑模摊铺是大规模生产的施工工艺，对生产和供料的要求都很高。为达到最佳效果，必须尽可能地保持摊铺机匀速前进，避免走走停停。

（一）施工工艺

滑模式摊铺机施工混凝土路面不需要规模，摊铺机支承在 4 个液压缸上，两侧设置有随机移动的固定滑模，摊铺厚度通过摊铺机上下移动来调整。滑模式摊铺机一次通过即可完成摊铺、振捣、整平等多道工序。铺筑混凝土时，首先由螺旋式布料器将堆积在基层上的混凝土拌和物横向铺开，刮平器进行初步刮平，然后振捣器进行捣实，随后刮平板进行振捣后的整平，形成密实而平整的表面，再使用搓动式振捣板对拌和物进行振实和整平，最后用光面带进行光面。整面作业与轨道式摊铺机施工基本相同，但滑模摊铺机的整面装置均由电子液压系统控制，精度较高。

滑模式摊铺机比轨道式摊铺机更高度集成化，整机性能好，操纵方便，生产效率高，但对原材料混凝土拌和物的要求更严格，设备费用较高。

（二）施工过程

（1）准备工作

滑模式摊铺机施工水泥混凝土路面的准备工作包括以下内容：

第一，基层质量检查与验收。对基层的检验项目及质量验收标准与轨模式摊铺机施工相同。一般情况下滑模式摊铺机施工的长度不少于 4km。基层应留有供摊铺机施工行走的位置，因此，基层应比混凝土面层宽出 50 ~ 80cm。

第二，测量放样，悬挂基准绳。滑模式摊铺机的摊铺高度和厚度可实现自动控制。摊铺机一侧有导向传感器，另一侧有高程传感器。导向传感器接触导向绳，导向绳的位置沿路面的前进方向安装。高程传感器接触高程导向绳，导向绳的空间位置根据路线高程的相对位置来安装。摊铺机摊铺的方向和高程准确与否，取决于导向绳的准确程度，因此导向绳经准确定位后固定在打入基层的钢钎上。

第三，混凝土配合比与外加剂。滑模式摊铺机对混凝土拌和物的品质要求十分严格，集料最大粒径应小于 40mm，拌和物摊铺时的坍落度应控制在 4 ~ 6cm 之间。为了增加混凝土拌和物的施工和易性，以达到所需要的坍落度，常需要使用外加剂。所掺外加剂品种、数量应先通过试验确定。

第四，选择摊铺机类型。高速公路、一级公路宜选配一次能摊铺 2 ~ 3 个车道宽度（（7）5 ~ 12.5m）的滑模摊铺机；二级及二级以下公路路面最小摊铺宽度不得小于单车道设计宽度。硬路肩的摊铺宜选配中、小型多功能滑模摊铺机，并宜连体一次摊铺路缘石。

（2）施工过程

滑模式摊铺机摊铺混凝土拌和物时，用自卸汽车将拌和物运至现场，并加在摊铺机料箱内；螺旋布料器前拌和物的高度保持在螺旋布料器高度的 1/2 ~ 2/3，过低会形成拌和物供应不足，过高摊铺机会因阻力过大而造成机身上翘。滑模式摊铺机工作速度应根据拌和物稠度、供料多少和设备性能控制在 0.8 ~ 3.0m/min，一般宜在 1m/min 左右。拌和物稠度发生变化时，应先调整振捣频率，后改变摊铺速度。混凝土强度初步形成后，用刻纹机或拉毛机制作表面纹理。混凝土路面的养护、锯缝、灌缝等施工方法与轨道式摊铺机施工相同。

使用纹理养生机对新铺水泥混凝土路面拉毛，并随后进行养生薄膜液体的洒布。纹理养生要在 30min 之内摊铺段完成。刷子应调整到低于水泥混凝土路面表面 8 ~ 10mm。趁新铺水泥混凝土路面表面还发亮时，就应进行薄膜液体的喷洒。喷嘴应调整到距路表面 40 ~ 50cm 高度。

用洒布机在新铺路面喷洒薄膜材料应分两层进行。第一层是在混凝土路面精整并除去水泥浆后，当湿润的路面表面逐渐变得无光泽时进行；第二层是在第一次喷洒之后，过 30 ~ 60min 后进行。养生膜的总厚度应为 0.4 ~ 0.7mm。

为了避免热天阳光直接照射，在第二层养生膜喷洒之后，给路面铺上一层厚度 2 ~ 4cm 的砂子，或洒布一层石灰浆。石灰浆装在洒布机的料罐里，由洒布机进行喷洒。

滑模式摊铺机摊铺混凝土路面板时，可能会出现板边塌陷、麻面、气泡等问题，应及时采取措施进行处理。塌陷的主要形式为边缘坍落、松散无边或倒边。造成塌边的主要原因是模板边缘调整角度不正确，摊铺速度过慢。边缘坍落会影响路面的平整度，横坡达不到设计要求；双幅施工时，会造成路面排水不畅。因此，应根据混凝土拌和物的坍落度调整出一定的预抛高，使混凝土坍落变形后恰好符合设计要求。造成倒边和松散无边的主要原因是集料针片状或圆状颗粒含量较多而造成拌和物成型性差、离析严重。此外，混凝土配合比不当、摊铺机的布料器将混凝土稀浆分到两侧也会导致倒边。为防止各种原因造成的倒边，应采用拌和质量好的搅拌机；施工过程中出现集料集中时，应将集料分散、除去或进行二次布料。麻面主要是由于混凝土拌和物坍落值过低造成的，混合料拌和不均匀也是原因之一。因此，应严格控制混凝土拌和物的坍落度，使用计量准确且拌和效果好的搅拌机，同时对混凝土的配合比做适当调整。

（三）钢筋混凝土路面滑模施工工艺

以人工或轨道式摊铺机摊铺钢筋混凝土结构时，采用分层摊铺方法，即先铺下层混凝土，再在下层混凝土上布设钢筋网，然后进行上层铺筑。这种方法若用于滑模摊铺，不但影响摊铺速度，而且布设的钢筋网往往不均匀，质量差。在大规模滑模摊铺施工时，分层布设钢筋网是不可能的，因为钢筋网的布设时间较长，特别是布设双层钢筋网会影响施工的正常进行。采用侧边布料可解决这一问题。

施工前一天在所需之处布设钢筋网，钢筋网要托在支架上，要保证支架在摊铺过程中保持一定的水平度。在摊铺前，安装好传力杆及其支座，紧接着铺设好横向的钢筋骨架，然后在现场捆扎纵向钢筋。采用机械布设钢筋网一般使用标准化网格。在布料机后，迅速把钢筋网压放在预定位置。钢筋网是从布料机牵引的一台小车上放下，铰接在摊铺机前面的压板将钢筋网压入混凝土混合料中，再由摊铺机上的螺旋分料器和计量闸门进行二次分料和刮平。

施工时，卸料汽车从摊铺带外侧车道倒车、卸料。布料机传送带架推动卸料汽车前进，实现边卸料边摊铺的施工。

受外侧送料皮带高度的影响，施工样线应设置在合理的高度。在实际施工时为便于卸料，有时要将样线放开。这时，让摊铺机停止摊铺，布料机传送带一侧的找平系统置于“手动”位置，人工控制布料厚度，在钢筋网上布料。布料过后收回传送带，架起样线再进行摊铺机摊铺。摊铺机在接近钢筋网时，适当将计量闸门和振捣棒提升到高于钢筋网 3 ~ 5cm 的位置，而不致在刮平、振捣时碰到钢筋网。

七、施工质量检查与竣工验收

混凝土路面施工质量应符合设计和施工规范要求。为此应加强施工前的原材料质量检验，施工过程中应对每一道工序进行严格的质量检查和控制。对已完成的混凝土路面进行外观检查，测量其几何尺寸，并根据设计文件进行校核。此外，还要查阅施工记录，包括原材料试验和试件强度资料、配合比及隐蔽构造（各种钢筋位置）等，以检查结果作为评定工程质量的依据。

（一）施工质量控制

（1）原材料质量检验

施工前应对各种原材料进行质量检验，以检验结果作为判定材料质量是否符合要求的依据。在施工过程中，当材料规格和来源发生变化时应及时对材料进行质量检验。材料质量检验的内容包括：材料质量是否满足设计和规范要求；数量供应能否满足工程进度；材料来源是否稳定可靠；材料堆放和储存是否满足要求等。质量检查时以“批”为单位进行，通常将同一料源、同一次购进的同品种材料作为一批，取样方法按试验规程进行。混凝土所用的水泥、粗细集料、水、外加剂、钢材、接缝材料等原材料的质量检查项目和标准应符合本章所述的有关要求。

（2）施工过程中的质量控制

在混凝土路面施工过程中，应检查混凝土拌和物的配合比是否符合设计要求，对拌和、摊铺、振捣的质量等进行检查，并做好记录。混凝土的抗折强度以养护 28d 龄期的小梁试件来测定，以试验结果计算的抗折强度作为评定混凝土质量的依据。强度试验应按下列规定进行：

第一，用正在摊铺的混凝土拌和物制作试件；若施工时采用真空脱水工艺，则试件亦采用真空脱水工艺成型。

第二，每台班或每铺筑 200 立方米混凝土，应同时制作两组试件，龄期分别采用标准养生 7d 和 28d。每铺筑 1000 ~ 2000 立方米混凝土拌和物需增制一组试件，用于检查后期强度，龄期不少于 90d。

第三，当普通硅酸盐水泥混凝土在标准养护条件下养生 7d 的强度达不到 28d 强度的 60% 时，应分析原因，并对混凝土的配合比做适当调整。

第四，铺筑完毕的混凝土路面，应抽检实际强度、厚度。可采用现场钻取圆柱试件测定，并进行圆柱劈裂强度试验，以此推算小梁抗折强度。

（二）竣工验收

混凝土路面施工完毕，施工单位应将全线以 1km 作为一个检查段，按随机取样的方法选择对每一检查段的测点，按混凝土面层质量验收和允许偏差的规定进行自检，并向监理部门和建设单位提供全线检测结果及施工总结报告。施工质量监理单位应会同施工单位一起按随机抽样的办法选择一定数量的检查段进行抽样检查，抽样总长度不宜少于全程的 30%，检查的内容和频度应符合规范规定。

混凝土路面完工后，应根据设计文件、交工资料和施工单位提出的交工验收报告，按国家建设工程竣工验收的办法组织验收。验收时应提交设计文件和交工资料、交工验收报告、混凝土强度试验报告、材料检查及材料试验记录、基层检查记录、工程重大问题处理文件、施工总结报告、工程监理总结报告等。

第五章　路面工程施工技术

第一节　路面工程基本知识

一、路面的概念、结构与分类

（一）路面的概念

路面是指用各种材料铺筑在路基上的供车辆行驶的构造物，其主要任务是保证车辆快速、安全、舒适地行驶，路面应能够承受交通荷载和自然因素的作用，还要与周围环境衬托协调。

（二）路面的结构

道路行车荷载和自然因素的作用一般随深度的增加而减弱，为适应这一特点，路面结构也是多层次的，路面结构一般由面层、基层、垫层组成，有的道路在面层和基层之间还设立了一个联结层。

1．面层

位于整个路面结构的最上层，直接承受行车荷载，并受自然因素的影响，因此要求面层应有足够的强度、刚度和稳定性，另外面层还应有良好的平整度和抗滑性能，以保证车辆安全平稳地通行，面层通常使用水泥混凝土、沥青混凝土、沥青碎石混合料做铺筑材料，有些道路也用块石、料石或水泥混凝土预制块铺筑道路面层，山区交通量很小的地区也直接用泥灰结碎石或泥结碎石做面层。面层可分层铺筑，称为上面层（表层）、中面层和下面层。

2．基层

是指面层以下的结构层，主要起支撑路面面层和承受由面层传递来的车辆荷载作用，因此基层应有足够的强度和刚度，基层也应有平整的表面，以保证面层厚度均匀、平整，基层还可能受到地表水和地下水的浸入，故应有足够的水稳定性，以防湿软变形而影响路面的结构强度。基层可采用水泥稳定类、石灰稳定类、石灰工业废渣稳定类以及级配碎砾石、填隙碎石或贫混凝土铺筑。当基层较厚时，应分为两层或三层铺筑，下层称为底基层，上层称为基层，中层视材料情况，可称为基层也可称底基层，选择基层材料时，为降低工程成本，应本着因地制宜的原则，尽可能使用当地材料。

3．垫层

设在土基和基层之间，主要用于潮湿土基和北方地区的冻胀土基，用以改善土基的湿度和温度状况，起隔水（地下水和毛细水）、排水（基层下渗的水）、隔温（防冻胀）以及传递荷载和扩散荷载的作用。垫层材料不要求强度高，但要求水稳性能和隔热性能好，常用的垫层材料有砂砾、炉渣或卵圆石组成的透水性垫层和石灰土或石灰炉渣土组成的稳定性垫层。

4．联结层

指为加强面层和基层的共同作用或减少基层裂缝对面层的影响，而设在基层上的结构层，经常被视为面层的组成部分。联结层一般采用颗粒较大的沥青稳定碎石、大粒径透水性沥青稳定碎石或沥青灌入式。

（三）路面的分类

从路面力学特性角度划分，传统的分法把路面分为柔性路面和刚性路面，随着科技的进步，又有了新的发展，路面分类进一步得到细化。

1．柔性路面

是指刚度较小，抗弯拉强度较低，主要靠抗压和抗剪强度来承受车辆荷载作用的路面，其主要特点是刚度小，在车轮荷载的作用下弯沉变形较大，车轮荷载通过时路面各层向下传递到路基的压应力较大。

2．刚性路面

是指路面板体刚度大，抗弯拉强度较高的路面，其主要特点是，抗弯拉强度高、刚度大，处于板体工作状态，竖向弯沉较小，传递给下层的压应力较柔性路面小得多。

3．半刚性路面

我国公路科研工作者经过研究和探索，在20世纪90年代初又提出半刚性路面的概念。我国在公路建设中大量使用了水泥稳定类、石灰稳定类和石灰粉煤灰稳定类材料做基层，这些基层材料随着龄期的增长，其强度和刚度也在缓慢地增长，但最终的强度和刚度仍远小于刚性路面，其受力特点也不同于柔性路面，以沙庆林院士为首的我国公路路面科研人员，将之称为半刚性路面基层，加铺沥青面层之后，称为半刚性路面。

4．复合式基层路面

《公路沥青路面施工技术规范》中提出了混合式基层的概念，即上部使用柔性基层，下部使用半刚性基层的基层称为复合式基层，它的受力特点是处于半刚性基层和柔性基层中间的一种结构，可以提高柔性路面的承载能力，在加铺沥青面层之后，称之为复合式路面。

当前一个时期内国内大量使用了半刚性路面基层，半刚性基层的整体性好，但易形成温度裂缝和干缩裂缝，并经反射造成沥青面层开裂，水渗入后在行车荷载的作用下出现唧浆现象，进而形成公路路面的早期损坏。将半刚性基层用作下基层，上覆以柔性基层，成为复合式结构，不仅可以提高基层的承载力，也可以扩散半刚性基层裂缝产生的水平应力，进而截断反射裂缝向上传递的途径。同时，柔性基层多采用级配碎砾石结构，具有一定的排水功能，进一步完善基层边缘排水设计，应能起到预防路面早期破坏的效果。重交通量和多雨潮湿地区目前已开始混合基层的研究和实践气

二、路面施工的特点和基本要求

路面工程是直接承受行车荷载的结构，经受严酷的自然环境和行车荷载的反复作用，因此对路面工程也提出了更高的要求。

（一）路面施工的特点

1．机械化程度高

随着经济的发展，机械制造业也发展迅速，各种类型、各种功能的路面施工机械相继出现，以前使用人工施工为主的路面施工已经转变为机械化施工为主、人工为辅的局面。如何更好地发挥机械性能，减轻人工的劳动强度，也是路面工程施工组织的重要内容。

2．工程数量均匀，容易进行流水作业

一般情况下一个工程项目路面工程的结构类型和设计厚度是相同的或相近的，除交叉口和收费区范围外，每千米工程数量是均匀的，这使得采取流水作业法安排路面工程施工变得更加容易。

3．路面施工材料相对比较均匀，更容易控制路面质量

采用细粒土的路面基层底基层材料，虽然也采取了因地制宜的原则，用沿线的土进行基层底基层施工，但相对于路基工程——土石混合来讲，土质差别比较小，可以利用塑性指数的差别制定统一的质量控制标准来控制基层质量（如建立相同强度下，塑性指数与灰剂量的关系；或建立相同灰剂量情况下，塑性指数与最大干密度的关系等）。对于采取砂石材料进行施工的路面基层和面层，由于材料的产地相同，材质更加均匀，更容易用同样的质量标准来控制生产。

4．与桥梁工程、台背回填、防护工程施工有相互干扰

在施工进度安排上，因桥梁工程、台背回填、防护工程的滞后影响基层施工时，可采取跳跃施工的方法；对于面层施工时，应已完成上述工作，不影响面层施工的

连续性。

5. 废弃材料处理

应注意不对绿化工程、防护工程和水资源造成污染，必要时应采取环境保护措施。

6. 半刚性基层沥青路面的基层重排与面层的施工安排

宜在同一年内施工，以减少半刚性基层的反射性裂缝和沥青面层的早期损坏。

（二）对路面工程的基本要求

一般说来，不同等级的公路对路面的使用品质具有不同的要求，主要表现在一定设计年限内允许通行的交通量和要求道

路提供的服务等级。首先，路面在设计年限内通过预测交通量的情况下，路面应保持一定的承载能力和抗疲劳能力；其次，路面在风吹、日晒、雨淋、严寒、酷暑、冻融等复杂自然条件下，在设计年限内应保持一定的稳定性和耐久性；最后就是在设计年限内经过一定的养护管理，路面应具有与公路等级相适应的服务水平，为车辆行驶提供安全可靠、快捷舒适的服务。具体来说，对路面工程有以下要求：

1. 具有足够的强度和刚度

路面承受车辆在路面行驶时作用于路面的水平力、垂直力，并伴随着路面的变形（弯沉盆）和车辆的振动，受力模型比较复杂，会引起各种不同应力，如压应力、弯拉应力、剪应力等。路面的整体或结构的某一部分所受的力超出其承载能力，就出现路面病害，如断裂、沉陷等；在动载的不断作用下，进而出现碎裂和坑槽。因此必须保证路面整体和路面的组成部分具有足够的强度，包括修建路面的原材料，如砂石、水泥等，复合性材料，如水泥混凝土、沥青混凝土和路面结构本身。

刚度是指路面抵抗变形的能力，刚度不足时路面在车辆荷载的作用下也会产生变形、车辙、沉陷、波浪等破坏现象，因此要求路面具有足够的刚度，使路面整体和各组成部分的变形量控制在弹性变形范围内。

2. 具有足够的稳定性

路面结构袒露在自然环境之中，经受水和温度等影响，使其力学性能和技术品质发生变化，路面稳定性包括以下内容：①高温稳定性：在夏季高温条件下，沥青材料如没有足够的抗高温的能力，会发生泛油、面层软化，在车辆荷载的作用下产生车辙、波浪和推挤，水泥路面则可能发生拱胀开裂。②低温抗裂性：冬季低温条件下，路面材料如没有足够的抗低温能力，会出现收缩、脆化或开裂，水泥路面也会出现收缩裂缝，气温骤变时出现翘曲而破坏。③水温稳定性：雨季路面结构应有一定的防水、抗水或排水能力，否则在水的浸泡作用下，强度会下降，甚至出现剥离、松散、坑槽等破坏。

3. 具有足够的平整度

路面应有良好的平整度，不平整的路面会使车辆颠簸，行车阻力增加影响行车安全和司乘舒适，加剧路面和车辆的损坏，因此，路面应具有与公路等级相适应的平整度。

4. 粗糙度和抗滑性能

路面表层直接接触车轮，路面表层应有一定的粗糙度和抗滑性能，车轮和路面表层间应有足够的附着力和摩擦阻力，保证车辆在爬坡、转弯、制动时车轮不空转或打滑，路面抗滑性不仅对保证安全行车十分重要，而且对提高车辆的运营效益也有重要意义。

5. 耐久性

阳光的曝晒、水分的浸入和空气氧化作用都会对路面结构和材料产生作用，尤其是沥青材料会出现老化，并失去原有的技术品质，导致路面开裂、脱落，甚至大面积的松散破坏。因此在路面修筑时，应尽可能选用有足够抗疲劳、抗老化、抗变形能力的路用材料，以提高路面的耐久性，延长路面的使用寿命。

6. 尽可能低的扬尘性

汽车在路面上行驶，车身后及轮胎后产生的真空吸力作用将吸引路面表层或其中的细颗粒料而引起尘土飞扬，造成污染并影响行车视距，给沿线居民卫生和农作物造成不良影响，尤其以砂石路面为甚。所以除非在交通量特别小或抢修临时便道的情况下，一般不要用砂石路面结构。

7. 具有尽可能低的噪声

噪声污染也影响居民的正常生活，穿越居民区的公路路面可采用减噪混凝土，以降低噪声。

三、路面施工用材料

路面工程施工中，材料起着至关重要的作用，有些新建公路路面工程出现早期破坏，材料质量是最重要的影响因素。路面结构层所用材料应满足强度、稳定性和耐久性等要求。路面施工需用材料广泛，物理力学性能各异，有些材料适用于路面基层，有些材料适用于路面面层，也有些材料既可用于基层也可用于面层，但技术要求和力学性能指标略有不同，以下对路面工程所用的主要工程材料的分类和基本要求进行分述。

（一）路面材料的分类

路面材料从工程质量控制角度出发，应对集料、结合料质量进行监控，同时也应对路面混合料及辅助材料进行质量监控，只有这样才能更好地保证路面工程质量。

（二）路面材料的基本要求

路面用材料种类繁多，需求量大。路面各结构层使用的材料均应满足强度、稳定性和耐久性的要求，以保证路面各层次质量。选择路面用材料时也应依照因地制宜的原则，但更重要的是各类路面材料必须符合路面各结构层次的技术要求。

1. 基层底基层用材料

（1）水泥：普通硅酸盐水泥、矿渣硅酸盐水泥和火山灰质硅酸盐水泥均可用作基层结合料，但宜选用终凝时间较长的水泥。

（2）石灰：石灰质量应符合《建筑生石灰》和《建筑消石灰》规定的合格以上级的生石灰或消石灰的技术指标。

（3）细粒土：无机结合料稳定的细粒土，其技术要求应符合规定。

（4）中粗粒土：级配碎石、未筛分碎石、砂砾、碎石土、煤矸石、沙砾土均可作为路面基层材料，其颗粒直径不宜火于 37.5mm。集料压碎值：高速公路和一级公路按结构层次和结构类型一般应不大于 30%，一级公路一般不大于 30% ~ 35%，二级及以下公路一般不大于 35% ~ 40%。

2. 沥青面层用材料

（1）道路石油沥青：①各个沥青等级适用范围应符合的规定：道路石油沥青的质量应符合规范规定的技术要求。经建设单位同意，沥青的 PI 值、60℃动力黏度，15℃延度可作为选择性指标。②沥青路面采用的沥青标号，宜按照公路等级、气候条件、交通条件、路面类型及在结构层中的层位及受力特点、施工方法等，结合当地的使用经验，经技术论证后确定。

（2）乳化沥青：①乳化沥青适用于沥青表面处置路面、沥青灌入式路面、冷拌沥青混合料路面，修补裂缝，喷洒透层、黏层与封层等。②乳化沥青的质量应符合相关规范的规定。③乳化沥青类型根据集料品种及使用条件选择。阳离子乳化沥青可适用于各种集料品种，阴离子乳化沥青适用于碱性石料。乳化沥青的破乳速度、黏度宜根据用途与施工方法选择。④制备乳化沥青用的基质沥青，对高速公路和一级公路，宜符合《道路石油沥青》中 A、B 级沥青的要求，其他情况可采用 C 级沥青。贮存期以不离析、不冻结、不破乳为度，宜存放在立式罐中，并保持适当搅拌。

（3）液体石油沥青：①液体石油沥青适用于透层、黏层及拌制冷拌沥青混合料。根据使用目的与场所，可选用快凝、中凝、慢凝的液体石油沥青，其质量应符合相关规范规定。②液体石油沥青宜采用针入度较大的石油沥青，使用前按先加热沥青后加稀释剂的顺序，掺配煤油或轻柴油，经适当的搅拌、稀释制成。掺配比例根据使用要求由试验确定。

（4）煤沥青：①道路用煤沥青的标号根据气候条件、施工温度、使用目的选用，其质量应符合相关规范的规定。②各种等级公路的各种基层上的透层，宜采用 T–1 或 T–2 级，其他等级不符合喷洒要求时可适当稀释使用；三级及三级以下的公路铺筑表面处置或灌入式沥青路面，宜采用 T–5、T–6 或 T–7 级；与道路石油沥青、乳化沥青混合使用，以改善渗透性。③道路用煤沥青严禁用于热拌热铺的沥青混合料，做其他用途时的贮存温度宜为 70 ~ 90℃，且不得长时间贮存。

（5）改性沥青：①改性沥青可单独或复合采用高分子聚合物、天然沥青及其他改性材料制作。②各类聚合物改性沥青的质量应符合相关规范的规定，当使用其他聚合物及复合改性沥青时，可通过试验研究制订相应的技术要求。③改性沥青须在固定式工厂或在现场设厂集中制作，改性沥青的加工温度不宜超过 180℃。

（6）粗集料：①沥青层用粗集料包括碎石、破碎砾石、筛选砾石、钢渣、矿渣等，但高速公路和一级公路不得使用筛选砾石和矿渣。粗集料必须由具有生产许可证的采石场生产或施工单位自行加工。②粗集料应该洁净、干燥、表面粗糙，质量应符合规范的规定。当单一规格集料的质量指标达不到表中要求，而按照集料配合比计算的质量指标符合要求时，工程上允许使用。对受热易变质的集料，宜采用经拌和机烘干后的集料进行检验。③粗集料的粒径规格应按照规范的规定选用。破碎砾石应采用粒径大于 50mm、含泥量不大于 1% 的砾石乳制，经过破碎且存放期超过 6 个月以上的钢渣可作为粗集料使用。钢渣在使用前应进行活性检验。要求钢渣中的游离氧化钙含量不小于 3%，浸水膨胀率不小于 2%。

（7）细集料：①沥青路面的细集料包括天然砂、机制砂和石屑，其规格应分别符合相关规范要求。②细集料应洁净、干燥、无风化、无杂质，并有适当的颗粒级配。细集料的洁净程度，天然砂以小于 0.075mm 含量的百分数表示，石屑和机制砂以砂当量（适用于 0 ~ 4.75mm）或亚甲蓝值表示。③热拌密级配沥青混合料中天然砂的用量通常不应超过集料总量的 20%，并且是在不得已情况下经试验论证后才可采用，SMA 和 OGFC 混合料不得使用天然砂。

（8）填料：①沥青混合料的矿粉必须采用石灰岩或岩浆岩中的强基性岩石等憎水性石料经磨细得到的矿粉，原石料中的泥土杂质应除净。矿粉应干燥、洁净，能自由地从矿粉仓流出，其质量应符合相关规范的规定。②拌和机的粉尘严禁回收使用。③粉煤灰作为填料使用时，用量不得超过填料总量的 50%，粉煤灰的烧失量应小于 12%，与矿粉混合后的塑性指数应小于 4%，其余质量要求与矿粉相同。高速公路、一级公路的沥青面层不宜采用粉煤灰做填料。

3．水泥路面用材料

（1）水泥：①各等级公路均宜优先选用旋窑生产的道路硅酸盐水泥，确有困难时或中轻交通路面可以使用立窑水泥，低温天气施工或有快速通车要求的路段可采用 R 型早强水泥。各交通等级路面用水泥的抗折强度、抗压强度应符合规范的规定。②水泥进场时每批量应附有化学成分、物理、力学指标合格的检验证明。各交通等级路面所使用水泥的化学成分、物理性能等品质要求应符合规范的规定。③采用机械化铺筑时，宜选用散装水泥。散装水泥的夏季出厂温度：南方不宜高于 65℃，北方不宜高于 55℃；混凝土搅拌时的水泥温度：南方不宜高于 60℃，北方不宜高于 50℃，且不宜低于 10℃。④当贫混凝土和碾压混凝土用作基层时，可使用各种硅酸盐类水泥。不掺用粉煤灰时，宜使用强度等级 32.5 级以下的水泥。掺用粉煤灰时，只能使用道路水泥、硅酸盐水泥、普通水泥，水泥的抗压强度、抗折强度、安定性和凝结时间必须检验合格。

（2）粉煤灰及其他掺合料：①混凝土路面在掺用粉煤灰时，应掺用质量指标符合规定的磨细粉煤灰，不得使用 3 级粉煤灰。贫混凝土、碾压混凝土基层或复合式路面下面层应掺用符合规定的 3 级或 3 级以上粉煤灰，不得使用等外粉煤灰。②粉煤灰宜采用散装灰，进货应有等级检验报告，并了解所用水泥中已经加入的掺合料种类和数值。③路面和桥面混凝土中可使用硅灰或磨细矿渣，使用前应经过试配检验，确保路面和桥面混凝土弯拉强度、工作性、抗磨性、抗冻性等技术指标合格。

（3）粗集料：①粗集料应使用质地坚硬、耐久、洁净的碎石、碎卵石和卵石，并应符合规范的规定。高速公路、一级公路、二级公路及有抗（盐）冻要求的三、四级公路混凝土路面使用的粗集料级别应不低于 2 级，无抗（盐）冻要求的三、四级公路混凝土路面、碾压混凝土及贫混凝土基层可使用 HI 级粗集料。有抗（盐）冻要求时，1 级集料吸水率不应大于 1.0%；2 级集料吸水率不应大于 2.0%。②用作路面和桥面混凝土的粗集料不得使用不分级的统料，应按最大公称粒径的不同采用 2 ~ 4 个粒级的集料进行掺配，并应符合合成级配的要求。卵石最大公称粒径不宜大于 19.0mm；碎卵石最大公称粒径不宜大于 26.5mm；碎石最大公称粒径不应大于 31.5mm；贫混凝土基层粗集料最大公称粒径不应小于 31.5mm；钢纤维混凝土与碾压混凝土粗集料最大公称粒径不宜大于 19.0mm。碎卵石或碎石中粒径小于 75μm，石粉含量不宜大于 1%。

（4）细集料：①细集料应采用质地坚硬、耐久、洁净的天然砂、机制砂或混合砂，并应符合规定。高速公路、一级公路、二级公路及有抗（盐）冻要求的三、四级公路混凝土路面使用的砂应不低于 2 级，无抗（盐）冻要求的三、四级公路混凝土路面、碾压混凝土及贫混凝土基层可使用 3 级砂。特重、重交通混凝土路面宜使用河砂，砂的硅质含量不应低于 25%。②细集料的级配要求应符合规定，路面和桥面用天然砂宜为中砂，也可使用细度模数在 2.0 ~ 3.5 的砂。同一配合比用砂的细度模数变化范围不应超过 0.3，否则应分别堆放，并调整配合比中的砂率后使用。③路面和桥面混凝土所使用的机制砂还应检验砂浆磨光值，其值宜大于 35，不宜使用抗磨性较差的泥岩、页岩、板岩等水成岩类母岩生产机制砂。配制机制砂混凝土应同时掺引气高效减水剂。④在河砂资源紧缺的沿海地区，二级及二级以下公路混凝土路面和基层可使用淡化海砂，缩缝设传力杆混凝土路面不宜使用淡化海砂，钢筋混凝土及钢纤维混凝土路面和桥面不得使用淡化海砂。淡化海砂带人每立方米混凝土中的含盐量不应大于 1.0kg，碎贝壳等甲壳类动物残留物含量不应大于 1.0kg。

（5）水：饮用水可直接用作混凝土搅拌和养护用水。如果有质疑，检验硫酸盐含量小于 0.0027mg/m 立方米，含盐量不得超过 0.005mg/m 立方米，pH 值不得小于 4，合格后方可使用。

（6）外加剂：①外加剂的产品质量应符合各项技术指标。供应商应提供有相应资质外加剂检测机构的品质检测报告，检验报告应说明外加剂的主要化学成分，认定对人员无毒副作用。②引气剂应选用表面张力降低值大、水泥稀浆中起泡容量多而细密、泡沫稳定时间长、不溶残渣少的产品。有抗冰（盐）冻要求地区，各交通等级路面、桥面、路缘石、路肩及贫混凝土基层必须使用引气剂；无抗冰（盐）冻要求地区，二级及二级以上公路路面混凝土中应使用引气剂。③各交通等级路面、桥面混凝土宜选用减水率大、坍落度损失小、可调控凝结时间的复合型减水剂。高温施工宜使用引气缓凝（保塑）（高效）减水剂；低温施工宜使用引气早强（高效）减水剂。选定减水剂品种前，必须与所用的水泥进行适应性检验。④处在海水、海风、氯离子、硫酸根离子环境的或冬期洒除冰盐的路面或桥面钢筋混凝土、钢纤维混凝土中宜掺阻锈剂。

（7）钢筋：各交通等级混凝土路面、桥面和搭板所用钢筋网、传力杆、拉杆等钢筋应符合国家有关标准的技术要求。所用钢筋应顺直，不得有裂纹、断伤、刻痕、表面油污和锈蚀。传力杆钢筋加工应锯断，不得挤压切断；断口应垂直、光圆，用砂轮打磨掉毛刺，并加工成 2 ~ 3mm 圆倒角。

（8）钢纤维：用于公路混凝土路面和桥面的钢纤维应满足《混凝土用钢纤维》的规定，单丝钢纤维抗拉强度不宜小于 600MPa。钢纤维长度应与混凝土粗集料最大公称粒径相匹配，最短长度宜大于粗集料最大公称粒径的 1/3；最大长度不宜大于粗集料最大公称粒径的 2 倍；钢纤维长度与标称值的偏差不应超过 ±10%。

路面和桥面混凝土中，宜使用防锈蚀处理的钢纤维和有锚固端的钢纤维，不得使用表面磨损前后裸露尖端导致行车不安全的钢纤维和搅拌易成团的钢纤维。

（9）接缝材料：①胀缝板：宜选用适应混凝土面板膨胀和收缩，施工时不变形、弹性复原率高、耐久性好的产品。高速公路、一级公路宜采用塑胶、橡胶泡沫板或沥青纤维板，其他公路可采用各种胀缝板。②填缝材料：填缝材料应具有与混凝土板壁黏结牢固、回弹性好、不溶于水、不渗水，高温时不挤出、不流淌、抗嵌入能力强、耐老化龟裂，负温拉伸量大，低温时不脆裂、耐久性好等性能，

四、路面施工的基本方法

路面工程是层状结构，路面工程施工的共同点是几乎所有的路面结构（手摆拳石和条石路面等结构除外）都需要拌和混合料、摊铺和压实三道工序，路面工程施工主要有三种方法：人工路拌法、机械路拌法、厂拌机铺法。

（一）人工路拌法

20 世纪 80 年代以前路面工程施工主要采取这种方法，人工摊土（石料）、人工拌和、简易机械压实，基层施工主要有人工翻拌法、人工筛拌法等，沥青面层施工主要有沥青灌入式和人工冷拌沥青混合料、使用炒盘人工拌和沥青混合料等。其主要的特点是：用工数量大，劳动强度大，工作效率低，工程质量受人为因素影响大，且质量不稳定，安全生产和防护措施比较严格，安全生产难度大。

（二）机械路拌法

20 世纪 80 年代以后，我国开始引进德国生产的宝马牌路拌机，路面基层施工开始机械路拌法为主的施工方法，其操作是以人工或机械分层摊铺各种路用材料，然后用路拌机械拌和，整形后碾压成形，也是目前路面底基层和二级以下公路路面基层常用的施工方法。其主要特点是：用人工数量大大减少，混合料拌和质量较好，但如不严控拌和深度，易出现素土夹层。对于高速公路和一级公路除直接和土基相邻的路面底基层外，不宜采用机械路拌法施工，而应采取厂拌机铺法施工。

（三）厂拌机铺法

随着高速公路的快速发展，无机结合料稳定粒料路面基层得到广泛的应用，这种结构多使用厂拌机铺法，此外，沥青碎石和沥青混凝土路面的施工，水泥混凝土路面的施工，也采用厂拌机铺法，即用专门的厂拌机械拌制混合料，用专门的摊铺机械摊铺路面的施工方法。其主要特点是：机械化程度高，混合料配比准确，厚度控制、高程控制比较直观，但需要大量的自卸运输车辆。

五、路面工程试验路段

在进行大面积施工之前，修筑一定长度的试验路段是很必要的，在高速公路与一级公路的工程实践中，施工单位通过修筑试验路段，进行施工优化组合，把施工中存在的问题找出来，并采取措施予以克服，提出标准的施工方法和施工组合用来指导大面积施工，从而使整个工程施工质量高、进度快。

修筑试验路段的任务是：检验拌和、运输、摊铺、碾压、养生等拟投入设备的

可靠性；检验混合料的组成设计是否符合质量要求及各道工序的质量控制措施；提出用于大面积施工的材料配比和松铺系数；确定每一作业段的合适长度和一次铺筑的合理厚度；对于沥青混合料还应提出施工温度的保障措施，水泥稳定类混合料还应提出在延迟时间内完成碾压的保证措施等；最后提出标准施工方法。标准施工方法主要内容应包括：集料与结合料数量的控制与计量方法；摊铺方法；合适的拌和方法：拌和深度、拌和速度、拌和遍数；混合料最佳水量控制方法；沥青混合料油石比的控制方法；整平和整形的合适机具与方法；平整度及厚度的控制方法；压实机械的组合、压实顺序、速度和遍数；压实度的检查方法和对比试验，机械的选型与配套，自卸车辆与摊铺机械的配合等。

第二节　路面基层施工技术

路面基层可以分为无机结合料稳定类、粒料类和沥青碎石类。无机结合料稳定类又称为半刚性基层，包括水泥稳定类、石灰稳定类和石灰工业废渣稳定类等；粒料类常分为嵌锁型和级配型等，如填隙碎石、级配碎石、级配砾石等；沥青碎石类分为骨架密实型和骨架空隙型，如 ATB 和 LSPM 等。

一、无机结合料稳定类路面基层施工技术

（一）概述

在粉碎的或原状松散的土中掺入一定数量的无机结合料（包括水泥、石灰和工业废渣）和水，经拌和得到的混合料在压实与养生后，其抗压强度指标符合规定要求的路面结构层称为无机结合料稳定类基层。无机结合料稳定类基层具有稳定性好、抗渗性能强、结构层自身成板体等特点，但其抗裂性能差。无机结合料稳定细料土广泛用于修筑高等级公路路面底基层和其他等级公路的路面基层，无机结合料稳定粒料被用于高等级路面的基层结构，无机结合料稳定类材料的刚度介于柔性路面材料和刚性路面材料之间，常被称为半刚性材料，以该种材料修筑的基层称为半刚性路面基层。

无机结合料一般采用水泥、石灰和工业废渣（如粉煤灰）等，采用水泥稳定的称为水泥稳定土，采用石灰稳定的称为石灰稳定土，采用石灰和工业废渣综合稳定的称为石灰工业废渣稳定土。各种不同的稳定材料有不同的强度要求，各稳定混合料的配合比应通过组成设计及相关试验确定。

无机结合料稳定类基层可以采取路拌法的施工方法，也可以采取厂拌法的施工方法，一般规定：对于二级以下的公路，无机结合稳定类基层和底基层可以采用路拌法施工；对于二级公路应采用专门的稳定土拌和机或使用集中厂拌法制备混合料；对于高速公路和一级公路直接铺筑在土基上的底基层下层，可以使用稳定土拌和机进行路拌法施工，当土基上层已用石灰或固化剂处理时，底基层的下层也宜用集中厂拌法拌制混合料，其上的各稳定土层都应采取集中厂拌法拌制混合料，并用摊铺机摊铺基层混合料。

（二）半刚性路面基层混合料组成设计

施工时应根据每个结构层的特点，选用符合规范的优质材料。配合比设计所使用的材料和路面基层施工所用材料必须一致。

1. 无机结合料稳定类基层混合料组成设计的一般原则混合料组成设计所要达到的目标是：碎石级配合理，胶结料含量合适，混合料的强度符合设计要求，有良好的抗裂、抗水害、抗疲劳、耐冻性能，同时能够进行准确的生产控制，易于铺筑和压实，而且比较经济。结合料的剂量较低，不能达到设计强度时，规范称之为改善土，集料应有较好的级配，传统习惯认为，集料数量以达到靠拢而不紧密为原则，其空隙让无机结合料填充，形成各自发挥优势的稳定结构。最近的一些省市研究和试验，将骨架密实型结构引入半刚性基层混合料，取得了减少裂缝、提高强度的良好效果。半刚性路面基层材料结合料和集料种类繁多，应以就地取材、节约工程成本为前提，并根据混合料组成设计，求得组成合理、经济实用的效果。

2. 无机结合料稳定类混合料规定的抗压强度

现行混合料组成设计的主要内容是：通过试验选取适宜于半刚性基层的材料，确定满足强度要求的集料和其他材料的配比，确定混合料的最大干密度和最佳含水量。

3. 无机结合料稳定类混合料组成设计方法步骤

（1）从沿线料场或计划使用的远运料场选取有代表性的试样，并进行原材料的试验，以判定这样材料可否使用于该工程。试验项目包括：颗粒分析；液限和塑性指数；相对密度；击实试验；碎石或砾石的压碎值；石灰的有效钙和氧化镁含量；水泥的标号和初、终凝时间；粉煤灰的化学成分、细度和烧失量；必要时要对土样的有机质含量和硫酸盐含量进行检测。

（2）根据强度标准和以往的工程经验选择无机结合料的剂

量范围：通过上述原材料的试验，级配差的碎石、碎石土、沙砾、沙砾土等宜首先考虑改善其级配。

（3）各种无机结合料稳定类颗粒组成范围：《公路路面基层施工技术规范》对

各种无机结合料稳定类的颗粒组成范围有细致的规定，在进行混合料组成设计和施工中应遵守这一规定。

（三）路拌法施工工艺

在路面基层稳定土混合料的搅拌和摊铺施工中，广泛采用路拌法和厂拌法施工工艺，选用哪种方法，应根据公路施工技术规范要求及施工单位拥有的机械设备来决定。路拌法施工仅适用于二级及以下公路以及高速公路、一级公路直接铺筑在土基上的底基层。这里叙述其施工工艺流程时，以水泥石灰综合稳定类为例，其工艺流程为：

1. 准备下承层

下承层的表面应平整、坚实，具有规定的路拱，下承层的平整度、压实度、标高、横坡、弯沉（如为路基顶面）等应符合《公路工程质量检验评定标准》和招标文件相应条款的规定。下承层如出现表层过于现象，应适当洒水，如土过湿，应采取挖开晾晒、换土、掺石灰或水泥等措施进行处理。下承层出现的表层松散和局部松散，如下承层为土基，可直接洒水压实；如下承层为底基层，应开挖掺拌新结合料后夯实或压实。下承层出现的低洼和坑洞，应仔细填压并压实，下承层出现的搓板和辙槽应刮除。槽式断面的路段应在两侧路肩上每隔一定距离（5 ~ 10m）交错开挖泄水沟，以便及时排除雨季降水。

2. 施工放样

在下承层上恢复中线、直线段每 15 ~ 20m 设一桩，曲线段每 10 ~ 15m 设一桩，并在两侧路肩边缘外设指示桩。在中桩和两侧指示桩标记出运输摊铺路用材料的松铺标高。

3. 备素土、集料

（1）采用老路面或土基上部材料做铺筑材料时，应首先清出垃圾、石块等杂物，翻松老路面或土基上部，至路基顶面标高，并使土块破碎到要求粒径，初步按设计路拱和预计的松铺厚度整形。

（2）采用料场的土（含细粒土和中、粗粒土）时，应首先将料场的草皮、树木和杂土清理干净，筛除超粒径的颗粒，使之满足最大颗粒要求，塑性指数大于 15 的黏性土，可视土质和机械性能确定是否需要过筛。在料场预定的深度挖土的，不应分层开挖，尽可能一次开挖土层全厚，如果夹有不合格材料应将不合格材料弃用。

（3）计算土或集料用量，根据稳定土的设计厚度、宽度及预定的干密度计算干燥土或集料用量，根据料场的含水量和运料车辆的吨位，计算每车料对应的卸料距离或卸料面积，在同一料场供料的路段内，由远到近将料按上述计算距离或面积卸置于下承层表面的中间或两侧。

（4）当集料采用多种不同的规格的碎石需按比例掺配时，上述备料方法不易控制级配，可计算出不同规格的碎石在每延米的体积，备料时各规格碎石分别运铺，运到后首先码成一个三角形断面或梯形断面的料带，断面尺寸根据该规格材料用量，该材料之松方干重及材料堆自然休止角（决定三角形断面的坡度）计算求得，然后机械或人工摊铺在道路的全断面上，铺完一种规格，用小型压路机或链轨车稳定1 ~ 2遍，再运另一种规格的碎石，直至全部材料运铺完成。上述方式称为层铺法。二灰稳定类路拌法施工时，除集料外还有粉煤灰和石灰，也采取这种方法运铺各种路用材料。

（5）摊铺土或集料的注意事项：①应事先通过试验确定土和集料的松铺系数，可用人工或摊土机配合平地机进行摊铺，不论采用人工或是机械摊铺，都应将土或集料均匀地摊铺在预定的宽度上，表面力求平整，并有规定的路拱。②摊铺过程中，应将大的土块、石块和超尺寸颗粒的杂物拣除，检验松铺层的厚度，应符合预计要求，除洒水车辆外应禁止其他车辆在土层上通行，洒水车亦尽可能在便道上通行，使用侧喷法洒水。

4．洒水闷料

如已整平的土含水量过小，应在土层上洒水闷料，洒水应均匀，防止出现局部水分过多的现象，细粒土应经一夜闷料，中、粗粒土视其中细料含量的多少，可缩短闷料时间，综合稳定土和二灰稳定土也可在拌和后再行闷料，水泥稳定土应预先闷料。

5．整平和轻压

土层经整形后，使用轻型压路机或链轨车稳压1 ~ 2遍，使其表面平整，并有一定的压实度。

6．消解石灰

石灰应在临时料场集中堆放，临时料场应选择在公路两侧，临近水源且地势较高的地方。生石灰应在使用前7 ~ 10天充分消解，对于氧化镁含量比较高的镁质石灰，应在使用前10 ~ 15天消解。每吨石灰消解用水一般在500 ~ 800kg，消解后的石灰应保持一定湿度，以免过湿成团，更应避免过干飞扬，消解时应注意加水的均匀性，消解石灰应注意以下两个问题：

（1）料堆不宜太高，宜在0.8 ~ 1.2m，太高的料堆底部进水困难，消解不完全，消解湿胀后，料堆太高，影响使用安全。

（2）消解时为消解充分，在加水的同时使用机械翻倒，消解后的石灰应过10mm筛，并尽快使用，减少消石灰的有效转镁含量损失。

7．运输和摊铺石灰

根据稳定土的设计厚度和混合料组成设计确定的石灰剂量以及击实试验确定的最大干密度，计算出该稳定土基层每 1m^2 所需的石灰用量，进而计算出每车石灰对应的摊铺面积，使用袋装生石灰粉时则可计算出每袋石灰的摊铺面积，计算出每车或每袋石灰对应的纵横间距，并确定卸放位置。在规定卸放位置做卸放石灰的标记，并划出摊铺每车或每袋石灰的边线。按规定位置卸放石灰，用刮板将石灰均匀摊开，并量测石灰的松铺厚度，根据石灰的松方密度，校核石灰用量是否合适。

在具体操作中，将每车石灰的装载质量控制得完全一致十分困难，小型机动农用三轮自卸车在某些地区因方便灵活，价格便宜，在运铺石灰环节得到了大量应用，石灰的用量采取体积法来控制。根据稳定土基层的厚度、宽度、石灰剂量计算每延米石灰质量，并根据试验的松方干密度计算出每延米的石灰体积，根据路面宽度采取三角形断面沿中线或两侧，卸成 1 ～ 3 条不间断的石灰料带，然后人工或使用平地机摊铺。石灰也可使用粉料撒布机直接撒布。

8．拌和（第一次）

对于二级及以上公路应使用专用的稳定土拌和机进行拌和，并设专人跟机检查拌和深度及拌和质量，并配合拌和操作手调整泮和深度，捽和深度检查宜开挖检查，每 5 ～ 10m 应挖一检查坑，有些单位使用钢杆插检拌和深度，不能发现素土夹层，是不可取的。拌和深度应达到稳定层底并宜超拌下承层 5 ～ 10mm，以利于上下层的黏结，严禁在拌和层底部留有素土夹层。通常拌和应在 2 遍以上，对发现素土夹层的部位，可使用多铧犁紧贴下承层表面翻拌一遍，然后使用专用拌和机复拌。直接铺在土基上的拌和层也应避免素土夹层。

对于三级及以下公路，也应尽量使用专用拌和机械拌和，在没有专用拌和机械的前提下，可使用农用旋耕机和多铧犁或平地机相配合拌和，但应特别注意拌和质量，包括拌和的均匀程度，土颗粒的最小粒径等，拌和过程中，应及时检查混合料的含水量，含水量应当均匀，并宜控制在略大于最佳含水量，拌和时，还应安排人工配合拣出超尺寸的颗粒，消除粗细颗粒“窝”及局部过分潮湿或过分干燥之处。拌和完成后，混合料应色泽一致，没有灰条、灰团和花面，没有明显粗细集料离析现象。

9．稳压、洒水、整形

混合料拌和均匀后，应立即用平地机初步整形，在直线段和不设超高的平曲线段，平地机由道路两侧向路中心进行刮平；在设有超高的平曲线段，由内侧向外刮平，然后使用链轨拖拉机或轮胎压路机在初平的路段上快速地碾压一遍，以暴露出潜在的不平整，再次用平地机按上述方法进行整形，整形前使用齿耙将轨迹低洼处表层 5cm 以上耙松、整形后再使用前述方法再次碾压，对于局部低洼处，应先耙松表层

5cm 以上，再用新混合料找平，之后再次稳压找平。每次整形都应达到规定的坡度和路拱。也可采取人工挂线的方法整形，再使用路拱板来回拖拉几趟，整形并稳压后，如含水量低于最佳含水量范围，可再次洒水。

10．运铺水泥

路拌法施工时，宜使用袋装水泥。首先根据路面基层的设计厚度及通过试验求得的最大干密度和水泥剂量，计算出每平方米需要的水泥剂量，然后计算出每袋水泥对应的摊铺面积，确定水泥摆放的纵横间距，并用石灰粉划格，每格内摆放一袋水泥，方格应呈矩形，长宽比应接近于 1 ： 1，以利于摊铺。水泥宜当日直接运送到摊铺路段，当天摆放，摆放完成破袋摊铺，摊铺时应使用刮板将水泥均匀摊开，每袋水泥正好铺满各自对应的方格，做到厚度均匀，没有空白位置，也没有过分集中的部位。水泥摊铺也可使用粉料撒布机进行撒布摊铺，使用粉料撒布机撒布时应使用散装水泥，并应注意在大风季节采取措施防止污染周边的植被。

11．拌和（第二次）

与上述工序工拌和要求相同，注意与上次拌和基本等厚，以使水泥均匀地掺拌到混合料中。

12．整形

与上述工序 9 要求相同，此时含水量应已经两次调整，已基本在最佳含水量范围，故一般不需再次洒水。

13．碾压

整形后，即可组织碾压机械进行碾压，碾压时混合料的含水量应略大于最佳含水量 1% ~ 2%。碾压应遵循先轻后重，先慢后快，先两边后中间（直线段和不设超高的曲线段，设超高的曲线段，曲线内侧向曲线外侧）先静压后振压的原则进行碾压。碾压时，每次重轮应重叠 1/2 轮宽，重轮压完路面全宽即为一遍，一般需碾压 6 ~ 8 遍，压路机的碾压速度，头两遍宜采用 1.5 ~ 1.7km/h，以后可加快至 2.0 ~ 2.5km/h，应禁止压路机在正在碾压或已完成的路段调头或急刹车。

碾压过程中，应保持表面湿润，如水分蒸发过快时，可及时补洒少量的水，使表面潮湿，但禁止出现水流。碾压过程中，如遇有“弹簧”、起皮、松散等现象，应及时翻松并重新添加适当的稳定材料，重新拌和，然后一起压实。碾压完成前，应迅速地检测标高和横坡，对于高出设计标高的部位，可用平地机刮除，并扫出路外，对于局部低洼处，不再进行找补，留待铺筑其上层次时处理。

水泥稳定类混合料从掺拌水泥到碾压完成的时间，称为延迟时间，虽然在配合比设计和施工时选用了终凝时间较长的水泥，但是水泥是一种速凝性材料，施工时应在试验确定的延迟时间内完成碾压。碾压完成后，混合料基层应达到要求的压实度，且在表面没有明显的轨迹。

14. 接缝和调头处的处理

（1）横向接缝：同日施工的两工作段的衔接处应采用搭接，即前一段拌和整形后，留 5 ~ 8m 不进行碾压，后一段施工时，前段留下的未碾压部分再加部分水泥重新拌和，并与后一段一起碾压。

第二天摊铺并完成拌和作业之后，移去方木，用人工补充拌和靠近方木未能拌和的一小段，并用混合料回填不足的部分，和正常施工段一起整形，新整形的接缝处应高出已完成断面 3 ~ 5cm，以利于形成一个平顺的接缝，碾压时应将接缝修整平顺。

（2）纵向接缝：稳定土基层施工时，应该避免纵向施工，确因无法封闭交通等原因，必须分两幅施工时，纵缝必须垂直相接，禁止斜接。纵向接缝可按下述方法处理：在前一幅施工时，在靠近中央一侧用方木和钢模板支撑，方木或钢模板的高度与稳定土层的压实厚度相同。然后进行摊铺拌和等作业，拌和结合后，靠近支撑模板（木）的部位，人工补充拌和，然后整形碾压。养生结束后，拆除支撑模板，在后一幅施工时，结束后，靠近第一幅的部分，应人工进行补充拌和，然后整形碾压。

15. 养生

稳定土养生应保持一定的湿度，不得忽干忽湿，养生期不得少于 7 天，养生宜采取覆盖措施。可使用草帘、麦草或湿砂进行覆盖，并经常性洒水，使之保持湿润，不得采用湿黏土覆盖，避免形成素土夹层。上下两层采用相同的稳定材料时，也可在下层完成后的第二天即着手进行其上层次的摊铺，利用上层对下层养生，但应注意在运铺材料过程中对下层进行保护，防止运输机械破坏下层。

养生结束后，必须将覆盖物清除干净，虽然养生达到 7 天，但如果不能及时进行其上层次的施工，仍应保持基层的湿润状态，以减少干裂，并进一步促使基层强度的增长。

二、级配碎石基层施工

（一）材料要求

（1）轧制碎石的材料可以是各种类型的岩石（软质岩石除外）、圆石或矿渣。圆石的粒径应是碎石最大粒径的 3 倍以上；矿渣应是已崩解稳定的，其干密度和质量应比较均匀，干密度不小于 960kg/ 立方米。

（2）碎石中针片状颗粒的总含量应不超过 20%，碎石中不应有黏土块、植物等有害物质。

（3）石屑或其他细集料可以使用一般碎石场的细筛余料，也可以利用乳制沥青

表面处置和灌入式用石料时的细筛余料，

或专门乳制的细碎石集料。也可以用天然沙砾或粗砂代替石屑。天然沙砾的颗粒尺寸应该合适，必要时应筛除其中的超尺寸颗粒。天然沙砾或粗砂应有较好的级配。

（4）级配碎石或级配碎砾石用作一级和二级以下公路的基层时，其颗粒组成和塑性指数应满足级配的规定。级配碎石用作高速公路和一级公路的基层时，其颗粒组成和塑性指数应满足级配的规定。同时，级配曲线宜为圆滑曲线。

（5）在塑性指数偏小的情况下，塑性指数与 0.5mm 以下细土含量的乘积应符合下列规定：①在年降雨量小于 600mm 的地区，地下水位对土基没有影响时，乘积不应大于 120° ②在潮湿多雨地区，乘积不应大于 100。

（二）级配碎石路拌法施工

1．备料

根据各路段基层或底基层的宽度、厚度及规定的压实度，并按确定的配合比分别计算各段需要的未筛分碎石和石屑的数量，或不同粒级碎石和石屑的数量，计算每车料的堆放距离。未筛分碎石和石屑可按预定比例在料场混合，同时洒水加湿，使混合料的含水量超过最佳含水量约 1%。未筛分碎石的含水量较最佳含水量宜大 1% 左右。

2．运输和摊铺集料

集料装车时，应控制每车料的数量基本相等。在同一料场供料的路段内，宜由远到近卸置集料。却料距离应严格掌握，避免料不够或过多。未筛分碎石和石屑分别运送时，应先运送碎石。料堆每隔一定距离应留一缺口。集料在下承层上的堆置时间不应过长。

集料摊铺前先通过试验确定集料的松铺系数并确定松铺厚度。人工摊铺混合料时，其松铺系数为 1.40 ～ 1.50；平地机摊铺混合料时，其松铺系数为 1.25 ～ 1.35。

未筛分碎石摊铺平整后，在其较潮湿的情况下，将石屑按计算的距离卸置其上。用平地机辅以人工将石屑均匀摊铺在碎石层上，并摊铺均匀。用平地机或其他合适的机具将料均匀地摊铺在预定的宽度上，表面应力求平整，并具有规定的路拱。应问时摊铺路肩用料。用不同粒级的碎石和石屑时，应将小碎石铺在下层，中碎石铺在中层，小碎石铺在上层。洒水使碎石湿润后，再摊铺石屑。

3．拌和及整形

①用稳定土拌和机应拌和两遍以上。拌和深度应直到级配碎石层底，在进行最后一遍拌和之前，必要时先用多铧犁紧贴底面翻拌一遍。②用平地机进行拌和，宜翻拌 5 ～ 6 遍，使石屑均匀分布于碎石料中。平地机拌和的作业长度，每段宜为 300 ～ 500m。平地机刀片的安装角度宜符合要求。拌和结束时，混合料的含水量应

均匀，并较最佳含水量大 1% 左右，同时应没有粗细颗粒离析现象。③用缺口圆盘耙与多铧犁相配合拌和级配碎石时，用多铧犁在前面翻拌，圆盘耙紧跟在后面拌和，即采用边翻边耙的方法，共翻耙 4 ~ 6 遍。应随时检查调整翻耙的深度。用多铧犁翻拌时，第一遍由路中心开始，将混合料向中间翻，同时机械应慢速前进。第二遍从两边开始，将混合料向外翻。拌和过程中，应保持足够的水分。拌和结束时，混合料的含水量和均匀性应符合要求。

使用在料场已拌和的级配碎石混合料时，摊铺后混合料如有粗细颗粒离析现象，应用平地机进行补充拌和。用平地机将拌和均匀的混合料按规定的路拱进行整平和整形，在整形过程中，应注意消除粗细集料离析现象。用拖拉机、平地机或轮胎压路机在已初平的路段上快速碾压一遍，以暴露潜在的不平整。再用平地机进行整平和整形。

4. 碾压

经过整形后，当混合料的含水量等于或略大于最佳含水量时，立即用 12t 以上三轮压路机、振动压路机或轮胎压路机进行碾压。直线和不设超高的平曲线段，由两侧路肩开始向路中心碾压；设超高的平曲线段，由内侧路肩向外侧路肩进行碾压。碾压时，后轮应重叠 1/2 轮宽且后轮必须超过两段的接缝处。后轮压完路面全宽时即为一遍，碾压一直进行到要求的密实度为止。一般需碾压 6 ~ 8 遍，应使表面无明显轨迹，路面的两侧应多压 2 ~ 3 遍。压路机的碾压速度，头两遍以米用 1.5 ~ 1.7km/h 为宜，以后用 2.0 ~ 2.5km/h。严禁压路机在已完成的或正在碾压的路段上调头或急刹车点凡含土的级配碎石层，都应进行滚浆碾压，一直压到碎石层中无多余细土泛到表面为止。滚到表面的浆（或事后变干的薄土层）应清除干净。

5. 横缝处理

两作业段的衔接处应搭接拌和。第一段拌和后，留 5 ~ 8m 不进行碾压，第二段施工时，前段留下未压部分与第二段一起拌和整平后进行碾压。

6. 纵缝处理

应避免纵向接缝。在必须分两幅铺筑时，纵缝应搭接拌和，前一幅全宽碾压密实，在后一幅拌和时，应将相邻的前幅边部约 30cm 搭接拌和，整平后一起碾压密实。

（三）级配碎石厂拌法施工

1. 拌和

级配碎石混合料可以在拌和站用多种机械进行集中拌和，如强制式拌和机、卧式双转轴桨叶式拌和机、普通水泥混凝土拌和机等。对用于高速公路和一级公路的级配碎石基层和底基层，宜采用不同粒级的单一尺寸碎石和石屑，按预定配合比在拌和机内拌制级配碎石混合料。不同粒级的碎石和石屑等细集料应隔离，分别堆放。

细集料应有覆盖，防止雨淋。在正式拌制级配碎石混合料之前，必须先调试所用的厂拌设备，使混合料的颗粒组成和含水量都能达到规定的要求。在采用未筛分碎石和石屑时，如未筛分碎石或石屑的颗粒组成发生明显变化，应重新调试设备。

将级配碎石用于高速公路和一级公路时，应用沥青混凝土摊铺机或其他碎石摊铺机摊铺碎石混合料。摊铺机后面应设专人消除粗细集料离析现象。级配碎石用于二级和二级以下公路时，如没有摊铺机，也可用自动平地机（或摊铺箱）摊铺混合料。

2. 整形和碾压

用平地机摊铺混合料后的整形和碾压均与路拌法施工相同。

3. 接缝处理

①横向接缝处理：用摊铺机摊铺混合料时，靠近摊铺机当天未压实的混合料，可与第二天摊铺的混合料一起碾压，但应注意此部分混合料的含水量。必要时，应人工补充洒水，使其含水量达到规定的要求。②纵向接缝处理：应避免纵向接缝。如摊铺机的摊铺宽度不够，必须分两幅摊铺时，宜采用两台摊铺机一前一后相隔 5 ~ 8m 同步向前摊铺混合料。在仅有一台摊铺机的情况下，可先在一条摊铺带上摊铺一定长度后，再开到另一条摊铺带上摊铺，然后一起进行碾压。

在不能避免纵向接缝的情况下，纵缝必须垂直相接，不应斜接。在前一幅摊铺时，在靠后一幅的一侧应用方木或钢模板做支承，方木或钢模板的高度与级配砾石层的压实厚度相同；在摊铺后一幅之前，将方木或钢模板除去。如在摊铺前一幅时未用方木或钢模板支承，靠边缘的 30cm 左右难于压实，而且形成一个斜坡，在摊铺后一幅时，应先将未完全压实部分和不符合路拱要求部分挖松并补充洒水，待后一幅混合料摊铺后一起进行整平和碾压。

三、级配砾石基层施工

（一）材料要求

（1）级配砾石用作基层时，砾石的最大粒径不应超过 37.5mm；用作底基层时，烁石的最大粒径不应超过 53mm。

（2）砾石颗粒中细长及扁平颗粒的含量不应超过 20%。

（3）级配砾石基层的颗粒组成和塑性指数应满足规定，同时级配曲线应为圆滑曲线 p 在塑性指数偏大的情况下，塑性指数与 0.5mm 以下细土含量的乘积应符合下列规定：①在年降雨量小于 600mm 的中干旱和干旱地区，地下水位对路基没有影响时，乘积不应大于 120。②在潮湿多雨地区，乘积不应大于 100。

（4）当用于基层的在最佳含水量下制备的级配砾石试件的干密度与工地规定达到的压实干密度相同时，浸水 4 天的承载比值应不小于 160%。

（5）用作底基层的砂砾、沙砾土或其他粒状材料的级配，应位于范围内，液限应小于 28%，塑性指数应小于 9。

（6）当用作底基层的在最佳含水量下制备的级配砾石试件的干密度与工地规定达到的压实干密度相同时，浸水 4 天的承载比值在轻交通道路上应不小于 40%，在中等交通道路上应不小于 60%。

（二）级配砾石施工工艺

（1）级配砾石施工工艺流程为：准备下承层——施工放样——运输和摊铺集料——洒水拌和——整形——碾压。

（2）准备下承层和施工放样的有关要求同半刚性路拌法施工中的准备下承层和施工放样。

（3）运输和摊铺集料：集料装车时，应控制每车料的数量基本相等。同一料场供料的路段内，由远到近将料按计算的距离卸置于下承层上。材料用量应根据各路段基层或底基层的宽度、厚度及预定的干密度，计算各段需要的集料数量。如级配砾石用两种集料合成时，分别计算两种集料的数量；根据料场集料的含水量以及所用运料车辆的吨位，计算每车材料的堆放距离。卸料距离应严格掌握，避免料不够或过多。采用两种集料时，应先将主要集料运到路上，待主要集料摊铺后，再运另一种集料并摊铺。如粗细两种集料的最大粒径相差很多，应在粗集料处于潮湿状态下摊铺细集料。料堆每隔一定距离应留一缺口。集料在下承层上的堆置时间不宜过长。运送集料较摊铺集料工序宜只提前数天。

集料摊铺前，应通过试验确定集料的松铺系数，并确定松铺厚度。人工摊铺混合料时，其松铺系数为 1.40 ~ 1.50；平地机摊铺混合料时，其松铺系数为 1.25 ~ 1.35。用平地机或其他合适的机具将料均匀地摊铺在预定的宽度上，表面应力求平整，并有规定的路拱。应同时摊铺路肩用料。检查松铺材料层的厚度是否符合预计要求，必要时应进行减料或补料工作。

（4）拌和及整形：用平地机拌和时，每一作业段的长度宜为 300 ~ 500m。刀片的安装角度同级配碎石的要求。一般需拌和 5 ~ 6 遍。拌和过程中，用洒水车洒足所需的水分。使用符合级配要求的天然沙砾时，如摊铺后混合料有粗细颗粒离析现象，应用平地机进行补充拌和。用平地机将拌和均匀的混合料按规定的路拱进行整平和整形。用拖拉机、平地机或轮胎压路机在已初平的路段上快速碾压一遍，以暴露潜在的不平整。再用平地机进行整平和整形。拌和结束时，混合料的含水量应均匀，并较最佳含水量小 1% 左右。应无粗细颗粒离析现象。

用拖拉机牵引四铧犁或五铧犁进行拌和时，每一作业段的长度宜为 100 ~ 150m。第一遍由路中心开始，将混合料向中间翻，同时机械应慢速前进。第二遍则应从两边开始，将混合料向外翻。拌和过程中，用洒水车洒足所需的水分。拌和遍数以双数为宜，一般需拌6遍。

第三节　路面工程施工质量监督

路面工程直接承受行车荷载，且暴露在大气之中，受风吹、日晒、雨淋和冻融等诸多自然条件的影响较大,强化路面施工质量管理是保证工程优质的最重要环节。只有强化施工过程中的质量管理，尤其是重点质量监控点的施工控制，才能更好地保证工程质量。

一、路面工程施工质量重点监控点

（一）路面基层（底基层）施工质量重点监控点

（1）路拌法施工时，路面基层（底基层）应着重监控以下要点：①原材料的松铺厚度和摊铺的均匀程度。原材料包括土、碎石以及水泥、石灰、粉煤灰等结合料剂量的控制方法，保证配合比准确性的措施，EDTA滴定试验。②原材料的含水量检验。③拌和深度的控制方法，防止出现夹层的措施，拌和均匀性的检查。④高程与横坡度的施工控制。⑤压实机械的组合形式、碾压方法、碾压遍数和压实度的质量检验。⑥接头部位的处理，保证前后施工段的平整。⑦保湿养生。⑧水泥稳定类延迟时间的控制。⑨未成型基层的交通管制。

（2）厂拌法施工时，路面基层（底基层）应着重监控以下要点：①原材料质量，料场硬化，不同规格的石料隔离措施。②拌和机配合比的准确性，尤其是防止易结块的粉状料堵塞喂料斗的筛孔。③各种原材料的含水量检测和拌和加水量的调整，使混合料处于最佳含水量范围。④装运和卸料、摊铺过程中防止混合料离析。⑤摊铺过程中平整度控制，纵横向接缝的施工方法，联机摊铺时的相互配合。⑥碾压与养生。⑦施工便道畅通，保护未成型路段。

（二）沥青类路面施工质量重点监控点

（1）沥青的标号和质量指标及其适用的环境；乳化沥青的质量指标和其基质沥青的质量状况。

（2）石料的强度，石料与沥青的黏附性，粗集料的颗粒形状、耐磨性能、压碎值等。

（3）拌和机的结构与性能，与工程要求的适应程度。

（4）配合比的检查与监控，沥青用量的检测。

（5）温度监控包括沥青加热温度、石料加热温度、混合料出厂温度、摊铺温度、初压和终压温度的监控。

（6）防止混合料离析的措施。

（7）摊铺机与自卸汽车的配合，保证摊铺机均匀不间断地摊铺。

（8）厚度的施工控制。

（9）纵横向接缝的处理。

（10）未冷却路面禁止通行，沥青灌入式或沥青表处的交通管制。

（三）水泥类路面施工质量重点监控点

（1）水泥、石料、砂的质量指标满足要求。

（2）搅拌机的性能，包括产量、搅拌均匀性、配合比的准确性满足要求。

（3）配合比的准确性检查、和易性检查，试件制作和强度试验。

（4）摊铺、振捣、饰面等的控制，拉杆、传力杆的设置。

（5）防止和避免混凝土离析的措施。

（6）模板架设的顺直度、相邻模板的高差，模板架设的牢固程度，拆模时对路面板的保护。

（7）胀缝制作。

（8）切缝方法、切缝时间和填缝。

（9）养生和交通管制。

二、安全施工

路面工程材料用量大，动用机械多，需要多个施工现场，用水、用电、用油，安全生产存在的隐患点比较多，必须高度重视安全生产。

（一）料场、拌和场安全生产要点

（1）料场、拌和场的生产区和生活区要分开，整个场地有排污和排水设施。

（2）电力线路要规范，临时用电线路应使用电缆线，并按规定架设或埋设。

（3）油库、仓库应符合消防要求，配备必要的消防设施。

（4）办公区如使用煤炉取暖，应有防止煤气中毒的措施。

（5）施工管理人员应戴安全帽，吊臂下、传送带下禁止站人、禁止有人作业。

（6）建立夜间值班制度，防火防盗。

（7）进出口道路和场内运输设备运行线路减少相互干扰。

（8）拌和设备检修或清理，必要时（如清理搅拌仓等）应切断电源。

（二）施工现场安全要点

（1）根据工程具体情况，设立施工标志、限速标志或禁行标志。

（2）遵守机械操作规程，合理安排机械作业运行线路。

（3）定期对设备进行保养和小修，保持机械的良好状态。

（4）自卸卡车向前进的摊铺机械倒料时，应专人指挥、密切配合，禁止撞击摊铺机，运行过程中应轻踩自卸卡车的刹车，防止卡车滑溜。

（5）热铺沥青混合料或洒布沥青时，操作人员配备必要的防护用品，防止烫伤。

（6）消解和摊铺石灰、摊铺水泥，配备防护眼镜。大风天气，禁止摊铺石灰、水泥等易扬尘易污染环境的粉状物。

（7）运输车辆应避免在陡坡停止、调头，运输车辆禁止急转弯、急刹车。

（三）消解石灰安全要点

消解石灰时，石灰体积膨胀2倍以上，并且散发大量热量，遇大风天气，尘粒飞扬，对周边环境和操作人员有较大影响。消解石灰时应注意以下几点：

（1）生石灰不应堆得太高，宜保持在 1.0m 左右的局年度。

（2）尽可能使用石灰粉碎消解机进行消解。

（3）人工消解时，操作人员应配备防护眼镜、防护手套、防护靴等。

（4）操作人员应处在上风口，边翻拌边加水，尽可能使用挖掘机或装载机翻拌，人工翻拌，劳动强度大且易出现烫伤和眼角膜炎症。

（5）加水量宜略大于化学反应计算所需水量的 1.3 ~ 1.8 倍，以消解充分、保持水分和防止扬尘。

（四）沥青洒布作业安全施工要点

（1）检查洒布车辆、洒布装置、防护、防火设施是否齐全有效。

（2）沥青罐如果装运过乳化沥青，再次装运热沥青时，应缓慢小心加注，防止沥青泡沫对人身造成伤害。

（3）使用加热喷灯、加热管线和沥青泵前，应首先封闭吸油管和进料口。

（4）洒布车应中速行驶，弯道应提前减速，行驶时禁止使用加热系统。

（5）喷洒作业前，应对路缘石、桥栏杆等进行遮挡，避免污染其他构筑物。

（6）操作人员配备安全防护设施，施工中注意自身安全。

（7）质量检测和施工监理人员应站在上风口，喷洒方向 10m 以内不得有人停留。

（五）沥青拌和站操作安全要点

（1）沥青拌和站应在燃料（燃油、煤）储存处设置必需的消防器材和消防设施，如灭火器、砂、铁锹等。

（2）用泵抽送热沥青进出油罐时，操作人员应远离，无关人员应避让 0 注入沥青的总数量应和油罐的设计容量相对应，不得超量注入。

（3）使用导热油加热时，加热炉应在加热前进行耐压试验，水压力不低于额定工作压力的2倍，导热油加热系统的泵、阀门系统和安全附件应符合安全要求，超压、超温报警系统应灵敏可靠。

（4）拌和站的各种设备，在运转前均应由机电和电脑操作人员仔细检查，确认正常后，开始按顺序启动。

（5）点火后，观察除尘器是否工作正常，必须保证烘干滚筒在正常负压下燃烧。

（6）拌和站启动后，各岗位操作人员要随时检查监督各部位运转情况，发现异常，及时报告机长，并及时排除故障。

（7）料斗下禁止站人，或从料斗下经过，检修料斗时，必须将保险链挂好。

（8）滚筒或拌和仓清理检修时，必须切断电源，且在筒（仓）外始终有人监护。

（9）停机前，应首先停止进料，等各部位卸料完毕后才可以停机，再次启动时，不得带荷启动。

（10）紧急停车按钮，只能在涉及人员安全的紧急情况下使用，一旦使用后再次启动时，注意启动顺序。

第四节　路面工程质量通病及防治

一、无机结合料基层裂缝的防治

（一）原因分析

（1）混合料中石灰、水泥、粉煤灰等比例偏大；集料级配中细料偏多，或石粉中性指数偏大。

（2）碾压时含水量偏大。

（3）成型温度较高，强度形成较快。

（4）碎石中含泥量较高。

（5）路基沉降尚未稳定或路基发生不均匀沉降。

（6）养护不及时、缺水或养护时洒水量过大。

（7）拌和不均匀。

（二）预防措施

（1）石灰稳定土基层裂缝的主要防治方法：①改善施工用土的土质，采用塑性指数较低的土或适量掺加粉煤灰。②掺加粗粒料，在石灰土中适量掺加砂、碎石、碎砖、煤渣及矿渣等。③保证拌和遍数：控制压实含水量，需要根据土的性质采用最佳含水量，避免含水量过高或过低。④铺筑碎石过渡层：在石灰土基层与路面间铺筑一层碎石过渡层，可有效避免裂缝。⑤分层铺筑时，在石灰土强度形成期，任其产生收缩裂缝后，再铺筑上一层，可有效减少新铺筑层的裂缝。⑥设置伸缩缝，在石灰土层中，每隔 5 ~ 10m 设一道缩缝。

（2）水泥稳定土基层裂缝的主要防治方法：①改善施工用土的土质，采用塑性指数较低的土或适量掺加粉煤灰或掺砂。②控制压实含水量，需要根据土的性质采用最佳含水量，含水量过高或过低都不好。③在能保证水泥稳定土强度的前提下，尽可能采用低的水泥用量。④一次成型，尽可能采用慢凝水泥，加强对水泥稳定土的养护，避免水分挥发过快。养护结束后应及时铺筑下封层。⑤设计合理的水泥稳定土配合比，加强拌和，避免出现粗细料离析和拌和不均匀现象。

（三）治理措施

（1）可采用聚合物加特种水泥压力注入法修补水泥稳定粒料的裂缝。

（2）加铺高抗拉强度的聚合物网。

（3）破损严重的基层，应将原破损基层整幅开挖维修，不应横向局部或一个单向车道开挖，以避免板边受力产生的不利后果，最小维修长度一般为 6m。维修半刚性基层所用材料也应是同类半刚性材料。

（4）一般情况下，石灰土被用于底基层时，根据其干缩特性，应重视初期养护，保证基层表面处于潮湿状态，防止干晒。在石灰稳定土施工结束后，要及早铺筑面层，使基层含水量不发生大的变化，以减轻干缩裂隙。

（一）原因分析

（1）路面不均匀沉降。

（2）基层不平整对路面平整度的影响。

（3）桥头、涵洞两端及桥梁伸缩缝地跳车。

（4）路面摊铺机械及工艺水平对平整度的影响。

（5）面层摊铺材料的质量对平整度的影响。

（6）碾压对平整度的影响。

（二）预防措施

（1）在摊铺机及找平装置使用前，应仔细设置和调整，使其处于良好的工作状态，并根据实铺效果进行随时调整。

（2）现场应设置专人指挥运输车辆，以保证摊铺机均匀连续作业，摊铺机不在中途停顿，不得随意调整摊铺机的行驶速度。

（3）路面各个结构层的平整度应严格控制，严格工序间的交验制度。

（4）针对混合料中沥青性能特点，确定压路机的机型及重量，并确定出施工的初次碾压温度，合理选择碾压速度，严禁在未成型的油面表层急刹车及快速起步，并选择合理的振频、振幅。

（5）在摊铺机前设专人清除掉在“滑靴”前的混合料及摊铺机履带下的混合料。

（6）为改进构造物伸缩缝与沥青路面衔接部位的牢固及平顺，先摊铺沥青混凝土面层，再做构造物伸缩缝。

（7）做好沥青混凝土路面接缝施工。

（三）治理措施

（1）在摊铺层表面有个别超尺寸颗粒，被熨平板带动而在层面划出不规则的小沟，或在摊铺层表面有少数超尺寸颗粒因被熨平板带动而在其后形成小坑洞。处理方法：人工及时用适量的细骨料沥青混合料填补，并及时碾压整平。

（2）摊铺机后局部一片或一条较宽的带内沥青混合料中的大碎石被压碎。处理方法：采用人工及时把被压碎的碎石混合料铲除，选用合适的沥青混合料补齐和整平。

（3）表面层混合料有离析现象（大料集中）。处理方法：人工及时补撒适量的细骨料沥青混合料。

三、沥青混凝土路面接缝病害的防治

（一）原因分析

（1）横向接缝：①采用平接缝，边缘未处理成垂直面。采用斜接缝时，施工方法不当。②新旧混合料的黏结不紧密。③摊铺、碾压不当。

（2）纵向接缝：①施工方法不当。②摊铺、碾压不当。

（二）预防措施

（1）横向接缝：①尽量采用平接缝，将已摊铺的路面尽头边缘在冷却但尚未结硬时锯成垂直面，并与纵向边缘成直角，或趁未冷透时用凿岩机或人工垂直刨除端部层厚不足的部分。采用斜接缝时，注意搭接长度，一般为 0.4 ~ 0.8m。②预热软化已压实部分路面，加强新旧混合料的黏结。③摊铺机起步速度要慢，并调整好预留高度摊铺结束后立即碾压，压路机先进行横向碾压（从先铺路面上跨缝开始，逐渐移向新铺面层），再纵向碾压成为一体，碾压速度不宜过快。同时也要注意碾压的温度符合要求。

（2）纵向接缝：①尽量采用热接缝施工，采用两台或两台以上摊铺机梯队作业。当半幅路施工或因特殊原因而产生纵向冷接缝时，宜加设挡板或加设切刀切齐，也可在混合料尚未冷却前用镐刨除边缘留下毛缝的方式。铺另半幅前必须将缝边缘清扫干净，并涂洒少量黏层沥青。②将已摊铺混合料留 10 ~ 20cm 暂不碾压，作为后摊铺部分的高程基准面，待后摊铺部分完成后一起碾压。纵缝如为热接缝时，应以 1/2 轮宽进行跨缝碾压；纵缝如为冷接缝时，应先在已压实路上行走，只压新铺层的 10 ~ 15cm，随后将压实轮每次再向新铺面移动 10 ~ 15cm。③碾压完成后，用 3m 直尺检查，用钢轮压路机处理棱角。

（三）治理措施

接缝处理不好常容易产生的缺陷是接缝处下凹或凸起以及由于接缝压实度不够和结合强度不足而产生裂纹甚至松散。施工时应边压边以 3m 直尺测量，并配以人工细料找平。对横向接缝，在摊铺层施工结束后再用 3m 直尺检查端部平整度，有不符合要求的应趁混合料尚未冷却时立即处理，以摊铺层面直尺脱离点为界限，用切割机切缝挖除。

四、水泥混凝土路面裂缝的防治

（一）原因分析

（1）横向裂缝：①混凝土路面切缝不及时，由于温缩和干缩发生断裂。混凝土连续浇筑长度越长，浇筑时气温越高，基层表面越粗糙越易断裂。②切缝深度过浅，由于横断面没有明显削弱，应力没有释放，因而在邻近缩缝处产生新的收缩缝。③混凝土路面基础发生不均匀沉陷（如穿越河道、沟槽，拓宽路段处），导致板底脱空而断裂。④混凝土路面板厚度与强度不足，在行车荷载和温度作用下产生强度裂缝。⑤水泥干缩性大；混凝土配合比不合理，水灰比大；材料计量不准确；养护不及时。⑥混凝土施工时，振捣不均匀。

（2）纵向裂缝：①路基发生不均匀沉陷，如由于纵向沟槽下沉、路基拓宽部分沉陷、路堤一侧积水、排灌等导致路基基础下沉，板块脱空而产生裂缝。②由于基础不稳定，在行车荷载和水、温度的作用下，产生塑性变形或者由于基层材料水稳性不良，产生湿软膨胀变形，导致各种形式的开裂，纵缝也是其中一种破坏形式。③混凝土板厚度与基础强度不足产生的荷载型裂缝。

（3）龟裂：①混凝土浇筑后，表面没有及时覆盖，在炎热或大风天气，表面游离水分蒸发过快，体积急剧收缩，导致开裂。

②混凝土拌制时水灰比过大；模板与垫层过于干燥，吸水大。

③混凝土配合比不合理，水泥用量和砂率过小。

④混凝土表面过度振捣或抹平，使水泥和细集料过多上浮至表面，导致缩裂。

（二）预防措施

（1）横向裂缝：①严格掌握混凝土路面的切缝时间②当连续浇捣长度很长，切缝设备不足时，可在 1/2 长度处先锯，之后再分段锯；可间隔几十米设一条压缝，以减少收缩应力的积聚。③保证基础稳定、无沉陷。在沟槽、河道回填处必须按规范要求，做到密实、均匀。④混凝土路面的结构组合与厚度设计应满足交通需要，特别是重车、超重车的路段。⑤选用干缩性较小的硅酸盐水泥或普通硅酸盐水泥。严格控制水泥用量，保证计量准确，并及时养护。⑥混凝土施工时，振捣要适度、均匀。

（2）纵向裂缝：①对于填方路基，应分层填筑、碾压，保证均匀、密实。②对新旧路基界面处的施工应设置台阶或格栅处理，保证路基衔接部位的严格压实，防止相对滑移。③河道地段，淤泥必须彻底清除；沟槽地段，应采取措施保证回填材料有良好的水稳性和压实度，以减少沉降。④在上述地段应采用半刚性基层，并适当增加基层厚度；在拓宽路段应加强土基，使其具有略高于旧路的强度，并尽可能保证有一定厚度的基层能全幅铺筑；在容易发生沉陷地段，混凝土路面板应铺设钢筋网或改用沥青路面。⑤混凝土路面板厚度与基层结构应按现行规范设计，以保证应有的强度和使用寿命。基层必须稳定。宜优先采用水泥、石灰稳定类基层。

（3）龟裂：①混凝土路面浇筑后，及时用潮湿材料覆盖，认真浇水养护，防止强风和暴晒。在炎热季节，必要时应搭棚施工。②配制混凝土时，应严格控制水灰比和水泥用量，选择合适的粗骨料级配和砂率。③在浇筑混凝土路面时：将基层和模板浇水湿透，避免吸收混凝土中的水分。④干硬性混凝土采用平板振动器时，应防止过度振捣而使砂浆积聚表面。砂浆层厚度应控制在 2 ~ 5mm。抹面时不必过度抹平。

（三）治理措施

（1）横向裂缝：①当板块裂缝较大，咬合能力严重削弱时，应局部翻挖修补，先沿裂缝两侧一定范围画出标线，最小宽度不宜小于 1m，标线应与中线垂直，然后沿缝锯齐，凿去标线间的混凝土，浇捣新混凝土。②整块板更换。③用聚合物灌浆法封缝或沿裂缝开槽嵌入弹性或刚性黏合修补防水材料，起封缝防水作用。

（2）纵向裂缝：①如属于土基沉陷等原因引起的，则宜先从稳定土基着手或者等待自然稳定后，再着手修复。在过渡期可采取一些临时措施，如封缝防水；严重影响交通的板块，挖除后可用沥青混合料修复。②裂缝的修复，如采用一般性的扩缝嵌填或浇筑专用修补剂有一定效果，但耐久性不易保证；采用扩缝加筋的办法进行修补具有较好的增强效果。③翻挖重铺是一个常用的有效措施，但基层必须稳定可靠，否则必须首先从加强、稳定基层方面人手。

（3）龟裂：①如混凝土在初凝前出现龟裂，可采用镘刀反复压抹或重新振捣的方法来消除，再加强湿润覆盖养护。②一般对结构强度无甚影响，可不予处理。③必要时应用注浆进行表面涂层处理，封闭裂缝。

五、水泥混凝土路面断板的防治

（一）原因分析

（1）混凝土板的切缝深度不够、不及时以及压缝距离过大。

（2）车辆过早通行。

（3）原材料不合格。

（4）由于基层材料的强度不足，水稳性不良，以致受力不均，出现应力集中而导致的开裂断板。

（5）基层标高控制不严和不平整。

（6）混凝土配合比不当。

（7）施工工艺不当。

（8）边界原因。

（二）预防措施

（1）做好压缝并及时切缝。

（2）控制交通车辆。

（3）合格的原材料是保证混凝土质量的必要条件。

（4）强度、水稳性、基层标高及平整度的控制。

（5）施工工艺的控制。

（6）边界影响的控制。

（三）治理措施

（1）裂缝的修补：裂缝的修补方法有直接灌浆法、压注灌浆法、扩缝灌注法、条带罩面法、全深度补块法。

（2）局部修补：①对轻微断裂，裂缝有轻微剥落的，先画线放样，按画线范围开凿成深 5 ~ 7cm 的长方形凹槽，刷洗干净后，用快凝细石混凝土填补。②对轻微断裂，裂缝较宽且有轻微剥落的断板，应按裂缝两侧至少各 20cm 的宽度放样，按画线范围开凿成深至板厚一半的凹槽，此凹槽底部裂缝应与中线垂直，刷洗干净凹槽，在凹槽底部裂缝的两侧用冲击钻离中线沿平行方向，间距为 30 ~ 40cm，打眼贯通至板厚达基层表面，然后再清洗凹槽和孔眼，在孔眼安设Ⅱ型钢筋，冲击钻钻头采用 30 规格，Ⅱ型钢筋采用 22 螺纹钢筋制作，安设钢筋完成后，用高等级砂浆填塞孔眼至密实，最后用与原路面相同等级的快凝混凝土浇筑至路面齐平。③较为彻底的办法是将凹槽凿至贯通板厚，在凹槽边缘两侧板厚中央打洞，深 10cm，直径为 4cm，水平间距为 30 ~ 40cm。每个洞应先将其周围润湿，插入一根直径为 18 ~ 20mm、长约 20mm 的钢筋，然后用快凝砂众填塞捣实，待砂浆硬后浇筑快凝混凝土夯捣实齐平路面即可。

（3）整块板更换：对于严重断裂，裂缝处有严重剥落，板被分割成3块以上，有错台或裂块并且已经开始活动的断板，应采用整块板更换的措施。由于基层强度不足或渗水软化以及路基不均匀沉降，造成混凝土板断裂成破碎板或严重错台时，应将整块板凿除，在处置好基层以及路基后，重新铺筑新的混凝土板，或采用混凝土预制块或条块石换补。对于路基稳定性差，沉降没有完全结束的段落，建议采用预制块换补断板。对基层也要求采用水泥稳定层。修补块的缝隙宜用水泥砂浆或沥青橡胶填满，以防渗水破坏。

采用重新浇筑新的混凝土板时，若采用常规材料修复或更换，则养护期长，影响交通，最好采用快凝材料。

第六章　桥梁基础施工

桥梁基础是桥梁结构物直接与地基接触的部分，是桥梁下部结构的重要组成部分。承受基础传来的荷载的那一部分地层（岩层或土层）则称为地基，地基与基础受到各种荷载后，其本身将产生附加的应力和变形。为了保证桥梁的正常使用和安全，地基和基础必须具有足够的强度和稳定性，变形也应在容许范围之内。根据地基土的上层变化情况、上部结构的要求、荷载特点和施工技术水平，桥梁基础可采用各种类型。

桥梁基础根据埋置深度分浅置基础和深置基础两类，它们的施工方法不同，设计计算原理也不同。浅置基础是在桥台或桥墩下直接修建的埋深较浅的基础（一般小于 5m）。如若浅层土质不良，则需把基础埋置于较深的良好地层上，这样的基础称为深基础（一般埋置深度大于 5m）。基础埋置在土层内深度虽较浅，但在水下部分较深，如深水中的桥墩基础，称为深水基础。浅置基础最简单经济，也最常用。当需要设置深基础时，则常采用桩基础或沉井基础，特殊桥位也可能采用其他大型基础或组合形式。

确定基础类型方案主要取决于地质土层的工程性质与水文地质条件、荷载特性、桥梁结构形式及其使用要求，以及材料的供应和施工技术等因素。方案选择的原则是：力争做到使用上安全可靠、施工技术上简便可行、经济上合理。因此，必要时应作不同方案的比较，从中得出较为适宜与合理的设计方案及其相应的施工方案。众多工程实例表明，桥梁的地基与基础的设计及施工质量的好坏，是关系到整座桥梁质量的根本问题。因为基础工程是隐蔽工程，如有缺陷，较难发现，也较难弥补或修复，而这些缺陷往往直接影响整座桥梁的使用甚至安危。基础工程施工的进度，经常控制全桥的施工进度，下部工程的造价通常占全桥造价相当大的比重，尤其在复杂地质条件下或深水处修筑基础，更是如此。因此，从事这项工作必须做到精心设计、精心施工，确保万无一失。

桥梁是一个整体结构，上、下部结构和地基是共同工作、相互影响的。地基的任何变形都必然引起上、下部结构的相应位移，上、下部结构的力学特征也必然关系到地基的强度和稳定条件。所以，桥梁基础的设计、施工都应紧密结合桥梁结构的特点和要求，全面分析、综合考虑。

第一节 明挖扩大基础施工

一、一般基础开挖的规定

刚性扩大浅基础的施工常采用明挖法，其施工顺序和主要工作包括基础定位放样、基坑的开挖、坑壁支撑、基坑排水、基坑检验和基底土的处理、基础砌筑及基坑的回填等工序。基础开挖的规定如下：

①承包人应在基础开挖开始之前通知监理工程师，以便检查、测量基础平面位置和现有地面标高。在未完成检查测量及监理工程师批准之前不得开挖。为便于开挖后的检查校核，基础轴线控制桩应延长至基坑外加以固定。

②开挖应进行到图纸所示或监理工程师所指定的标高，最终的开挖深度要依设计期间所进行的钻探和土工试验，并结合基础开挖的实际调查资料来确定。在开挖的基坑未经监理工程师批准之前，不得浇筑混凝土或砌筑圬工。

③在原有建筑物附近开挖基坑时，应按《公路工程施工安全技术规程》的规定，采取有效防护措施，使开挖工作不致危及附近建筑物的安全，所采用的防护措施须经监理工程师同意。基坑周围不得堆放建筑材料、设备和危及基坑安全的杂物。

④所有从挖方中挖出的材料，如果监理工程师认为适用，可用作回填或铺筑路提，或按监理工程师批示的其他方法处理。

⑤在基桩处的基坑开挖，应在打桩之前完成。

⑥必要时，挖方的各侧面应始终予以可靠的支撑，并使监理工程师认可。

⑦所有基础挖方都应始终保持良好的排水，在挖方的整个施工期间都不致遭受水的危害。凡是低于已知地下水位的地方进行开挖并构成基础时，承包人必须提交一份建议用于每个基础的排水方法以及为此而采取的各项措施的报告，并取得监理工程师的批准。

⑧在施工期间，承包人应维护天然水道并使地面排水畅通。

⑨基坑开挖至图纸规定基底标高后，如发现基底承载力达不到图纸规定的承载力要求时，承包人应根据实际钻探（或挖探）及土壤实验资料提出地基处理的方案，报告监理工程师审查，并按监理工程师的批示处理。

二、基础的定位放样及施工

基础定位放样，就是将设计图纸上的墩、台位置和尺寸标定到实际工地上去，这主要是测量问题。定位工作可分为垂直定位和水平定位两个方面。垂直定位是定出墩台基础各部分的标高，可借助于施工现场的水准基点进行；水平定位是定出基础在平面上的位置。由于定位桩随着基坑的开挖必将被挖去，所以还必须在基坑位置以外不受施工影响的地方，订立定位桩的护桩，以备在施工中能随时检查基坑和基础位置是否正确，而基坑外围通常可用龙门板固定，或在地面上以石灰线标出。为避免雨水冲坏坑壁，基坑顶四周应做好排水，截住地表水，基坑下口开挖的大小应满足基础施工的要求，渗水的土质，基底平面尺寸可适当加宽 50–100cm，便于设置排水沟和安装模板，其他情况可放小加宽尺寸，不设基础模板时，按设计平面尺寸开挖。

三、基础的排水

基础工程必须防止地下水和地表水的渗透和浸湿，由于各种水流经基础有侵蚀、解体等作用，会导致构筑物质量受到较大的影响，以致破坏。此外，在施工中将会遇到很多困难，特别是深水区操作，既影响工期，又不能保证质量。因此，基础施工的防水和排水极为重要。现在应用最多的有表面排水和井点法降低地下水位两种。

1）表而排水法

它是基坑整个开挖过程及基础砌筑和养护期间，在基坑四周开挖集水沟汇集坑壁和基底的渗水，并引向一个或多个比集水沟挖得更深一些的集水坑。集水沟和集水坑应在基础范围以外，在基坑每次下挖以前，必须先挖沟与坑，集水坑的深度要大于抽水机吸水龙头的高度，在吸水龙头上罩竹筐围护，以防土体塞入龙头。这种排水方法设备简单、费用低，一般土质条件下均可以采用。当地基土为饱和粉细砂土等黏聚力较小的细料土层时，由于抽水会引起流沙现象，造成基坑的破坏与坍塌，因此应避免采用表面排水法。

2）井点法降低地下水位

井点降水是人工降低地下水位的一种方法，故又称并点降水法。在基坑开挖前，在基坑四周埋设一定数量的滤水管（井），利用抽水设备抽水使所挖的土始终保持干燥状态的方法。所采用的井点类型有轻型井点、喷射井点、电渗井点、管井井点、深井井点等。

一般该方法用于地下水位比较高的施工环境中，是土方工程、地基与基础工程施工中的一项重要技术措施，能疏于基土中的水分，促使土体固结，提高地基强度，同时可以减少土坡土体侧向位移与沉降，稳定边坡，消除流沙，减少基底土的隆起，使位于天然地下水以下的地基与基础工程施工能避免地下水的影响，提供比较干的施工条件，还可以减少土方量、缩短工期、提高工程质量和保证施工安全。

四、水中围堰的修建

围堰是指在水力工程建设中，为建造永久性水力设施，修建的临时性围护结构。其作用是防止水和土进入建筑物的修建位置，以便在围堰内排水，开挖基坑，修筑建筑物。一般主要用于水工建筑中，除作为正式建筑物的一部分外，围堰一般在用完后拆除。在桥梁基础施工中，当桥梁墩、台基础位于地表水位以下时，根据当地材料修筑成各种形式的土堰；在水较深且流速较大的河流，可采用木板桩或钢板桩（单层或双层）围堰，目前多使用双层薄壁钢围堰。围堰既可以防水、围水，又可以支撑基坑的坑壁。

1）围堰分类

围堰应符合以下要求：在材料强度、结构稳定性及防止冲刷等方面应有足够的可靠性；尽量减少渗漏水；水中围堰的堰顶标高一般要求在施工水位 0.5–0.7m 以上。围堰可用土、石、木、钢、混凝土等材料或预制件修建，在基础工程中并冠以材料命名，也有以结构形式命名的。例如利用下沉沉井作为防水围堰，称沉井围堰。中国江西九江长江大桥使用的双壁钢围堰即属此类。常用的围堰有下列几种：

（1）土围堰

用土堆筑成梯形截面的土堤，迎水面的边坡不宜陡于 1 ∶ 2（竖横比，下同），基坑侧边坡不宜陡于 1=1.5，通常用砂质黏土填筑。土围堰仅适用于浅水、流速缓慢及围堰底为不透水土层处。为防止迎水面边坡受冲刷，常用片石、草皮或草袋填土围护。在产石地区还可做堆石围堰，但外坡用土层盖面，以防渗漏水。

（2）木板桩围堰

深度不大，面积较小的基坑可采用木板桩围堰。为了防渗漏，板桩间应有棒槽相接。当水不深时，可用单层木板桩，内部加支撑以平衡外部压力；水较深时，可用双壁木板桩，双壁之间用铁拉条或横木拉紧，中间填土。其高度通常不超过 6 ~ 7m。

（3）木笼围堰

在河床不能打桩、流速较大，同时盛产木材和石料的地区，可用木笼做围堰的堰壁。最常用的形式是用方木做成透空式木笼，迎水面设多层木板防水，就位后，在笼内填石。为减少与河床接触处的漏水，一般用麻袋盛土或混凝土堆置在木笼堰壁外侧。近代也有用钢筋混凝土预制构件装配的笼式围堰。

（4）钢板桩围堰

钢板桩围堰是最常用的一种板桩围堰。钢板桩是带有锁口的一种型钢，其截面有直板形、槽形及Z形等，有各种大小尺寸及连锁形式。常见的有拉尔森式、拉克万纳式等。其优点为：强度高，容易打入坚硬土层；可在深水中施工，防水性能好；能按需要组成各种外形的围堰，并可多次重复使用。因此，它的用途广泛。在桥梁施工中常用于沉井顶的围堰，管柱基础、桩基础及明挖基础的围堰等。这些围堰多采用单臂封闭式围堰内有纵横向支撑，必要时加斜支撑成为一个围笼。如中国南京长江大桥的管柱基础，曾使用钢板桩圆形围堰，其直径21.9m，钢板桩长36m，待水下混凝土封底达到强度要求后，抽水筑承台及墩身，抽水设计深度达20m。在水工建筑中，一般施工面积很大，则常用以做成构体围堰。它是由许多互相连接的单体所构成，每个单体又由许多钢板桩组成，单体中间用土填实。围堰所围护的范围很大，不能用支撑支持堰壁，因此每个单体都能独自抵抗倾覆、滑动和防止连锁处的拉裂。常用的有圆形及隔壁形等形式。

（5）锁口管柱围堰

我国1957年在湖北省明山水库，将有锁口的直径1.55m的钢筋混凝土管柱联成一排，作为防渗墙。20世纪60年代以后，日本发展的钢锁口管柱围堰是将钢管柱连锁成为一个整体，可建成任何形状。若将它作为永久基础使用，则称钢锁口管柱沉井基础，如1978年开始建造的大和川斜张桥，水中三个主墩就是用锁口钢管柱围成直径30–33m、入土深40 ~ 50m的这种基础。

钢筋混凝土（或预应力混凝土）板桩围堰，一般在围堰建成后仍需长期保留时才使用。板桩截面两侧用柠槽或钢件连接，桩底部向一面倾斜，便于打入地内，同时易使两相邻桩密合。主要用于港湾码头的驳岸及水工建筑的截水墙等。

（6）混凝土围堰

一般在河床无覆盖层的岩面，且水压较高处使用。它的主要特点是耐冲刷、安全性大、防透水性好，可以考虑作为永久性结构物的一部分，但施工较困难。一般主要用于水工建筑中，其他土木工程中较少采用。

2）其他分类

按围堰与水流方向的相对位置分为横向围堰和纵向围堰；按导流期间基坑是否允许淹没分为过水围堰和不过水围堰。

围堰施工应严格按照施工方法和施工工艺流程组织施工，尚应注意以下几点：堰底内侧坡脚距基坑顶缘距离不应小于1.0m；围堰填筑前应清理堰底处的树根、草皮、石块等杂物，如有冰块必须彻底清除，填筑时应自上游开始至下游合拢；应先在顶部支撑，才可抽水逐层安设支撑；应防止锁口损坏和由于自重而引起变形，在堆存期间应防止变形和锁口内积水，并采用坚固夹具；应在锁口内填充防水混合料，再用油灰和棉絮填塞接缝。

五、基底检验规定与处理

1）基成检验

基底检验的主要内容包括检查基底平面位置、尺寸大小、基底标高；检查基底土质均匀性、地基稳定性及承载力等；检查基底处理和排水情况；检查施工日志及有关试验资料等。按《桥涵施工技术规范》的要求，基底平面周线位置允许偏差不得大于 20cm，基底标高不得超过 +5cm（土质）、+520cm（石质）。

基底检验根据桥涵大小、地基土质复杂情况（如溶洞、断层、软弱夹层、易熔岩等）及结构对地基有无特殊要求等，按以下方法进行：

①小桥涵的地基，一般采用直观或触探方法，必要时进行土质试验。特殊设计的小桥涵对地基沉陷有严格要求，且土质不良时，宜进行荷载试验。对经加固处理后的特殊地基，一般采用触探或做密实度检验等。

②大、中桥和填土 12m 以上涵洞的地基，一般由检验人员用直观、触探、挖试坑或钻探（钻深至少 4m）试验等方法，确定土质容许承载力是否符合设计要求。对地质特别复杂，或在设计文件中有特殊要求，或虽经加固处理又经触探、密实度检验后尚有疑问时，需进行荷载试验，确认符合设计要求后，方可进行基础结构物施工。

2）基成处理

基底处理的主要方法有：换填土法、桩体挤密法、砂井法、袋装砂井法、预压法加固地基、强夯法、电渗法、振动水冲法、深层搅拌桩法、高压喷射注浆法、化学固化剂法等。对于一般软弱地基土层加固处理方法可归纳为以下 4 种类型：

①换填土法：将基础下软弱土层全部或部分挖除，换填力学物理性质较好的土。

②挤密土法：用重锤夯实或砂桩、石灰桩、砂井、塑料排水板等方法，使软弱土层挤压密实或排水固结。

③胶结土法：用化学浆液灌入或粉体喷射搅拌等方法，使土壤颗粒胶结硬化，改善土的性质。

④土工聚合物法：用土工膜、土工织物、土工格栅与土工合成物等加筋土体，以限制土体的侧向变形，增加土的周压力，有效提高地基承载力。

六、基础的施工

桥梁基础的作用是承受上部结构传来的全部荷载，并把它们和下部结构荷载传递给地基。

因此，为了全桥的安全和正常使用，要求地基和基础要有足够的强度、刚度和整体稳定性，使其不产生过大的水平变位或不均匀沉降。

与一般建筑物基础相比，桥梁基础埋置较深，由于作用在基础上的荷载集中而强大，加之浅层土一般比较松软，很难承受住这种荷载，故有必要把基础向下延伸，使其置于承载力较高的地基上；对于水中墩台基础，由于河床受到水流的冲刷，桥梁基础必须有足够的埋深，以防冲刷基础底面（简称基底）而造成桥梁沉陷或倾覆事故。一般规定桥梁的明挖、沉井、沉箱等基础的基底按其重要性和维修加固难易，应埋置在河床最低冲刷线以下至少 2 ～ 5m。对于冻胀土地基，基底应在冻结线以下至少 0.25m。对于陆地墩台基础，除考虑地基冻胀要求外，还要考虑生物和人类活动及其他自然因素对表土的破坏，基底应在地面以下不小于 10m。对于城市桥梁，常把基础顶置于最低水位或地面以下，以免影响市容。基顶平面尺寸应较墩台底的截面尺寸大，以利施工。在水中修建基础，不仅场地狭窄、施工不便，还经常遇到汛期威胁及漂流物的撞击。在施工过程中如遇到水下障碍，还需进行潜水作业。因此，修建水中基础，一般工期长、技术复杂、易出事故、工程量大，造价常常占到整个桥梁造价的一半，故桥梁基础的修建在整个桥梁工程中占有很重要的地位。

为建造基础而开挖的基坑，其形状和开挖面的大小可视墩台基础及下部结构的形式、施工条件的要求，挖成方形、矩形或长条形的坑槽，基坑的深度而基础埋置深度而定。基坑开挖的断面是否设置坑壁围护结构，可视土的类别性质、基坑暴露时间长短、地下水位的高低以及施工场地大小等因素而定。开挖基坑时常采用机械与人工相结合的施工方法，它不需要复杂的机具，技术条件较简单易操作，常用的机具多为位于坑顶由起吊机操纵的挖土斗和抓土斗，大方量的特大基坑也可用铲式挖土机、铲运机和自卸车等。基坑采用机械挖土，挖至距设计标高约 0.3m 时，应采用人工补控修整，以保证地基土结构不被扰动破坏。具体工序如下：

1）准备工作

在开挖基坑前，应做好复核基坑中心线、方向和高程，并应按地质水文资料，结合现场情况，决定开挖坡度、支护方案以及地面的防水、排水措施。放样工作系根据桥梁中心线与墩台的纵横轴线，推算出基础边线的定位点，再放线画出基坑的开挖范围。基坑底部的尺寸较设计平面尺寸每边各增加 0.5 ～ 1.0m，以便于支撑、排水与立模板（坑壁垂直的无水基坑坑底，可不必加宽，直接利用坑壁作基础模板亦可）。

2）基坑开挖

（1）坑壁不加支撑的基坑

对于在干涸河滩、河沟中，或经改河或筑堤能排除地表水的河沟中，在地下水位低于基底，或渗透量少，不影响坑壁稳定，以及基础埋置不深，施工期较短，挖基坑时不影响邻近建筑物安全的场所，可选用坑壁不加支撑的基坑。

黏性土在半干硬或硬塑状态，基坑顶无活荷载，稍松土质，基坑深度不超过0.5m，中等密实（锹挖）土质基坑深度不超过1.25m，密实（镐挖）土质基坑深度不超过2.0m时，均可采用垂直坑壁基坑。基坑深度在5m以内，土的湿度正常时，采用斜坡坑壁开挖或按坡度比值挖成阶梯形坑壁，每梯高度为0.5 ~ 1.0m为宜，可作为人工运土出坑的台阶。基坑深度大于5m时，坑壁坡度适当放缓，或加做平台。土的湿度影响坑壁的稳定性时，应采用该湿度下土的天然坡度或采取加固坑壁的措施。当基坑的上层土质适合敞口斜坡坑壁条件时，下层土质为密实黏性土或岩石可用垂直坑壁开挖，在坑壁坡度变换处应保留至少0.5m的平台。

（2）坑壁有支撑的基坑

当基坑壁坡不易稳定并有地下水，或放坡开挖场地受到限制，或基坑较深、放坡开挖工程数

量较大，不符合技术经济要求时，可根据具体情况，采取加固坑壁措施，如挡板支撑、钢木结合支撑、混凝土护壁及锚杆支护等。混凝土护壁一般采用喷射混凝土。根据经验，一般喷护厚度为5 ~ 8cm，一次喷护需1 ~ 2h。一次喷护如达不到设计厚度，应等第一次喷层终凝后再补喷，直至要求厚度为止。喷护的基坑深度应按地质条件决定，一般不宜超过10m。

第二节　沉入桩基础施工

打入桩又叫沉入桩，是靠桩锤的冲击能量将预制桩打（压）入土中，使土被压挤密实，以达到加固地基的作用。沉入桩所用的基桩主要为预制的钢筋混凝土桩和预应力混凝土桩。沉入桩的施工方法主要包括：锤击沉桩、振动沉桩、射水沉桩、静力压桩以及钻孔埋置桩等。其特点是：

①桩身质量易于控制，质量可靠；

②沉入施工工序简单，工效高，能保证质量；

③易于水上施工；

④多数情况下施工噪声和振动的公害大、污染环境；

⑤受到运输和起吊等设备条件限制，单节长度有限。

一、沉入桩的预制

预制桩是在工厂或施工现场制成的各种材料、各种形式的桩（如木桩、混凝土方桩、预应力混凝土管桩、钢桩等），用沉桩设备将桩打入、压入或振入土中。建筑施工领域采用较多的预制桩主要是混凝土预制桩和钢桩两大类。混凝土预制桩能承受较大的荷载、坚固耐久、施工速度快，是广泛应用的桩型之一，但其施工对周围环境影响较大，常用的有混凝土实心方桩和预应力混凝土空心管桩。采用的钢桩主要是钢管桩和 H 型钢桩两种，都在工厂生产完成后运至工地使用。

1）钢筋混凝土实心桩

钢筋混凝土实心桩，断面一般呈方形。桩身截面一般沿桩长不变，实心方桩截面尺寸一般为 200mm × 200mm–600mm × 600mm。钢筋混凝土实心桩桩身长度：限于桩架高度，现场预制桩的长度一般在 25 ~ 30m 以内；限于运输条件，工厂预制桩的桩长一般不超过 12m，否则应分节预制，然后在打桩过程中予以接长，接头不宜超过 2 个。钢筋混凝土实心桩的优点：长度和截面可在一定范围内根据需要选择，由于在地面上预制，制作质量容易保证，承载能力高，耐久性好。因此，工程上应用较广。材料要求：钢筋混凝土实心桩所用混凝土强度等级不宜低于 C30；采用静压法沉桩时，可适当降低，但不宜低于 C20；预应力混凝土桩的混凝土强度等级不宜低于 C40；主筋根据桩断面大小及吊装验算确定，一般为 4 ~ 8 根，直径 12–25mm，不宜小于 ф14；箍筋直径为 6 ~ 8mm，间距不大于 200mm，打入桩桩顶 2 ~ 3d 长度范围内箍筋应加密，并设置钢筋网片；预制桩纵向钢筋的混凝土保护层厚度不宜小于 30mm，桩尖处可将主筋合拢焊在桩尖辅助钢筋上，在密实砂和碎石类土中，可在桩尖处包以钢板桩靴，以加强桩尖。

2）混凝土管桩

混凝土管桩一般在预制厂用离心法生产，桩径有 600–300、400–500mm 等，每节长度 8m、10m、12m 不等，接桩时，接头数量不宜超过 4 个。管壁内设 ф12 ~ 22mm，主筋 10 ~ 20 根，外面绕以 ф6mm 螺旋箍筋，多以 C30 混凝土制造。混凝土管桩各节段之间的连接可以用角钢焊接或法兰螺栓连接。由于用离心法成型，混凝土中多余的水分由于离心力而甩出，故混凝土致密、强度高，抵抗地下水和其他腐蚀的性能好。混凝土管桩应达到设计强度 100% 后方可运到现场打桩。堆放层数不超过三层，底层管桩边缘应用楔形木块塞紧，以防滚动。

3）预制桩吊运

钢筋混凝土预制桩应在混凝土达到设计强度等级的 70% 方可起吊，达到设计强度等级的 100% 才能运输和打桩。如提前吊运，必须采取措施并经过验算合格后才能进行，起吊时必须合理选择吊点，防止在起吊过程中过弯而损坏。当吊点少于或等于 3 个时，其位置按正负弯矩相等的原则计算确定；当吊点多于 3 个时，其位置按反力相等的原则计算确定。长 20 ~ 30m 的桩，一般采用 3 个吊点。

4）预制桩运输与堆放

打桩前，桩从制作处运到现场，并应根据打桩顺序随打随运。桩的运输方式，在运距不大时，可用起重机吊运；当运距较大时，可采用轻便轨道小平台车运输。严禁在场地上直接推拉桩体。堆放桩的地面必须平整、坚实，垫木间距应与吊点位置相同，各层垫木应位于同一垂直线上，堆放层数不宜超过 4 层。不同规格的桩，应分别堆放。预应力管桩达到设计强度后方可出厂，在达到设计强度及 14 d 龄期后方可沉桩。预应力管桩在节长≤ 20m 时宜采用两点捆绑法，大于 20m 时采用四吊点法。预应力管桩在运输过程中应满足两点起吊法的位置，并垫以楔形掩木防止滚动，严禁层间垫木出现错位。

二、沉入桩的施工设备

预制桩的沉桩方法有锤击法、静力压桩法、振动法等。锤击法是利用桩锤的冲击克服土对桩的阻力，使桩沉到预定持力层。这是最常用的一种沉桩方法。打桩设备主要有桩锤、桩架和动力装置三部分。

1）桩锤

桩锤对桩施加冲击力，将桩打入土中。主要有落锤、单动汽锤、双动汽锤、柴油锤、液压锤，目前应用最多的是柴油锤。柴油锤是利用燃油爆炸推动活塞往复运动而锤击打桩，活塞质量从几百公斤到数吨。用锤击沉桩宜重锤轻击。若重锤重击，则锤击功大部分被桩身吸收，桩不易打入，且桩头易被打碎。锤重与桩重宜有一定的比值，或控制锤击应力，以防桩被打坏。

2）桩架

桩架是支持桩身和桩锤，将桩吊到打桩位置，并在沉桩过程中引导桩的方向，保证桩锤沿着所要求的方向冲击的打桩设备。常用的桩架形式有以下三种：

①滚筒式桩架。行走靠两根钢滚筒在垫木上滚动。优点是结构比较简单、制作容易，但在平面转弯、调头方面不够灵活，操作人员较多。适用于预制桩和灌注桩施工。

②多功能桩架。多功能桩架的机动性和适应性很大，在水平方向可做 360。旋转，导架可以伸缩和前后倾斜，底座下装有铁轮，底盘在轨道上行走。适用于各种预制桩和灌注桩施工。

③履带式桩架。以履带起重机为底盘，增加导杆和斜撑组成，用以打桩。移动方便，比多功能桩架更灵活，可用于各种预制桩和灌注桩施工。

三、沉入桩的施工

打桩时，由于桩对土体的挤密作用，先打入的桩被后打入的桩水平挤推而造成偏移和变位或被垂直挤拔造成浮桩，而后打入的桩难以达到设计标高或入土深度，造成土体隆起和挤压，截桩过大。所以，群桩施工时，为了保证质量和进度，防止周围建筑物破坏，打桩前应根据桩的密集程度、桩的规格、长短以及桩架移动是否方便等因素来选择正确的打桩顺序。常用的打桩顺序是由一侧向单一方向进行，自中间向两个方向对称进行，自中间向四周进行。

打桩推进方向宜逐排改变，以免土壤朝一个方向挤压，而导致土壤挤压不均匀。对于同一排桩，必要时还可采用间隔跳打的方式。对于大面积的桩群，宜采用后两种打桩顺序，以免土壤受到严重挤压，使桩难以打入，或使先打入的桩受挤压而倾斜。大面积的桩群宜分成几个区域，由多台打桩机采用合理的顺序进行打设。打桩时对不同基础标高的桩，宜先深后浅；对不同规格的桩，宜先大后小，先长后短，宜防止桩的位移或偏斜。

打桩机就位后，将桩锤和桩帽吊起，然后吊桩并送至导杆内，垂直对准桩位缓缓送下插入土中，垂直偏差不得超过 0.5%；然后固定桩帽和桩锤，使桩、桩帽、桩锤在同一铅垂线上，确保桩能垂直下沉。在桩锤和桩帽之间应加弹性衬垫，桩帽和桩顶周围四边应有 5 ~ 10mm 的间隙，以防损伤桩顶。

打桩开始时，应先采用小的落距（0.5–0.8m）做轻的锤击，使桩正常沉入土中 1 ~ 2m 后，经检查桩尖不发生偏移，再逐渐增大落距至规定高度，继续锤击，直至把桩打到设计要求的深度。最大落距不宜大于 1m，用柴油锤时，应使锤跳动正常。在打桩过程中，遇有贯入度剧变、桩身突然发生倾斜、移位或有严重回弹、桩顶或桩身出现严重裂缝或破碎等异常情况时，应暂停打桩，及时研究处理。

打桩有“轻捶高击”和“重锤低击”两种方式。这两种方式，如果所做的功相同，而所得到的效果却不相同。轻捶高击，所得的动量小，而桩锤对桩头的冲击力大，因而回弹也大，桩头容易损坏，大部分能量均消耗在桩锤的回弹上，故桩难以入土；相反，重锤低击，所得的动量大，而桩锤对桩头的冲击力小，因而回弹也小，桩头不易被打碎，大部分能量都可以用来克服桩身与土壤的摩阻力和桩尖的阻力，故桩很快入土。此外，又由于重锤低击的落距小，因而可提高锤击频率，打桩效率也高，正因为桩锤频率较高，对于较密实的土层，如砂土或黏性土也能较容易地穿过，所以打桩宜采用“重锤低击”。

四、试桩试验

打桩质量评定包括两个方面：一是能否满足设计规定的贯入度或标高的要求；

二是桩打入后的偏差是否在施工规范允许的范围内。

1）贯入度标准必须符合设计要求

桩端达到坚硬、硬塑的黏性土、碎石土，中密以上的粉土和砂土或风化岩等土层时，应以贯入度控制为主，桩端进入持力层深度或桩尖标高做参考；若贯入度已达到而桩端标高未达到时，应继续锤击 3 阵，其每阵 10 击的平均贯入度不应大于规定的数值；桩端位于其他软土层时，以桩端设计标高控制为主，贯入度做参考。

上述所说的贯入度是指最后贯入度，即施工中最后 10 击内桩的平均入土深度。贯入度的大小应通过合格的试桩或试打数根桩后确定，它是打桩质量标准的重要控制指标。最后贯入度的测量应在下列正常条件下进行：桩顶没有破坏；锤击没有偏心；锤的落距符合规定；桩帽与弹性垫层正常。打桩时如桩端达到设计标高而贯入度指标与要求相差较大；或者贯入度指标已满足，而标高与设计要求相差较大，如遇到这两种情况，说明地基的实际情况与原来的估计或判断有较大的出入，属于异常情况，都应会同设计单位研究处理，以调整其标高或贯入度控制的要求。

2）平面位置或垂直度必须符合施工规范要求

桩打入后，桩位的允许偏差应符合规范的规定，预制桩（钢桩）桩位的允许偏差必须使桩在提升就位时要对准桩位，桩身要垂直；桩在施打时，必须使桩身、桩帽和桩锤三者的中心线在同一垂直轴线上，以保证桩的垂直入土；短桩接长时，上下节桩的端面要平整，中心要对齐，如发现断面有间隙，应用铁片垫平焊牢；打桩完毕基坑挖土时，应制订合理的挖土方案，以防挖土而引起桩的位移或倾斜。

第三节　钻孔桩基础施工

一、场地准备工作

灌注桩是指在工程现场通过机械钻孔、钢管挤土或人力挖掘等手段在地基土中形成桩孔，并在其内放置钢筋笼、灌注混凝土而做成的桩。依照成孔方法不同，灌注桩又可分为沉管灌注桩、钻孔灌注桩和挖孔灌注桩等几类。钻孔灌注桩是按成桩方法分类而定义的一种桩型。特点：与沉入桩中的锤击法相比，施工噪声和震动要小得多；能建造比预制桩直径大得多的桩；在各种地基上均可使用；施工质量的好坏对桩的承载力影响很大；因混凝土是在泥水中灌注的，因此混凝土质量较难控制。施工前应根据施工地点的水文、工程地质条件及机具、设备、动力、材料、运输等情况，布置施工现场。具体如下：

①场地为旱地时，应平整场地、清除杂物、换除软土、夯打密实，钻机底座应布置在坚实的填土上。

②场地为陡坡时，可用木排架或枕木搭设工作平台，平台应牢固可靠，保证施工顺利进行。

③场地为浅水时，可采用筑岛法，岛顶平面应高出水面 1 ~ 2m。

④场地为深水时，根据水深、流速、水位涨落、水底地层等情况，采用固定式平台或浮动式钻探船。

二、钻孔成桩施工准备

①钻孔场地应清除杂物、换除软土、平整压实。

②开钻前按照施工图纸要求在选定位置进行试桩，根据试桩资料验证设计采用的地质参数，并根据试桩结果确定是否调整桩基设计。根据地层岩性等地质条件、技术要求确定钻进方法和选用合适的钻具。

③对钻机各部位状态进行全面检查，确保其性能良好。

④浅水基础利用草袋围堰构筑工作平台。

三、钻孔方法

钻孔灌注桩的施工，有泥浆护壁法和全套管施工法两种。

1）泥浆护壁施工法

冲击钻孔、冲抓钻孔和回转钻削成孔等均可采用泥浆护壁施工法。施工工序如下：

（1）施工准备

施工准备包括：选择钻机、钻具、场地布置等。钻机是钻孔灌注桩施工的主要设备，可根据地质情况和各种钻孔机的应用条件来选择。

（2）钻孔机的安装与定位

安装钻孔机的基础如果不稳定，施工中易产生钻孔机倾斜、桩倾斜和桩偏心等不良影响，因此要求安装地基稳固。对地层较软和有坡度的地基，可用推土机推平，再垫上钢板或枕木加固。

为防止桩位不准，施工中很重要的是定好中心位置和正确安装钻孔机。对有钻塔的钻孔机，先利用钻机的动力与附近的地笼配合，将钻杆移动大致定位，再用千斤顶将机架顶起，准确定位，使起重滑轮、钻头或固定钻杆的卡孔与护筒中心在一垂线上，以保证钻机的垂直度。钻机位置的偏差不大于 2cm，对准桩位后，用枕木垫平钻机横梁，并在塔顶对称于钻机轴线上拉上缆风绳。

（3）埋设护筒

钻孔成败的关键是防止孔壁坍塌，当钻孔较深时，在地下水位以下的孔壁土在静水压力下会向孔内坍塌，甚至发生流沙现象。钻孔内若能保持孔壁地下水位高的水头，增加孔内静水压力，以防止坍孔。护筒除起到这个作用外，同时有隔离地表水、保护孔口地面、固定桩孔位置和钻头导向作用等。

制作护筒的材料有木、钢、钢筋混凝土三种。护筒要求坚固耐用，不漏水，其内径应比钻孔直径大（旋转钻约大 20cm，潜水钻、冲击或冲抓锥约大 40cm），每节长度 2 ~ 3m，一般常用钢护筒。

（4）泥浆制备

钻孔泥浆由水、黏土（膨润土）和添加剂组成，具有浮悬钻渣、冷却钻头、润滑钻具，增大静水压力，并在孔壁形成泥皮，隔断孔内外渗流，防止坍孔的作用。调制的钻孔泥浆及经过循环净化的泥浆，应根据钻孔方法和地层情况来确定泥浆稠度。泥浆稠度应视地层变化或操作要求机动掌握，泥浆太稀，排渣能力小、护壁效果差；泥浆太稠，会削弱钻头冲击功能，降低钻进速度。

（5）钻孔

钻孔是一道关键工序，在施工中必须严格按照操作要求进行，才能保证成孔质量。首先要注意开孔质量，为此必须对好中线及垂直度，并压好护筒。在施工中要注意不断添加泥浆和抽渣（冲击式用），还要随时检查成孔是否有偏斜现象。采用冲击式或冲抓式钻机施工时，附近土层因受到震动而影响邻孔的稳固。所以钻好的孔应及时清孔，下放钢筋笼和灌注水下混凝土。钻孔的顺序也应事先规划好，既要保证下一个桩孔的施工不影响上一个桩孔，又要使钻机的移动距离不要过远和相互干扰。

（6）清孔

钻孔的深度、直径、位置和孔形直接关系到成桩质量与桩身曲直。为此，除了钻孔过程中密切观测监督外，在钻孔达到设计要求深度后，应对孔深、孔位、孔形、孔径等进行检查。在终孔检查完全符合设计要求时，应立即进行孔底清理，避免隔时过长以致泥浆沉淀，引起钻孔坍塌。对于摩擦桩，当孔壁容易坍塌时，要求在灌注水下混凝土前沉渣厚度不大于 30cm；当孔壁不易坍塌时，不大于 20cm。

（7）灌注水下混凝土

清完孔之后，就可将预制的钢筋笼垂直吊放到孔内，定位后要加以固定，然后用导管灌注混凝土，灌注时混凝土不要中断，否则易出现断桩现象。

2）全套管施工法

全套管施工法的主要施工步骤除不需泥浆及清孔外，其他的与泥浆护壁法类同。压入套管的垂直度，取决于挖掘开始阶段的 5 ~ 6m 深时的垂直度，因此应使用水准仪及铅锤校核其垂直度。

四、钻孔故障及处理措施

1）塌孔

预防措施：根据不同地层，控制使用好泥浆指标；在回填土、松软层及流沙层钻进时，严格控制速度；地下水位过高，应升高护筒，加大水头；地下障碍物处理时，一定要将残留的混凝土块处理清除；孔壁坍塌严重时，应探明坍塌位置，用砂和黏土混合回填至坍塌孔段以上 1 ~ 2m 处，捣实后重新钻进。

2）缩径

预防措施：选用带保径装置钻头，钻头直径应满足成孔直径要求，并应经常检查，及时修复；易缩径孔段钻进时，可适当提高泥浆的黏度，对易缩径部位也可采用上下反复扫孔的方法来扩大孔径。

3）桩孔偏斜

预防措施：保证施工场地平整，钻机安装平稳，机架垂直，并注意在成孔过程中定时检查和校正；钻头、钻杆接头逐个检查调整，不能用弯曲的钻具；在坚硬土层中不强行加压，应吊住钻杆，控制钻进速度，用低速度进尺；对地下障碍物预先处理干净，对已偏斜的钻孔，控制钻速，慢速提升，下降往复扫孔纠偏。

五、钢筋骨架吊放及预防措施

1）钢筋笼安装与设计标高不符

预防措施：钢筋笼制作完成后，注意防止其扭曲变形；钢筋笼入孔安装时要保持垂直；混凝土保护层垫块设置间距不宜过大；吊筋长度精确计算，并在安装时反复核对检查。

2）钢筋笼的上浮

钢筋笼上浮的预防措施：严格控制混凝土质量，坍落度控制在（18 ± 3）cm，混凝土和易性要好；混凝土进入钢筋笼后，混凝土上升不宜过快；导管在混凝土内埋深不宜过大，严格控制在 10m 以下，提升导管时，不宜过快，防止导管钩将钢筋笼带上等。

六、混凝土的灌注及预防措施

①混凝土采用 200 ~ 300mm 钢导管灌注，导管采用吊车分节吊装，丝扣式快速接头连接。灌注前，对导管进行水密、承压试验。

②安装储料斗及隔水栓，储料斗的容积要满足首批灌注下去的混凝土埋置导管

深度的要求，封底时导管埋入混凝土中的深度不得小于 1m；首批混凝土方量是根据桩径和导管埋深及导管内混凝土的方量而定，将混凝土搅拌运输车内的混凝土倒入封底料斗内，由专人统一指挥，待全部准备好后将隔水栓拉起进行封底，同时混凝土搅拌运输车快速反转，加快出料速度。

③灌注开始后应紧凑连续地进行，不得中断，同时要防止混凝土从漏斗内溢出或从漏斗外掉入孔底；在灌注过程中，技术人员应经常检查孔内混凝土面的位置和混凝土质量，掌握拆除导管时间，严格控制导管埋深，防止导管提漏或埋管过深拔不出而出现断桩；使导管埋入混凝土内的深度始终保持在 2 ~ 6m，并做好灌注记录；测深时采用专用测绳及测锤进行，每测一次用钢尺检查深度，以钢尺测量为准，探测至混凝土面时手感有石子碰撞测锤为准，否则为砂浆或沉渣。

④灌注混凝土时，要保持孔内水头，防止出现坍孔。

⑤桩身混凝土灌注顶面高出设计桩顶高程 0.8–1.0m，以保证桩头质量。

七、钻孔灌注桩质量检验要求

①混凝土质量的检查和验收，应符合规范的规定。每桩试件组数一般为 2 组。

②承包人应在监理工程师在场的情况下，对下列规定的钻孔桩，采用经监理工程师同意的无破损检测法，进行桩的质量检验和评价。小桥选有代表性的桩或重要部位的桩进行检测；中桥、大桥及特大桥的钻孔桩，应逐根进行检测。

③承包人应在工地配备能对全桩长钻取 70mm 直径或较大芯样的设备和经过训练的工作人员，也可以分包给经监理工程师认可的钻探队来承担钻取芯样的工作。

④若设计有规定和监理工程师对桩的质量有疑问时，或在施工中遇到的任何异常情况，说明桩的质量可能低于要求的标准时，应采用钻取芯样对桩进行检验，以检验桩的混凝土灌注质量。对支承桩应钻到桩底 0.5m 以下。钻芯检验应在监理工程师指导下进行，检验结果若不合格，则应视为废桩。

⑤当监理工程师对每一根成桩平面位置的复查、试验结果及施工记录都认可后，监理工程师应以书面形式进行批准，在未得到监理工程师的批准前，不得进行该桩基础的其他工作。

第四节　沉井与沉箱基础施工

沉井基础是以沉井法施工的地下结构物和深基础的一种形式，是先在地表制作成一个井筒状的结构物（沉井），然后在井壁的围护下通过从井内不断挖土，使沉井在自重作用下逐渐下沉，达到预定设计标高后，再进行封底，构筑内部结构。广泛应用于桥梁、烟囱、水塔的基础；水泵房、地下油库、水池竖井等深井构筑物和盾构或顶管的工作井。技术上比较稳妥可靠，挖土量少，对邻近建筑物的影响比较小，沉井基础埋置较深，稳定性好，能支撑较大的荷载。沉井是一个无底无盖的井筒，一般由刃脚、井壁、隔墙等部分组成。

沉井按其截面轮廓分，有圆形、矩形和圆端形三类。

①圆形沉井水流阻力小，在同等面积下，同其他类型相比，周长最小，摩阻力相应减小，便于下沉；井壁只受轴向压力，且无绕轴线偏移问题。

②矩形沉井和等面积的圆形沉井相比，其惯性矩及核心半径均较大，对基底受力有利；在侧压力作用下，沉井外壁受较大的挠曲应力。

③圆端形沉井对支撑建筑物的适应性较好，也可充分利用基础的圬工，井壁受力也较矩形有所改善，但施工较复杂。

使用材料：有木沉井，砖、石沉井，混凝土沉井，钢筋混凝土沉井和钢沉井等。木沉井用木材较多，现很少采用。砖、石沉井过去多用于中小桥梁，现在常用的是钢筋混凝土沉井，或底节为钢筋混凝土，钢沉井多用于大型浮运的沉井。

外壁：沉井的外壁可做成铅直形、台阶形或斜坡形。斜坡形虽可减少周围的摩阻力，但下沉过程中容易倾斜；台阶形便于加高井壁。沉井的内部可根据需要作隔墙，划分成几个取土井，但取土井必须对称设置，以利均衡挖土或纠正偏斜；取土井尺寸，须能容纳机械挖土斗自由上下。

一、沉井的制作

陆地下沉井均采用就地制造。在浅水中，下沉井需先做围堰，填土筑岛出水面，再就地制造；在深水处，下沉井一般均采用在岸边陆地制造，浮运就位下沉。

就地制造沉井，井壁多为实体，自重较大，而刃脚部分面积小，重心较高，为使其在制造过程中不致因地面下沉而引起沉井开裂或倾倒，过去多在地面整平后，先铺垫木，以增加承压面积，再立模板制造沉井，下沉前需边抽垫木，边以砂将刃脚处填实，然后再挖土下沉。现今则用砂土夯实做成刃脚土模，表面抹层水泥，在土模内制造刃脚部分，既节约木料，又简化施工工艺。如我国枝城长江大桥引桥桥墩基础的沉井刃脚部分，就是用此法灌筑的。

水中沉井的施工：筑岛法——水流速不大，水深在 3m 或 4m 以内；浮运沉井施工——水流速较大，水深较深。

二、沉井施工

沉井施工步骤：场地平整，铺垫木，制作底节沉井；拆模，刃脚下一边填塞砂、一边对称抽拔出垫木；均匀开挖下沉沉井，底节沉井下沉完毕；建筑第二节沉井，继续开挖下沉并接筑下一节井壁；下沉至设计标高，清基；沉井封底处理；施工井内设计和封顶等。

沉井下沉分排水和不排水下沉两种。在软弱土层中须采用不排水下沉，以防涌砂和外周边土坍陷，造成沉井倾斜及位移，必要时采取井内水位略高于井外水位的施工方法。出土机械可使用抓土斗、空气吸泥机、水力吸泥机等。近代各国发展用锚桩及千斤顶将沉井压下的方法。此外，还有用大直径钻机在井底钻挖的方法，如日本在圆形沉井内采用臂式旋转钻机，在硬黏土层内开挖，直径可达 11m，由沉井外的电视机反映操作情况及下沉速度。

沉井到达设计标高后，一般用水下混凝土封底。井孔是否填充，应根据受力或稳定要求决定，可填砂石或混凝土，但在低于冻结线 0.25m 以上的部分应用混凝土或与工填实，沉井基础的最后一道工序是灌筑顶盖。

沉井外壁和土的摩擦力是沉井下沉的主要阻力，为克服这种阻力，一是加大沉井壁厚或在沉井上部增加压重，二是设法减少井壁和土之间的摩擦力。减少摩擦力的方法很多，常用的有射水法、泥浆套法及壁后压气法。

①射水法。在沉井下部井壁外面，预埋设水管嘴，在下沉过程中射水以减小周边阻力。

②泥浆套法。在沉井井壁和土层之间灌满触变泥浆以减少摩擦力，触变泥浆是用黏性土、水、化学处理剂等按一定配合比搅拌而成，当静置时它处于“凝胶”状态，沉井下沉时它受到搅动，又恢复“溶胶”状态而大大减少摩擦力。

③壁后压气法。在井壁内预埋管路，并沿井壁外侧水平方向每隔一定高度设一排气龛，在下沉过程中，沿管路输送的压缩空气从气龛内喷出，再沿井壁上升，从而减少摩擦力。初步资料表明：在粉细砂层及含水量较大的黏性土层中，可以减少摩擦力 30% 以上，下沉速度加快（与气龛数和喷气量有关），且无泥浆套法的缺点，可在水中施工，不受冲刷的影响，但在卵石层及硬黏土层内效果较差。

三、浮式沉井施工

浮运的沉井，在陆地先做底节，以减轻质量，在浮运到位后再接筑上部。为增加沉井的浮力便于浮运，常采取以下三种方法。

①在钢沉井内加装气筒，浮运到位后，在沉井内部空间填充混凝土并接高沉井，为控制吃水深度，可在气筒内充压缩空气，待沉入河底预定位置后，再除去气筒顶

盖，挖泥（或吸泥）下沉。此法用钢量大，制造安装都较复杂，宜用于深水大型沉井。美国旧金山奥克兰湾桥，第一次采用此法，该桥最大的沉井为 60m × 28m，内装 55 个直径 4.5m 的气筒。中国在南京长江大桥也曾使用 18.26m × 22.42m、底节高 11.65m 的钢沉井，内有 20 个直径 3.2m 的气筒，浮运就位后，以钢筋混凝土将沉井接高至 5m，中间隔墙全部用预制件。

②将沉井做成双壁式使能自浮，到位后在壁内灌水或灌筑混凝土下沉。这种沉井可用钢、木或钢筋混凝土制造。我国 1972 年在四川宜宾岷江公路桥，将制造钢丝网水泥船的经验用于造双壁浮运沉井。沉井外径 12m，高 7.5m，双壁厚 1.3m，网壁厚 3cm，中间一层钢筋网，4 ~ 6 层钢丝网上抹水泥砂浆，重 60t，采用岸边制造，滑道下水，拉锚定位，灌水下沉。因这种材质的沉井具有较高的弹性和抗裂性，以后在四川南充嘉陵江大桥及湖南益阳桥修建时都曾经使用。

③在沉井底部加临时底板以增加浮力，待到位沉入河底后，再拆除底板，挖泥下沉。如因风振而破坏的美国塔科马海峡桥，其水中桥墩基础为钢筋混凝土沉井，尺寸是 20.1m × 36.6m，曾用此法施工。

在深水处，采用浮式沉井施工时，有关沉井下水、浮运及悬浮状态下接高、下沉等，必须加以严密控制：

①各类浮式沉井在下水前，应对各节浮式沉井进行水密性试验，合格后方可下水。

②浮式沉井下水前，应制订下水方案。采用起吊下水时，应对起重设备进行检查，在河岸有适合坡度，采用滑称、牵引等方法下水时，必须严防倾覆。

③浮式沉井，必须对浮运、就位和落河床时的稳定性进行检查。

浮式沉井，定位落河床前，应考虑潮水涨落的影响，对所有锚碇设备进行检查和调整，使沉井安全准确落位；浮式沉井落河床后，应尽快下沉，并使沉井达到保持稳定的深度；随时观察沉井的倾斜、移位及河床冲刷情况。

四、沉箱基础施工

沉箱下沉前需具备以下条件：

①所有设备已经安装、调试完成，相应配套设备已配备完全；

②所有通过底板管路均已连接或密封；

③基坑外围回填土已结束；

④工作室内建筑垃圾已清理干净。

⑤井壁混凝土已达到强度。

下沉过程中箱内的各种设备应架设牢固，箱外浇筑平台、脚手架等不应与箱壁连接。沉箱下沉加气应在沉箱下沉至地下水位以下 0.5 ～ 1m 开始加气，施工现场应有备用供气设备。沉箱施工时，应首先保证工作室内气压的相对稳定，工作室内气压原则上应与外界地下水位相平衡。沉箱在穿越砂性土等渗透性较高土层时，应维持气压略低于地下水位的水平。挖机取土下沉时应先在井格中央形成锅底，逐步均匀向周围扩大，应避免掏挖刃脚处土体，保证此处的土塞高度。当沉箱偏斜达到允许值的 1/4 时应进行纠偏。沉箱的助沉措施，可采用触变泥浆和压重措施，不宜使用空气幕助沉。

五、无施工事故及应急措施

沉井施工时出现的问题主要有瞬间突沉、下沉搁置、沉井悬挂。

1）瞬间突沉

现象：沉井在瞬时间内失去控制，下沉量很大或很快，出现突沉或急剧下沉，严重时往往使沉井产生较大的倾斜或使周围地面塌陷。

原因分析：在软黏土层中，沉井侧面摩阻力很小，当沉井内挖土较深，或刃脚下土层掏空过多，使沉井失去支撑，常导致突然大量下沉或急剧下沉。当黏土层中挖土超过刃脚太深，形成较深锅底，或黏土层只局部挖除，其下部存在的砂层被水力吸泥机吸空时，刃脚下的黏土一旦被水浸泡而造成失稳，会引起突然塌陷，使沉井突沉。当采用不排水下沉，施工中途采取排水迫沉时，突沉情况尤为严重。沉井下沉遇有粉砂层，由于动水压力的作用，向井筒内大量涌砂，产生流沙现象，而造成急剧下沉。

预防措施：在软土地层下沉的沉井可增大刃脚踏面宽度，或增设底梁以提高正面支承力；挖土时，在刃脚部位宜保留约 50cm 宽的土堤，控制均匀削土，使沉井挤土缓慢下沉；在黏土层中严格控制挖土深度（一般为 40cm）不能太多，不使挖土超过刃脚，可避免出现深的锅底将刃脚掏空；黏土层下有砂层时，防止把砂层吸空；控制排水高差和深度，减小动水压力，使其不能产生流沙或隆起现象，或采取不排水下沉的方法施工。

2）下沉搁置

现象：沉井被地下障碍物搁住或卡住，出现不能下沉或下沉困难的现象。

原因分析：沉井下沉局部遇孤石、大块卵石、矿渣块、砖石、混凝土基础、管线、钢筋、树根等被搁置、卡住，造成沉井难以下沉。下沉中遇局部软硬不均地基或倾斜岩层。

预防措施：施工前做好地基勘察工作，对沉井壁下部 3m 以内的各种地下障碍物，下沉前挖井取出。对局部软硬不均地基或倾斜岩层，采取先破碎开挖较硬土层或倾斜岩层，再挖较弱土层，使其均匀下沉。

治理方法：遇较小孤石，可将四周土掏空后取出；遇较大孤石或大块石、地下沟道等，可用风动工具或用松动爆破方法破碎成小块取出。炮孔距刃脚不小于50cm，其方向须与刃脚斜面平行，药量不得超过200g，并设钢板、草垫防护，不得用裸露爆破。钢管、钢筋、树根等可用氧气烧断后取出。不排水下沉，爆破孤石，除打眼爆破外，也可用射水管在孤石下面掏洞。

3）沉井悬崖

现象：沉井下沉过程中，刃脚下部土体已经掏空，而沉井的自重仍不能克服摩阻力下沉，产生悬挂现象，有时将井壁拉裂。

原因分析：井壁与土壁间的摩阻力过大，沉井自重不够，下沉系数过小；沉井平面尺寸过小，下沉深度较大，遇较密实的土层，其上部有可能被土体夹住，使其下部悬空，有时将井壁拉裂。

预防措施：使沉井有足够的下沉自重；下沉前应验算沉井的下沉系数，应不小于1.1 ~ 1–25。加大刃脚上部空隙，使井壁与土体间有一定空间，以避免被土体夹住。

治理方法：用0.2–0.4mPa的压力流动水针沿沉井外壁缝隙冲水，以减少井壁和土体间的摩阻力；在井筒顶部加荷载，或继续浇筑上节筒身混凝土增加自重和对刃口下土体的压力，但应在悬空部分下沉后进行，以免突然下沉破坏模板和混凝土结构；继续第二层碗形挖土，或挖空刃脚土，必要时向刃脚外掏深100mm；在岩石中下沉，可在悬挂部位进行补充钻孔和爆破。

第五节 地下连续墙基础施工

一、地下连续墙的分类与特征

由于目前挖槽机械发展很快，与之相适应的挖槽工法层出不穷，有不少新的工法已经不再使用膨润土泥浆；墙体材料已经由过去以混凝土为主而向多样化发展，不再单纯用于防渗或挡土支护，越来越多地作为建筑物的基础，所以很难给地下连续墙一个确切的定义。

一般地下连续墙可以定义为：利用各种挖槽机械，借助于泥浆的护壁作用，在地下挖出窄而深的沟槽，并在其内浇注适当的材料而形成一道具有防渗（水）、挡土和承重功能的连续的地下墙体。

地下连续墙的分类如下：

①按成墙方式可分为：桩排式、槽板式、组合式。

②按墙的用途可分为：防渗墙、临时挡土墙、永久挡土（承重）墙、作为基础用的地下连续墙。

③按墙体材料可分为：钢筋混凝土墙、塑性混凝土墙、固化灰浆墙、自硬泥浆墙、预制墙、泥浆槽墙（回填砾石、黏土和水泥三合土）、后张预应力地下连续墙、钢制地下连续墙。

④按开挖情况可分为：地下连续墙（开挖）、地下防渗墙（不开挖）。

地下连续墙施工震动小、噪声低，墙体刚度大，防渗性能好，对周围地基无扰动，可以组成具有很大承载力的任意多边形连续墙代替桩基础、沉井基础或沉箱基础。对土壤的适应范围很广，在软弱的冲积层、中硬地层、密实的沙砾层以及岩石的地基中都可施工。初期用于坝体防渗，水库地下截流，后发展为挡土墙、地下结构的一部分或全部。房屋的深层地下室、地下停车场、地下街、地下铁道、地下仓库、矿井等均可应用。

二、地下连续墙施工工艺流程

在挖基槽前先做保护基槽上口的导墙，用泥浆护壁，按设计的墙宽与深分段挖槽，放置钢筋骨架，用导管灌注混凝土置换出护壁泥浆，形成一段钢筋混凝土墙。逐段连续施工成为连续墙。

1）导墙

导墙通常为就地灌注的钢筋混凝土结构。主要作用是保证地下连续墙设计的几何尺寸和形状；容蓄部分泥浆，保证成槽施工时液面稳定；承受挖槽机械的荷载，保护槽口土壁不被破坏，并作为安装钢筋骨架的基准。导墙深度一般为 1.2–1.5m。墙顶高出地面 10–15cm，以防地表水流入而影响泥浆质量。导墙底不能设在松散的土层或地下水位波动的部位。

2）泥浆护壁

通过泥浆对槽壁施加压力以保护挖成的深槽形状不变，灌注混凝土把泥浆置换出来。泥浆材料通常由膨润土、水、化学处理剂和一些惰性物质组成。泥浆的作用是在槽壁上形成不透水的泥皮，从而使泥浆的静水压力有效地作用在槽壁上，防止地下水的渗水和槽壁的剥落，保持壁面的稳定，同时泥浆还有悬浮土渣和将土渣携带出地面的功能。

在沙砾层中成槽，必要时可采用木屑、蛭石等挤塞剂防止漏浆。泥浆使用方法分静止式和循环式两种。泥浆在循环式使用时，应用振动筛、旋流器等净化装置。在指标恶化后要考虑采用化学方法处理或废弃旧浆，换用新浆。

3）成槽施工

使用成槽的专用机械有：旋转切削多头钻、导板抓斗、冲击钻等。施工时应视地质条件和筑墙深度选用。一般土质较软，深度在15m左右时，可选用普通导板抓斗；对密实的砂层或含砾土层，可选用多头钻或加重型液压导板抓斗；在含有大颗粒卵砾石或岩基中成槽，以选用冲击钻为宜。槽段的单元长度一般为6 ~ 8m，通常结合土质情况、钢筋骨架质量及结构尺寸、划分段落等决定。成槽后需静置4 h，并使槽内泥浆比重小于1.3。

4）水下灌注混凝土

采用导管法按水下混凝土灌注法进行，但在用导管开始灌注混凝土前为防止泥浆混入混凝土，可在导管内吊放一管塞，依靠灌入的混凝土压力将管内泥浆挤出，混凝土要连续灌注并测量混凝土灌注量及上升高度。所溢出的泥浆送回泥浆沉淀池。

5）墙体接头处理

地下连续墙是由许多墙段拼组而成，为保持墙段之间连续施工，接头采用锁口管工艺，即在灌注槽段混凝土前，在槽段的端部预插一根直径和槽宽相等的钢管，即锁口管，待混凝土初凝后将钢管徐徐拔出，使端部形成半凹棒状。也有根据墙体结构受力需要而设置刚性接头的，以使前后两个墙段联成整体。

三、地下连续墙的检测

地下连续墙槽底的沉渣必须清理，清理后的沉渣厚度不大于200mm。地下连续墙水下混凝土必须连续浇筑，严禁发生中断或导管进水现象。每槽段实际浇筑混凝土的数量严禁小于计算体积。

超声波地下连续墙检测仪利用超声探测方法，将超声波传感器侵入钻孔中的泥浆里，可以很方便地对钻孔四个方向同时进行孔壁状态监测，可以实时监测连续墙槽宽、钻孔直径、孔壁或墙壁的垂直度、孔壁或墙壁坍塌状况等；可以帮助改善钻孔质量、减少工作时间、降低工程费用；

输出清晰的孔以及槽壁图像，是目前几种常见同类进口设备所无法比拟的。目前超声波钻孔检测仪无论从成图清晰度、检测数据的准确，还是机械性能等方面已经完全可以取代进口设备，而且检测图像更直观、清晰，对泥浆的适应能力更高。

第七章　公路小桥施工

第一节　桥梁组成及施工方法概述

一、简支梁桥的基本组成

道路路线通过江河、湖泊、山谷、深沟以及其他路线障碍物时，为了保持道路的连续性和车辆的正常行驶，就需要修建专门的人工跨越构造物——桥梁。根据桥梁结构的外形、受力特点、建筑材料、工程规模等的不同可将其做多种形式的分类，各类型桥梁中又可根据细部构造的不同做进一步划分，因此，桥梁工程具有多样性。本书只介绍结构形式相对简单的混凝土简支梁（板）桥的主要部位，目的在于简要介绍桥梁各部位的施工方法。

桥梁一般由基础、墩（台）、桥跨结构、桥面系等部分组成。桥墩和桥台是支撑桥跨结构并将恒载和活载传至地基的建筑物。通常设置在桥两端的桥台，它除了上述作用外，还起着衔接路基、抵御路堤填土压力的作用。将桥墩和桥台全部荷载传至地基的部分称为桥梁基础，它是确保桥梁安全工作的重要组成部分。由于基础往往深埋于土层之中，并且有时需在水下施工，故也是桥梁施工中比较困难的部分。通常人们习惯地称桥跨结构为桥梁的上部构造，称桥墩和桥台为桥梁的下部构造。桥梁工程具有施工部位多，且各部位施工方法多样等特点，施工技术也相当复杂。

1．基础施工

一般来说，桥梁基础工程发展到今天，已经不受水文、地质条件的控制，所重视的是工程结构本身的安全和经济性。目前国内已经形成了适合我国国情的一整套桥梁基础施工工艺及相应的设备。

桥梁基础工程由于在地面以下或在水中，属于隐蔽工程，涉及地质和水文地质等问题，从而增加了它的施工复杂性和不可预见性，使桥梁基础施工无法采用统一的模式。但桥梁基础形式大致可以分为扩大基础、桩基础、管柱基础、沉井基础和组合基础等，这些形式的基础可采用相应的方法组织施工。

2．墩（台）施工

桥梁墩（台）施工方向为垂直向上，解决材料、设备垂直提升和施工安全问题是施工的主要矛盾。根据墩柱的断面形式、高度、工期要求、现场施工条件及设备能力，混凝土墩柱可采用常规模具施工、翻模施工、爬架施工及滑模施工等方法。

3．上部构造施工

桥梁上部构造施工要解决的主要问题是材料、构件的垂直提升，而且单个提升单元的质量往往较大。对这一问题的解决方法不同，就出现多种上部构造施工方法。此外，由于桥梁类型多、跨度变化大，再加上结构生产的预制化、结构设计方法的进步和机械设备的发展，施工方法也相应得到进步和发展，也形成了多种多样的施工方法。主要有：

（1）就地浇筑法

就地浇筑法是在桥位处搭设施工支架，在支架上浇筑梁体混凝土，待其达到强度要求后拆除模板、支架。是传统的施工方法。

（2）预制安装法

在预制工厂或现场预制场进行梁体的预制工作，然后采用一定的架设方法将梁体安装到预定设计位置。预制安装法施工是目前公路混凝土简支梁桥上部构造施工的主要方法。

（3）悬臂施工法

悬臂施工法是从桥墩开始，两侧对称进行现浇梁或将预制节段对称进行拼装。前者称悬臂浇筑施工，后者为悬臂拼装施工。连续刚构桥的上部构造即采用悬臂浇筑方法施工。

（4）转体施工法

转体施工是将桥梁构件先在桥位处岸边（或路边适当位置）进行预制，待混凝土达到设计强度且组件成型后旋转构件就位的施工方法。转体施工时的静力组合不变，它的支座位置就是施工时的旋转支承和旋转轴，桥梁完工后，按设计要求改变支承情况。

（5）顶推施工法

顶推施工是在沿桥纵轴方向的台后设置预制场地，分节段预制，并用纵向预应力筋将预制节段与施工完成的梁体联成整体，然后通过水平千斤顶施力，将梁体向前顶推出预制场地，之后继续在预制场进行下一节段梁体的预制，循环操作直至梁体施工完成。连续梁桥的施工可采用这种方法。

（6）移动模架逐孔施工法

逐孔施工是中等跨径预应力混凝土连续梁桥的一种施工方法，它使用一套安装在桥梁下部构造上的支撑体系构成施工平台，即为移动模架，形成上部构造施工场地，各主要施工工序在移动模架上完成，施工时从桥的一端向前逐孔进行，直到对岸。

（7）横移施工法

横移施工是在拟安装结构的位置侧面先进行构件预制，然后横向移动该预制构件至规定位置上形成桥垮。

（8）提升与浮运施工法

这是一种采用竖向运输就位的施工方法。提升施工是在拟安装结构物以下的地面上预制该结构并把它提升就位。浮运施工是将梁体在岸上预制，通过大型浮船移运至桥位，利用船的上下起落或吊装设备将梁体安装就位的方法。

选择确定桥梁的施工方法，需要根据桥位的地形、环境、安装方法的安全性、经济性、施工速度等因素充分考虑。

第二节　桥梁基础及墩（台）的施工

一、扩大基础施工

扩大基础是桥涵及其他构造物常用的基础形式，其平面尺寸常为矩形，基础平面尺寸一般均较其上面构造物的底面（如墩的底面）要大。明挖扩大基础施工的主要内容包括基础的测量放样、基坑开挖、基坑排水、基底处理与地基加固、坞工砌筑等。

1. 测量放样

为修筑基础而开挖的临时性坑井称为基坑。基坑属于临时性工程，其作用是提供一个空间，使基础的砌筑作业得以按照设计规定的位置进行。在坑基开挖前，应先进行基础的测量放样工作，以便正确地将设计，图上的基础位置准确地设置到桥址上。放样工作是根据桥梁中心线与墩（台）的纵横轴线，推出基础边线的定位点，再放线划出基坑的开挖范围。

2. 基坑的开挖

扩大基础的基坑一般采用明挖法施工。基坑开挖至设计高程后，应及时进行坑底土质和承载力鉴定、清理及整平工作，然后砌筑基础结构物。

根据坑壁稳定等情况将基坑开挖分为无支护开挖和有支护开挖：当地基土质坚实、基坑开挖后能保持坑壁稳定时，可不设置支撑，采用放坡开挖；当土质较差、开挖深度较大、放坡受到用地或其他条件限制等因素的影响时，需要进行各种形式的坑壁支撑。

在干涸无水的河滩中（或有水但经改河、筑堤能排除地表水的河沟中）、地下水位低于基础或渗透量小，不影响坑壁稳定、基础埋置不深、施工期较短、基坑开挖时不影响邻近建筑物安全等情况下，可考虑选用坑壁不加支撑的基坑开挖方案。当坑壁土质不稳定并有地下水影响、放坡开挖工程量过大、施工现场与邻近建筑物过近，不能采用放坡开挖时，须采用坑壁有支撑的基坑开挖方案。

根据施工时水的条件分为无水开挖和有水开挖：在坑基开挖过程中有水渗入时，需要在基坑四周开挖边沟和集水井以便排除积水。在水中开挖基坑时，通常要在基坑周围预先修筑临时性的挡水结构物（称为围堰），然后将围堰内水排干，再开挖基坑。

当基础位于地表水以下，且地下水流速较大时，最常用的方法是采用围堰法。其作用主要是防水和围水，并具有支撑基坑坑壁的作用。围堰的结构形式和材料要根据水深、流速、地质情况、基础形式以及通航要求等条件进行选择。但不论何种形式和材料的围堰，均必须满足下列要求，

（1）围堰顶部宜高出施工期间最高水位 70cm，最低不应小于 50cm，用于防御地下水的围堰宜高出水位或地面 20 ~ 40cm；

（2）围堰外形应适应水流排泄，大小不应压缩流水断面过多，以免壅水过高危害围堰安全，或影响通航、导流等；

（3）应尽量采取措施防止或减少渗漏，以减轻排水工作。对围堰外围边坡的冲刷和修筑围堰后引起的河床的冲刷均应有防护措施；

（4）围堰施工一般应安排在枯水期进行。

3．基坑排水

基坑坑底位于地表水或地下水位以下时，水会渗入坑内，因此必须设法把坑内的水排除，以便于施工。常用的基坑排水方法有：

（1）集水坑排水。除严重流沙外，一般情况下均可适用。集水坑（沟）的大小，主要根据渗水量的大小而定；排水沟底宽不小于 0.3m，纵坡为 1% ~ 5%。，如排水时间较长或土质较差时，沟壁可用木板支撑防护。集水坑一般设在下游位置，坑深应大于进水笼头高度，并用木笼围护，以防止泥沙阻塞吸水笼头。

（2）井点排水。当土质较差并有严重流沙现象、地下水位较高、挖基较深或坑壁不稳定，用普通排水方法难以解决时，可采用井点排水法。井点排水应根据基坑土的渗透系数、降水深度要求选用喷射井点法或深井点法。

4．基底处理

天然地基基础靠基底土壤直接承担荷载，故基底土壤状态的好坏，对基础及墩（台）、上部结构的正常工作影响很大，为使土壤更有效的承担荷载，有时需要进

行基底处理工作，处理方法视基底土质而异。

5．地基加固

当桥涵所在位置的土层为压缩性大、强度低的软弱土层时，除可采用桩基、沉井等深基础外，也可视具体情况采用相应的加固处理措施，以提高其承载能力，然后在其上修筑扩大基础，以求获得缩短工期、节省投资的经济效果。对于一般软弱土层地基，其加固处理方法可归纳为三类，即：

（1）换土法。将基础下软弱土层全部或部分挖除，换填物理力学性质较好的土；

（2）挤密土法。用重锤夯实或采用砂桩、石灰桩、砂井等方法处理，使软弱土层挤压密实或排水固结；

（3）胶结土法。用化学浆液灌入或粉体喷射搅拌等方法，使土壤颗粒胶结硬化。

实际工程中可根据软弱土层的厚度及其物理力学性质、要求的承载能力大小、施工期限、施工机具和材料供应等因素，就地取材、因地制宜予以选用。

排水砌筑的施工要点是：确保在无水状态下砌筑圬工，禁止进行带水作业或用混凝土将水赶出模板外的灌注方法。基础边缘部分应严密隔水；水下部分圬工必须待水泥砂浆或混凝土终凝后才允许浸水。

水下灌注混凝土一般只有在排水困难时采用。基础圬工的水下灌注分为水下封底和水下直接灌注基础两种。封底后仍要排水再砌筑基础，封底只是起封闭渗水的作用，其混凝土只作为地基而不作为基础本身，它适用于围堰开挖的基坑。

二、桩基础施工

当地基浅层土质比较差，持力土层埋藏较深，需要采用深基础才能满足结构物对地基强度、变形和稳定性要求时，可用桩基础。桩基础是常用的桥梁基础形式之一。

桩基按材料分类有木桩、钢筋混凝土桩、预应力混凝土桩及钢桩等。按桩的制作方法分为预制桩和钻（挖）孔灌注桩；按施工方法分为锤击沉桩、振动沉桩、射水沉桩、静力压桩、就地灌注桩与钻孔埋置桩等，前四种又统称为沉入桩。应该依据地质条件、设计荷载、施工设备、工期限制及对附近建筑物产生的影响等选择桩基的施工方法。本书只介绍公路上常用的就地灌注混凝土桩基础施工。

就地灌注混凝土桩系指采用不同的钻（挖）孔方法，在土中形成一定直径的井孔，达到设计高程后，将钢筋骨架（笼）吊入井孔中，灌注混凝土形成桩基础。这种桩的孔径从25cm到200cm以上，桩长从十余米到百米以上，可适用于各种类型桥梁基础。就地灌注混凝土桩的施工工艺发展至今已比较成熟，应用较广。

1．钻孔灌注桩成孔

钻孔灌注桩具有入土深、单桩承载力较沉入桩大、施工进度快、用筋数量少、对周围环境影响小、设备轻便等优点。

钻孔灌注桩施工的关键是钻孔，钻孔的方法分为三种类型：即冲击法、冲抓法与旋转法。冲击法是用冲击钻机或卷扬机带动冲锥，借助锥头下落产生的冲击力，以反复冲击方式破碎土石或把土石挤入孔壁中，用泥浆浮起钻渣，或用抽渣筒或空气吸泥机排出而形成钻孔；冲抓法是利用冲抓锥自重产生的冲击力，切入土层或破碎土层，叶瓣抓土、弃土以形成钻孔；旋转法是用回旋钻机通过钻杆带动锥或钻头旋转切削土壤，用泥浆浮起并排出钻渣后形成钻孔。根据上述各种钻孔方法的适用范围和特点，结合机具设备的供应情况、设计和工期要求以及土层状况，可选择合适的成孔方法。

各种钻孔灌注桩施工因成孔方法不同和现场情况各异，施工工艺流程不会完全相同。在施工前应安排好施工计划，编制具体的施工流程图，作为安排各工序施工操作和进度的依据。一般情况下，钻孔施工的主要工序是：埋设护筒、制备泥浆、钻孔、清底、钢筋笼制作与吊装以及灌注水下混凝土等。下面就其要点作简略介绍。

（1）埋设护筒。钻孔成败的关键是防止孔壁坍塌。当钻孔较深时，在地下水以下的孔壁土在静水压力作用下会向孔内坍塌，甚至发生砂流现象。钻孔内若能保持比地下水位高的水头，增加孔内的静水压力，能稳定孔壁、防止坍孔。护筒除起这个作用外，同时还有隔离地表水、保护孔口地面、固定桩孔位置和起到钻头导向作用等.

（2）泥浆制备。钻孔泥浆由水、黏土（膨润土）和添加剂组成。具有悬浮钻渣、冷却钻头、润滑钻具、增大静水压力，并在孔壁形成泥皮，隔断孔内外渗流，防止坍孔的作用。调制的钻孔泥浆及经过循环净化的泥浆，应根据钻孔方法和地层情况采用不同的性能指标。泥浆稠度应根据地层变化或操作要求，机动掌握，泥浆太稀，排渣能力小，护壁效果差；泥浆太稠又会削弱钻头的冲击功能，降低钻进速度。

（3）成孔方法。就地灌注混凝土桩的成孔方法有许多种，国内常用的方法有正循环回转法、反循环回转法、潜水电钻法、冲抓锥法和冲击锥法。在钻孔时，钻孔必须在孔位、孔径、孔形、孔深等方面都满足设计要求。因此在钻孔中，必须采取有效措施，以尽量减少事故发生，尤其要注意保证钻孔的垂直度。

（4）孔底清理。孔底清理应紧接在钻孔达到设计要求深度后，以避免历时过长以致泥浆沉淀，引起钻孔坍塌。对于摩擦桩，当孔壁容易坍塌时，要求在灌注水下混凝土前沉淀厚度不大于30cm；当孔壁不易坍塌时，不大于20cm。对于柱桩，要求在射水或射风前，沉淀厚度不大于5cm。清孔方法根据使用的钻机不同而灵活应用。通常可采用正循环回钻机、反循环回钻机、真空吸泥机以及抽渣筒等清孔。

2．挖孔灌注混凝土桩成孔

挖孔灌注桩是用人工和小型爆破，配合简单机具挖掘成孔，灌注混凝土形成桩基。适用于无水或者是极少水的较密实的各类土层。桩径（或边长）不宜小于1.4m，孔深一般不宜超过20m。其特点是需要的机具设备少，成孔后可直接观测孔内的土质状况，桩基质量有可靠的保障。对于挖孔过深（超过15 ~ 20m）、孔壁可能坍塌、渗水量稍大等情况，应慎重选择施工工艺，增加护壁措施和通风条件，以确保施工安全。

桩孔成形后，根据地下水渗流情况和地表水情况选择采用水下灌注工艺或常规灌注方法完成桩基混凝土施工。

三、桥梁墩（台）施工

1．桥墩的类型

桥墩一般指多跨桥梁的中间支撑结构，除承受上部结构的竖向压力和水平力外，还受风力及可能发生的流水压力、冰压力、船只和桥下漂流物的撞击力、地震力的作用。此外，还要承受施工时的临时荷载。因此，桥墩应有足够的强度、刚度和稳定性，以确保整个桥跨的正常工作。

桥墩形式的采用，取决于桥上线路或道路条件、桥下水流速度、墩位处水深、水流方向与桥梁中轴线的夹角、通航及桥下漂流物、基底土壤的承载能力、梁部结构及施工方法等。桥墩按受力和使用特点一般分为重力式实体桥墩、空心桥墩、柱式桥墩、轻型桥墩和拼装式桥墩。

1）重力式实体桥墩

重力式实体桥墩主要依靠自身的重力来平衡外力保证桥墩的稳定，适用于地基良好或桥下有通航、流水等漂流物的大、中、小桥梁。重力式桥墩一般用混凝土或片石混凝土砌筑，截面尺寸及体积较大，其自重和阻水面积也较大，外形粗壮，很少应用于城市桥梁。重力式实体桥墩按截面形状分为矩形桥墩、圆形桥墩和圆端形桥墩。

（1）矩形桥墩

矩形桥墩截面为矩形，具有房工较省、模板简单、施工简便等优点，但对水流的阻力特别大，并促使水流紊乱而导致桥墩周围发生较大的局部冲刷，所以矩形桥墩一般适用于无水、静水或靠近岸边水流流速较小处。山区的跨谷桥及其他旱桥常采用矩形桥墩。

（2）圆形桥墩

圆形桥墩截面为圆形，不受水流与桥梁轴线相交角度的限制。当水流流向不稳定或水流与桥梁轴线斜交角度大于 15° 时应采用圆形桥墩。由于圆形桥墩各个方向的尺寸相同，不能根据桥墩纵、横向受力及使用要求不同的特点采用不同的尺寸，增大了桥墩的阻水面积，故对于斜交小于 15° 及横向宽度较大的桥墩不宜采用。同时，因为截面为圆形，不宜用石料砌筑。

2. 桥台的类型

常用的中、小跨度的桥梁桥台类型有重力式桥台和轻型桥台两种

1）重力式桥台

重力式桥台为就地建造的整体式重型结构，主要靠自重来平衡台后的土压力，桥台本身大多用砌石、片石混凝土或混凝土等圬工材料构成，台帽则一般为钢筋混凝土。重力式桥台依据桥台的形状及台背填土情况分类，有 U 形桥台、T 形桥台、埋式桥台、耳墙式桥台及挖台。其中常用的桥台为 U 形桥台，它的优点是构造简单，可以用混凝土或片、块石砌筑，它适用于填土高度在 8 ~ 10m 以下或跨度稍大的桥梁；缺点是桥台体积和自重较大，也增加了对地基的要求。此外，桥台的两个侧墙之间填土容易积水，冻结后冻胀，使侧墙产生裂缝。所以宜用渗水性较好的土夯填，并做好台后排水措施。

2）轻型桥台

轻型桥台多在公路桥梁中采用，一般体积较小，外观轻巧、自重轻、圬工体积少，它主要借助桥台各部分的整体刚度和材料强度承受外力，从而节省圬工，降低对地基承载力的要求和扩大应用范围，为在软土地基上修建桥台开辟了经济可行的途径。轻型桥台种类繁多，可分为以下几种：

（1）设有支撑的轻型桥台

这种桥台的特点是，台身为直立的薄壁墙，台身两侧有翼墙。在两桥台下部设有钢筋混凝土支撑梁，上部结构与桥台通过锚栓连接，于是便构成四铰框架结构系统，并借助两端台后的被动土压力来保持平衡。它的基础将视作为弹性地基上的梁来计算，一般用 C15 混凝土，当基础长度大于 12m 时须配置钢筋。支撑梁的截面尺寸为 12cm × 30cm，用 C20 钢筋混凝土浇筑，搁置在基础之上，并垂直于桥台。支撑梁应对称于桥中心线布置，中距约为 2 ~ 3m。支撑梁也可用混凝土或块石砌筑，达到节约钢筋，但截面尺寸不应小于 40cm × 40cm。

（2）埋置式桥台

埋置式桥台是将台身埋在锥形护坡中，只露出台帽在外以安置支座及上部构造。这样，桥台所受的土压力大为减小，桥台的体积也就相应的减少。但由于台前护坡是用片石作表面防护的一种永久性设施，存在着有被洪水冲毁而使台身暴露的可能，故设计时必须慎重地进行强度和稳定性验算。

（3）钢筋混凝土薄壁桥台

钢筋混凝土薄壁桥台是由扶壁式挡土墙和两侧的薄壁侧墙构成。挡土墙由厚度不小于 15cm（一般为 15 ～ 30cm）的前墙和间距为 2.5 ～ 3.5m 的扶壁所组成。台顶由竖直小墙和支于扶壁上的水平板构成，用以支撑桥跨结构。两侧薄壁可以与前墙垂直，有时也做成与前墙斜交。前者称 U 型薄壁桥台，后者称八字形薄壁桥台。这种桥台不仅可以减少圬工体积 40% ～ 50%，同时因自重减轻而减少了对地基的压力，故适用于软土地基的条件，但其构造和施工比较复杂，而且钢筋的用量也较多。

（4）加筋土桥台

在台后路基填土不被冲刷的中、小跨径桥梁，台高在 3 ～ 5m 时，可采用加筋土桥台。这类桥台一般由台帽和竖向面板、拉杆、锚定板及其间填料共同组合的台身组成。拉杆两端分别为加筋土的挡土结构。拉杆应具有柔性，并要采取防腐蚀措施。锚定板尺寸不宜小于 75cm × 75cm，且通常埋设在路基填土的主动土压力滑裂面以外 3.5H，H 为锚定板的边长。

3．墩（台）施工

桥梁墩（台）是桥梁建筑中的重要部分。施工时，首先要通过施工测量精确确定墩（台）的设计位置，使用刚度、强度、几何尺寸等满足要求的模板并正确进行安装，采用质量符合要求的建筑材料，严格执行施工规范的规定，以确保工程质量。

桥梁墩（台）施工的方法主要有两类：一类是就地浇筑与砌筑；一类是拼装预制混凝土砌块、钢筋混凝土或预应力混凝土构件。拼装式墩（台）适用于山谷架桥、跨越平缓无漂流物的河沟、河滩等的桥梁。特别是在工地施工干扰多、施工场地狭窄、缺水与砂石料供应困难的地区，效果尤为显著。装配式墩（台）具有结构形式轻便、建桥速度快、拷工省、预制构件质量可得到有效保证等优点。常用的有砌块式、柱式、管节式或环圈式墩（台）等。

大多数的公路桥梁施工现场主要采用就地浇筑与砌筑，这种方法的施工期限较长，需要耗费较多的劳力与物力。近年来，随着起重机和运输设备的发展，采用拼装预制构件建造各型墩（台）的施工方法有了一定的发展。

1）就地浇筑混凝土墩（台）

就地浇筑混凝土墩（台）的施工有两个主要的工序，一是制作与安装墩（台）的模板；二是混凝土的浇筑与振捣。

（1）墩（台）的模板。根据《公路桥涵施工技术规范》的规定，模板的设计与施工应符合如下要求：

①具有必需的强度、刚度和稳定性，能可靠的承受施工过程中可能产生的各项荷载，以保证结构物各部形状、尺寸正确；

②尽可能采用组合钢模板或大模板，以节约木材、提高模板的适应性和周转率；

③模板板面平整，接缝严密不漏浆；

④拆装容易，施工时操作方便，保证安全。

模板一般用木材或钢板制成。木模质量轻，便于加工成结构物所需要的尺寸和形状，但装拆时易损坏，重复使用少。对于大量或定型的混凝土结构物，则多采用钢模板，钢模板造价较高，但可重复多次使用，且拼装拆卸方便，工程结构物外观较好。

（2）混凝土的浇筑。在墩（台）混凝土施工中，要严格控制混凝土的配合比、水灰比和坍落度等指标符合设计和施工技术规范要求。为防止墩（台）基础第一层混凝土中的水分被基底吸收或基底水分渗入混凝土，对墩（台）基底处理除应符合天然地基的有关规定外，尚应符合以下规定：

①基底为非黏性土或干土时，应将其湿润；

②如为过湿土时，应在基底设计高程下夯填一层 10 ~ 15cm 厚片石或碎石层；

③基底面为岩石时应加以湿润，铺一层厚 2 ~ 3cm 水泥砂浆，然后于水泥砂浆凝结前浇筑第一层混凝土。

墩（台）身钢筋的绑扎应和混凝土的浇筑配合进行。在配置第一层垂直钢筋时，应有不同的长度，同一断面的钢筋接头应符合《公路桥涵施工技术规范》（JTJ 041–2000）的规定。水平钢筋的接头，也应内外、上下互相错开。钢筋保护层的净厚度，应符合设计要求，如无设计要求时，则可取墩（台）身受力钢筋大于等于 3cm，承台基础受力钢筋大于等于 3.5cm。

2）石砌墩（台）的施工

石砌墩（台）具有就地取材和经久耐用等优点，在石料丰富的地区建造墩（台）时，在施工期限许可的条件下，为节约水泥，应优先考虑石砌墩（台）的方案。

石砌墩（台）是用片石、块石或粗料石以水泥砂浆砌筑的。石料与砂浆的规格要符合有关规定。浆砌片石一般适用于高度小于 6m 的墩（台）身、基础、镶面以及各式墩（台）身填腹；浆砌块石一般用于高度大于 6m 以上的墩（台）身、镶面或应力要求大于浆砌片石砌体强度的墩（台）；浆砌粗料石则用于磨耗及冲击严重的镶面工程以及有整齐美观要求的桥梁墩（台）身等。

在砌筑前应按设计图放出实样，挂线砌筑。砌筑基底的第一层砌块时，如基底为土质，只在已砌石块的侧面铺上砂浆即可，不需坐浆；如基底为石质，应将其表面清洗、润湿后，先坐浆再砌筑。砌筑斜面墩（台）时，斜面应逐层放坡，以保证规定的坡度。砌块间用砂浆黏结并保持一定的缝厚，所有砌缝要求砂浆饱满。形状比较复杂的工程，应先做出配料设计图，注明块石尺寸；形状比较简单的，也要根据砌体高度、尺寸、错缝等，先行放样配好料石再砌。

3）墩（台）帽施工

墩（台）帽是支撑桥跨结构的部位，其位置、高程及垫石表面，均要保证符合设计和规范要求的精确度，以避免桥跨结构安装困难。台帽内在质量应符合相关要求，避免台帽、垫石出现裂纹，影响墩（台）的使用寿命。墩（台）帽施工的主要工序为：

（1）墩（台）帽放样。墩（台）混凝土浇筑或砌筑至离墩（台）帽底下约 30 ~ 50cm 的高度时，即须测出墩（台）纵横中心线轴线，并开始树立墩、台帽模板，安装锚栓孔或安装预埋支座垫核、绑扎钢筋等。台帽放样时，应注意不要以基础中心线作为台帽背墙线。浇筑前应反复核芟，以确保墩、台帽中心、垫石支座等位置方向与水平高程等符合设计要求。

（2）墩（台）帽模板安装。墩（台）帽是支撑上部结构的重要部分，其几何尺寸、位置和水平高程的精度要求较严，浇筑混凝土应从墩（台）帽下约 30 ~ 50cm 处至墩（台）帽顶面一次浇筑，以保证墩（台）帽有足够厚度的紧密混凝土。台帽背墙模板应特别注意纵向支撑或拉杆的刚度，防止灌注混凝土时发生过大变形。

（3）钢筋和支座垫板的安装。墩（台）帽的钢筋绑扎应遵照《公路桥涵施工技术规范》（JTJ 041—2000）有关钢筋工程的规定。墩（台）帽上的支座垫板的安设一般采用预埋支座垫板和预留锚栓孔的方法。前者须在绑扎墩（台）帽和支座、垫石钢筋时，将焊有锚固钢筋的钢垫板安设在支座的准确位置上，即将锚固钢筋和墩（台）帽骨架钢筋焊接固定，同时将钢垫板作一木架，固定在墩、台帽模板上。此法在施工时垫板位置不易准确，应经常检查与校正。后者须在安装墩（台）帽模板时，安装好预留孔模板，在绑扎钢筋时注意将锚栓孔位置留出。此法安装支座施工方便，支座垫板位置准确。

第三节　梁桥上部构造的施工

为了更好地进行桥梁的施工，通常应先对全桥的工程特点、技术状况、水文条件、机械设备能力、劳动力等条件制订全面的规划。包括拟订切实可行的施工方案和方法、安排施工进度计划、确定合理的施工场地布置等。以便对桥梁施工的全过程做到心中有数，便于加强施工管理工作，实现有计划、科学地组织施工。对于某些复杂的工艺，还要在进行施工前安排适当的科学实验工作，必要时应预先准备好补充的施工方案。由于类型多样，桥梁的上部构造施工具有多样性。本书只简要介绍简支梁桥的上部构造施工方法。

钢筋混凝土和预应力混凝土简支梁桥上部构造施工可分为就地浇筑（或简称“现浇”）和预制安装两大类。

一、就地浇筑梁体施工

就地浇筑法是在桥位处搭设施工支架，在支架上浇筑梁体混凝土，待其达到规定强度后拆除模板、支架。就地浇筑施工无须预制场地，而且不需要大型起吊、运输设备将梁体吊装到预定位置，梁体的主筋可不中断，桥梁整体性好。它的缺点主要是工期长，施工质量不容易控制；对预应力混凝土梁而言，由于混凝土的收缩、徐变引起的应力损失比较大；施工中的支架、模板耗用量大，施工费用高；搭设支架影响排洪、通航，施工期间可能受到洪水和漂流物的威胁。

就地浇筑梁体的施工分三个步骤进行：准备工作；混凝土浇筑、养护及预应力筋张拉；模板和支架拆除。

1．准备工作

现场浇筑施工的梁桥在浇筑混凝土前要进行周密的准备工作和严格的检查。通常，就地浇筑施工时一次浇筑的混凝土工程量大，需要连续作业，因此准备工作相当重要，不可疏忽大意。

（1）支架与模板的检查

在浇筑混凝土之前应对支架和模板进行全面、严格的检查，核对设计图纸的要求，支架的接头位置是否准确、可靠，卸落设备是否符合要求，确保支架稳定、不变形；检查模板的几何尺寸是否符合设计要求，模板安装是否密贴、稳固，螺栓、拉杆、撑木是否牢固，模板内壁是否涂抹脱模剂等。

（2）钢筋和钢索位置的检查

检查钢筋与套管是否正确地按设计图纸规定的位置布置，钢筋骨架绑扎是否牢固，套管端部、连接部分与锚具处应特别注意防止漏浆，检查锚具位置、压浆管和排气孔是否可靠，各种预埋件是否齐备。

（3）浇筑混凝土前的准备工作

应检查混凝土供料、拌制、运输系统是否符合规定要求，在正式浇筑前对灌注的各种机具设备进行试运转，以防止在使用中发生故障，要依照浇筑顺序布置好振捣设备，检查螺帽紧固的可靠程度，对大型就地浇筑施工结构，必须有备用的机械、动力。

在浇筑混凝土前，应会同监理部门对支架、模板、钢筋、预留管道和预埋件进行检查合格后，方可进行浇筑混凝土的工作。

2．混凝土的浇筑

为了保证结构的整体性，应尽量做到一次浇筑完成。当构件几何尺寸较大或工艺上需要分层浇筑时，应防止在浇筑上层混凝土时扰动和破坏下层混凝土，此时增加浇筑层次须有一定的速度，使上层浇筑的混凝土在先浇筑的混凝土初凝之前完成。同时，在确定主梁混凝土浇筑顺序时，不应使模板和支架产生有害的下沉，为了对浇筑的混凝土进行振捣，应采用适宜的分层浇筑厚度。当在斜面或曲面上浇筑混凝土时，一般从低处开始。

3．混凝土的养护、预应力筋张拉及模板拆除

（1）混凝土的养护

混凝土浇筑完成后应及时进行养护，确保混凝土在适宜的条件下硬化，在保证混凝土获得规定强度的同时，防止出现裂缝。要防止混凝土受雨淋、日晒、受冻及受荷载的振动、冲击。由于混凝土在硬化过程中发热，在夏季和干燥的气候下应进行湿治养护，而在冬季应保护其不受冻，采用加温的养生方式。

（2）预应力筋的张拉

后张法预应力混凝土梁，必须待混凝土达到设计要求的强度后才能进行张拉。

（3）模板拆除与卸架

当混凝土养护达到规定的强度标准后才能拆除侧模。预应力混凝土梁应在预应力筋张拉完毕或张拉到一定数量后才能拆除底模，以免梁体混凝土受拉。

施工支架的拆除必须按照设计规定的程序进行。梁的落架程序应从梁挠度最大处的支架节点开始，逐步卸落相邻两侧的节点，并要求对称、均匀、有顺序地进行，同时要求各节点分多次进行卸落，以使梁的沉落曲线逐步加大，保证施工安全。通常简支梁可从跨中向两端进行。

二、桥梁上部构造预制安装施工

在预制工厂或在运输方便的桥址附近设置预制场进行梁的预制工作，然后采用一定的架设方法将梁体安装到预定设计位置。预制梁体安装的方法很多，需要不同的安装设备，可根据施工的实际情况合理选择。

1．预制安装法施工的特点

（1）由于是工厂生产制作，构件质量好，有利于确保构件的质量和尺寸精度。

（2）上下部结构可以平行作业，因而可缩短现场工期。

（3）能有效利用劳动力，并由此降低工程造价。

（4）由于施工速度快，可适用于紧急施工工程。

（5）将构件预制后由于要存放一段时间，因此在安装时已有一定龄期，可减少

混凝土收缩、徐变引起的变形。

2．构件的预制

构件是在预制场（厂）内预制的，预制场地的布置必须合理。预制场（厂）内布置的原则使各工序能密切配合，便于流水作业，缩短运输距离和占地面积尽量少。

构件的预制工艺又分为许多种，应视具体情况合理的选择。简支梁桥常采用先张法生产和后张法生产。

（1）先张法预制工艺

先张法预制梁工艺是在浇筑梁体混凝土前张拉预应力筋，将其临时锚固在张拉台座上，然后立模浇筑混凝土，待混凝土达到规定强度后，逐渐将预应力筋放松，这样由于预应力筋的弹性回缩通过其与混凝土之间的黏结作用，使混凝土获得预应力。

（2）后张法预制工艺

后张法预制工艺的步骤是先制作留有预应力筋孔道的梁体，待混凝土达到规定强度后，再在孔道内穿入预应力筋进行张拉锚固，最后进行孔道压浆并浇灌梁端封头混凝土。

后张法预制工序较先张法复杂（例如需要留孔道、穿筋、灌浆等）、且构件上耗用的锚具和埋设件等增加了用钢量和制作成本，但鉴于此法不需要强大的张拉台座，便于在现场施工，而且又适宜于配置曲线形预应力筋的大型和重型构件制作，因此目前在公路桥梁上得到广泛的应用。

3．梁体的安装

1）预制梁的出坑和运输

为了将预制梁构件从预制场（厂）运往桥孔现场，首先得把构件从预制底座上移出来，即所谓的“出坑”。钢筋混凝土构件在混瘗土强度达到设计强度的 70%、预应力混凝土构件在进行预应力张拉以后，即可进行这一工作。构件出坑时，常用的方法是，龙门吊起吊出坑、三脚扒杆偏吊出坑和横向滚移出坑。而预制梁从预制场至施工现场的运输称场外运输，根据运输距离和运输构件几何尺寸可采用大型平板车、驳船或火车运至桥位现场。预制梁在施工现场内的运输称为场内运输，常用轨道龙门吊运输、轨道平车运输，也可采用纵向滚移法运输。

2）预制梁的安装

由于可采用的吊装设备多种多样，预制梁体的安装也可采用多种方法，主要为：

（1）用跨墩龙门吊机安装。跨墩龙门吊机适用于架设水上岸滩的桥孔，也可用来架设水浅、流缓、不通航河流上的跨河桥孔。

在水深不超过 5m、水流平缓、不通航的中小河流上的小桥孔，也可采用跨墩龙门吊机架梁。这时必须在水上桥墩的两侧，架设龙门吊机轨道便桥。便桥基础可用木桩或钢筋混凝土桩。在水浅流缓而无冲刷的河上，也可用木笼或草袋筑岛来做便桥的基础。便桥的梁可用贝雷梁组拼。

（2）用穿巷吊机安装。穿巷吊机可支承在桥墩和已架设的桥面上，不需要在岸滩或水中另搭脚手架与铺设轨道。因此，这种方法适用于在水深、流急、沟深的大河上架设梁体。

（3）用导梁、龙门架及蝴蝶架（联合架桥机）安装。当桥很高或水很深时，可使用导梁、龙门架和蝴蝶架联合架梁。施工时由跨过两个跨径的导梁和两台立于相邻墩（台）顶上的龙门架与蝴蝶架联合使用来完成架梁工作。载着预制梁的平车沿导梁移至跨径上，由龙门架吊起后将梁横移降落就位。最后一片梁吊起以后将安装梁纵向拖拉至下一跨径，再将梁降落就位。

（4）用扒杆“钓鱼”法安装。用扒杆“钓鱼”法安装是用立于安装孔墩（台）上的两副人字扒杆配合运梁设备，以绞车牵引，把梁悬空吊过桥孔，再落梁就位。此法适用于梁体较轻的小跨径桥梁的安装。

（5）自行式吊车安装。当梁的跨径较小、重量较轻、且预制梁能运抵桥头引道上时，直接用自行式伸臂吊车（汽车吊或履带吊）在桥上架梁甚为方便。显然，对于已架桥孔的主梁，当横向尚未连成整体时，必须核算吊车通行和架梁工作时的承载能力。此种架梁方法，几乎不需要任何辅助作业。

（6）浮吊安装

在通航河道或深水河道上架桥，可采用浮吊安装预制梁。当预制梁分片预制安装时，浮船宜逆流而上，先远后近安装。

用浮吊安装预制梁，施工速度快，高空作业较少，吊装能力强，是大跨多孔河道桥梁的有效施工方法。采用浮吊架设要配置运输驳船，岸边设置临时码头，同时在用浮吊架设时要有牢固锚碇，作业要注意施工安全。

由于新型架桥设备不断出现，桥梁上部构造的梁体安装工艺也在不断更新和发展。桥梁其他部位的施工方法及要求可参见相关专业资料和《公路桥涵施工技术规范》。

第八章　常用桥类

第一节　拱桥

一、拱桥一般规定

（1）拱桥施工前应根据拱桥的结构特点和受力特征，进行施工设计和施工计算。对各关键工序，应制定专项施工技术方案和安全技术方案。

（2）大跨度拱桥的施工应进行过程控制，使拱的轴线、内力等满足设计要求。关键工序的施工应避免可能发生的灾害性天气，并应在施工中采取必要的预防措施以保证结构安全。

二、拱桥具体规定

1．拱架

（1）拱架应进行专门设计，并应符合下列规定：

1）拱架的设计应遵循安全可靠、结构简单、受力明确、支座和安拆方便的原则。所采用的材料的性能和质量应符合相应的国家或行业标准的规定。常备式构件用作拱架时，其设计与计算应依据该构件的技术要求进行。

2）设计荷载除应符合现行行业标准《公路桥涵施工技术规范》（JTG/TF50—2011）相关规定外，尚应根据拱桥的结构特点和施工荷载特性分析取用，拱圈的自重荷载宜乘以 1.2 倍系数。在计算荷载作用下，应按可能产生的最不利荷载组合验算拱架的强度、刚度和稳定性。

3）对拱架各截面应力强度进行验算时，应根据拱架的结构形式和所承受的荷载大小，按分阶段浇筑或砌筑施工的工况，分别验算其拱顶、拱脚和 1/4 跨各截面，以及各连接节点的应力。

4）应严格控制拱架的刚度，拱架受载后，对于落地式拱架，其弹性挠度应不大于相应结构跨度的 1/2000，但不得超过 50mm；对于拱式拱架，其弹性挠度应不大于相应结构跨度的 1/1000，且不得超过 100mm。

5）稳定性的验算应包括拱架的整体稳定和局部稳定，抗倾覆稳定系数应不小于1.5。对拱架在拼装过程中的稳定性亦应进行验算，当不能满足拼装要求时，应采取必要的辅助稳定措施。

6）拱架的地基与基础设计应符合现行行业标准《公路桥涵地基与基础设计规范》的规定，并应对地基承载力进行验算。

（2）拱架的制作和安装应符合下列规定：

1）制作拱架所采用材料的规格和质量应符合施工设计要求。对于钢拱架，宜采用标准化、通用化的常备式构件，或型钢、钢管等材料，在特殊情况下采用木拱架时，应选择材质坚硬、无损伤且相对湿度较小的材料。拱架的制作应保证杆件或构件的尺寸准确，连接节点处的螺栓孔或焊接质量应满足施工设计要求。

2）拱架在安装前，应对桥轴线、拱轴线、跨径、高程等进行校核，确认无误后方可进行拼装。拼装应根据拱架构造确定的适宜的方法进行分片或分段拼装时应有保证拱架稳定的临时措施，必要时应设置缆风绳进行固定；拱架拼装时尚应设置足够的平联、斜撑和剪刀撑以保证其横向的稳定。

3）拱架应设置施工预拱度和卸落装置，其施工要求除应符合现行行业标准《公路桥涵施工技术规范》（JTG/TF50—2011）相关规定外．拱式拱架尚应考虑其受载后产生水平位移所引起的拱圈挠度。各类拱架的顶部高程应符合拱圈下缘加预拱度后的几何线形，允许偏差为 ±10mm；拱架纵轴的平面位置偏差应不大于跨度的1/1000，且不大于 30mm。

4）拱架安装完成后，应按设计荷载进行预压，并应对其平面位置、顶部高程、节点连接及纵横向的稳定性进行全面检查，符合要求后，方可进行下一步工序。

5）拱架应稳定、牢固，应能抵抗在施工过程中可能发生的偶然碰撞和振动。

（3）拱架的拆卸应符合下列规定：

1）现浇混凝土拱圈的拱架，其拆除期限应符合设计规定；设计未规定时，应在拱圈混凝土强度达到设计强度的 85% 后，方可卸落拆除。

2）卸落拱架应按提前拟定的卸落程序进行，且宜分步卸落；在纵向应对称均衡卸落，在横向应同时一起卸落。满布式落地拱架卸落时，可从拱顶向拱脚依次循环卸落；拱式拱架可在两支座处同时均匀卸落；多孔拱桥卸架时，若桥墩允许承受单孔施工荷载，可单孔卸落，否则应多孔同时卸落，或各连续孔分阶段卸落，卸落拱架时，应设专人对拱圈的挠度和墩台的位移等情况进行监测，当有异常时，应暂停卸落，查明原因并采取相应措施后方可继续进行。

（4）石拱桥的拱架卸落时间应符合下列规定：

1）浆砌石拱桥拱架，应待砂浆强度达到设计强度的 85% 后方可卸落；设计另有规定时，应遵从其规定。

2）跨径小于 10m 的小拱桥，宜在拱上建筑全部完成后卸架；中等跨径的实腹式拱桥，宜在护拱砌完后卸架；跨径较大的空腹式拱桥，宜在拱上小拱横墙砌好（未砌小拱国）后卸架。

3）当需要裸拱卸架时，应对裸拱进行截面强度及稳定性验算，并应采取必要的辅助稳定措施。

2. 现浇混凝土拱圈

（1）跨径较小的拱圈或拱肋，应按拱圈的全宽从两端拱脚向拱顶对称地连续浇筑混凝土，并应在拱脚混凝土初凝前全部完成。跨径较大的拱圈或拱肋，应沿拱跨方向分段对称浇筑 . 分段的位置应以拱架受力对称、均匀和变形小为原则，且宜设置在拱顶、L/4 部位（L 为拱径）、拱脚及拱架节点等处；各段的接缝面应与拱轴线垂直，各分段点应预留间隔槽，其宽度宜为 0.5 ~ 1.0m，槽内有钢筋接头时，其宽度尚应满足钢筋接头的需要。

（2）浇筑拱圈混凝土时，应严格按照预先制定的浇筑程序对称于拱顶进行，并应控制两端的浇筑速度，避免产生过大的偏差。分段浇筑时，各分段内的混凝土宜一次连续浇筑完成 . 因故中断时，应浇筑成垂直于拱轴线的施工缝；如已浇筑成斜面，应凿成垂直于拱轴线的平面或台阶式结合面。

（3）间隔槽混凝土的浇筑应符合设计规定。设计未规定时，应在拱圈混凝土的强度达到设计强度的 85% 后，由拱脚向拱顶对称进行浇筑；拱顶及拱脚间隔槽的混凝土应在最后封拱时浇筑。

（4）大跨径拱圈采用分环（层）、分段法浇筑混凝土时，纵向钢筋宜分段设置，且其接头应设在最后的几个间隔槽内，待浇筑间隔槽混凝土时再连接。

（5）大跨径钢筋混凝土箱形拱圈采用在拱架上组装部分预制部件然后现浇混凝土的方法进行施工时，组装和现浇均应从两拱脚向拱顶对称进行。箱形拱圈的底板施工时，应按拱架的变形情况设置间隔缝，缝内的混凝土应在底板合龙时浇筑；拱圈的底、腹板混凝土强度达到设计强度的 85% 后方可安装盖板 . 铺设钢筋，现浇顶板混凝土。

（6）拱圈合龙的温度应符合设计要求；设计未要求时，宜选择夜间气温较稳定时段的温度。拱圈合龙前如采取下斤顶对两侧拱圈施加压力的方法调整拱圈应力，拱圈混凝土的强度应达到设计规定的强度。

（7）在浇筑过程中，应随时监测拱架的变形，如变形量超过计算值，应及时查明原因，并采取加固拱架或调整加载顺序的措施，保证施工安全。

3．无支架和少支架施工

（1）采用无支架和少支架方法施工时，拱圈的预制应符合下列规定：

1）拱肋立采用立式方法预制，且宜先在样台上放出拱肋大样，然后制作样板。放样时，应将横隔板、吊孔、接头位置准确放出。

2）箱形拱预制时，可先预制横隔板、腹板，然后在拱胎上进行组装，并浇筑底、顶板和接头混凝土。混凝土强度达到设计强度的85%后，方可起吊运输到存放场地存放。

（2）采用无支架方法安装拱圈时，宜根据桥梁规模、构件质量、施工环境条件等，选用适宜的吊装方式和吊装机具。施工前应对吊装所采用非定型产品的特殊设施和机具进行专门设计，对跨径、起拱线高程、预制拱圈节段长度等应进行复核。

（3）采用缆索吊装法进行拱桥的无支架安装施工时，缆索吊装系统应符合下列规定：

1）主塔和扣塔宜采用常备式定型钢构件在墩、台顶上拼装，其基础应牢固可靠，周围应设置防排水设施；塔的纵横向应设置风缆，塔顶部应设置可靠的避雷装置。

2）塔顶分配梁与塔身结构可靠性连接。主索鞍在横向应设支撑装置，防止倾倒。如需移动索鞍，应做专项设计，采取有效措施后方可进行。扣塔上索鞍顶面的高程应高于拱肋扣点高程。

3）主缆宜采用钢丝绳，其直径和数量应根据吊装构件的质量通过计算确定，安全系数不小于3，且每根主缆应受力均匀；地锚的设置应满足主缆可靠锚固的要求，主缆与地锚连接处的水平夹角应在25° ~ 35° 。

4）吊装前应对缆索吊装系统的各种工况进行确定，对刚度和稳定性进行验算，并应按设计荷载进行试吊，检验其安全性和可靠性，检验合格后方可用于正式吊装。

5）吊装施工时，各扣索的位置必须与所吊挂的拱肋在同一竖直面内。主塔塔顶的最大偏位不得大于塔高的1/400，扣塔塔顶的最大偏位不得大于10mm。

6）缆索吊装系统的安装、使用和拆除均应制定专项施工技术方案和安全技术方案，以保证施工安全。

（4）采用缆索吊装安装拱肋时，除拱顶段以外，每段应各设一组扣索和一组风缆。风缆的设置与安装应符合下列规定：

1）风缆系统及地锚应进行专门设计，风缆的抗拉、抗风及地锚的抗拔受力应满足拱肋稳定的要求，并应有足够的安全储备。

2）固定的风缆应待全孔合龙、横向联结构件混凝土的强度满足设计要求后方可撤除。

3）在河流中设置风缆时，必须采取可靠的防护措施，防止风缆和地锚受到碰撞、冲刷。

（5）拱桥的拱圈采取单肋吊装或单肋合龙时，单肋的横向稳定必须满足安全验算的要求，且其稳定安全系数应不小于4；当不能满足时，应采取双肋合龙松索成拱的方式施工，且应在双肋合龙后采取有效的横向连接措施，增强其稳定性．使之形成基肋后再安装其他肋段。

（6）拱肋分3段吊装时，宜先准确扣挂两拱脚段，再安装拱顶段；当拱肋分5段或7段吊装时，宜先从拱脚段开始，依次向拱顶分段吊装就位；对于7段以上拱肋的安装，应设置临时施工索塔依次对称悬拼吊装各段拱肋，且各节段的扣（锚）索在临时索塔上铺固点的水平分力之和应为零。扣索的扣挂应稳妥可靠，应使拱肋断面不产生扭斜，且各段拱肋的上端头均应通过扣索的调整使其略高于设计高程。

（7）各段拱肋在松索过程中，应符合下列规定：

1）松索前应校正拱轴线位置及各接头高程，使之符合要求。松索应按照拱脚段扣索、次拱脚段扣索、起重索三者的先后顺序，并按比例定长、对称、均匀松懈。

2）每次松索时均应采用仪器观测，并应控制各接头、拱顶及1/4跨处的高程，防止拱肋接头发生非对称变形而导致拱肋失稳或开裂。每次的松索量宜小，各接头高程变化不宜超过10mm，每次松索压紧接头缝后应普遍旋紧接头螺栓一次。当接头高程接近设计值时，宜先采用钢板嵌塞接头缝隙，再将扣索、起重索放松到基本不受力状态，压紧接头缝，拧紧接头螺栓，同时利用风缆调整拱肋轴线的横向偏位，并应观测拱肋各接头、1/8跨处及拱顶的高程，使其在允许偏差之内。

3）大跨径拱桥分多节段吊装合龙成拱后，根据拱肋接头密合情况及拱肋的稳定度，可保留起重索和扣索部分受力，待拱肋接头的连接工序基本完成后再全部松索。

（8）拱肋接头的电焊作业应在调整完轴线偏差、嵌塞并压紧接头缝钢板之后且全部松索成拱之前进行。拱肋接头部件电焊时，应采取分层、间断、交错方法施焊，施焊时应采取措施以避免损伤周围的混凝土。

（9）采用少支架方法安装拱圈时，应符合下列规定：

1）对支架及地基的要求应符合现行行业标准《公路桥涵施工技术规范》相关规定。设于河中的支架，应验算其基础的冲刷深度，并应有可靠的防冲刷和防漂浮物影响的措施。支架基础不得设置在冰胀影响的地层。

2）吊装构件时，应结合实际情况和设备条件采用适宜的起吊设备。拱肋分段吊装到支架上时，其接头的连接处理应符合设计规定。

4．转体施工

（1）转体施工内容适用于有平衡重平转、无平衡重平转及竖转的拱桥转体施工，对于斜拉桥、梁桥等的转体施工也可参照执行。

（2）采用转体法施工时，拱圈的预制及拼装应符合下列规定：

1）应按照设计确定的位置、高程，充分利用地形，合理布置预制场地．在适当的支架和模板上进行．支架应稳固且安装方便。

2）应严格控制拱肋的制作尺寸，构件尺寸的允许偏差为 ±5mm，质量偏差为 ±2%，拱肋轴线平面、立面的允许偏差为 ±10mm。

（3）采用有平衡重平转施工时，应符合下列规定：

1）对于跨径较大、转动体系重心较高的拱桥，宜采用环道与中心支撑相结合的转盘结构；对于小跨径的拱桥，可采用中心支承的转盘结构。平衡重宜视情况利用桥台或设置临时配重。转体前，应核对平衡体的质量和转动体系的重心。如设置临时配重，应保证锚固设施安全、可靠。

2）应待拱圈混凝土达到设计规定的强度后，方可分批、分级张拉扣索。对于扣索的索力应进行检测，其允许偏差为 ±3%。张拉达到设计控制应力时，拱圈应脱离支架成为以转盘为支点的悬臂平衡状态，且应根据合龙高程（考虑合龙温度）的要求精调张拉扣索。

3）采用内、外锚扣体系时，扣索宜采用钢绞线和带墩头锚的高强钢丝等高强材料，其安全系数应大于 2。扣点应设在拱顶点附近，

（4）桥梁工程施工质镇控制手册

如因大跨径拱桥单点扣索力太大或其他原因需采用多扣点时，应控制好扣索的同步张拉，使锚固的截面应力处于允许的受力状态。

4）扣索和锚索之间宜通过置于扣、锚支承（桥台或立柱）顶部的交换梁相连接。扣索的锚点高程不宜低于扣点，宜与通过锚点的水平线形成 0° ~ 50° 的角度。采用千斤顶张拉扣索时应分级进行，并应同时对结构内力及挠度进行监测，直至拱圈脱架。

5）扣索张拉到位、拱圈卸架后，应有 24h 的观测阶段，检验锚固、支承体系的可靠程度。同时应观测拱结构的变形状态及其随气温变化的规律，确定转体前拱顶的高程。

6）转体的牵引索可采用钢绞线或高强钢丝束，其一端引出，另一端应绕固于上转盘上，牵引动力可采用液压千斤顶等。转动时宜控制速度，角速度不宜大于 0.02rad/min 或拱圈悬臂端的线速度不宜大于 2.0m/min。采用钢绳牵引转动时，应在千斤顶直接顶推启动后再进行。

5．悬臂浇筑拱

（1）拱圈的首段可采用支架法或其他适宜的方法浇筑，然后在其上拼装挂篮。采用支架法浇筑施工时，对支架的要求应符合现行行业标准《公路桥涵施工技术规范》

的规定。

（2）悬臂浇筑拱圈的挂篮除应符合现行行业标准《公路桥涵施工技术规范》规定外，尚应符合下列规定：

1）挂篮应具有可靠的稳定性和良好的调节性能，应能适应各拱段倾斜角度的变化。

2）挂篮的行走轨道应与拱圈的弧度相适应，并成与拱圈可靠连接，避免行走时下滑。

3）挂篮应设置可伸缩的抗剪装置，抵抗在浇筑拱圈混凝土时产生的下滑力，且不应影响挂篮的正常行走。

4）底模宜设计成可调节式的弧形模板，满足拱圈弧度不断变化的要求。

5）后锚系统应稳固可靠，且应适应拱圈的弧度变化，后支点宜反顶在拱圈上。

6）对于拱圈的两个半拱，应各配备一套挂篮，按从拱脚至拱顶的施工顺序，对称浇筑拱圈混凝土。两个半拱的施工进度应保持基本对称同步，且应符合设计的规定。

（3）悬臂浇筑拱圈的扣索和锚索应采用钢绞线或带墩头锚的高强钢丝，其安全系数应大于 2；锚碇应采用钢筋混凝土锚碇，其抗拔、抗滑安全系数应不小于 2；扣塔应具有足够的强度、刚度和稳定性 . 除应满足现行行业标准《公路桥涵施工技术规范》（JTG/TF50—2011）的规定外，扣塔塔顶的最大偏位不得大于 10mm。

（4）在悬臂浇筑拱圈的施工过程中，应对扣索和锚索系统、拱圈的应力和变形等进行监控，并应确定适当的扣索张拉次数，保证拱圈混凝土在悬臂施工过程中不出现拉应力。大跨度拱桥悬浇拱圈时，应对拱肋在悬臂状态下的控制工况进行压屈分析计算，其压屈稳定系数应大于 4。

（5）对于支架浇筑的首段和悬臂浇筑段的拱圈，均应严格控制其尺寸、轴线平面及立面的精度。各节段质量的允许偏差应为 ±2% 或符合设计规定值。

（6）悬臂浇筑拱圈应选择在当天气温最低且温度场较为稳定的时段合龙，且宜先焊接劲性骨架，达到受力状态下的合龙；然后绑扎钢筋，浇筑合龙段混凝土，完成结构状态的合龙。

（7）扣索和锚索应在合龙段混凝土强度符合设计规定的强度或达到设计强度的 85% 后方可拆除，挂篮宜沿轨道从拱顶缓慢地滑移到拱脚后再进行拆除。所有的拆除工作均应按施工设计规定的程序分步、对称进行，并应采取措施保证施工安全。

6．石拱桥

（1）石拱桥的拱架宜采用钢拱架、木拱架等结构形式，拱架的设计、制作、拼装和拆卸应符合现行行业标准《公路桥涵施工技术规范》的相关规定。当小跨径石拱桥采用土牛拱胎时，土牛拱胎在制作时应设防排水设施，土石应分层夯实，密实度应不小于 95%，拱顶部分应选用含水率适宜的黏土。

（2）用于砌筑拱圈的拱石应采用粗料石或块石，按拱圈放样尺寸加工成楔形。拱石的厚度应不小于 200mm，加工成楔形时，其较薄端的厚度应符合设计要求的尺寸或按施工放样的要求确定。其高度应为最小厚度的 1.2 ~ 2.0 倍，长度应为最小厚度的 2.5 ~ 4.0 倍。拱石应按立纹破料，岩层面应与拱轴线垂直，各排拱石沿拱圈内弧的厚度应一致。对砌筑拱圈所用砂浆的要求应符合现行行业标准《公路桥涵施工技术规范》的规定。

（3）拱圈的砌筑施工应符合下列规定：

1）拱圈及拱上结构施工时均应按设计要求留置施工预拱度。

2）砌筑施工前，应先详细检查拱架和模板，符合要求后方可开始砌筑。

3）拱圈的辐射缝应垂直于拱轴线，辐射缝两侧相邻两行拱石的砌缝应互相错开，错开距离应不小于 100mm。同一行内上下层砌缝可不错开。

4）浆砌粗料石和混凝土预制块拱圈的砌缝宽度应为 10 ~ 20mm；

块石拱圈的砌缝宽度应不大于 30mm；用小石子混凝土砌块石时，砌缝宽度应不大于 50mm。

（4）拱圈砌筑的程序应符合下列规定：

1）砌筑拱圈前，应根据拱圈的跨径、矢高、厚度及拱架等情况，设计并确定拱圈砌筑的程序。砌筑时，应在适当的位置设置变形观测缝，随时监测拱架的变形情况。必要时应对砌筑程序进行调整，控制拱阁的变形。

2）对于跨径小于 10m 的拱圈，当采用满布式拱架砌筑时，可从两端拱脚起顺序向拱顶方向对称、均衡地砌筑，最后砌拱顶石；当采用拱式拱架砌筑时．宜分散、对称地先砌筑拱脚和拱顶段，后砌 1/4 跨径段。

3）跨径 10 ~ 20m 的拱圈，不论采用何种拱架，每半跨均应分成 3 段砌筑，先砌拱脚段和拱顶段，后砌 1/4 跨径段，两半跨应同时对称地进行对于分段砌筑的拱段，当其倾斜角大于砌块与模板间的摩擦角时，应在拱段下部设置临时支撑，避免拱段滑移。

4）跨径大于 20m 的拱圈，其砌筑程序应符合设计规定；设计未规定时，宜采用分段砌筑或分环分段相结合的方法砌筑，必要时应对拱架预加一定的压力。分环砌筑时，应待下环砌筑合龙、砌缝砂浆强度达到设计强度的 85% 以后，再砌筑上环。

5）多孔连续拱桥拱圈的砌筑，应考虑连拱的影响，并应专门制定相应的砌筑程序。

（5）砌筑拱圈时，应在拱脚、拱顶石两侧和分段点等部位临时设置空缝。小跨径拱圈不分段砌筑时，应在拱脚附近临时设置空缝，设置和填塞空缝时，应符合下列规定：

1）空缝的宽度，在拱圈外露面应与相应类别砌块的一般砌缝相同。当拱圈采用粗料石时，空缝的内腔可加大至 30 ～ 40mm。

2）用于空缝两侧的拱石，靠空缝一侧的石面应加工凿平。

3）空缝的填塞应在砌缝砂浆强度达到设计强度的 85% 后进行，填塞时应分层捣实。

4）空缝的填塞顺序，可由拱脚逐次向拱顶对称填塞；或先填塞拱脚处 . 再填塞拱顶处，最后自拱顶向两端对称逐条填塞；所有空缝亦可同时填塞。

（6）拱圈的封拱合龙应符合下列规定：

1）封拱合龙宜在当日最低气温且温度较为稳定的时段进行。

2）分段砌筑的拱圈应待填塞空缝的砂浆强度达到设计强度的 85% 后再进行合龙。

3）封拱合龙前应采用千斤顶施加压力的方法调整拱圈应力，待砌筑砂浆的强度达到设计规定的强度后方可合龙。

（7）拱上结构的砌筑应符合下列规定：

1）拱上结构在拱架卸架前砌筑时，应待拱圈合龙段的砂浆强度达到设计强度的 85% 以上后进行。

2）当先卸架后砌拱上结构时，应待拱圈合龙段的砂浆强度达到设计强度的 100% 后进行。

3）拱上结构宜由拱脚至拱顶对称、均衡地砌筑。

（8）采用小石子混凝土砌筑拱圈时，靠拱模一面应选用底面较大且较平整的石块，必要时应稍加修整，拱背面应大致平顺；砌筑施工设置空缝时，在空缝的两侧应选用较大且较平整的石块。砌缝中的小石子混凝土应饱满、密实。对于较宽的竖缝，可在填塞小石子混凝土的同时，填塞一部分小石块，将砌缝挤满。彻缝宽度应不大于 50mm。

7. 拱上结构

（1）应在主拱圈的混凝土强度达到设计规定强度后，方可进行拱上结构的施工。施工前应对拱上结构立柱、横墙等基座的位置和高程进行复测检查，如超过允许偏差应予以调整，基座与主拱的连接应牢固，同时应解除拱架、扣索等约束。

（2）对于大跨径拱桥的拱上结构，施工时应严格按照设计加载程序进行；设计未提供加载程序时，应根据施工验算由拱脚至拱顶均衡、对称加载。施工中应对主拱圈进行监测和控制。

（3）对于在支架或拱架上浇筑拱圈的中、小跨上承式拱桥，当不卸除支架或拱架进行拱上结构施工时，其主拱圈的混凝土强度应全部达到设计规定的强度；对于下承式或中承式拱桥，其悬吊桥面系的混凝土应在支架或拱架卸落后进行浇筑，吊杆混凝土应在桥面系完成后再对称浇筑。

（4）在支架或拱架上浇筑拱圈的拱桥，其拱上结构混凝土浇筑施工时应符合下列规定：

1）立柱的底座应与拱圈同时浇筑，立柱上端的施工缝应设在横梁承托的底面。

2）桥圈系的梁与板应同时浇筑，两相邻伸缩缝间的桥面板应一次浇筑完成。

（5）中、小跨径装配式拱桥的拱上结构，应在主拱圈混凝土和砂浆强度均达到设计规定强度后方可施工。采用少支架施工的拱桥应先卸除支架后，再从拱脚至拱顶对称进行施工。

（6）拱上腹拱圈施工时，应考虑腹拱圈所产生的推力对立柱或横墙的影响，相邻腹板的施工进度应同步。

（8）采用无支架施工的大、中跨径拱桥，其拱上结构宜充分利用缆索吊装施工。

8．施工控制

（1）拱桥施工时应对其进行过程控制，应保证拱结构在施工过程中的稳定性、变形和内力始终处于安全范围内。对于大跨径拱桥，应按现行行业标准《公路桥涵施工技术规范》的相关规定进行施工过程控制；对于中、小跨径拱桥，可采取相对简便易行的方法进行施工控制。

（2）拱桥的施工控制方法应根据拱结构的特点、拱的受力特性、施工方法和施工环境条件等因素综合选择确定。对施工控制的管理工作、监控测试及测试的环境要求等，可参照现行行业标准《公路桥涵施工技术规范》。

（3）拱桥的施工控制应以主拱圈的稳定性、变形和内力作为监测和控制目标。

第二节　钢筋混凝土和预应力混凝土梁式桥

一、钢筋混凝土和预应力混凝土梁式桥一般规定

（1）关于简支梁桥、连续梁桥和连续刚构桥的预制、安装及浇筑施工均可适用该基本规定。

（2）用于梁式桥施工的各种材料、模板、支架、混凝土及预应力混凝土等应符合现行行业标准《公路桥涵施工技术规范》的相关规定。所有临时性承重结构及其地基基础均应进行设计计算，并应保证其在施工过程中有足够的强度、刚度和稳定性，

且变形值应在允许范围内。

对于大跨径连续梁桥和连续刚构桥，应进行施工过程控制，使结构的变形、内力及线形符合设计要求，并应保证结构在施工过程中的安全。

二、钢筋混凝土和预应力混凝土梁式桥具体规定

1. 支架上现浇梁式桥

（1）梁式桥的现浇可采用满布支架或梁式支架。现浇支架除应符合现行行业标准《公路桥涵施工技术规范》相关规定外，尚应符合下列规定：

1）支架应稳定、牢固 . 其地基应有足够的承载力。支架位于水中时，其接触宜采用桩基；对于弯、坡、斜梁式桥，其支架的设置应适应梁体相应几何线形的变化，且应采取有效措施以保证支架的稳定性。

2）满布支架的地基表面应平整，并应有防排水措施。满布支架位于坡地上时，宜将地基的坡面挖成台阶。在软弱地基上设置满布支架时，应采取措施对地基进行处理，使其承载力满足施工要求。

3）梁式支架各支点的基础应设在可靠的地基上，当地基沉降过大或承载力不熊满足要求时,宜设置桩基或采取其他有效措施进行处理。梁式支架不宜采用拱式结构，必须采用时，应按拱架的要求施工。

4）梁式桥现浇支架的预压应根据支架的类型和结构形式、地基的沉降量和承载能力，以及荷载大小等因素确定。

5）梁式桥跨越需要维持正常通行（航）的道路（水域）时，对其现浇支架应采取防碰撞的安全措施，并应设置必要的交通导流标志，保证施工安全和交通安全。

（2）梁式桥现浇施工时，梁体混凝土在顺桥向宜从低处向高处进行浇筑，在横桥向宜对称进行浇筑。混凝土浇筑过程中，应对支架的变形、位移、节点和卸架设备的压缩及支架地基的沉降等进行监测，如发现超过允许值的变形、变位，应及时采取措施予以处理。

（3）连续梁桥在支架上逐孔现浇施工时，应符合现行行业标准《公路桥涵施工技术规范 KJTG/TF50—2011）的相关规定。

2. 移动模架逐孔现浇施工

（1）移动模架宜采用定型产品，模架的功能、承载能力、长度、模板的尺寸及支承系统等，应与所施工的预应力混凝土连续梁的各项指标相适应，设计制造厂家应提供模架的产品出厂质量合格证书，以及操作手册等相关技术文件。当采用非定型模架时，应对模架进行专门的设计计算，并应进行荷载试验，确认其能保证施工的安全和质量后方可投入使用。

（2）模架的拼装应按照产品的操作手册进行，并应保证拼装期间的施工安全；拼装完成后应对其拼装质量进行检验，并应在首孔梁的浇筑位置就位后进行荷载试压试验，检验和试压合格后方可正式使用。

（3）模架的支承系统应安全可靠，应具有足够的承载能力、刚度和稳定性。模架的后端宜设置后吊点，应使模架中的模板与已浇梁段的悬臂端梁体紧密贴合，防止该处产生错台或漏浆。模架应设置预拱度，预拱度值应经计算并参考荷载试验结果确定。

（4）首孔梁浇筑混凝土前，应做好施工前的各项准备工作，制定详细的施工方案、施工工艺、各项保障措施及应急预案；浇筑施工时，应对模架进行挠度监测，监测的数据及分析结果应作为修正模架预拱度的依据。首孔梁的混凝土在顺桥向宜从桥台（或过渡墩）开始向悬臂端进行浇筑，中间孔宜从悬臂端开始向已浇梁段推进浇筑，末孔宜从一联中最后一个墩位处向已浇梁段推进浇筑，最终与已浇梁段接合；梁体混凝土在横桥向应对称浇筑。连续梁逐孔现浇的纵向分段接缝位置应符合设计规定；设计未规定时，宜设在1/5跨的弯矩零点附近。

（5）任一孔梁的混凝土浇筑施工完成后，内模中的侧向模板应在混凝土抗压强度达到2.5MPa后，顶面模板应在混凝土抗压强度达到设计强度等级的75%后，方可拆除；外模架应在梁体建立预应力后方可卸落。

（6）模架横向移动和纵向移动过孔前，应解除作用于模架上的全部约束。纵向移动时，两侧的承重钢梁应保持基本同步，不同步的最大距离偏差应符合产品设计的规定，且应有限位和紧急止动装置；移动到下一孔位置后，应立即对模架进行准确就位并固定。模架在移动过孔时的抗倾覆稳定系数应不小于1.5。

（7）模架的拆除应根据不同的施工环境条件确定相应的拆除方案，并应有可靠的起吊和拆除安全措施，防止发生事故。

（8）移动模架在使用期间尚应符合下列规定：

1）在梁体混凝土的浇筑施工过程中，应随时对模架的关键受力部位和支承系统进行检查，有异常时应采取有效措施及时处理，在移动过孔时，应对模架的运行状态进行监控。

2）模架所有操作平台的边缘处，均应设置防护栏杆，必要时应安装安全网，同时应在模架的适当部位配备消防器材。

3）模架中的动力和照明线路应由专业人员敷设，并应定期检查清理，消除漏电、短路等隐患。

4）每完成一孔梁的施工，均应对模架的关键部位及支承系统等进行检查，发现问题后应及时处理。

3．装配式桥施工

（1）装配式桥施工适用于装配式钢筋混凝土和预应力混凝土梁、板桥（以下统称装配式桥）构件的预制、移运、存放和安装施工。装配式桥施工的一般要求应符合下列规定：

1）装配式桥的构件在脱底模、移运、存放和吊装时，混凝土的强度应不低于设计规定的吊装强度。设计未规定时，应不低于设计强度的 80%。

2）构件安装前应检查其外形、预埋件的尺寸和位置，允许偏差不得超过设计规定。设计未规定时，不得超过现行行业标准《公路桥涵施工技术规范》（JTG/TF50—2011）的有关规定。

3）安装构件时，支承结构（墩台、盖梁）的混凝土强度和预埋件（包括预留锚栓孔、锚栓、支座钢板等）的尺寸、高程及平面位置应符合设计要求。

4）构件安装就位完毕并经检查校正符合要求后，方可焊接或浇筑混凝土固定构件。跨径 25m 以上预应力混凝土简支梁的安装应验算裸梁的稳定性。

5）对于分层、分段安装的构件，应在先安装的构件可靠固定且受力较大的接头混凝土达到设计要求的强度后，方可继续安装。设计未规定时，应达到设计强度的 80% 后方可继续安装。

6）分段拼装梁的接头混凝土或砂浆，其强度应不低于构件的设计强度；不承受内力的构件的接缝砂浆，其强度应不低于需与其他混凝土或砌体结合的预制构件的砌筑面应按施工缝处理。

7）构件吊运安装时，其起重安全应符合现行行业标准《公路桥涵施工技术规范》的规定。吊运工具、设备的使用技术要求，应参照起重吊装的有关规定执行。

（2）构件预制场的布置应满足预制、移运、存放及架设安装的施工作业要求；场地应平整、坚实，应根据地基情况和气候条件，设置必要的防排水设施，并应采取有效措施防止场地沉陷。砂石料场的地面宜进行硬化处理。

（3）构件预制台座的地基应具有足够的承载能力，并应符合下列规定：

1）预制台座应采用适宜的材料和方式制作，且应保证其坚固、一稳定、不沉陷；当用于预制后张预应力混凝土梁、板时，宜对台座两端及适当范围内的地基进行特殊加固处理。

2）预制台座的间距应能满足施工作业的要求；台座表面应光滑、平整，在 2m 长度上平整度的允许偏差应不超过 2mm，且应保证底座或底模的烧度不大于 2mm。

3）对于预应力混凝土梁、板，应根据设计提供的理论拱度值，结合施工的实际情况，正确预计梁体拱度的变化情况，在预制台座上按梁、板构件跨度设置相应的预拱度。当后张预应力混凝土梁预计的上拱度值较大时，可考虑在预制台座上设置反拱。

（4）各种构件混凝土的浇筑除应符合现行行业标准《公路桥涵施工技术规范》第6章的规定外，尚应符合下列规定：

1）腹板底部为扩大断面的“T”形梁，应先浇筑扩大部分并振实后，再浇筑其上部腹板。

2）“U”形梁可上下一次浇筑或分两次浇筑。一次浇筑时，宜先浇筑底板至底板承托顶面，待底板混凝土振实后再浇筑腹板；分两次浇筑时，宜先浇筑底板至底板承托顶面，按施工缝处理后，再浇筑腹板混凝土。

3）小型构件宜在振动台上振动浇筑。混凝土砌块、小型盖板、路缘石等小型构件，可在移动式底模上浇筑。

4）采用平卧重叠法支立模板、浇筑构件混凝土时，下层构件顶面应设临时隔离层；上层构件必须待下层构件混凝土强度达到5.OMPa后方可绕筑。

5）中小跨径的空心板浇筑混凝土时，对芯模应有防止上浮和偏位的可靠措施。

（5）对于高宽比较大的预应力混凝土“T”形梁和“I”形梁，应对称、均衡地施加预应力，并应采取有效措施防止梁体产生侧向弯曲。

（6）构件的场内移运用符合下列规定：

1）对于后张预应力混凝土梁、板，在施加预应力后可将其从预制台座移至场内的存放台座上后再进行孔道压浆，但必须满足下列要求：

①从预制台座上移出梁、板仅限一次，不得在孔道压浆前多次倒运。

②吊移的范围必须限制在预制场内的存放区域，不得移往他处。

③吊移过程中避免对梁、板产生任何冲击和碰撞。

2）后张预应力混凝土梁、板在孔道压浆后进行移运的，其压浆浆体强度应不低于设计强度的80%。

3）梁、板构件移运时的吊点位置应符合设计规定。设计未规定时，应根据计算决定。构件的吊环必须采用未经冷拉的HPB300钢筋制作，且吊顶应顺直，吊绳与起吊构件的角度小于60°时，应设置吊架或起吊扁担，使吊环垂直受力。吊移板式构件时，不得吊错上、下面。

（7）构件的存放应符合下列规定：

1）存放台座应坚固稳定，且宜高出地面200mm以上。存放场地应有相应的防排水设施，并应保证梁、板等构件在存放期间不致因支点沉陷而受到损坏。

2）梁、板构件存放时，其支点应符合设计规定的位置，支点处应采用垫木和其他适宜的材料进行支承，不得将构件直接支承在坚硬的存放台座上。存放时混凝土养护期未满的，应继续养护。

3）构件应按其安装的先后顺序编号存放，预应力混凝土梁、板的存放时间不宜超过 3 个月，特殊情况下不应超过 5 个月。

4）当构件多层叠放时，层与层之间应以垫木隔开，各层垫木的位置应设在设计规定的支点上，上下层垫木应在同一条竖直线上；叠放的高度宜按构件强度、台座地基的承载力、垫木强度及叠放的稳定性等经计算确定，大型构件宜为 2 层，不应超过 3 层，小型构件宜为 6 ～ 10 层。

5）雨季或春季融冻期间，应采取有效措施防止因地面软化下沉而造成构件断裂及损坏。

（8）构件的运输应符合下列规定：

1）板式构件运输时，宜采用特制的固定架稳定构件。对于小型构件，宜顺宽度方向侧立放置，并应采取措施防止倾倒；如平放在两端吊点处必须设置支搁方木。

2）梁的运输应按高度方向竖立放置，并应有防止倾倒的固定措施。装卸梁时.必须在支撑稳妥后，方可卸除吊钩。

3）采用平板拖车或超长拖车运输大型构件时，车长应能满足支点间的距离要求，支点处应设活动转盘防止搓伤构件混凝土；运输道路应平整，如有坑洼而高低不平处应事先处理平整。

4）水上运输构件时，应有相应的封舱加固措施，并应根据天气状况安排装卸和运输作业时间，同时应满足水上（海上）作业的相关安全规定。

（9）简支梁、板的安装应符合下列规定：

1）安装前应对墩台的工质量进行检验，并应对支座或临时支座的平面位置和高程进行复测，合格后方可进行梁、板等构件的安装。

2）安装的方法和安装设备宜根据构件的结构特点、质量及施工环境等综合确定，并应制定专项施工技术方案、安装工艺及安全技术方案，对安装设备的强度、刚度和稳定性应进行必要的验算。

3）采用架桥机进行安装作业时，其抗倾覆稳定系数应不小于 1.3；架桥机过孔时，应将起重小车置于对稳定最有利的位置，且抗倾覆稳定系数应不小于 1.5。

4）采用吊机吊装构件时，如采用 1 台吊机起吊，应在吊点位置的土方设置吊架或起吊扁担；如采用两台吊机抬吊，应统一指挥，协调一致，使构件的两端间时起吊、同时就位。

5）梁、板安装施工期间及架桥机移动过孔时，严禁行人、车辆和船舶在作业区域的桥下通行。

6）梁、板就位后，应及时设置保险垛或支撑将构件临时固定，对于横向自稳定性较差的“T”形钢和“I”形梁等，应与先安装的构件进行可靠的横向连接，防止倾倒。

7）安装在同一孔跨的梁、板，其预制施工的龄期差不宜超过10d。梁、板上有预留孔道的，其中心应在同一轴线上，偏差应不大于4mm。梁、扳之间的横向湿接缝应在一孔梁、板全部安装完成后方可进行施工。

8）对于弯、坡、斜桥的梁、板，其安装的平面位置、高程及几何线形应符合设计要求。

（10）先简支后连续的梁，其施工应符合下列规定：

1）先简支安装的梁除应符合现行行业标准《公路桥涵施工技术规范》的规定外，尚应设置临时支座进行支承。在一片梁中，临时支座顶面的相对高差不应大于2mm。

2）简支变连续的施工程序应符合设计规定，且应在一联梁全部安装完成后方可进行湿接头混凝土的浇筑。

3）对于湿接头处的梁端，应按施工缝的要求进行凿毛处理。永久支座应在设置湿接头底模之前安装。湿接头处的模板应具有足够的强度和刚度，与梁体的接触面应密贴并具有一定的搭接长度，各接缝应严密不漏浆。负弯矩区的预应力管道应连接平顺与梁体预留管道的接合处应密封；预应力锚固区预留的张拉齿板应保证其外形尺寸准确且不被损坏。

4）湿接头的混凝土宜在1d中气温相对较低的时段浇筑，且一联中的全部湿接头应一次浇筑完成。湿接头混凝土的养护时间应不少于14d。

5）湿接头按设计要求施加预应力、孔道压浆且浆体达到规定强度后，应立即拆除临时支座，按设计规定的顺序完成体系转换。同一片梁的临时支座应同时拆除。

6）仅为桥面连续的梁、板，应按设计要求进行施工。

4. 悬臂浇筑

（1）用于悬臂浇筑施工的挂篮，其结构除应满足强度、刚度和稳定性要求外，尚应符合下列规定：

1）挂篮与悬浇梁段混凝土的质量比不宜大于0.5，且挂篮的总重应控制在设计规定的限重之内。

2）挂篮的最大变形（包括吊带变形的总和）应不大于20mm。

3）拴篮在浇筑混凝土状态和行走时的抗倾覆安全系数、自锚固系统的安全系数、斜拉水平限位系统的安全系数及上水平限位的安全系数均不应小于2。

4）挂篮的支承平台应有足够的平面尺寸，应能满足梁段现场施工作业的需要。

5）挂篮模板的制作与安装应准确、牢固，安装误差应符合现行行业标准《公路桥涵施工技术规范》（JTG/TF50—2011）的规定。后吊杆和下限位投杆孔道应严格按设计尺寸准确预留。

（2）钢筋的制作及安装除应符合现行行业标准《公路桥涵施工技术规范》（JTG/TF50—2011）的规定外，尚应符合下列规定：

1）底板钢筋与腹板钢筋的连接应牢固，应宜采用焊接；底板上、下两层的钢筋网应采用两端带弯钩的竖向筋进行连接，使之形成整体；顶板底层的横向钢筋宜采用通长筋。

2）钢筋与预应力管道相互影响时，钢筋仅可移动，不得切断。若挂篮的下限位器、下锚带、斜拉扦等部位影响下一步操作必须切断钢筋时，应在该工序完成后，将切断的钢筋连接好在补孔。

（3）墩顶及墩顶邻近梁段可采用落地支架，支架和托架应符合现行行业标准《公路桥涵施工技术规范》（JTG/TF50—2011）的规定。墩顶梁段宜全断面一次浇筑完成，当梁段过高一次浇筑完成难以保证质量时，可沿高度方向分两次浇筑，但宜将两次浇筑混凝土的龄期差控制在 7d 以内。预应力混凝土连续梁的墩顶梁段施工时，应按设计规定设置墩梁临时间结装置，且临时间结装置的结构和采用的材料应满足方便、快速拆除的要求。

（4）悬臂浇筑施工应符合下列规定：

1）悬臂浇筑施工应对称、平衡地进行，两端悬臂上荷载的实际不平衡偏差不得超过设计规定值；设计未规定时，不宜超过梁段重的 1/4。悬臂梁段应全断面一次浇筑完成，并应从悬臂端开始，向已完成梁段推进分层浇筑。

2）悬臂浇筑的施工过程控制宜遵循变形和内力双控的原则，宜以变形控制为主。悬浇过程中梁体的中轴线允许偏差应控制在 5mm 以内，高程允许偏差为 ±10mm。

3）拉篮前移时，宜在其后方设置控制其滑动的装置或在滑道上设置止动装置。前移就位后，应立即将后锚同点锁定、防止倾覆。

4）当悬臂浇筑施工跨越铁路、公路、航道及其他建筑物时．应采取有效的安全施工防护措施。

（5）悬臂浇筑时预应力的施工除应符合现行行业标准《公路桥涵一施工技未规范》的规定外，尚应符合下列规定：

1）预应力管道的安装定位应准确，备用管道和长束的管道应采取措施，保证其在使用时的有效性。

2）对于向预应力长钢束的张拉，宜通过必要的试验确定其张拉程序和各项参数，张拉持荷时间应增加 1 倍；当钢束的伸长值不能满足要求时．可采取补张拉或反复张拉的措施，但张拉应力不得超过设计规定的最大控制应力。横向预应力采用一端张拉时，其张拉端宜在梁两侧交错设置。竖向预应力宜采取反复张拉的方式进行，反复张拉的次数应以钢束的伸长值是否达到要求且是否可靠锚固而定。

3）对于竖向预应力孔道，压浆时应从其下端的压浆孔压入，压力宜为 0.3 ~ 0.4MPa，且压入的速度不宜过快。

（6）悬臂浇筑预应力混凝土梁的合龙和体系转换应符合下列规定：

1）合龙的顺序应符合设计规定。

2）合龙施工前应对两端悬臂梁段的轴线、高程和梁长受温度影响的偏移值进行观测，并应根据实际观测值进行合龙的施工计算，确定准确的合龙温度、合龙时间及合龙程序。

3）对两端的悬臂梁段采取施加水平推力的方式调整梁体的应力时，千斤顶的施力应对称、均衡。

4）合龙时宜采取措施将最低合龙口两侧的悬臂端予以临时刚性连接，浇筑合龙段混凝土。合龙段的混凝土宜在 1d 中气温最低，稳定的时段内浇筑，浇筑后应及时覆盖洒水养护。

5）合龙时在桥面上设置的全部临时施工荷载应符合施工控制的要求。对于预应力混凝土连续梁，合龙后应在规定时间内尽快拆除墩梁临时间结装置，按设计规定的程序完成体系转换和制作调整。

5. 悬臂拼装

（1）悬臂拼装相关内容适用于预制节段采用悬臂拼装方法施工的预应力混凝土连续梁和连续刚构桥，采用逐跨拼装方法施工也可参照执行。

（2）悬臂拼装施工的节段可采用短线法或长线法进行预制，预制场地的布置应便于节段的预制、移运、存放及装车（船）出运；预制台座应稳定、坚固，在荷载作用下，其顶面的沉降控制在 2mm 以内。

（3）节段预制前，应在预制场地建立精密测量的平面控制网和高程控制网，并设置测量控制点、测量塔及靶标。测量控制点应设在远离热源和振动源的位置，且应具有良好的通视条件，必要时应设置备用的测量控制点。

（4）节段预制时，应对预制线形进行控制，使成桥后的线形符合设计要求。节段预制的测量控制宜采用专用线形控制软件进行。

（5）节段预制宜采用专门设计的钢模板，钢模板及其支撑除应满足强度、刚度和稳定性的要求外，尚应满足多次重复使用不变形及包装节段预制精度的要求。采用长线法预制节段时，同一连续匹配浇筑的梁段应在同一长线台座上制作；采用短线法时，应在台座上匹配预制，并应符合下列规定：

1）内模系统应是可调整的，且宜安装在可移动的台车支架上。

2）短模应垂直、牢固，外侧模与底模应能适应节段的线形变化的要求。

3）模板与匹配节段的连接应紧密、不漏浆。

（6）节段的钢筋宜在专用胎架上制成整体骨架后，吊入模板内进行安装；吊装整体骨架时应设置吊架，吊点的布置应合理，且宜采用

多点起吊，防止变形。对于预埋件的安装和预留孔的设置，应采用定位钢筋将其准确固定；当有体外预应力钢束转向器时，其安装必须准确可靠。

（7）节段预制混凝土的性能除应符合现行行业标准《公路桥涵施工技术规范》规定外，尚应符合设计对其弹性模量、收缩和徐变等性能的要求。节段预制混凝土的浇筑应符合现行行业标准《公路桥涵施工技术规范》的规定，并应根据环境温度、水泥品种、外加剂、施工进度及对混凝土性能的要求等制定养护方案，总体养护时间不宜少于14d，对节段的外立面混凝土宜采用喷湿或其他适宜的方式进行养护。

（8）节段的脱模时间应符合设计规定；设计未规定时，应在混凝土强度达到设计强度等级的75%后方可脱模并拆除。在脱模、拆除或移动节段时，应采取措施防止损伤节段混凝土的棱角和剪力键。

（9）模板拆除后应及时对节段进行检查验收，测量其外形尺寸，并标出梁高及纵横轴线。

（10）节段的起吊、移运、存放应符合下列规定：

1）节段从预制台座起吊时，混凝土的强度应符合设计规定。

2）段的移运用满足运输安全和施工安全的要求。在移运时应采取措施防止对节段产生冲击或碰撞。

3）节段在存放台座的叠放层数不宜超过两层，并应对存放台座及其地基的承载力进行验算。节段支点的位置应符合设计规定，且宜采用垫木或橡胶板等弹性支撑物进行支承。

4）节段的存放时间应符合设计要求；设计未要求时，不宜少于28d。对未达到养护时间的节段，应在存放时继续养护。

（11）墩顶及相邻梁段采用现浇方式施工时，应符合现行行业标准《公路桥涵施工技术规范》的相关规定，且应使其与预制梁段匹配良好。对于连续梁，墩顶的现浇梁段与墩之间应按设计要求临时固结。

（12）悬臂拼装施工应符合下列规定：

1）节段拼装施工前，应对预制节段的匹配面进行必要的处理，并应确定接缝施工的方法和工艺。在悬臂拼装施工过程中，应跟踪监视各节段梁体的挠度变化情况，控制其中轴线及高程。当实测梁体线形与设计值有偏差时，应及时进行调整。

2）施工前应按施工荷载对起吊设备进行强度、刚度和稳定性验算，其安全系数应不小于2。节段起吊安装前，应对起吊设备进行全面安全技术检查，并应分别进行1.25倍设计荷载的静荷起吊试验和1.1倍设计荷载的动荷起吊试验，经检查及起

吊试验符合要求后方可正式进行节段的起吊拼装。

3）节段悬臂拼装时，桥墩两侧的节段应对称起吊，且应保证桥墩侧平衡受力，最大不平衡力应符合设计规定。

（13）接缝的处理应符合下列规定：

1）各节段间的接缝施工应符合设计规定。

2）采用胶接缝拼装的节段，涂胶前应就位试拼。胶黏剂进场后应进行力学性能及作业性能的抽检，其各项性能应满足结构设计与节段拼装施工的要求。节段的匹配面应平整，尘土、油脂等污染物及松散混凝土和浮浆应消除干净。涂胶前的匹配面应进行干燥处理。

3）胶黏剂宜采用机械拌合，且在使用过程中应连续搅拌并保持其均匀性。胶黏剂应涂抹均匀，覆盖整个匹配面，涂抹厚度不宜超过 3mm. 对胶接缝施加临时预应力进行挤压时，挤力宜为 0.2MPa，胶黏剂应在梁体的全断面挤出，且胶接缝的挤压应在 3h 以内完成；当施工时间超过明露时间的 70% 时，在固化之前应清除被挤出的胶黏剂。胶黏剂在涂抹和挤压时，应采取措施对预应力孔道的端口处进行防护，防止胶黏剂进入孔道内。

（14）节段悬臂拼装的预应力施工除应符合现行行业标准《公路桥涵施工技术规范》规定外，尚应符合下列规定：

1）对于采用胶接缝的节段，在拼装工作结束并经检查符合要求后，应立即施加预应力对接缝进行挤压。对于采用湿接缝的节段 . 应在接缝混凝土强度达到设计强度的 80% 以上时方可对其施加预应力。

2）临时预应力钢束的布置和张拉控制应力应符合设计规定，并应满足多次重复张拉的作业要求；临时预应力钢束在结构永久预应力施工完成后方可拆除。

3）节段对称悬臂拼装完成并施加预应力后，方可放松起吊吊钩，并应立即对预应力孔道进行灌浆和封锚。

4）对梁顶面明槽内已张拉的预应力钢束应加以保护，严禁在其上堆放物体或抛物撞击。

6. 顶推施工

（1）顶推施工方面内容适用于采用顶推（拉）方法的预应力混凝土连续梁施工，钢梁的顶推施工可参照执行。

（2）梁段的预制场地应符合现行行业标准《公路桥涵施工技术规范》的规定外，尚应符合下列规定：

预制场地宜设在桥台后方的引道或引桥上，其长度、宽度应满足梁段预制施工作业的需要。

2）宜在预制场地上搭设固定或活动的作业棚，使梁段的施工作业不受天气影响，并便于混凝土养护。

（3）梁段预制台座的设置应符合下列规定：

1）在桥头路基或引桥上设置预制台座时．路基或引桥的强度、刚度和稳定性应满足顶推施工的要求，并应设置台座地基的防水、排水设施，防止沉陷。在荷载作用下，台座顶面的沉降变形应不大于 2mm。

2）台座的轴线应与桥梁轴线的延长线重合，纵坡应一致，两轴线间的偏差应不大于 5mm；相邻两支承点上台座中滑移装置的纵向顶面高程差应不大于 2mm；同一支承点上滑移装置的横向顶面高程差应不大于 1mm；台座（包括滑移装置）和梁段底模板顶面高程差应不大于 2mm。

（4）梁段的预制应符合下列规定：

1）模板宜采用钢模板。底模与底架宜连成一体且可升降；侧模宜采用旋转式的整体模板；内模宜采用可移动台车加升降旋转式的整体模板。模板应保证刚度，制作精度应符合现行行业标准《公路桥涵施工技术规范》的规定。

2）梁段混凝土的浇筑除应符合现行行业标准《公路桥涵施工技术规范》的规定外，尚应符合下列规定：

①混凝土梁体在支座位置处的横隔板，宜在整联梁顶推到位并完成解联后再进行浇筑，振捣时应避免振动器碰撞预应力管道和预埋件等。

②梁段的工作缝表面应凿毛并清洗干净，若工作缝为多联连续梁的解联断面．宜设为干接缝并采用临时预应力束张拉使之连接紧密。干接缝的断面尺寸应准确，表面应平整，解联时应分开方便。

（5）梁体预应力的施工除应符合现行行业标准《公路桥涵施工技术规范》的规定外，尚应符合下列规定：

1）预应力钢束的布置、张拉顺序、临时束的拆除次序等，应符合设计规定。

2）各种闪顶推施工需要所设置的临时预应力束，在顶推施工过程中应予以妥善保护。

（6）导梁和临时墩的设置应符合下列规定：

1）导梁与梁体连接处的刚度应协调，预埋件的连接强度应满足梁体顶推时的受力要求，导梁前端的最大挠度应不大于设计规定。

2）导梁全部节间的拼装应平整，其中线的允许偏差应不大于 5mm，纵、横向底面高程的允许偏差应为 ±5mm。

3）桥跨中间设有临时墩时，其施工技术要求应符合设计规定及现行行业标准《公路桥涵施工技术规范》的规定。梁体顶推施工完成并落位到永久支座上后，应及时将其拆除。

（7）梁体的顶推应符合下列规定：

1）顶推施工宜根据梁体长度、顶推跨度、桥墩所能承受的水平推力等条件，选择适宜的顶推方式。

2）顶推滑道的长度应大于水平千斤顶行程加滑块的长度．宽度应为滑板宽度的1.2 ~ 1.5 倍；相邻墩滑道顶面高程的允许偏差应为 2mm，同墩两滑道高程的允许偏差应为 ±1mm 滑动装置的摩擦系数宜经试验确定。

3）采用单点或多点水平千斤顶方式顶推时，实际总顶推力应不小于计算顶推力的2倍; 采用单点或多点拉杆方式顶拉时，拉杆的截面积和根数应满足顶拉力的要求，拉锚器的锚固和放松应方便、快速，设置在各墩顶的反力台应牢固且应满足顶拉反力的要求。多点顶推（拉）时，各点的水平千斤顶应同步运行。

4）宜在墩台上设置导向装置，防止梁体在顶推过程中产生偏移。顶推过程中，宜对梁体的轴线位置、墩台的变形、主梁及导梁控制截面的挠度和应力变化等进行施工监测；发生异常情况时，应停止顶推，查明原因并进行处理后方可继续施工。

5）顶推时至少应在两个墩上设置保险千斤顶。如遇顶推故障需采用竖向千斤顶将梁顶高时，最大顶升高度不得超过设计规定或不得大于 10mm，起顶的反力值不得大于计算反力的 1.1 倍。

6）平曲线连续梁顶推施工时，预制台座的平面及梁体均应按设计线形设置成圆弧形；导梁宜设置成直线形，但与主梁连接处应偏转一定角度．使导梁前端的中心落在设计线形的中线上。顶推应使梁体沿圆弧曲线前进。

7）竖曲线连续梁顶推施工时，预制台座的底模板顶面应符合设计竖曲线的曲率。所需水平顶推力的大小，应考虑正负纵坡的影响。

（8）梁体顶推到位后的落梁应符合下列规定：

1）落梁前应按设计规定的顺序，对预应力钢束进行张拉、锚固和灌浆，拆除全部临时预应力钢束。拆除墩、台上的滑动装置时，梁体的各支点应均匀顶起，其力应按设计支点反力的大小进行控制，顶起时相邻墩各顶点的高差不得大于 5mm，同墩两侧梁底顶起时高差不得大于 1mm。

2）落梁时，应按设计规定的顺序和每次的下落量分步进行，同一墩、台的千斤顶应同步运行。落梁反力的允许偏差应为 ±10% 设计反力。

永久支座应在落梁前进行安装。

（9）钢梁的顶推施工除应参照现行行业标准《公路桥涵施工技术规范》（rnVTF50—2011）相关规定执行外，尚应符合下列规定：

1）顶推方式宜根据钢梁的结构特点选择、确定。

2）导梁与钢梁之间宜采用焊接连接或采用螺栓连接。对钢梁结构的支点和顶推施力点处宜适当加同，并应采取措施防止结构在顶管过程中产生变形。

7. 整孔预制安装箱梁

（1）整孔预制安装箱梁内容适用于采用高性能混凝土、整孔预制架设安装的大型后张预应力混凝土箱梁的施工。

（2）箱梁预制场地的建设除应符合现行行业标准《公路桥涵施工技术规范》规定外，尚应符合下列规定：

1）预制场地应进行专门设计，其布置应有利于制梁、存梁、运梁和架梁的施工作业；制梁台座、存梁台座及运梁线路的地基应具有足够的承载能力，并应有防排水设施；场地内的道路、料场等应硬化处理。

2）对于在水域中架设安装的箱梁，应在预制场地设置箱梁的出运码头。对于从岸的一侧开始延伸至水域中或在陆上架设安装的箱梁，应设置必要的提梁设施和装置。

（3）钢筋宜在专用胎架上绑扎制作成整体骨架后．进行整体起吊安装，采用拼装式内模时，钢筋宜分片制作，分片起吊安装。

（4）箱梁的预制宜采用定型钢模板，模板应具有足够的强度和刚度，并应能满足多次重复使用不变形的要求。模板的制作、安装与拆除应符合现行行业标准《公路桥涵施工技术规范》的规定外，尚应符合下列规定：

1）钢模板在加工制作时，模板的全长和跨度应考虑箱梁反拱度的影响及预留压缩量。附着式振捣器的支座应交错布置，安设牢固并应使振动力先传向模板的骨架，再由骨架传向面板。

2）模板安装时，其位置应准确，各部位的连接应牢固可靠，接缝应严密不漏浆。

3）模板的拆除期限除应符合现行行业标准《公路桥涵施工技术规范》（JTG/TF50—2011）的规定外，其外侧模和端模尚应满足箱梁混凝土的表层温度与环境温度之差不大于15℃的要求。当气温急剧变化时，不宜进行拆模作业。

（5）箱梁混凝土宜一次连续浇筑完成，且宜采取水平分层、斜向推进的方式浇筑，水平分层的厚度不得大于300mm，各层间混凝土的间隔浇筑时间不应超过其初凝时间。梁体腹板下部的底板混凝土宜采用设于底模处的附着式振捣器振动；腹板混凝土宜采用插入式振捣器及附着式振捣器辅助振捣；对钢筋和预应力管道密布区域的混凝土，应提前按一定间距设置混凝土溜槽和插入式振捣器辅助导向等装置，保证该区域的混凝土能振捣密实。

（6）箱梁混凝土浇筑完成后，应按现行行业标准《公路桥涵施工技术规范》的规定及时进行覆盖和养护，并应符合下列规定：

1）当采取蒸汽养护时，除应符合现行行业标准《公路桥涵施工技术规范》的规定外，尚宜分为静停、升温、恒温、降温及自然养护 5 个阶段。静停期间应保持蒸养棚内的温度不低于 5℃。混凝土浇筑完成 4h 后方可升温，且升温的速度不应大于 10℃ /h。恒温时应将温度控制在 50℃以下，恒温时间宜由试验确定。降温的速度不应大于 5℃ /h。蒸汽养护结束后，应立即进入自然养护阶段，且养护时间不宜少于 7d。蒸养期间、拆除保温设施及模板时，梁体混凝土的表层温度与环境温度之差不得大于 15℃。

2）当采取自然养护时，对暴露于大气环境中的混凝土表面应采用适宜的材料进行覆盖 . 并洒水养护；拆模后尚未达到养护时间的梁体混凝土表面，宜采用喷淋方式或采用养护剂喷洒养护。环境相对湿度小于 60% 时，自然养护的时间不宜少于 28d；相对湿度大于或等于 60% 时，不宜少于 14d。

8．斜腿刚构

（1）斜腿可采取有支架或无支架的方式进行施工。采取有支架方式施工时，对支架的要求应符合现行行业标准《公路桥涵施工技术规范》的规定；采取拉杆扣拉或转体等无支架方式施工时，应按照现行行业标准《公路桥涵施工技术规范》的相关规定执行。不论采取何种方式施工，均应采取有效措施，防止斜腿的截面产生过大的局部应力或变形。

（2）主梁的施工应符合下列规定：

1）采取支架现浇方式施工时，除应符合现行行业标准《公路桥涵施工技术规范》的规定外，对多跨斜腿刚构桥的主梁不应一次浇筑成型，而应在分跨浇筑后，再设置合龙段合龙。

2）采用悬臂法施工时，除应符合现行行业标准《公路桥涵施工技术规范》（JTG/TF50—2011）的有关规定外，对斜腿部分尚应设置具有足够强度和刚度的临时支撑或拉杆进行间定，抵抗主梁悬浇过稳中产生的不均衡弯矩，且其基础应满足承载力的要求，主梁与斜腿的连接处应一次性浇筑完成。对于有“V”形墩的斜腿刚构桥，应选择适宜的温度先使“V”形墩与其上的主梁形成闭合的三角形结构，再进行其余主梁的悬臂浇筑施工。

9．拓展改建梁桥拼接施工

（1）拓展改建梁桥拼接施工适用于梁式桥的拓宽改建施工其他结构形式桥梁的拓宽改建也可参考执行。

（2）梁式桥拓宽改建拼接施工前 . 应做好下列准备工作：

1）应收集既有桥梁的设计图纸、竣工文件及相关资料 . 或进行必要的勘测和调研，了解既有桥梁的结构形式和现状。

2）应对桥位处地下管线和隐蔽物等的位置、尺寸进行调查，并应采取保护、避让及处理的措施。

3）应根据现场的具体情况，制定专项施工技术方案．确定施工顺序和施工工艺，合理配备施工机具设备。

4）应在对交通流量调查的基础上，提出交通导流和安全保护的方案，保证施工期间的施工安全和交通安全。

（3）对既有桥梁进行部分凿除或拆除时，应采取措施防止对拟保留的部分造成凿除损伤或破坏。拆除施工过程中不宜将大型拖工机具置于既有桥梁上进行作业，必须置于其上作业时，应对既有桥梁的承载能力进行验算，验算通过后方可实施；施工时应采取临时封闭交通等措施，以保证安全，并应对既有桥梁的沉降及裂缝等情况进行监测，发现异常应及时采取措施进行处理。

（4）对新旧混凝土结合面的处理和拼接施工应符合下列规定：

1）对旧混凝土结合面的凿毛应凿至完全露出新鲜密实混凝土的粗骨料，并应清洗干净；对于较大体积的结构混凝土的结合面，应将其凿成台阶式，且阶长宜为阶高的2倍。对于结合面处外露钢筋表面的锈皮、浮浆等，宜采用适宜的工具刷净。

2）拼接连接的方式应符合设计规定。设计未规定时，对竖向结合面的接缝，可采取新设接头钢筋再浇筑混凝土的方式进行拼接，接头钢筋的直径宜为6 ~ 10mm，其所需截面面积宜为梁、板截面面积的0.2% ~ 0.3%，插入长度新旧混凝土均为30倍钢筋直径，且两端宜设弯钩；或在既有桥梁的梁、板上按一定的间距钻孔并植入抗剪钢筋，植入的钢筋应采用环氧树脂将其孔洞灌注密实。

3）拼接施工浇筑新混凝土前，应用清水冲洗旧混凝土的表面使其保持湿润。需要在旧混凝土的综合面上涂刷界面剂时，应符合设计的规定；设计未规定时宜通过试验确定。

4）新浇混凝土的施工应符合现行行业标准《公路桥涵施工技术规范》的规定。

（5）拓宽拼接的主体工程结构施工完成后，应先将既有桥梁的桥面铺装层全部凿除并清理干净，再进行全桥桥面铺装层施工。施工应符合下列规定：

1）对既有桥梁原铺装层的结合面应进行处理，凿除原结构表面的浮浆，使骨料外露，形成4 ~ 6mm自然凹凸粗糙面或采用机械刻槽形成糙面，并清洗干净。凿除和清理施工时不得损坏原结构混凝土，且不应有局部光滑结合面。

2）凿除既有桥梁铺装层后，对存在缺陷的部位，应进行修补。对孔洞和破损处，应在凿除疏松部分混凝土后，采用高一级强度的细石混凝土填筑密实。当钢筋锈蚀引起混凝土胀裂时，应先剔除松动开裂的混凝土，再进行钢筋表面的除锈和防护等处理。

3）桥面铺装新浇混凝土前，对原结构的结合面应充分湿润．但不应有明水。桥面铺装的施工技术要求应符合现行行业标准《公路桥涵施工技术规范》的规定，混凝土的养护时间不宜少于14d。

第三节　斜拉桥

一、斜拉桥一般规定

（1）本章适用于预应力混凝土斜拉桥、钢斜拉桥、钢–混凝土组合梁和混合梁斜拉桥，以及矮塔斜拉桥和无背索斜拉桥的施工。

（2）斜拉桥施工前应全面了解设计要求，根据结构特点和受力特性，制定施工技术方案和安全技术方案。施工时应做好施工过程控制，使成桥线形、内力符合设计要求。

二、斜拉桥具体规定

1．索塔

（1）索塔的施工方法宜根据结构特点、施工环境和设备能力等综合确定。索塔施工期间，应具有必要的起重设备和安全通道。索塔施工时应对其平面位置、断面尺寸、倾斜度、应力和线形等进行监测和控制。

（2）混凝土索塔的施工应符合下列规定：

1）塔柱节段施工长度的划分，宜根据索塔结构形式、钢筋定尺长度和施工条件等因素确定。塔柱模板应具有足够的强度、刚度和稳定性，用于高塔且风力较大地区的模板应进行抗风稳定性验算。

2）塔座及塔柱实心段施工时，除应控制好模板的平面位置和倾斜度外，尚应对混凝土采取降低水化热和温度控制的措施，同时宜采取适当措施缩短塔座与承台、塔柱与塔座之间浇筑混凝土的间隔时间，间歇期不宜大于10d。

3）索塔与主梁不宜交叉施工，必须交叉施工时应采取保证质量和施工安全的措施 & 索塔施工时宜设置劲性骨架，所设置的劲性骨架应能起到保证钢筋架立、模板安装和拉索预埋导管空间定位精度的作用。劲性骨架应采轻型钢制作，不得使用管材。

4）横梁施工时，应设置可靠的支架系统。支架系统应进行专门设计，其强度、刚度和稳定性应满足使用要求，同时应考虑变形和日照温差等因素对支架系统的不利影响。体积过大的横梁可沿高度方向分次浇筑，但分次浇筑的时间间隔不宜超过

10min 并应采取措施防止施工接缝处产生收缩裂缝；分次浇筑时，支架系统的设计宜考虑横梁的全部自重。

5）塔柱和横梁可同步施工或异步施工。异步施工时，塔柱与横梁之间浇筑混凝土的间隔时间不应超过 30d，并应采取措施使塔梁之间的接缝可靠连接，不得产生收缩裂缝。倾斜塔柱施工时，应对各施工阶段塔柱的强度和变形进行验算，分高度设置主动横撑或拉杆，使其线形、内力和倾斜度满足设计要求并保证施工期结构的安全。

6）混凝土浇筑施工时应根据索塔的高度及混凝土供应能力选择适宜的输送方式，采用输送泵时宜一泵到顶。浇筑混凝土时，布料应均匀，应控制其倾落高度不超过 2m，保证混凝土不产生离析，并应采取措施避免上部塔体施工时对下部塔体的表面造成污染。混凝土浇筑完成后，应及时养护。养护的方法和措施应根据结构特点、气温、环境条件等因素综合确定，每一节段现浇混凝土的养护时间应不少于 7d。

7）索塔横梁和拉索锚固区的预应力施工，应符合现行行业标准《公路桥涵施工技术规范》的有关规定。对于拉索锚固区曲率半径较小的环向预应力钢束，宜按设计要求进行模型试验，取得经验数据后方可正式施工。

8）对拉索预埋导管的安装，应在施工前认真复核设计单位提供的施工图是否已进行拉索的垂度修正。定位安装时宜利用劲性骨架控制导管进出口处的中心坐标. 并应采取其他辅助措施进行调整和固定。预埋导管不宜有接头。在上塔柱安装钢锚箱或钢锚梁时. 应根据构件的结构特点，提前确定吊装的方法和施工工艺，并验算吊装的安全性。吊装宜在风速 10m/s 以下的时段进行，安装的允许误差应符合设计要求。

（3）钢索塔的施工应符合下列规定：

1）钢索塔的构件在工厂制作时应进行试拼装，试拼装合格后方可启运，并应根据不同的运输方式对构件进行必要的临时加固和保护。节段构件安装的吊点、导向件及临时匹配件宜在厂内制作时设置。

2）安装施工前应编制详细的节段构件吊装施工工艺，并应核对各节段构件的编号和起吊质量。在吊装前应对节段构件起吊的稳定性进行验算，并应对各关键部位进行临时加固后试吊，确认无误方可正式起吊安装。

3）钢索塔与基础的连接采用螺栓锚固时，承压板与混凝土之间应保持密贴，混凝土表面应抛光磨平并对承压板进行机械加工切削。采用埋入式锚固时，应保证底座的安装精度符合设计要求。

4）采用高强度螺栓连接或焊接连接的钢索塔，其工地现场连接施工应符合现行行业标准《公路桥涵施工技术规范》的规定。

5）倾斜索塔架设时，应验算索塔内力，控制成塔线形，分高度设置水平横撑或拉杆。在架设安装过程中，应分阶段对已完成的索塔采取必要的抑振措施，保证后续施工中永久结构和临时结构的安全性，以及施工操作人员的舒适性。

6）索塔架设安装时，应根据高空作业的特点制定安全施工专项方案，保证施工安全，并应充分考虑天气对施工的影响。

2. 主梁

（1）主梁应严格按照预定的程序、方法和措施进行施工。对于设计为飘浮或半飘浮体系的斜拉桥，在主梁施工期间应使塔梁临时固结。主梁在悬臂施工时，应保持两端的施工荷载对称平衡，其最大不平衡荷载不得超过设计允许的范围。

（2）混凝土主梁采用悬臂浇筑法施工时，除应符合现行行业标准《公路桥涵施工技术规范》第16章的有关规定外，尚应符合下列规定：

1）号梁段及相邻梁段浇筑施工时，应设置可靠的支架系统。支架系统应进行专门设计，其强度、刚度和稳定性应满足使用要求，同时应考虑变形、地基的不均匀沉降和日照温差等因素对支架系统的不利影响。施加在支架上的临时施工荷载应包括悬浇投篮的质量。辅助跨梁段的现浇支架亦应符合上述规定。

2）用于悬浇施工的挂篮应进行专门设计，挂篮应满足使用期的强度和稳定性要求，同时应考虑主梁在浇筑混凝土时抗风振的刚度要求。挂篮的全部构件制作完成后应进行检验和试拼．合格后再运至现场整体组装，并应按设计荷载及技术要求进行预压。挂篮在预压时应测定其弹性挠度的变化、高程调整的性能及其他技术性能。

（3）混凝土主梁采用悬臂拼装法施工时，除应符合现行行业标准《公路桥涵施工技术规范》有关规定外，尚应符合下列规定：

1）梁段的预制可采用长线法或短线法台座。预制台座的设计应考虑主梁成桥线形的影响，并应保证预制梁段的截面尺寸能满足拼装的精度要求。预制梁段的混凝土端面应密实饱满，不得随意修补。

2）对梁段拼装用的非定型桥面悬臂吊机或其他起吊设备，应进行专门设计并宜委托具有相应资质的专业单位加工制造，加工完成后应进行出厂质量验收。起吊设备在现场组装后应进行试吊，确认安全后方可用于正式施工。

3）现浇0号及其相邻的梁段时，在浇梁段和第一节预制安装梁段间宜设湿接头，对湿接头结合面的梁段混凝土应进行凿毛并清洗干净。采用垫片调整梁段拼装线形时，每次调整的高程不应大于20mm；多段拼装中的累计误差，可用湿接头调整。

（4）钢主梁的施工应符合下列规定：

1）钢梁应由具备相应资质的专业单位加工制造，制造完成后应在工厂内进行试拼装和涂装，经质量检验合格后方可运至工地现场。加工制造应符合现行行业标准《公路桥涵施工技术规范》规定，钢梁构件上的吊点、导向件及临时匹配件宜按照设计要求在工厂加工制造时设置。

2）钢梁的构件或梁段在运输过程中，应采取可靠的临时加固措施，避免其受到损伤。在工地临时存放时，应对存放场地进行规划，存放场地应平整、稳固.排水良好，存放的构件或梁段应距离地面一定高度，基础应具有足够的强度，并应防止地基的不均匀沉降；同时应采取必要的防护措施，防止钢梁积水锈蚀和拴接板面损坏、污染。

3）钢梁架设安装采用的桥面悬臂吊机或其他起吊设备，其基本要求应符合现行行业标准《公路桥涵施工技术规范》相关规定。桥面悬臂吊机的前支点和后锚间点应严格按设计要求可靠设置，保证架设安装期的起吊安全。

4）钢梁安装施工前应编制详细的梁段吊装施工工艺，并应制定梁段间连接的工艺标准、焊接或拴接的工艺检验标准，以及施工的安全技术规程。在吊装前应核对各构件或梁段的起吊质量，对构件或梁段起吊的稳定性进行验算，经试吊确认无误后方可正式起吊安装。

5）在支架上进行索塔附近无索区梁段安装施工时，应设置可调节梁段空间位置的装置，保证梁体在安装时的精确定位。

6）应采取必要措施减少钢箱梁安装时的接缝偏差，在内、外腹板位置，高度方向和宽度方向的拼接错口宜不大于 2mm。

（5）钢 – 混凝土组合梁的施工应符合下列规定：

1）钢 – 混凝土组合梁在施工前，应根据结构特点和受力特性确定施工程序和施工工艺。钢结构部分的施工应符合现行行业标准《公路桥涵施工技术规范》的相关规定。

2）混凝土桥面板宜预制施工，对跨径不大的组合梁或某些特殊部位，可现浇施工。预制施工时，预制台座顶面的平整度宜不大于 2mm，侧向模板的设置应保证钢筋及预应力管道的准确定位。

3）桥面板混凝土可适当掺加能提高混凝土抗裂性能的材料.但掺加材料应得到设计的认可并应通过试验确定其掺量和效果。混凝土浇筑后，应及时覆盖.进行洒水养护，养护的时间应不少于 7d，拆模后应及时对桥面板侧面的混凝土进行凿毛，凿毛可采用人工方式或采用高压水冲法，凿毛的深度宜为 5 ～ 8mm。

4）预制桥面板的存放台座应进行专门设计桥面板在台座上叠放的数量应根据地基情况经计算确定。当台座位于软弱地基上时，应采取措施防止地基不均匀沉降。预制桥面板的存放时间不宜少于 6 个月。

5）预制桥面板在起吊、运输和安装时，应采取必要措施防止对其产生碰撞、坠落等损伤而开裂，对吊点处的局部应力应进行验算。预制桥面板安装前，应将钢梁与桥面板的结合面及剪力连接装置表面清理干净；安装应遵循先预制先安装的原则，安装时不得因桥面板就位困难而随意破坏剪力连接装置。

6）各桥面板单元之间的湿接缝应采用微膨胀低收缩混凝土。湿接缝混凝土浇筑后的养护时间应不少于7d，对桥面板预应力钢束的张拉宜在混凝土龄期达7d后进行。

7）当组合梁采用先组合形成节段再安装的方法施工时，应在规划的场地上设置台座，将钢梁准确置于台座上．再支立模板进行桥面板混凝土的浇筑施工。台座应进行专门设计，同时应考虑台座地基的不均匀沉降对组合梁节段形成的不利影响。组合梁节段的存放、运输和安装施工应符合相关规定。

（6）钢混凝土混合梁的施工应符合下列规定：

1）混合梁施工时，钢主梁部分的施工应符合现行行业标准《公路桥涵施工技术规范》的相关规定；混凝土主梁部分的施工应符合现行行业标准《公路桥涵施工技术规范》的规定。钢梁与混凝土梁在结合段处的临时连接应严格按照设计要求设置。

2）对支承钢－混凝土结合段连接施工的支架，应进行专门设计，支架的强度、刚度和稳定性应满足使用的要求，并应充分考虑变形、地基的不均匀沉降和日照温差等因素对支架系统的不利影响。

3）结合段在浇筑混凝土之前，应对混凝土梁的结合面进行严格凿毛，并将全部结合面清理干净。结合段宜采用微膨胀低收缩混凝土，其配合比应通过专项试验确定；混凝土浇筑时应充分振捣，保证其密实性；混凝土浇筑后的养护时间应不少于7d。

4）结合段的预应力钢束宜在混凝土龄期达7d后张拉或符合设计规定，张拉时应对称均衡地进行，预应力的其他施工要求应符合现行行业标准《公路桥涵施工技术规范》的规定。

（7）主梁采用支架现浇、顶推、转体等方法施工时，应按现行行业标准《公路桥涵施工技术规范》相关章节的规定执行。

（8）对于大跨径斜拉桥，应采取措施合理安排施工进度计划，避免在不利的大风或台风季节进行长悬臂状态下的主梁施工；不可避免时，应采取必要的临时抗风措施，保证结构在施工过程中的安全。

（9）主梁的合龙施工应符合下列规定：

1）主梁的合龙应按照设计和施工控制的要求进行，施工前应确定施工程序并进行合龙施工计算，制定详细的施工工艺及各项保障措施的方案。

2）对合龙前最后若干个悬臂施工梁段的高程、线形、轴线偏差及索力应进行严格控制，使合龙两侧主梁的自然相对偏差满足合尼的误差要求。

3）混凝土主梁和全焊钢主梁在合龙时，应按照设计要求设置临时刚性连接，控制合龙长度及主梁轴线与高程的变化。

4）主梁合龙施工期间，应对桥面上的临时施工荷载进行严格控制，不得随意施加除合龙施工需要的其他附加荷载。

5）主梁中跨合龙后，应按设计要求的程序在规定时间内拆除塔梁临时固结装置，保证结构体系的安全转换。

6）边跨合龙应根据主梁的结构特点按现行行业标准《公路桥涵施工技术规范》的相关要求进行施工。

7）多塔斜拉桥主梁的合龙应符合设计规定。

3．拉索

（1）拉索及其附件应符合设计规定，进场后应进行质量验收，平行钢丝拉索应符合现行国家标准《斜拉桥热挤聚乙烯高强钢丝拉索技术条件》（GB/T18365—2001）的要求，成品拉索在出厂前应做放索试验，同时应做1.2 ~ 1.4倍设计索力的超张拉检验，检验后冷铸锚板的内缩值不宜大于5mm；钢绞线拉索采用的钢绞线、锚具应分别符合现行国家标准《预应力混凝土用钢绞线》和《预应力筋用锚具、夹具和连接器》的要求。成品拉索和钢绞线应缠绕成盘进行运输，在起吊、运输和存放时应采取措施防止其破损、变形或腐蚀。

（2）拉索在安装施工时，应按设计要求及拉索结构的不同制定相应的施工方案、施工工艺及施工安全技术。安装前还应全面检查预埋拉索导管的位置是否准确，发现问题及时采取措施予以处理，同时应将导管内的杂物清理干净。

（3）拉索的安装施工应按设计和施工控制的要求进行，在安装和张拉拉索时应采用专门设计制作的施工平台及其他辅助设施进行操作，保证施工安全。张拉拉索用的千斤顶、油泵等机具及测力设备应按现行行业标准《公路桥涵施工技术规范》要求进行配套校验。为施工配备的张拉机具，其能力应大于最大拉索所需要的张拉力。

（4）拉索可在塔端或梁端单端进行张拉，张拉时应按索塔的顺桥向两侧及横桥向两侧对称同步进行。同步张拉时，不同步索力之间的差值不得超出设计和施工控制的规定；两侧不对称或设计拉力不同的拉索，应按设计规定的索力分级同步张拉，各千斤顶同步之差不得大于油表读数的最小分度。拉索张拉的顺序、级次数和量值应符合设计和施工控制的规定。张拉宜以测定的索力或油压表量值为准，以延伸值做校核。

（5）平行钢丝拉索的安装和张拉施工应符合下列规定：

1）施工前应根据索长、索重、斜度和风力等因素，计算拉索在安装时锚头距索管口不同距离以及满足锚环支承时的牵引力。张拉杆、连接套和软牵引等施工辅助设施应经专门设计，并应在正式使用前进行1.2倍设计牵引力地对拉试验。

2）吊装时不宜使用起重钩或容易对索体产生集中应力的吊具直接挂扣拉索，宜采用带胶垫的管形夹具和尼龙吊带并设置多吊点进行起吊。放索时索体应在柔软的滚轮或带输送机上拖拉，并应控制索盘的转速，防止转速过快导致索盘倾覆。

3）安装施工时不得挤压、弯折索体，不得损伤索体的保护层和索端的锚头及螺纹。应在索管口处设置对中控制的装置或限位器进行调控，防止锚头和索体在穿入索管时因偏位而产生摩擦受损。当拉索的索体防护层和锚头已发生不影响使用的损伤时，应及时进行修复并记录在案，施工结束后对损伤部位尚应进行跟踪维护。

4）拉索的内置式减振圈和外置式抑振器未安装前，应采取有效措施，保证塔、梁两端的索管和锚头不受到水或其他介质的污染和腐蚀。

5）张拉平行钢丝拉索时，其施工的方法和设备应根据索型、锚具、布索方式、塔和梁的构造特点确定。

（6）钢绞线拉索的安装施工应符合下列规定：

1）安装施工前，应在桥面上的适当位置设置钢绞线的放线架、导向轮和切割工作平台，以及切割和墩头的相关设备．并应在塔柱外的顺桥向两侧附近安装操作平台和起吊设备。

2）拉索外套管的连接采用热熔焊接接头时，热熔焊接的温度应符合外套管材料的要求。对外套管进行移动时，不得将其在未加支垫保护的桥面上拖拽；起吊过程中，其下方严禁站人。与外套管有连接关系或承套关系的所有部件均应与其临时固定．临时固定时宜在塔、梁两端各留出左右的空间。

3）钢绞线的下料长度应计入牵引、张拉时的工作长度。下料时对钢绞线的切割应采用砂轮锯，不得采用电弧焊或氧乙炔进行切断。

4）牵引安装钢绞线时，其牵引装置必须安全可靠，牵引过程中钢绞线不得弯折，转向时应通过导向轮实现。每根钢绞线安装就位后，均应及时用夹片锁定。

（7）钢绞线拉索的张拉施工应符合下列规定：

1）钢绞线拉索宜采用单根安装、单根张拉、最后再整体张拉的施工方法。单根钢绞线的张拉应按分级、等值的原则进行，整体张拉时应以控制所有钢绞线的延伸量相同为原则。拉索整体张拉完成后，宜对各个锚固单元进行顶压，并安装防松装置。

2）在一根斜拉索中，单根张拉后各钢绞线索力的离散误差不宜超过 ±2%；整体张拉完成后，各钢绞线索力的离散误差不宜超过 ±1%。

3）拉索的张拉工作全部完成后，应及时对塔、梁两端的锚固区进行最后的组装以及抗震防护与防腐处理。

（8）拉索索力实测值与设计值的偏差不宜大于 5%，超过时应进行调整。调整索力时应对索塔和相应的主梁梁段进行变形和应力监测，并做记录。

4．上部结构施工控制

（1）斜拉桥上部结构施工时，应对其施工过程进行控制．应保证结构在施工过程中始终处于安全范围内，成桥后的线形、内力和索力应符合设计要求。施工控制的方法宜根据结构特点、施工方案和环境条件等因素综合选择确定。

（2）斜拉桥的施工控制宜遵守以下原则：在主梁悬臂施工阶段以高程控制为主，在二期恒载施工阶段以控制索力为主。

（3）施工控制应贯穿于斜拉桥施工的全过程中，除施工应按规定的程序进行外，对各类施工荷载应加强管理，并应对施工过程中的变形、应力和温度等参数进行监控测试，且采集的数据应准确、可靠。监控测试应符合下列规定：

1）宜选择无风或微风的天气进行测试，减小风对测量的不利影响。

2）测试时应停止桥上的机械施工作业，消除机械设备的振动及不平衡荷载等对测试产生的不利影响。

3）各种测试均应在尽可能短的时间内完成，应避免测试条件产生较大的变化。测量宜在夜间气温相对稳定的时段进行。

5．矮塔斜拉桥

（1）矮塔斜拉桥各部位的施工除应分别符合现行行业标准《公路桥涵施工技术规范》的规定外，尚应根据其结构特点和受力特性，制定针对特殊部位的施工方案、施工工艺及控制方法。

（2）安装拉索的索鞍前，应检查分丝管数量是否正确，有无孔洞等。安装时，宜采用劲性骨架进行定位，保证索鞍位置符合设计规定的精度要求。

（3）在浇筑索鞍区混凝土时，应按索鞍分排的情况依次浇筑。振捣混凝七时不得碰撞索鞍区的预埋钢管，并应采取措施保证索鞍区下方混凝土的密实性。

（4）抗滑锚块压注环氧砂浆时，应采用专用的环氧砂浆压浆机进行压注，并应封闭索鞍管口，防止环氧砂浆进入索鞍内。采用内外管索鞍时，应采取有效措施保证内管压浆的密实性，保证拉索的防腐效果。

（5）混凝土主梁施工时的控制宜以调整挂篮立模高程为主，主梁为钢梁时宜以调整梁顶高程为主。

（6）张拉拉索时，每张拉完一根平行钢丝拉索，或每张拉完一根钢绞线，均应对索鞍两侧的管口进行封堵，保证雨水与杂物不进入管内。

（7）矮塔斜拉桥施工的质量标准除应符合一般斜拉桥相应的规定外，索鞍的预埋钢管应符合下列规定：管口高程的允许偏差为 ±10mm；管口坐标的允许偏差为 ±10mm，且两边同向。

6．无背索斜拉桥

（1）无背索斜拉桥的施工应根据其结构特点和受力特性，在施工前制定施工方案和施工工艺。采用先塔后梁还是先梁后塔的施工方法宜根据索塔的倾斜程度确定。

（2）倾斜混凝土索塔的施工，在进行模板、支架设计及预埋拉索导管定位时，应充分考虑因塔的倾斜而导致各种构造尺寸和角度的变化，认真复核验算，避免发生差错。对于倾斜钢索塔，在加工制造前，应在认真复核设计图纸的基础上，绘制加工工艺图，并应在加工制造时严格控制精度。

（3）采用先塔后梁的方法进行倾斜索塔的施工时，应采取必要措施，避免塔柱根部的混凝土产生过大的拉、压应力；有横梁的索塔，在横梁施工时应根据其构造特点对模板和支架系统进行专门设计，支架系统应可靠，其强度、刚度和稳定性应满足使用的要求。采用先梁后塔方法时，索塔应结合拉索的安装和张拉并按照施工控制的要求进行分段施工。

第四节　悬索桥

一、悬索桥一般规定

（1）适用于主缆采用平行高强钢丝的地锚式悬索桥及自锚式悬索桥的施工、砌体类型悬索桥的施工可参考执行。

（2）悬索桥施工胃的准备工作除应符合现行行业标准《公路桥涵施工技术规范》（RTG/TF50—2011）的规定外，尚应根据其结构特点和受力特性，在全面了解设计要求的基础上，制定施工技术方案和安全技术方案，同时应做好各种钢构件的加工、特殊机械设备的设计制作和必要的试验等工作。对索股、索鞍、索夹和吊索等，应按照现行国家标准或行业标准的规定制作，并应对其制作质量进行检测和验收。

（3）悬索桥施工应进行施工过程控制，应使成桥线形和内力符合设计要求。

二、悬索桥具体规定

1．锚碇

（1）重力式锚碇的基坑开挖和基础施工应符合下列规定：

1）基坑开挖施工除应符合现行行业标准《公路桥涵施工技术规范》有关规定外，基坑尚应沿等高线自上而下分层进行开挖，在坑外和坑底应分别设置截水沟和排水沟，并应防止地面水流入孔内而引起塌方或破坏基底上层。采用机械开挖时，应在基底高程以上预留 150 ~ 300mm 土层采用人工清理，且不得破坏基底岩土的原状结构；采用爆破方法施工时，宜使用预裂光面爆破等小型爆破法，避免对边坡造成破坏。对于深大基坑，应采取边开挖边支护的措施保证其边坡的稳定，边坡支护的方法应符合设计规定。

2）沉井基础的施工应按现行行业标准《公路桥涵施工技术规范》有关规定执行。地下连续墙基础的施工除应符合现行行业标准《公路桥涵施工技术规范》有关规定外，基坑开挖前对地下连续墙基底的基岩裂隙宜进行压浆封闭，并应减少地下水向基坑渗透。采用“逆作法”进行基坑开挖时必须进行施工监测，监测内容包括环境监测、水工监测、地下连续墙体监测、土工监测及内衬监测等。

（2）隧道锚洞室开挖和岩锚施工应符合下列规定：

1）洞室的开挖除应符合现行行业标准《公路隧道施工技术细则》的有关规定外，在条件许可的情况下，宜在附近选取一地质相似的地方进行爆破监控试验，对爆破施工方案的各种参数进行试验和修正，据此确定爆破方案。开挖施工时应严格控制爆破，减少对围岩的扰动。对向下倾斜的隧道锚，如地下水较丰富，应采取必要的措施将水引出洞外，在衬砌混凝土的施工缝处应沿隧洞轴线方向预埋止水板。

2）岩锚施工时的钻孔宜采用破碎法施工，在成孔过程中应对钻孔深度和孔空间轴线位置进行检查和记录；达到设计深度后，应采用洁净高压水冲洗孔道并采取有效方法将钻渣掏出。锚索下料时宜采用砂轮机切割，穿束时应设置定位环，保证锚索在孔中位于对中位置，同时应避免锚索扭转。锚索安装完成后应及时对孔道进行压浆。

（3）锚旋锚团体系的施工应符合下列规定：

1）型钢锚固体系施工时，所有钢构件的制作均应按现行行业标准《公路桥涵施工技术规范》要求进行。锚杆、锚梁在制造时应进行抛丸除锈、表面防腐涂装和无损检测等工作；出厂前应对构件连接进行试拼装，试拼装应包括销杆拼装、锚杆与锚梁连接、锚支架及其联结系平面试装。

2）预应力锚固系统的施工应符合设计及现行行业标准《公路桥涵施工技术规范》的规定。锚具应安装防护套，并应注入保护性油脂；对加工件进行超声波和磁粉探伤检查。

（4）锚固混凝土的施工除应符合现行行业标准《公路桥涵施工技术规范》有关规定外，尚应符合下列规定：

1）锚固的基础和锚体应按大体积混凝土的要求组织施工，施工前应根据结构特点和施工条件编制专项施工技术方案。

2）隧道式锚碇的混凝土施工时，锚体混凝土应与岩体结合良好，且宜采用自密实型微膨胀混凝土，保证混凝土与拱顶基岩、紧密粘接：浇筑混凝土时，洞内应具备排水和通风条件。

3）锚碇混凝土施工时应保证上部构造施工预埋件的安装质量。

2．索塔

（1）悬索桥索塔的施工应按现行行业标准《公路桥涵施工技术规范》的相关规定执行。

（2）索塔在施工过程中应对其施工状况进行监测和控制。施工完成后，应测定裸塔的倾斜度、塔顶高程及塔的中心线里程，并做好沉降、变位观测点标记。

3．索鞍

（1）索鞍应由专业单位加工制造，制造的要求可按现行行业标准《公路桥涵施工技术规范》第 19 章的规定执行。制造完成后应在场内进行试装配和防腐涂装，并应对各部件的相对位置做出永久性定位标记，经检验合格方可运至工地现场安装。

（2）索鞍在安装前，应根据鞍体的形状和质量、施工环境条件、起吊高度等因素选用吊装设备。对设置在塔顶的起重支架及附属的装置等应进行专门设计，其强度、刚度和稳定性应满足使用的要求，并应有足够的安全系数。

（3）起重安装的所有准备工作完成后，应对起重设施进行全面检查。索鞍在正式起吊前，应先将鞍体吊离地面 0.1 ~ 0.2m 并持荷 10min 以上，检验起重设施各部位的受力和变形状况，并应在离地面 1 ~ 3m 范围内将鞍体提升起降两次以检验卷扬机电动机的性能。经上述检验并确认起重设施的各部位均正常后方可进行正式起吊作业。

（4）主索鞍底座钢格栅和散索鞍底座安装、调整完成后，必须进行全桥联测检查，确认无误后方可灌注底座下的混凝土。

（5）索鞍在安装时应根据设计规定的顶偏量进行就位和固定，且应在主缆加载过程中根据监控数据分次顶推到设计位置。顶推前应确认滑动面的摩阻系数，严格控制顶推量。

4．猫道

（1）猫道应根据悬索桥的跨径、主缆线形、施工环境条件等因素进行专门设计，其结构形式及各部尺寸应满足主缆工程施工的需要。猫道设计应符合下列规定：

1）猫道的线形宜与主缆空载时的线形平行。猫道面层宜由阻风面积小的两层大、小方格钢丝网组成，在面层顶部与主缆下沿的净距宜为 1.3 ~ 1.5m；猫道的净宽宜为 3 ~ 4m，扶手高宜为 1.2 ~ 1.5m。猫道在桥纵向应左右对称于主缆中心线布置，猫道间宜设置若干条横向人行通道。

2）承重索设计时应充分考虑猫道的恒载及可能作用于其上的其他荷载。承重索的锚固系统应有足够的调整范围，每端宜设 ±2m 以上的调节长度。

3）设计时宜根据桥位处的施工环境条件和当地的气象条件对猫道进行抗风稳定验算。对特大跨径悬索桥，必要时可通过猫道断面节段模型三分力测力风洞试验，获得试验参数后对猫道进行结构动力分析及抗风稳定性验算。可采取适当增加猫道间横向联结系的措施增强其抗风稳定性。

（2）猫道钢构件的制作要求可参照现行行业标准《公路桥涵施工技术规范》的相关规定执行，面层和承重索的材料均应符合相应产品的质量要求。承重索和抗风缆采用钢丝绳时，架设前应对钢丝绳进行预张拉处理以消除其非弹性变形，预张拉的荷载应不小于其破断荷载的 0.5 倍，且应持荷 60min，并进行两次；预张拉时的测长和标记宜在温度较稳定的夜间进行。承重索端部的锚头应垂直于承重索，并应对锚头部位进行静载检验，符合受力要求后方可使用。

（3）猫道的架设应按照横桥向对称、顺桥向边跨和中跨平衡的原则进行，且应将裸塔塔顶的变位及扭转控制在设计允许的范围内。猫道架设施工应符合下列规定：

1）先导索的架设方法宜根据桥跨跨径、地形等条件综合确定，且应减少对通航的影响。

2）承重索架设时，在横桥向，两侧应保持基本同步，数量差不宜超过 1 根；在顺桥向，边跨与中跨应连续架设，且小跨的承重索宜采用托架法架设。架设后，应对其线形进行调整，各根索在跨中的高程相对误差宜控制在 ±30mm 以内。

3）面层及横向通道宜从索塔塔顶开始，同时向跨中和锚碇方向对称、平衡地进行架设安装，并应设置牵引及反拉系统，以避免面层铺设时可能产生的下滑等现象，保证施工安全；中跨、边跨猫道面层的架设进度，应以索塔两侧的水平力差异不超过设计要求为准进行控制。猫道面层在架设过程中应对索塔塔顶的偏移和承重索的垂度进行监测。

（4）在主缆架设完成、加劲梁安装之前，应将猫道改挂于主缆上，改挂前应拆除横向通道。改挂宜分段进行，并应分次逐步放松承重索的锚固系统，最终解除承重索与索塔和锚碇的连接。改挂后的悬挂点应设在猫道的底梁处，在桥纵向的间距不宜超过 24m。

（5）主缆的防护工程及检修道安装施工完成后，可进行猫道的拆除工作。拆除前应利用锚固调节系统适当收紧承重索，使其恢复悬链线受力状态。拆除猫道时宜分节段拆除其面层和底梁，拆除宜按中跨从塔顶向跨中方向、边跨从塔顶向锚碇方向的顺序进行。在拆除过程中，应采取适当措施保护主缆、吊索和桥面附属设施等已施工完成的结构。

5. 主缆工程

（1）主缆用热镀锌钢丝的技术条件应符合现行国家标准《桥梁缆索用热镀锌钢丝》的规定。主缆热铸锚锚体灌注材料的材质应符合现行国家标准《锌锭》和《阴极铜》的规定。锚杯钢材的化学成分和机械性能应符合现行国家标准《一般工程用铸造碳钢件》的规定。

（2）主缆采用预制平行钢丝索股时，索股的制造应符合下列规定：

1）编股时应记录所使用钢丝的盘号，并应从检验记录中统计出钢丝的平均线径和弹性模量。

2）定位标志钢丝宜设在索股六角形截面的左上角；标准长度钢丝宜设在右上角，其测长精度应在 1/15000 以上。索股应沿长度方向在主跨中央、主索鞍、边跨中央、散索鞍及索股两端等处设置标 E 点，标记点间距的精度应不低于 1/15000。

3）索股制作成形后在切断时，其长度应以标准长度钢丝为准，且在基准温度及零应力状态下的精度应不低于 1/15000；同一索股内的钢丝长度的相对允许误差应相当于抗拉强度 1% 的应力伸长值。在长度方向，应按 15m 的间距用纤维强力带将索股包扎定型，相邻索股的包扎带应交错设置。

4）索股锚头制造时，应严格控制锚杯内灌注的锌铜合金配合比及纯度。索股插入锚杯后，应保持索股中心与锚杯中心完全一致，并保证索股的任何部位不与锚杯接触。锚杯下口应采用石棉或耐火泥充分密封，锚头顶面应采用红色油漆对索段进行编号。

5）制造完成后，应对索股进行静载破断荷裁、静载延伸率、弹性模量和疲劳等试验，并应进行成品质量检验，符合设计要求后方可用于工程中。

6）索股的包装工艺应与架设时地放索工艺相对应，当采用成盘工艺时，索盘内径应不小于 2.4m。包装应方便运输和安装，并应保证在收卷或放出索股时不会产生任何障碍损坏钢丝表面镀锌层。包装好的索股宜在仓库内平稳、整齐架空堆垛存放，不宜露天存放，储存期不宜超过 6 个月。

（3）预制平行钢丝索股的架设施工应符合下列规定：

1）索股的牵引系统宜结合工程特点、施工安全、工艺水平及环境条件等因素综合确定。索股滚筒的间距宜为 8m 左右，在索鞍或坡度变化较大的位置应适当加密。

2）索股的放索工艺应与索股的包装工艺相匹配，并应采取适当措施防止索股在索盘上突然释放。放索牵引过程中应有专人跟踪牵引锚头，且宜在沿线设观测点检测索股的运行状况，发现问题应及时采取措施加以纠正。

3）架设时前 3 根索股宜低速牵引，对牵引系统进行试运转，在保证运转正常后方可进行正式的索股架设工作。索股在牵引架设时应在其后端施加反拉力；牵引过程中如绑扎带有连续两处绷断时，应停机进行修补。索股锚头牵引到位后，在卸下锚头前应将索股临时固定、防止滑移。索股在架设过程中如出现鼓丝现象，在入锚前应进行梳理，不得将其留在锚跨内。

4）索股整形入鞍时，应在诙段索股处于无应力状态下采用整形器完成，整形时应保持钢丝平顺，不得交叉、扭转或损伤钢丝。索股横移时，应将索股从猫道滚筒上提起，确认全跨径的索股已脱离滚筒后，方可移至索鞍的正上方；横移时的拽拉量不宜多大，且操作人员不得处于索股下方。

5）索股锚头人锚后应进行临时锚固。在跨中位置应对索股设定 200 ~ 300mm 的抬高量，并做好编号标志。

（4）采取控制纺线法架设主缆时，应符合下列规定：

1）钢丝接头的性能必须通过试验确定。在梨形蹄铁处或索鞍座附近不得存在工厂钢丝接头。

2）编缆前应先挂一根基准钢丝作为参照，并以此为准确定第一条编织、索股的正确高程。

3）完成一条索股的纺线后应对丝股进行梳理，对不符合线形要求的钢丝必要时应进行接长或截短处理。

4）一条丝股抖开、梳理、裁切完成后，应采用手动液压千斤顶将其挤压成圆形，并采用纤维强力带每 3m 一道包扎定型。

5）空中纺线完成一条索股后，其后续工序可按照预制平行钢丝索股的要求进行施工。

（5）主缆索力的调整应以设计和施工控制提高的数据为依据，其调整量根据调整装置中测力计的读数和锚头移动量双控确定。其精度要求为：实际拉力与设计值之间的允许误差应为设计锚固的 3%。

（6）主缆得紧缆应分预紧缆和正式紧缆两个阶段进行，并应符合下列规定：

1）预紧缆应在温度稳定的夜间且应将主缆全长分为若干区段分别进行。预紧缆完成处应采用不锈钢带捆紧，并应保持主缆的形状，不锈钢带的间距可为 5 ~ 6m，外缘索股上的绑扎带宜边紧缆边拆除。预紧缆的目标空隙率宜为 26% ~ 28%。

2）正式紧缆时，应采用紧缆机将主缆挤压整形成圆形，其作业可在 5 天进行。紧缆的顺序从跨中向两侧方向进行，紧缆挤压点的间距宜为 1m；紧缆的空隙率应符合设计规定，其允许偏差应为 ±3%，圆度偏差不超过主缆设计直径的 5%。紧缆点空隙率达到要求后，应在靠近紧缆机的压蹄两侧打上两道钢带，带扣宜设在主缆的侧下方，其间距宜为 100mm。

（7）主缆的缠丝工作宜在二期恒载完成后进行，并应符合下列规定：

1）缠丝的总体方向宜由高处向低处进行，两个索夹之间应自低到高进行。

2）缠丝始端应嵌入索夹内不少于两圈或符合设计要求，并宜施加固结焊。

3）钢丝的缠绕应密贴，缠绕张力应符合设计规定，设计未规定时宜为 2kN。缠绕钢丝的接头宜采用碰接焊工艺。

4）节间缠丝每间隔 1 ~ 1.5m 宜进行一次并接焊，并接焊部位应在主缆上表面 30° 圆心角所对应的圆弧范围内。

（8）主缆的防护涂装应符合设计规定，且宜在桥面铺装完成后进行。防护前应清除主缆表面的灰尘、油和水分等污物并临时覆盖，进行防护涂装等作业时方可将覆盖物分段揭开。

6. 索夹与吊索

（1）索夹的制造除应符合现行行业标准《公路桥涵施工技术规范》的相关规定外，尚应符合下列规定：

1）同一只索夹构件（半只索夹）的修补点应不超过两个，同一修补点不得重复修补。

2）螺杆、螺母和垫圈的表面宜进行磷化或发蓝处理。高强螺栓应抽样进行楔负载拉力试验，螺母应抽样进行保证荷载和硬度试验，无损检测及硬度等试验结果应满足设计和相关标准的规定。

（2）索夹的安装应符合下列规定：

1）安装前，应测定主缆的空缆线形，并在对设计规定的索夹位置进行确认后，方可于温度稳定时在空缆上放样定出各索夹的具体位置并编号。安装前尚应消除索夹内表面及索夹位置处主缆表面的油污及灰尘，涂上防锈漆。

2）索夹在场内运输和安装过程中应注意保护，防止损坏其表面。

3）索夹在主缆上精确定位后，应立即紧固螺栓，且在紧固同一索夹的螺栓时，应保证各螺栓受力均匀。索夹安装位置的纵向误差应不大于 10mm。

4）索夹螺栓的紧固应按安装时、加劲梁吊装后、全部二期恒载完成后 3 个荷载阶段分步进行，对每次紧固的数据应进行记录并存档。

（3）吊索的制作、检验和包装应符合现行行业标准《公路悬索桥吊索》的规定，在运输和安装过程中应保证其不受到任何损伤。

7. 加劲梁

（1）加劲梁安装前应编制专项施工技术方案，并应对桥位处的自然环境条件进行勘察，充分掌握当地的有关气象资料，制定各项保障方案和应急预案。对于特大跨径或处于风环境恶劣地区的悬索桥，应就加劲梁安装的方法、程序和工艺进行专门研究。

（2）加劲梁在安装施工过程中，应严格遵守高空作业及水上作业的安全规定。在台风季节进行加劲梁安装时应制定抗风预案。

（3）钢加劲梁应由专业单位加工制造，制造完成后应在厂内进行试拼装和防腐涂装。制造、试拼装和涂装应符合现行行业标准《公路桥涵施工技术规范》的规定。

（4）钢箱加劲梁的安装应符合下列规定：

1）安装钢箱加劲梁的非定型吊机应进行专门设计，在安装前必须进行试吊，检验其安全性和可靠性。

2）钢箱加劲梁的运输方式应满足安装的要求。水上运输时，应保证安装时船舶定位的精度，必要时宜进行现场驳船定位试验；陆上运输时，应使加劲梁能到达吊机起吊安装位置的正下方。

3）安装的顺序应符合设计规定。从吊装第二节段开始，应与相邻节段间预偏 0.5 ~ 0.8m 的工作间隙，吊至设计高程后再牵拉连接，并应避免吊装过程中与相邻节段发生碰撞。安装合龙段前，应根据实际的合龙长度，对合龙段长度进行修正。

4）安装过程中应监测索塔的变位情况，并应根据设计要求和实测塔顶位移量分阶段调整索鞍偏移量。

5）钢箱加劲梁地接头的焊接连接和高强螺栓连接施工应符合现行行业标准《公路桥涵施工技术规范》第 19 章的相关规定。采用焊接连接时，应先将待连接钢箱加劲梁的节段与已安装节段进行临时刚性连接，接头焊缝的施焊宜从桥面中轴线向两侧对称进行；应待接头焊缝形成并具有足够的强度和刚度后，方可解除临时刚性连接。

（5）钢桁架梁的安装应符合下列规定：

1）钢桁架梁的架设安装方法应根据钢材桁架的结构特点、施工安全、设备和现场环境条件等因素综合确定。

2）采取单构件方式安装时，宜根据钢桁架和吊索的受力情况及桥位的气候条件，选择全铰接法或逐次固结法。架设的顺序可从索塔处开始，向中跨跨中及边跨的端部方向进行。

3）采用全铰接法架设时，在桁架梁逐渐接近设计线形后，可对部分铰接点逐次同结；采用逐次固结法架设时，宜采用接长杆牵引吊索与桁架梁连接，且宜在不同架设阶段采用千斤顶调整吊索张力，直至最后拆除接长杆入锚。架设过程中应逐一对桁架梁及吊索的内力及变形进行分析，并应将桁架梁斜杆及吊索的最大应力控制在允许范闱内。

4）应对桥面吊机、铰接设备、吊索牵引机具、片架运输台车、行走轨道铰点过渡梁和移动操作平台等设备进行专项的设计、加工及试验。桥面吊机应满足拼装过程中顺桥向坡度变化的要求，底盘应设止滑保险装置。

5）在短吊索区，单片主桁不宜直接架设，宜采用临时吊索并对吊具进行改装后进行架设。合龙段宜采用单根杆件架设安装。

8．自锚式悬索桥

（1）自锚式悬索桥施工适用于采用“先梁后缆”方法施工的自锚式悬索桥。自锚式悬索桥各部位的施工除应符合现行行业标准《公路桥涵施工技术规范》（JTG/TF50—2011）的相关规定外，尚应根据其结构特点和受力特性，制定针对特殊部位的施工方案、施工工艺和控制方法。

（2）加劲梁为钢箱且采用大节段现场起吊安装时，应对起吊安装的施工工艺进行专项设计。

（3）加劲梁为钢箱且采用顶推工艺安装时，应符合下列规定：

1）拼装平台的长度不宜小于3节钢箱的节段长度，两侧滑道应对应设置在钢箱纵隔板位置。顶推导梁应具有足够的强度和刚度，其长度宜为最大顶推跨径的0.75倍。

2）施工前应制定钢箱节段在拼装平台上进行接口拼装、焊接的工艺细则。接口处的中线和高程误差应不大于2接口的焊接均应符合I级焊缝的要求，并应进行无损检测。

（4）加劲梁为预应力混凝土箱梁时，宜采取分段现浇的方式施工．其施工技术要求应符合现行行业标准《公路桥涵施工技术规范》的相关规定。

（5）不论采用何种方法安装不同类型地加劲梁，对其支架的结构均应进行专项设计。支架的设计荷载除应符合现行行业标准《公路桥涵施工技术规范》的相关规定外，尚应考虑主缆架设、索夹和吊索安装施工时的临时荷载。支架顶部应预留高程调整的操作空间和位置，且应使支承点与加劲梁的加劲位置相对应。

（6）加劲梁的线形控制应充分考虑支架的沉降和变形、体系转换及二期恒载等因素的影响，预拱度的设置应满足施工过程中的荷载变化及受力体系转换顺序的要求。支架的顶面高程应按“设计高程＋预拱度”设置，当加劲梁为钢箱时，宜略低于该离程；当加劲梁为预应力混凝土箱梁时，宜等于该高程。

第五节　钢桥

一、钢桥一般规定

（1）适用于工厂化制造并在施工现场以高强螺栓连接或焊接连接的钢桥施工，

不适用于以铆接连接的钢桥施工。

（2）钢桥应委托有相应资质的制造厂加工制造。钢桥在制造前．制造厂家应对设计图进行工艺性审查，且应绘制加工图，编制制造工艺；当需要修改设计时，应取得原设计单位的同意，并应签署设计变更文件。

（3）钢桥的制造应按确定的加工图和制造工艺进行。制造及验收应使用经检定合格的计量器具，并应按有关规定进行操作。

（4）钢桥制造的所有焊工和无损检测人员均应持证上岗，且仅能从事资格证书中认定范围内的工作。

（5）钢桥的制造、验收和工地安装除应符合现行行业标准《公路桥涵施工技术规范》（JTG/TF50—2011）的规定外，尚应符合其他相关现行国家标准和行业标准的规定。

二、钢桥具体规定

1．材料

（1）制造钢桥所用材料的品种、规格、性能等应符合设计文件的要求和现行国家产品标准的规定。材料除应有生产厂家的质量证明书外，制造厂还应按相关标准进行抽样复验，复验合格后方可使用。

（2）钢材应按同一厂家、同一材质、同一板厚、同一出厂状态，每 10 个炉（批）号抽检 1 组试件。若订货为探伤钢板，尚应抽检每种板厚的 10%（至少 1 块）进行超声波探伤。进口钢材产品的质量应符合设计和合同规定标准的要求，除应进行进口商检及按规定标准检验其化学成分和力学性能外，尚应将其与匹配的焊接材料做焊接试验。检验不合格的钢材不得使用。

（3）当钢材表面有锈蚀、麻点或划痕等缺陷时，其深度不得大于该钢材厚度允许偏差值的 1/2。钢材表面的锈蚀等级应符合现行国家标准《涂覆涂料前钢材表面处理表面清洁度的目视评定》（GB8923—2011）规定的 C 级及 C 级以上。钢材端边或断口处不应有分层、夹渣等缺陷。

（4）焊接与涂装材料的质量及检验应符合现行国家和行业相关标准的规定。高强螺栓连接副材料的质量及检验应符合现行国家标准《钢结构用高强度大六角头螺栓》（GB/T1228—2006）、《钢结构用高强度大六角头螺母》（G1VT1229—2006）、《钢结构用高强度垫圈》（GB/T1230—2006）、《钢结构用高强度大六角头螺栓、大六角头螺母、垫圈技术条件》（GB/T1231—2006）及《钢结构用扭剪型高强度螺栓连接副》（GB/T3632—2008）的规定。圆柱头焊钉、焊接瓷环材料的质量及检验应符合现行国家标准《电弧螺柱焊用圆柱头焊钉》（GB/T10433—2002）的规定。

（5）钢桥的管理应符合下列规定：

1）焊接材料的管理应按现行行业标准《焊接材料质量管理规程》（JB/T3223—1996）的规定执行。

2）涂装材料应存放在专用仓库内，涂装时不得使用超出保质期的涂料。

3）高强螺栓连接副进场后应按包装箱上注明的批号、规格分类保管，不得混淆；在室内应架空存放，不得直接置于地面上，并应采取措施防止其受潮生锈。高强螺栓连接副在安装使用前不得任意

2. 零件制造

（1）作样和号料应符合下列 & 定：

1）作样和号料应根据加工图和工艺文件进行应预留制作和安装时的焊接收缩余量及切割、刨边和铣平等加工余量。

2）对于形状复杂、在图中不易确定尺寸的零件，应通过放样校对或利用计算机作图校对后确定。

3）号料应严格按配料单指定的钢料材质、规格进行。当钢料不平直或有锈蚀、油漆等污物时，应矫正清理后再号料。号料外形尺寸的允许偏差应为 ±1nim。

（2）切割与剪切应符合下列规定：

1）钢板在下料前应进行辊平、抛丸除锈、除尘及涂防锈底漆等处理。主要受力零件下料时，应使钢板的轧制方向与其主要应力方向一致。

2）切割前应将料面的浮锈、污物清除干净。钢料应放平、垫稳、割缝下面应留有空隙。切割工艺应根据其评定试验结果编制，切割表面不应产生裂纹。

3）零件宜采用精密（数控、自动、半自动）切割下料。在数控切割下料编程时，除应考虑焊接收缩量之外，尚应考虑切割热变形的影响。剪切仅适用于次要零件过剪切后仍需加工的零件；手工气割仅适用于工艺特定的或切割后仍需加工的零件。

4）采用剪切工艺时，钢板厚度不宜大于 12mm，剪切边缘应平整，无毛刺、反口、缺肉等缺陷。剪切的允许偏差应为 ±2mm，边缘缺棱应不大于 1mm，型钢端部垂直度应不大于 2mm。采用手工气割时，其尺寸的允许偏差应为 ±2mm。

（3）矫正和弯曲应符合下列规定：

1）零件矫正前，剪切的反口应修平，切割的挂渣应铲净。

2）零件矫正宜采用冷矫，冷矫时的环境温度不宜低于 –12℃。矫正后的零件表面不应有明显的凹痕或损伤。

3）主要受力零件冷作弯曲时，环境温度不宜低于 –5℃，内侧弯曲半径不得小于扳厚的 15 倍，小于者应热煨，热煨的加温温度、高温停留时间、冷却速率应与所

加工钢材的性能相适应。冷作弯曲后的零件边缘不得产生裂纹。

4）采用热矫时，温度应控制在 600 ~ 800℃。矫正后零件应缓慢冷却，降至室温以前，不得锤击钢料或用水急冷。

（4）零件机加工应符合下列规定：

1）零件边缘的加工深度不应小于 3mm，当边缘硬度不超过 HV350 时，加工深度不受此限；加工面的表面粗糙度不得低于 25pm；顶紧加工面与板面垂直度偏差应小于 0.01 倍板厚，且不得大于 0.3mm。

2）零件应根据预留加工量及平直度要求，两边均匀加工，并应磨去边缘的飞刺、挂渣，使端面光滑、匀顺。

3. 组装

（1）组装前，应熟悉图纸和工艺，并应按图纸核对零件编号、外形尺寸和坡口方向，确认无误方可组装。

（2）对采用埋弧焊、CO_2 气体保护焊及低氢型焊条手工焊等方法焊接的接头，在组装前应将待焊区域的铁锈、氧化皮、污垢、水分等有害物清除干净，使其表面露出金属光泽。

（3）所有板单元和杆件应在胎架上进行组装，每次组装前均应对胎架进行检查，确认合格后方可组装。

（4）采用先孔法的杆件，组装时必须以孔定位；采用胎型组装时，每一孔群应打人的定位冲钉不得少于两个，冲钉直径不应小于设计孔径 0.1mm。

（5）大型钢箱梁的梁段应在胎架上组装，胎架应具有足够的刚度和几何尺寸精度，且在横向应预设上拱度，组装前应按工艺文件要求检测胎架的几何尺寸。梁段宜采用连续匹配组装的工艺，每次组装的梁段数量不应少于 3 段。在组装过程中应避开日照的影响，采用全站仪监控测量主要定位尺寸。

4. 焊接

（1）焊接的一般要求：

1）在工厂或工地首次焊接工作之前，或材料、工艺在施工过程中有变化时．必须分别进行焊接工艺评定试验。

2）焊接工艺应根据焊接工艺评定报告编制，施焊时应严格遵守焊接工艺，不得随意改变焊接参数。焊接材料应根据焊接工艺评定确定，焊剂、焊条应按产品说明书烘干使用，对储存期较长的焊接材料，使用前应重新按标准检验。CO_2 气体保护焊的气体纯度应大于 99.5%。

3）焊接工作宜在室内或防风、防晒设施内进行，焊接环境的相对湿度应小于 80%；焊接环境的温度，对低合金高强度结构钢不应低于 5℃，对普通碳素结构钢不应低于 0℃，主要杆件应在组装后 24h 内焊接。

4）施焊前应按现行行业标准《公路桥涵施工技术规范》的规定，清除焊接区的有害物。施焊时母材的非焊接部位严禁焊接引弧，焊接后应及时清除熔渣及飞溅物。多层焊接时宜连续施焊，且应控制层间温度，每一层焊缝焊完后应及时清理检查，应在清除药皮、熔渣、溢流和其他缺陷后，再焊下一层。

（2）定位焊应符合下列规定：

1）所采用焊接材料的型号应与焊件材质相匹配。施焊前应按施工图及工艺文件检查坡口尺寸、根部间隙等，如不符合要求应处理改正。

2）定位焊焊缝应距设计焊缝端部 30mm 以上，焊缝长应为 50 ~ 100mm，间距应为 400 ~ 600mm，焊缝的焊脚尺寸不得大于设计焊脚尺寸的 1/2。焊缝不得有裂纹、气孔、夹渣、焊瘤等缺陷．否则应处理改正，如焊缝开裂，应查明原因，清除后重焊。

（3）埋弧自动焊应在距设计焊缝端部 80mm 以外的引板上起、熄弧。焊接中不应断弧，如有断弧应将停弧处刨成 1 ： 5 斜坡，并搭接 50mm 再引弧施焊，焊后搭接处应修磨圆顺。

5．高强螺栓连接副与摩擦面处理

（1）公路钢桥所用的高强螺栓连接副可选用大六角形和扭剪型两类，并应在专门螺栓厂制造，其规格、质量应符合现行国家标准《钢结构用高强度大六角头螺栓》、《钢结构用高强度大六角螺母》、《钢结构用高强度势圈》、《钢结构用高强度大六角头螺栓、大六角螺母、垫圈技术条件》及《钢结构用扭剪型高强度螺栓连接副》的规定。高强度螺栓、螺母、垫圈的表面宜进行表面防锈处理；垫圈两面应平直，不得翘曲，其维氏硬度 HV30 应为 329 ~ 436（35 ~ 45HRC）。

（2）高强螺栓连接副应由制造厂按批配套供货，并必须提供出厂质埴保证书。运输或搬运时应轻装轻卸，防止损伤螺纹。进场后除应检查出厂质量保证书外．尚应从每批螺栓中抽取 8 副进行检验，检验试验方法和结果应符合现行国家标准《钢结构用高强度大六角头螺栓、大六角螺母、垫圈技术条件》或《钢结构用杻剪型高强度螺栓连接副》的规定，合格者方可使用。

（3）摩擦面处理应符合下列规定：

1）在工地以高强螺栓拴接的杆件和梁段板面（摩擦面）必须进行处理，处理后的抗滑移系数值应符合设计规定；设计未规定时，抗滑移系数出厂时应不小于 0.55，工地安装前的复验值应不小于 0.45。

2）抗滑移系数试验用的试件应按制造批每批制作 6 组，其中 3 组用于出厂试验，3 组用于工地复验。抗滑移系数试件应与杆件和梁段同材质、同工艺、同批制造，并应在同条件下运输、存放且试件的摩擦而不得损伤。

6．试拼装

（1）钢桥应按试装图进行厂内试拼装，未经试拼装检验合格，不得成批生产。试拼装应符合下列规定：

1）试拼装应在胎架上进行，胎架应有足够的刚度．其基础应有足够的承载力。胎架顶面（梁段底）纵、横向线形应与设计要求的梁底线形象吻合。杆件和梁段应解除与胎架间的临时连接，处于自由状态。

2）板梁应整孔试拼装；简支桁梁的试拼装长度不宜小于半跨；

连续梁试拼装应包括所有变化节点；对于大跨径桥的钢梁，每批梁段制造完成后，应进行连续匹配试拼装，每批试拼装的梁段数不应少于 3 段，试拼装检查合格后，应留下最后一个梁段并前移参与下一批次试拼装。

3）钢索塔的塔柱（钢桥墩）应采取两节段立位匹配试拼装，合格后还应进行多节段水平位置的试拼装，每一批次的多节段水平位置试拼装应不少于 5 个节段。

4）试拼装时应使板层密贴，冲钉不宜少于孔眼总数的 10%．螺栓不宜少于螺栓孔总数的 20%；有磨光顶紧要求的杆件，应有 75% 以上的面积密贴，采用 0.2mm 的塞尺检查时，其塞入面积不应超过 25%。试拼装时，应采用试孔器检查所有螺栓孔，桁梁主桁的螺栓孔应能 100% 自由通过比设计孔径小 0.75mm 的试孔器，桥面系和连接系的螺栓孔应 100% 自由通过比设计孔径小 1.0mm 的试孔器，板梁和箱梁的螺栓孔应 100% 自由通过比设计孔径小 1.5mm 的试孔器，方可认为合格。

（2）试拼装检验应在无日照影响的条件下进行，并应有详细的检查记录。

第九章　桥面及其附属工程

第一节　桥面及附属工程基本规定

一、桥面及附属工程一般规定

（1）适用于支座、伸缩装置、桥面防水与排水、桥面铺装、桥面防护设施及桥头搭板等的施工。金属防撞护栏的施工应符合现行行业标准《公路交通安全设施施工技术规范》的有关规定。

（2）支座、伸缩装置等桥梁专用产品应由具有相应资质的专业厂家制造，且在进场时应按相应产品标准的要求进行抽样检测。桥面防水材料的进场抽样检测，应按相应产品标准的要求进行。

（3）桥面铺装施工时，运料车辆的等候排队应按施工组织设计的规定保持足够的距离，应避免车辆过于集中导致超载或偏载，损伤桥梁结构。

二、桥面及附属工程具体规定

1．支座

（1）支座的规格、性能应符合设计要求，并应符合相应产品标准

桥梁上程施上质量控制手册的规定。

（2）支座在使用前，应对其规格和技术性能进行核对检查，不符合设计要求的不得用于工程中。对于有包装箱保护的支座，在安装前方可拆箱，并不得随意拆卸支座上的固定件。

（3）支座在安装前，应对支座垫石的混凝土强度、平面位置、顶面高程、预留地脚螺栓孔和预埋钢垫板等进行复核检查，确认符合设计要求后方可进行安装。支座垫石的顶面高程应准确，表面应平整、清洁。对于先安装后填灌浆料的支座，其垫石的顶面应预留出足够的灌浆料层的厚度。

（4）安装支座时，应分别在垫石和支座上标出纵横向的中心十字线。安装完成后，支座应与梁在顺桥向的中心线相平行或重合，且支座应保持水平，不得有偏斜、

不均匀受力和脱空等现象。

（5）板式橡胶支底应符合现行行业标准《公路桥梁板式橡胶支座》的规定，其安装施工应符合下列规定：

1）支座在顺桥向和横桥向的方向、位置应准确，安装时应进行检查核对，避免反置。

2）当顺桥向有纵坡导致相邻墩（台）的高程不同时，支底安装对高程的控制应符合设计规定，且同一片梁（板）在考虑坡度后其相邻墩垫石顶面高程的相对误差不得超过 3mn。

3）梁、板吊装时，就位应准确且其底面应与支座密贴，否则应将梁、板吊起，重新调整就位、安装；安装时不得采用撬棍移动梁、板的方式进行就位。

（6）盆式支座应符合现行行业标准《公路桥梁盆式支座》的规定，其安装施工应符合下列规定：

1）梁、板底面和垫石顶面的钢垫板应埋置稳固。垫板与支座间应平整密贴，支座四周不得有 0.3mm 以上的缝隙，并应保持清洁。

2）活动支座的聚四氟乙烯板和不锈钢板不得有刮伤、撞伤。氯丁橡胶板块应密封在钢盆内，应排除空气，保持紧密。

3）活动支座安装前应采用适宜的清洁剂擦洗各相对滑移面，擦净后应在吗氟滑板的储油槽内注满硅脂类润滑剂。

4）盆式支座的顶板和底板可采用焊接或锚固螺栓拴接在梁体底面和垫石顶面的预埋钢板上。采用焊接时，应对称、间断焊接，并应防止温度过高对橡胶板、聚四氟乙烯板以及周边混凝土产生影响；焊接完成后，应在焊接部位做防锈处理。安装锚固螺栓时，其外露螺杆的高度不得大于螺母的厚度。

5）对于跨数较多的连续梁的支座顶板纵桥向的尺寸，应考虑温度、压力、混凝土收缩与徐变等影响因素引起的梁长变化，保证支座能正常工作。

（7）球型支座应符合现行国家标准《桥梁球型支座》的规定，其安装施工应符合下列规定：

1）支座的安装高度应符合设计要求，安装时应保证支座平面的水平，支座支承面的四角高差不得大于 2mm。

2）安装支座板及地脚螺栓时，在下支座板四周宜采用钢楔块进行调整，使支座水平。支座在安装过程中不得松开上顶板与下底盘的连接间定板。

3）灌浆料应采用质量可靠的专用产品，灌浆应饱满、密实。灌浆料硬化并达到规定的强度后，应及时拆除支座四角的临时钢楔块，模块抽出的位置应采用相同的灌浆料填塞密实。

4）在梁体安装完毕或现浇混凝土梁体形成整体并达到设计强度后，张拉梁体预应力之前，应拆除支座上顶板与下底盘的连接固定板，解除约束使梁体能正常转动和位移。

5）拆除连接固定板后，应对支座进行清洁，检查无误后灌注硅脂，并应及时安装支座外防尘罩。

6）当支座采用焊接连接时，应在支座准确定位后，采用对称、间断的方式焊接。焊接时应采取适当措施防止损伤支座的钢构件、聚四氟乙烯板、硅脂以及周边的混凝土等；焊接后应对焊接部位做防锈处理。

（8）拉力支座、海洋环境桥梁防腐支座、竖向和横向限位支座等具有特殊功能和规格的支座，除应符合现行行业标准《公路桥涵施工技术规范》的相关规定外，尚宜按照相应产品推荐的方法进行安装施工。

2．伸缩装置

（1）伸缩装置的规格、性能应符合设计要求，并应符合现行行业标准《公路桥梁伸缩装置》的规定。

（2）伸缩装置安装预留槽口的尺寸应符合设计规定．锚固钢筋的位置应准确。伸缩装置安装前应将预留槽口清理干净。

（3）伸缩装置宜在桥面铺装完成后，采取反开槽的方式进行安装。当采取先安装再铺装桥面的方式时，应采取有效措施对安装好的伸缩装置进行妥善保护。

（4）伸缩装置安装前，应按照现场的实际气温调整其定位值。安装固定后，两侧过渡段的混凝土宜在接缝伸缩开放状态下进行浇筑，浇筑时应采取措施防止已定位固定的构件移位，并应在浇筑后及时养护，养护时间应不少于 7d。

（5）梳齿板式伸缩装置安装时，应采取措施防止产生梳齿不平、扭曲和变形等现象，并应对梳齿间隙的偏差进行控制，在气温最高时，梳齿的横向间隙应不小于 5mm，齿板的间隙应不小于 15mm。

（6）橡胶伸缩装置的安装施工应符合下列规定：

1）安装前应检查桥面端部预留槽口的尺寸及钢筋，确认无误后方可进行安装。采用后嵌式橡胶伸缩体时，应在桥面混凝土干燥收缩完成且徐变亦大部完成后再进行安装。

2）安装前应将预留槽口的混凝土表面清理干净，并涂防水胶黏材料。应根据气温和缝宽，进行必要的调整后，再将伸缩装置安装就位，且安装后应使其处于受压状态。

3）应根据安装时的环境温度计算并设置伸缩装置的模板宽度与螺栓间距，将加强钢筋与螺栓焊接就位后，再浇筑过渡段的混凝土并洒水养护。

4）向伸缩装置螺栓孔内灌注防蚀剂后，应及时盖好盖帽。

（7）模数式伸缩装置所用的异形钢梁沿长度方向的直线度应满足 1.5mm/m、全长应满足 10mm/10m 的要求；钢构件外观应光洁、平整、不得扭曲变形，且应进行有效的防腐处理。伸缩装置应在工厂进行组装，出厂时应附有效的产品质量合格证明文件。吊装位置应采用明显颜色标明；在运输和存放过程中应避免阳光直接暴晒或雨淋，并应保持清洁，防止变形。其安装施工应符合下列规定：

1）安装前应检查核对预留槽口尺寸和预埋锚固筋，不符合设计要求时应进行处理，满足设计要求后方可进行安装，并应根据安装时的气温确定安装的定位值。

2）安装时宜采用专用卡具将其固定，伸缩装置的中心线应与桥梁中心线重合，顶面高程应与设计高程相吻合。绑扎其他钢筋和铺设防裂钢筋网等工作，应在按桥面横坡定位、焊接固定后进行。

3）浇筑过渡段混凝土前应将间隙填实；浇筑时应防止混凝土渗入伸缩装置的位移控制箱内，或撒落在密封橡胶带缝中及表面，如发生此现象，应立即清除；浇筑后应将填塞物及时取出。

4）伸缩装置两侧的过渡段混凝土应覆盖洒水养护不少于 7d，其强度满足设计要求后，方可开放交通。

（8）其他特殊形式和特殊规格的伸缩装置，宜按照产品推荐的方法进行安装施工。

3. 桥面防水与排水

（1）桥面防水层的层数和采用的材料应符合设计要求，材料的性能和质量应符合产品相应标准的规定。

（2）铺设桥面防水层时应符合下列规定：

1）防水层材料应在进场时进行检测并符合产品的相应标准后方可使用。

2）铺设防水材料前应清除桥面的浮浆和各类杂物。

3）防水层在横桥向应闭合铺设，底层表面应平顺、干燥、干净。防水层不宜在雨天或低温下铺设。

4）防水层通过伸缩缝或沉降缝时，应按设计规定铺设。

5）水泥混凝土桥面的铺装层采用织物与沥青黏合的防水层时，应设置隔断缝。

6）防水层施工完成后，在未达到规定的时间内，不得开放交通。

（3）泄水管的施工应符合设计规定。泄水孔的顶面不应高于水泥混凝土铺装层的顶面。

4. 混凝土桥面铺装

（1）沥青混凝土桥面铺装的施工应符合下列规定：

1）铺装的层数和厚度应符合设计规定，铺装前应对桥面进行检查，桥面应平整、粗糙、干燥、整洁。铺筑前应洒布沥青。

2）当采用刻槽方式增加沥青混凝土铺装层与混凝土桥面的啮合，提高其抗滑能力时，刻槽的宽度宜为20mm，槽间距宜为20m，槽深宜为3 ~ 5mm。

3）沥青混凝土的配合比设计、铺筑及碾压等施工，应符合现行行业标准《公路沥青路面施工技术规范》的有关规定。

（2）水泥混凝土桥面铺装的施工应符合下列规定：

1）铺装的厚度、材料、铺装层结构、混凝土强度、防水层设置等均应符合设计规定。

2）桥面铺装工作应在梁体的横向联结钢板焊接工作或湿接缝浇筑完成后，方可进行。

3）铺装施工前应使梁、板顶面粗糙，清洗干净，并应按设计要求铺设纵向接缝钢筋和桥面钢筋网。

4）水泥混凝土桥面铺装，其做面应采取防滑措施，并宜分两次

进行，第二次抹平后，应沿横坡方向拉毛或采用机具压槽，拉毛或压槽的深度应符合现行行业标准《公路水泥混凝土路面施工技术细则》的有关规定。

5）水泥混凝土桥面铺装如设计未防水混凝土，施工时应按照防水混凝土的相关规定执行。

6）纤维水泥混凝土桥面铺装的施工，可参考现行行业标准《纤维混凝土结构技术规程（附条文说明）》的规定执行。

5．钢桥面铺装

（1）钢桥面铺装的结构层、厚度、材料等应符合设计规定。

（2）钢桥面铺装施工前应制定专项施工技术方案，并应做好人员培训、材料的调查试验以及机具设备的检查、维护等准备工作。

（3）钢桥顶面在出厂时应按设计要求涂防锈漆，在桥面铺装施工前应喷丸除锈并做防锈处理。

（4）铺装施工前应做试验段，试验段的铺设应包括钢桥面铺装的全部主序。

（5）铺装施工在一道工序完成之后，下一道工序应连续进行；上一层铺装施工前其下一层应保持干燥、整洁，不得有尘土、杂物、油污或损坏，当不符合要求时应予处理。铺装层完工后，应规定时限，其间严禁车辆通行。

（6）钢桥面铺装宜避开雨季施工。钢桥面铺装的每个层次均不得在雨天施工，施工中遇雨必须立即停工，在消除雨水所带来的危害后，方可重新施工。钢桥面铺装施工的环境温度在15℃以上，且不宜在夜间施工。

（7）对钢桥面沥青混凝土铺装进行检测时，不得采用钻孔法，而应采用无损检测法。

6．桥面防护设施

（1）混凝土防撞护栏的施工应符合下列规定：

1）对于结构重心位于梁体以外的悬臂式防撞护栏，应在主梁横向联络或拱上结构完成后方可施工。

2）对于就地现浇的防撞护栏，宜在顺桥向每间隔 5 ～ 8m 设一道断缝或假缝。

3）防撞护栏的钢筋应与梁体的预留钢筋可靠连接。

4）模板宜采用钢模，支模时宜在其顶部和底部各设一道对拉螺杆，或采用其他固定模板的装置。

5）宜采用坍落度较小的干硬性混凝土，浇筑时应分层进行，分层厚度不宜超过 200℃。振捣时应采取适当的措施使模板表面的气泡逸出。

6）对于预制安装的防撞护栏，在搬运和安装时，应采取适当的保护措施，防止损伤棱角处的混凝土。连接钢板的焊接质量应符合设计要求和现行行业标准《公路桥涵施工技术规范》的相关规定。

7）施工完成后的防撞护栏，其顶面高程和位置应准确，位于弯道上的护栏的线形应平顺。

（2）栏杆构件应在人行道板铺设完毕后方可安装。安装栏杆柱时，应全桥对直、校平，弯桥、坡桥应平顺。

（3）人行道的安装施工应符合下列规定：

1）悬臂式人行道构件应在与主梁横向联结系或拱上结构完成后方可安装。

2）行道板应在人行道梁锚固后方可铺设。对于设计无锚固的人行道梁、人行道板，应按照由里向外的次序铺设。

（4）桥面安全带和缘石的安装施工应符合下列规定：

1）悬臂式安全带构件应在与主梁横向联结系或拱上结构完成后方可安装。

2）安全带梁应采用 M20 稠水泥砂浆坐浆安装，并应使顶面形成设计规定的横向排水坡。

3）缘石宜采用现浇混凝土。

7．桥头搭板

（1）桥头搭板下台后填土的填料宜以透水性材料为主，并应分层填筑、压实。

（2）台后地基如为软土，应按设计要求对地基进行处理并对台后填土进行预压，预压应在搭板施工前完成。

（3）钢筋混凝土桥头搭板的施工应符合下列规定：

1）钢筋混凝土搭板及枕梁宜采用就地浇筑的方式施工。

2）搭板钢筋与其下的垫层间宜设置垫块并应交错布置。在上、下两层钢筋之间应设置支撑以保证其位置的准确。

3）浇筑搭板混凝土时应按照搭板的坡度由低处向高处进行，振捣时应避免碰撞钢筋、模板。

第二节　桥面及附属工程案例分析与防范

下面从桥面及附属工程出现的水泥混凝土桥面平整度达不到质量要求、桥面混凝土表面粗糙度不一致、水泥混凝土桥面铺装表面龟裂、桥面混凝土不平整且未拉毛、桥面混凝土漏水、桥面混凝土产生网状裂纹、桥面钢筋网保护层不准确、桥面混凝土出现空鼓、桥面铺装层厚度不够、桥面积水、桥面出现横向裂缝、桥面出现纵向裂缝、桥面铺装层破损、桥面铺装表面出现印迹或个别小坑眼、沥青混凝土桥面早期破坏、桥面沥青混凝土离析、铰缝混凝土早期破坏、支座中线与主梁中线不重合、预埋钢板与钢梳齿板伸缩装置安装不合格、板式橡胶型伸缩缝装置过早破坏、滑动支座安装不合格、混凝土防撞护栏不顺直、仿毛勒伸缩缝早期破坏、防撞护栏混凝土气泡多、防撞护栏混凝土漏浆和桥头跳车二十六个案例进行分析，并提出了防范措施和治理方法。

一、水泥混凝土桥面平整度达不到质量要求案例

1．案例现象

（1）外观坑洼不平，雨后有水洼。

（2）桥面平整度超过了规定值。

2．案例原因分析

（1）混凝土材料规格要求不严格、配合比不准确。

（2）未使用有效的机械施工，而是人工找平，操作不当。

（3）施工时混凝土面板上洒水、撒水泥粉、烈日曝晒或干旱风吹时无遮阳棚。

（4）没有控制好标高，或未按控制标高施工。

（5）抹面时间控制不当，混凝土水灰比控制不严格、坍落度过大，表面浮浆过多，干缩后出现洼迹。

3．案例防范措施

（1）应采用机械摊铺施工。

（2）严格控制混凝土材料规格、配合比和水灰比。

（3）人工摊铺混凝土时，严禁抛掷和搂耙混合料以防离析，必须按控制标高施工，要随时检查模板有无下沉、变形或松动等情况。

（4）采用振捣梁振捣每一位置的持续振捣时间应以混合料停止下沉、不再冒气泡并泛出砂浆为准，不能过振，防止漏振。

（5）表面整平时，严禁用砂浆、水泥浆找平。

（6）做好养护工作，达不到设计强度要求不允许开放通车。

4．案例治理方法

对坑洼严重部位进行规则切缝、凿除后用混凝土找平（厚度不小于 1cm），加沥青混凝土。

二、桥面混凝土表面粗糙度不一致案例

1．案例现象

（1）混凝土的部位有的很光滑，有的粗糙，压纹宽窄不一。

（2）抗滑构造深度不符合设计要求。

2．案例原因分析

（1）浇筑混凝土时粗细料分布不均匀，搅拌机上料不准确。

（2）混凝土表面不平整，压纹宽窄、深浅不一。

（3）车辆磨损，混凝土石料硬度不够，抗磨性能差，粗集料磨损趋向光滑。

3．案例防范措施

（1）水泥混凝土桥面铺装材料的配合比要符合设计要求，浇筑前桥面板表面要粗糙并清洗干净。

（2）采用拌和站自动计量上料，并控制坍落度和水灰比。

（3）采用三滚轴机械找平、收水后，表面要拉毛或用机具压槽，掌握好压纹时间，应在初凝之前、收水之后完成。

4．案例治理方法

清理干净桥面做防水连接层，加铺沥青混凝土。

三、水泥混凝土桥面铺装表面龟裂案例

1．案例现象

混凝土表面出现龟壳状的祖细不一致的裂纹。

2．案例原因分析

（1）所用水泥不稳定、强度不足，混凝土早期过快失水、养护不及时。

（2）坍落度过大。混凝土表面浮浆层多，骨料少，干缩后出现龟裂。

（3）水泥用量过多，当时表面光洁，时间较长后混凝土表面产生龟裂。

3．案例防范措施及治理方法

（1）水泥地经过稳定性测试，水泥进场时，应有产品合格证书及合格化验单才能使用。

（2）应采用硅酸盐水泥或普通硅酸盐水泥，水泥强度等级不低于 42.5MPa。

（3）严格控制混凝土坍落度和水泥用量，通过试验进行混合料组成配合比设计。

（4）避免过振或水泥浆过于集中。

（5）在夏天烈日曝晒或干旱风吹时，要遮阳挡风，及时养护。

四、桥面混凝土不平整且未拉毛案例

1．案例现象

（1）雨后混凝土表面坑洼积水。

（2）行车有颠簸感。

2．案例原因分析

（1）桥面混凝土施工控制不准，混凝土初凝前被踩压。

（2）桥面混凝土平整度差、沥青混凝土铺装平整度难以达到设计要求。

（3）表面拉毛不好、不粗糙、混凝土桥面摩阻力小，沥青混凝土与桥面水泥混凝土两层结合不好，使其形不成整体，易产生推移，形成涌包。

3．案例防范措施

（1）严格控制标高，采用机械摊铺混凝土。

（2）加强施工过程检查，掌握好混凝土坍落度，混凝土初凝前禁止踩压、通行。

（3）采用新材料增强水泥混凝土与沥青混凝土两个面的黏结力。

4．案例治理方法

对于形成涌包的桥面，采用混凝土铣刨机清理至混凝土桥面顶，喷洒防水粘接层，重新铺装沥青混凝土。

第三节　桥面及附属工程质量检验和质量标准

一、桥面防水层质量检验和质量标准

1．桥面防水层基本要求

（1）防水材料的规格和性能必须符合设计要求，防水层至少应有不低于桥面沥青混凝土铺装层使用年限的寿命，并能适应动荷载及混凝土桥面开裂时不损坏的特点。

（2）在喷涂防水涂料前，应清除混凝土表面的垃圾、杂物、油污与浮浆，并保持干净和干燥。

（3）喷涂应严格按规定的工艺施工。

（4）防水层的抗渗性应符合设计要求，必要时应现场做抗渗试验。

（5）预计涂料表面在干燥前会下雨，则不应施工。施工过程中，严禁踩踏未干的防水层。防水层干燥后，可行驶 10t 以下汽车，但不得在其上急转弯或急刹车。

2．桥面防水层外观鉴定

（1）防水涂料应喷涂整个混凝土表面，如有遗漏，必须进行处理，并减 1 ~ 3 分。

（2）防水层应表面平整，无空鼓、脱落、翘边等缺陷。不符合要求时必须进行处理，并减 3 ~ 5 分。

二、桥面铺装质量检验和质量标准

1．桥面铺装基本要求

（1）水泥混凝土桥面的基本要求同水泥混凝土路面，沥青混凝土桥面的基本要求同沥青混凝土路面。

（2）桥面泄水孔进水口的布置应有利于桥面和渗入水的排除，其数量不得少于设计要求。在出水口不得使水直接冲刷桥体。

3．桥面铺装外观鉴定

桥面排水良好。不符合要求时减 3 ~ 5 分。

三、钢桥面板上防水粘接层质量检验和质量标准

1．钢桥面板上防水粘接层基本要求

（1）防水粘接材料的质量要求和技术性能应符合设计和有关技术规范的要求。

（2）在钢箱梁架设完毕后，应对所有防护层表面进行清洗，去除灰尘、油污和其他污物，对桥面锈蚀部分进行处理，对现场焊缝及其相邻部分进行防护，达到要求的清洁度后，方可进行防水粘接层施工。

（3）当桥面潮湿或环境温度低于露点时，严禁洒布粘接层。

（4）严格控制防水粘接层材料的加热温度和洒布温度。

2．钢桥面板上防水粘接层外观鉴定

（1）防水粘接层的洒布应厚度均匀。不符合要求时减 1 ~ 5 分。

（2）防水粘接层应平整、密实，无破损、气孔和起皱现象，不得有油污和其他污染现象。不符合要求时减 1 ~ 3 分。

四、钢桥面板上沥青混凝土铺装质量检验和质量标准

1．钢桥面板上沥青混凝土铺装基本要求

（1）沥青混合料的矿料质量及矿料级配应符合设计要求和施工规范的规定。

（2）沥青材料及混合料的各项指标应符合设计和施工规范的要求，对每日生产的沥青混合料应做抽提试验。

（3）严格控制各种矿料和沥青的用量及各种材料和沥青混合料的加热温度，碾压温度应符合要求。

（4）拌合后的沥青混合料应均匀一致，无花白、粗细料分离和结团成块现象。

（5）桥面泄水孔进水口的布置应有利于桥面和渗入水的排除，其数量不得少于设计要求，在出水口不得使水直接冲刷桥体。

2．钢桥面板上沥青混凝土铺装外观鉴定

（1）表面应平整密实，不应有泛油、裂缝、粗细料集中等现象。有上述缺陷的面积（单条裂缝则按其长度乘以 0.2m 宽度，折算成面积）之和不得超过受检面积的 0.03%。不符合要求时，每超过 0.03% 减 2 分。

（2）表面无明显碾压轨迹。不符合要求时，每处减 1 ~ 3 分。

（3）搭接处应紧密、平顺。不符合要求时，累计每 10m 长减 1 分。

（4）面层与其他的构筑物应接顺，不得有积水现象。不符合要求时，每处减 1 ~ 2 分。

五、支座垫石和挡块质量检验和质量标准

1．支座垫石和挡块基本要求

（1）混凝土所用的水泥、砂、石、水、外掺剂及混合材料的质量和规格，必须符合有关技术规范的要求，按规定的配合比施工。

（2）支座垫石不得出现露筋、空洞、蜂窝、麻面现象及任何裂缝。

2．支座垫石和挡块外观鉴定

（1）混凝土表面平整、光洁，棱角线平直。不符合要求时减 1 ~ 3 分。

（2）挡块如出现蜂窝、麻面，必须进行修整，并减 1 ~ 4 分。

（3）挡块出现非受力裂缝时减 1 ~ 3 分，裂缝宽度超过设计规定或设计未规定时，超过 0.15mm 必须处理。

六、支座安装质量检验和质量标准

1．支座安装基本要求

（1）支座的材料、规格和质量必须满足设计和有关规范的要求，经验收合格后方可安装。

（2）支座底板调平砂浆性能应符合设计要求，灌注密实，不得留有空洞。

（3）支座上下各部件纵轴线必须对正。当安装时温度与设计要求不同时，应通过计算设置支座顺桥向预偏量。

（4）支座不得发生偏歪、不均匀受力和脱空现象。滑动面上的四氟滑板和不锈钢板不得刮伤，安装前必须涂上硅脂油。

2．支座安装外观鉴定

支座表面应保持清洁，支座附近的杂物及灰尘应清除。不符合要求时必须进行处理，并减 1 ~ 3 分。

七、斜拉桥与悬索桥的支座安装质量检验和质量标准

1．斜拉桥与悬索桥的支座安装基本要求

（1）支座的材料、规格和质量必须满足设计和有关技术规范的要求，支座垫石应检验合格。

（2）支座成品必须有产品合格证。

（3）支座成品必须按设计和有关技术规范的规定进行试验和检测，其结果必须满足要求。

（4）支座底板调平砂浆性能应符合设计要求，灌注密实，不得留有空洞。

（5）当安装时温度与设计要求不同时，应通过计算设置支座顺桥向预偏量。

（6）支座不得发生偏歪、不均匀受力现象。滑动面上的四氟滑板和不锈钢板不得刮伤，安装前必须涂上硅脂油。

2．斜拉桥与悬索桥的支座安装实测项目外观鉴定

（1）支座安装后应及时清理杂物，去除污物。不符合要求时减 3 ~ 5 分。

（2）做好防护，确保灰尘和有害物质不进入，防止污染。不符合要求时减 1 ~ 3 分。

（3）漆膜如有损伤，应进行处理，并减 1 ~ 3 分。

八、伸缩缝安装质量检验和质量标准

1. 伸缩缝安装基本要求

（1）伸缩缝必须满足设计和有关技术规范的要求，须有合格证，并经验收合格后方可安装。

（2）伸缩缝必须锚固牢靠，伸缩性能必须有效。

（3）伸缩缝两侧混凝土的类型和强度，必须符合设计要求。

（4）大型伸缩缝与钢梁连接处的焊缝，应做超声检测，检测结果须合格。

（5）伸缩缝处不得积水。

2. 伸缩缝安装实测项目外观鉴定

伸缩缝无阻塞、渗漏、变形、开裂现象。不符合要求时必须进行整修，并减 1 ~ 3 分。

九、混凝土小型构件预制质量检验和质量标准

1. 混凝土小型构件预制基本要求

（1）所用的水泥、砂、石、水和外掺剂的质量和规格必须符合有关规范的要求，按规定的配合比施工。

（2）不得出现露筋和空洞现象。

2. 混凝土小型构件预制外观鉴定

（1）构件外形轮廓清晰，线条直顺，不得有翘曲现象。不符合要求时减 1 ~ 3 分。

（2）混凝土表面平整，无蜂窝、色泽一致。不符合要求时减 1 ~ 3 分。

十、人行道铺设质量检验和质量标准

1. 人行道铺设基本要求

（1）悬臂式人行道必须在横向与主梁牢固连接。

（2）人行道板必须在人行道梁锚固后方可铺设。

2. 人行道铺设外观鉴定

人行道应牢固、直顺、平整。不符合要求时减 1 ~ 3 分。

十一、栏杆安装质量检验和质量标准

1. 栏杆安装基本要求

（1）栏杆杆件不得有弯曲或断裂现象。

（2）栏杆必须在人行道板铺完后方可安装。

（3）栏杆安装必须牢固，其杆件连接处的填缝料必须饱满平整，强度应满足设计要求。

2. 栏杆安装外观鉴定

（1）栏杆安装应直顺、美观。不符合要求时减 1 ~ 3 分。

（2）杆件接缝处应无开裂现象。不符合要求时减 1 ~ 3 分。

十二、混凝土防撞护栏质量检验和质量标准

1. 混凝土防撞护栏基本要求

（1）所用的水泥、砂、石、水和外掺剂的质量和规格必须符合有关规范的要求，按规定的配合比施工。

（2）不得出现露筋和空洞现象。

（3）防撞护栏上的钢构件应焊接牢固，焊缝应满足设计和有关规范的要求，并按设计要求进行防护。

2. 混凝土防撞护栏外观鉴定

（1）防撞栏线形应直顺、美观。不符合要求时减 1 ~ 3 分。

（2）混凝土表面应平整，不应出现蜂窝、麻面。如出现必须修整完好，并减 1 ~ 4 分。

（3）防撞栏浇筑节段间应平滑顺接。不符合要求时减 1 ~ 3 分。

十三、桥头搭板质量检验和质量标准

1. 桥头搭板基本要求

（1）所用的水泥、砂、石、水和外掺剂的质量和规格必须符合有关规范的要求，按规定的配合比施工。

（2）桥头搭板下的地基及垫层或路面基层的强度和压实度必须满足设计要求。

（3）不得出现露筋和空洞现象。

2. 桥头搭板外观鉴定

（1）板的表面应平整。不符合要求时减 1 ~ 3 分。

（2）板的边缘应顺直。不符合要求时减 1 ~ 2 分。

第十章　桥涵工程

第一节　基础施工

桥梁基础有桩基础、明挖扩大基础两种，以桩基础为主，部分地质条件、地形条件适宜墩台采用了明挖基础。桩基础采用钻孔灌注桩，分陆地桩基础施工和深水桩基础施工。在岩溶地区，根据不同的地质情况选用明挖基础和桩基础。

1．施工准备

（1）施工前，首先要进行施工图纸审核，确保桥位、标高设计合理，尺寸无误。

（2）加强便道维修与养护，确保便道畅通。

（3）现场合理规划泥浆池、沉渣池，要满足施工需要和环保要求。

（4）控制桩复测，完成各桩位的定位测量放样。

（5）平整场地，满足钻机就位和施工操作的需求。

2．钻孔桩施工

（1）钻孔桩基施工

1）场地平整及桩位放样

场地平整：在桩基施工前，对施工现场进行场地平整。场地平整采用推土机进行，保证施工机械的平稳放置及施工现场的文明与安全。

桩位放样：为保证桩基位置的准确性，施工前要进行精确放线。采用全站仪直接测设控制桩位，在测量的精确桩位处设置保护桩。

2）护筒埋设及钻机就位

护筒采用 5mm 钢板制成，护筒高 3m，直径比桩径大 20 ~ 30cm，护筒埋深 2.0m，顶部高出地面 1.0m；护筒中心与桩位中心偏差不大于 5cm，护筒埋设好后，钻机就位、稳固、平衡。

护筒埋设在旱地时，采用反铲挖坑埋设，护筒就位后，外侧用黏土回填夯实。护筒与工作平台固定，避免塌孔时护筒沉落或偏斜。

水上护筒安装埋设：在水上平台上，用钻机吊装护筒就位，在护筒顶部支垫方木，用反铲轻压使护筒至淤泥底部，调整护筒位置，使其满足规范要求。再用钻机吊锤将护筒打入基础，埋设深度至淤泥下 1 ~ 2m，测量并调整护筒位置，直至满足要求。

钻机采用反循环钻机造孔，泥浆护壁，泥浆液面高度不低于旱地或水面 1.5 ~ 2.0m，随时检查浆液比重是否符合设计或技术规范的规定。

3）泥浆制备

泥浆制备采用泥浆搅拌机搅拌，泥浆选择塑性指数大于 25、粒径小于 0.005mm 的黏粒且含量大于 50% 的黏土制浆，泥浆比重控制在 1.1–1.25。

4）钻进与清孔

根据现场地质情况，钻孔采用冲击钻机成孔，选派有经验的工程技术人员和管理人员负责钻孔施工。根据不同的地质情况，以合适的钻进速度钻进，钻孔过程中，做好钻孔记录，并对各地层与设计资料进行对比。若发现地质情况与设计不符时，及时通知建设方、监理工程师并提出相应措施，经建设方、监理工程师批准后加以处理。

钻孔达到设计深度后，进行孔内的泥浆稀释，利用泥浆泵通过吸浆管持续吸渣 5 ~ 15min 左右，并用测深锤测沉淀层厚度，直到符合规范要求。

5）钢筋笼制作和安装

按照设计图纸及施工规范要求进行钢筋笼的制作。主筋连接采用机械连接套筒，每间隔 3m 在钢筋笼四周对称焊接钢筋耳朵，保证钢筋笼有足够的保护层，并在笼顶对称焊接四根钢筋，以备固定钢筋笼。钢筋笼制作完成后，应检查各部尺寸，检查合格后方可使用。

清孔后及时吊放钢筋笼，钢筋笼各段之间的连接采用机械连接套筒，钢筋笼每 8m 一段，用汽车吊垂直吊入孔内。

6）混凝土施工

采用导管法浇筑混凝土，对孔的中心位置、孔径、倾斜度、孔深进行检验，清孔、安装钢筋笼后，灌注水下混凝土。

混凝土浇筑前，提前搭设混凝土溜槽，安放储料斗、混凝土导管，导管用 ϕ300mm 的钢管制成，各导管之间内螺丝连接，每节导管长 2.5m，同时放置隔水栓。

首批浇筑量要经过严格计算。即导管底部一次埋深 2m 以上，浇筑混凝土连续进行。混凝土采用集中拌制、罐车运输、罐车直接卸入料斗。

在浇筑过程中要随时测量孔内混凝土面的高度，使导管在混凝土内的埋深在 2 ~ 4m 之间，最大埋深高度不得超过 6m。浇筑完毕后，在混凝土初凝前，拔掉孔口护筒，钻机移位至下一桩位。

7）桩头处理，钻孔检测

待混凝土达到规定强度后，截掉和清除桩顶的不良部分混凝土，直至露出新鲜混凝土，桩头混凝土采用风镐凿除至设计高程。混凝土灌注桩的质量检查采用钻孔取芯法检测成桩质量。

（2）钻孔过程中常见问题的预防及处理

1）塌孔

①塌孔的表征

塌孔的表征是孔内水位突然下降，孔口冒细密的水泡，出渣量显著增加而不见进尺，钻机负荷显著增加等。原因如下：

a. 泥浆比重不够或泥浆其他性能不符合要求，使孔壁未形成坚实护壁泥皮，孔壁渗漏。

b. 孔内水头高度不足，支护孔壁压力不够。

c. 在松软砂层中进尺太快。

d. 提住钻头钻进时，旋转速度过快，空转时间太长。

e. 清孔后泥浆比重、黏度等指标降低，反循环清孔，泥浆吸出后未及时补浆。

f. 起落钻头时碰撞孔壁。

②预防及处理原则

a. 保证钻孔时泥浆质量的各项指标满足规范要求。

b. 保证钻孔时有足够的水头差，不同土层选用不同的转速和进尺。

c. 起落钻头时对准钻孔中心插入。

d. 回填砂和黏土的混合物到坍孔处以上 1 ~ 2m，静置一定时间后重钻。

2）钻孔偏斜和缩孔

①偏斜缩孔原因

a. 钻孔中遇较大的孤石或探头石，扩孔较大处钻头摆动偏向一方。

b. 在有倾斜度的软硬地层交界处，岩石倾斜处钻进或者粒径大小悬殊的砂卵石中钻进，钻杆受力不均。

c. 钻杆刚度不够，钻杆弯曲接头不正，钻机底座未安置水平或产生不均匀沉陷。

d. 在软地层中钻进过快，水头压力差小。

e. 全压钻进。

②预防和处理

a. 安装钻机时使底座水平，起重滑轮、钻头中心和孔位中心三者在一条直线上，并经常检查校正。

b. 倾斜的软硬地层钻进时，采取减压钻进。

c. 钻杆、接头逐个检查，及时调整。遇有斜孔、偏孔时，用检孔器检查探明孔偏斜和缩孔的位置情况，在偏孔、缩孔处上下反复扫孔。偏孔、缩孔严重时回填砂黏土重钻。

d. 全过程采用减压钻进方式。

3）掉钻

①主要原因

钻进时强提强扭、钻杆接头不良或疲劳破坏易使钻头掉入孔中，另外由于操作不当，也易使铁件等杂物掉入孔内。

②预防和处理

a. 小铁件可用电磁铁打捞。钻头的打捞应视具体情况而定，主要有采用打捞叉、打捞钩、打捞活套、偏钩和钻锥平均等器具。

b. 在钻孔过程中除以上几种主要事故外，还需注意防止糊钻、扩孔、偏孔、卡钻、钻杆折断、钻孔漏浆等。

（3）水下混凝土灌注事故的预防及处理

1）导管进水

①主要原因

首批混凝土储量不足，或导管底口距孔底间距过大，混凝土下落后不能埋住导管底口以致泥水从底口进入。

②处理方法

将导管提出，将散落在孔底的混凝土拌合物用空气吸泥机清除，重新灌注。

2）卡管

①主要原因

a. 初灌时隔水栓卡管，或由于混凝土本身的原因如坍落度过小、流动性差、粗骨料过大、拌合物不均匀产生离析、导管接缝处漏水、大雨中运输混凝土未加遮盖使混凝土中的水泥浆被冲走，粗骨料集中造成堵塞。

b. 机械发生故障和其他原因使混凝土在导管内停留时间过长，或灌注时间持续过长，最初灌注的混凝土已经初凝，增大了管内混凝土的下落阻力，混凝土堵在管内。混凝土灌注导管内外压力差不够。

②预防措施

准备备用机械、掺入缓凝剂，做好配合比，改善混凝土的力学性能。

③处理办法

拔管、吸渣、重灌。

3）坍孔

发生坍孔后，应查明原因采取相应措施。如保持或加大水头，排除振动源等防止继续坍孔，然后用吸泥机吸出孔中泥土，如不继续坍孔可恢复正常灌注，如坍孔不停止、坍孔部位较深，宜将导管拔除。保存孔位回填黏土，研究处理措施。

3．挖孔桩施工

对于无地下水或者少量地下水，且土层或者风化岩层较密实，则采用人工挖孔桩，桩径 1.8m、1.6m、1.5m、1.2m 分别为 8、42、40 和 32 根。挖孔桩施工时，根据地质和水文地质情况，制订可行的孔壁支护方案，主要采用混凝土护壁。人工挖孔桩施工工艺如下：

（1）施工准备

平整场地，清楚坡面危石浮土。坡面有裂缝或者坍塌迹象时应先加设必要的防护设施，铲除松软的土层并夯实。施测墩台的十字线，定出准确的桩孔位置；设置护桩并经常检查校核；孔口四周挖排水沟，做好排水系统；及时排除地表水、搭好孔口的防雨棚；安装提升设备；布置好出渣道路；合理堆放材料和施工机具，使其不增加孔壁压力、不影响施工。

井口四周用护壁围圈予以围护，第一节护壁高出地面 20 ～ 30cm，防治土、石、杂物滚入孔内伤人。若井口地层有较大的渗水量时，采用井点降水法降低地下水位。

（2）挖掘顺序

对于单排桩，采用跳孔开挖。对于有四根桩基的群桩，采用对角开挖。

桥梁的桩基承台。采用先挖桩孔，后挖承台座基坑的方式。这样施工有利于排除地表水且施工作业场地宽敞，立架、支撑、提升、灌注等操作都比较方便。

4．扩大基础施工

基坑开挖的坡度视地质情况决定，土质基坑采用 1：0.5 ～ 1：1，入岩部分垂直开挖。机械开挖至距基底 20cm 左右时，改由人工开挖清底，必要时采用松动爆破，爆破时严格控制装药量。基坑清理完毕，请监理工程师检验基底，核定地质和承载力是否与设计相符，合格后进行基础第一层浇筑。遇有地下水采用汇水井法排水，排出的水要防止回流回渗。基坑顶部有动荷载时基坑顶部留不小于 2m 的护道。

第二节　承台施工

1．施工工艺流程

承台施工程序：基坑开挖→凿除桩头→打混凝土垫层→绑扎钢筋→支立模板→浇筑混凝土→养生→基坑回填。

2．施工准备

（1）承台施工前进行钻孔桩位置、标高等的复测，由监理工程师签认后，方可进行承台的施工。

（2）复核基坑中心线、方向、高程，按地质水文资料结合现场情况，决定开挖坡度和支挡方案。基坑底面尺寸为长 a+200，宽 b+200（a 为承台长，b 承台宽），开挖坡度建议采用 1 ：1，则地面开挖尺寸为（b+200）+1 × h，宽为（b+200）+1 × h（h 为承台埋深），如承台埋深较大，可根据实际情况提高坡度，并制订支挡措施，做好地面防排水工作。

（3）备齐所需机具、材料，安排施工人员，确定各班组任务。

3．基坑开挖

（1）用反铲挖掘机开挖，人工配合，并加强坑内的排水。根据施工前拟定的坡度采用反铲挖掘机开挖，挖掘时注意抽水和不要碰到支挡结构，挖至距承台底设计标高约 30cm 厚的最后一层土时，采用人工挖除修整，以保证土结构不受破坏。如施工时发现基坑在地下水面以下时，可用木板桩支撑，边开挖，边设撑。对需要设挡板支撑的基坑，根据施工现场条件，在基坑四周每 30cm 打一根木桩（或钢管），在木桩（钢管）后设 2 ～ 4mm 厚的木板（或钢板），防止边坡坍塌。

（2）基坑排水：一般采用集水井排水。在基坑内承台范围外低处挖汇水井，并在周围挖边沟，使其低于基坑底面 30 ～ 40cm。汇水井井壁要加以支护，井底铺一层碎石。抽水时需有专人负责汇水井的清理工作。

（3）凿桩头：确定承台底标高。按设计图纸，将桩顶混凝土凿至顶面高出承台底设计标高的 10cm 处，将主筋调直，按设计要求绑成喇叭口，并向外设置直钩。凿桩头完成后，即进行桩基检测。合格后方可进行下道工序施工，若不合格，应立即处理。

（4）基底处理及测量定位：夯入 10cm 厚的碎石层，层面略低于承台底设计标高。如遇砂土层等地质不良情况，按设计要求的厚度铺设石渣或干拌 C10 混凝土。位于河床下部的水中承台，其基底处理按设计要求抛填片石、夯填碎石等处理。处理完毕后，马上组织测量人员对基坑进行抄平，放出承台底面 4 个边角点及承台长、宽中心线，及其交点（中心点）的位置，用仪器检查各点位置是否正确，然后用钢尺复测，确认无误后，挂线连出承台边缘位置。

第三节 桥梁柱、系梁、盖梁工程

桥梁下部结构由立柱、盖梁组成。

1. 墩柱

（1）模板选择

采用专门加工的定型组合圆柱形钢模板，选择专业厂家制作加工模板。钢模板按照 2m 一节组装，一次浇筑高度按照 6m 考虑。

（2）施工准备

立柱施工前，要规划好各种机具设备及材料的场地，做到既方便施工，又不影响安全。清扫基础，对立柱测量放样，并复核成果，测量误差控制在规范允许范围内。

（3）钢筋制作与安装

在现场按图纸的规格、尺寸分段加工钢筋。加工时，主筋的接头数量及焊接质量要按规范作业。制作完成后，吊装就位，注意防止骨架变形。安装完毕后要固定其位置，便于装模板。

（4）模板安装及拆除

将模板拼装并与支架螺栓连接成整体，再将各面模板及衍式支撑吊装就位，用螺栓连接成一整体模板。模板拼装时，在接缝处粘贴海绵胶条，以防浇筑混凝土时漏浆。

模板安装好后，要检查轴线偏位、标高、尺寸、竖直度以及稳定性是否符合《公路桥涵施工技术规范》要求，并填写检查记录，申请监理工程师检验，取得同意后进行下一道工序施工。

（5）混凝土浇筑

混凝土用水泥、砂、石及外加剂等材料必须符合图纸及规范要求，混凝土采用拌和站集中拌和，混凝土罐车运输，汽车吊吊混凝土罐入仓，连续浇筑。因故间断时，时间不得超过 60min。浇筑速度要适宜，每次堆料厚度不超过 25cm，并用插入式振捣器振捣密实。振捣时要注意加强立柱周边表面振捣消除水泡。对分层浇筑的立柱要对下一层混凝土表面凿毛，清除浮渣并用水冲洗干净。

混凝土施工后要留人整修周边，抹平压实立柱顶面混凝土。收浆后要覆盖，并洒水养护，对脱模后立柱周围用高压水枪洒水养护。立柱成型后要测量轴线、标高、竖直度，并申请监理工程师检查，无误后方可进行下道工序施工。

2．盖梁

在混凝土立柱上采用钢结构抱箍固定支架支承，用两根 50# 槽钢放在抱箍上作为模板支承，上铺 12cm × 10cm 方木横梁，横梁间距 30 ~ 50cm，50# 槽钢与抱箍间用 50t 千斤顶调节间距，在 12cm × 10cm 方木横梁上直接安装底模板。两侧模板借助于横梁、上拉杆和三角撑共同组成的方框架来固定。所有框架桦眼及角撑均预先制好，使模板能够迅速准确地定位。模板定位校正用细钢丝绳作风绳校正。

混凝土由混凝土罐车从拌和站运至墩位处，汽车吊吊混凝土灌入模，分层灌注、振捣密实，按设计及规范要求的时间进行拆模，正常洒水养护不少于 14d。

第四节　桥梁上部工程施工

桥梁上部结构由 T 型梁、空心板梁、护栏、桥面铺装等组成。

1．T 型梁（空心板）预制

梁体预制施工方法

（1）梁体预制施工顺序：放样→安装底模、一边侧模安装→底板、侧板钢筋安装→预应力管道布设→另一侧模安装→端头封模→安装锚垫板→浇筑混凝土→养生。

（2）梁体底模安装：底座设置成混凝土条形基础，钢板底模，底模与侧模以对拉筋采用帮包底的加固形式连接。

（3）侧模安装：侧模采用工厂订制钢模，侧模安装可先安装固定一边，侧模安装应牢固、顺直，侧模之间接缝应平顺、紧密。侧模与底模之间填塞橡胶止水条，贴靠紧密。

（4）钢筋绑扎焊接：钢筋严格按施工规范制作，各部尺寸满足设计要求，与管道相碰局部钢筋可作挪动。当桥梁上部梁体为连续刚构 T 梁时应注意预埋梁底钢板，并加以固定，确保位置准确。

（5）管道布设：管道布设须严格按设计提供的坐标布设，管道接头应连接紧密，不得漏浆；管道每 50cm 用定位筋与梁体钢筋焊接固定。同时应注意梁面负弯矩管道预埋和预留孔口、外管口，孔口应加以临时封锚，以防堵塞管口和孔口。

（6）锚垫板安装：锚垫板应与端模固定牢固，锚垫板与管道出口保证垂直。

（7）混凝土浇筑：混凝土浇筑形式采用设置于场内的拌和站生产混凝土，用小型机动车运输，吊车起吊倒料浇筑方式。混凝土浇筑采用梯形连续推进。振捣由附着在侧模上的附着式振捣器配合插入式振捣器振捣。混凝土要求搅拌均匀，和易性良好。

（8）养生：采用湿润法养生。

2．桥梁安装

采用架桥机安装，具体安装方法如下：

（1）架桥机拼装：架桥机采用定点厂家生产成套架桥设备，运至现场拼装。拼装好后，对架桥机械性能进行试运转，认真检查架桥机、钢丝绳、卷扬机、轨道、平车、电源等是否存在隐患，并即时予以更换或加强。

（2）运输轨道铺设：轨道枕木布设两轨水平，支垫紧密。轨与轨接头平顺。

（3）T 梁出坑、运输：T 梁由跨墩龙门架出坑，安放在运输轨道平车上，安放时用木支撑或法兰螺丝紧紧对称地固定在平车架上，由运输平车运输至架桥机下方起吊位置。运输过程中，随时观察支撑是否松动，轨道是否变形。

（4）T 梁安装：T 梁安装顺序为，先安装左半幅左边梁及相邻一根中梁或右半幅右边梁及相邻一根中梁，然后按顺序逐根安装其余中梁与左半幅右边梁或右半幅左边梁。左半幅左边梁与右半幅右边梁安装由架桥机起吊前移，直接就位落梁安装。T 梁安装在墩顶先设临时支座，待 T 梁连续构造施工完成后，再转换为永久支座。

（5）一孔安装完毕后，接长运输轨道，架桥机轨道，架桥机前移就位，再按以上方法继续逐孔安装。架桥机前移时，保证各部位之间连接牢固，结构稳定。

（6）T 梁翼板接缝现浇：翼板湿接缝，采用吊模固定现浇施工方法。施工时严格按设计要求与施工技术规范执行，做到各部尺寸、位置准确，接缝平顺流畅，表面平整。

3．墩顶连续现浇段施工

当桥梁上部为连续 T 梁，在安装完成 2 孔时，按设计要求，施工墩顶连续构造。首先采用高强螺栓在 T 梁两端横隔板进行连接，并用配套螺栓锁紧。将梁体端部、横隔板侧面拉毛并清洗干净，连接梁端伸出钢筋及横隔板钢筋，布置墩顶部位的负弯矩区预应力钢束。安装墩顶现浇连续段模板，安放永久支座，并布置连续段钢筋及桥面板钢筋，然后逐孔浇筑现浇桥面混凝土，混凝土浇筑完毕后，进行养生，穿预应力钢束。与相邻跨连续的预制 T 梁端部，必须将浮浆、油污清洗干净并凿毛，以保证新老混凝土接合牢固。待一联 T 梁端接头混凝土强度达到设计强度的 90% 后，即可张拉负弯矩预应力钢束。钢绞线单根张拉施工方法类同 T 梁预制。

4．联系梁体系转换步骤

当联系梁体连接段混凝土浇筑及负弯矩预应力钢束张拉封锚完成后，即可进行联系梁体系转换施工。具体施工工艺方法如下：

（1）安放永久支座和临时支座：联端安放永久支座，而不设临时支座。

（2）梁体架设：梁体置于临时支座上呈简支状态，及时进行梁片间横向连接。

（3）中横梁混凝土及桥面板下横梁混凝土现浇：接头连续处预留钢筋，绑扎横梁钢筋，设置接头波纹管并穿束，浇筑混凝土。

（4）负弯矩区板束张拉：钢束张拉时，自每联两端向中间进行，从外侧向内侧进行。钢束张拉先张拉短钢束，然后张拉长钢束，每束钢束对称单根张拉，钢束采用伸长值与张拉应力双控的超张拉工艺。钢束张拉完成后，进行锚固及孔道压注水泥浆。

（5）浇筑桥面湿接缝混凝土，解除临时支座：湿接缝混凝土先浇筑跨中部分 0.6 L 段范围内的混凝土，后浇筑剩余部分湿接缝混凝土。最后解除临时支座，完成体系转换。

第五节　桥面系工程施工

1．防撞护栏施工

防撞栏杆采用分段安装，分段浇筑方法。用光面胶合板做面模，每段护栏混凝土一次成型。弯道处用 50cm 一节的模板，内贴宝丽板，可以确保弯道的线形和混凝土的外观质量。护栏钢管基座预埋件的标高和位置都要严格控制。

具体施工方法：

（1）放样：根据设计要求测设防撞栏杆轴线，并弹出两边线。

（2）钢筋安装：严格按设计要求与施工规范执行。

（3）模板安装：模板采用定型钢模板，模板安装严格控制轴线、标高、尺寸，模板接缝紧密，接头平顺。拉条对拉牢固。

（4）混凝土浇筑：混凝土采用洋铲喂料，插入式振捣器振捣。

2．桥面铺装施工

由于预应力施工等原因，对桥面标高进行认真的测量核实桥面铺装与 T 梁之间新旧混凝土之间的结合质量，所有的结合面必须按有关要求认真凿毛，并清洗干净。

桥面分左右幅，左右各分 3 条板块浇筑铺装层混凝土，每次在伸缩缝位置断开。尽量用干硬性混凝土，把钢纤维按比重加入强制式搅拌机均匀搅拌。具体施工方法如下：

（1）施工准备：清除梁体顶面杂物，凿除局部松散浮渣，用高压清水清洗面层尘埃，保证面板粗糙，确保桥面铺装层与 T 梁或空心板梁表面紧密结合。

（2）施工放样：按照桥面铺装层设计高程，在栏杆边缘每间距 1m，分别布设混凝土小支墩。小支墩标高严格按相应点位置桥面铺装层顶面标高控制，小支墩标高经过多次测设，找平调整，确保精度，目的把平整度控制在 3mm 误差以内，作为桥面铺装施工的质量控制。同时在单幅桥两边线处每隔 4m 设置一个小支墩控制点，作为人工抹光找平时的水准控制点，保证桥面横坡准确度。

（3）钢筋制作与安装：钢筋制作、安装严格按设计要求与施工规范进行，钢筋网位置准确，网格尺寸标准，负弯矩筋布设准确，钢筋底面加垫混凝土小垫块，保证钢筋有足够的保护层。

（4）架设摊铺架：根据铺装层顶面高程与摊铺架实际高度，在已设置好的小支墩上铺设槽钢作为摊铺架行走轨道。槽钢应有足够的刚度，保证摊铺架行走时不变形，槽钢铺设经标高测定无误后，应加以临时固定。摊铺架安装时，摊铺架滚轮下缘应略高于铺装层顶面，高出多少应根据现场实验确定的混凝土松铺厚度控制。

（5）模板安装：为了保证桥面的宽度与深度，铺装层边缘线应线形平顺、圆滑及铺装层的密实度，模板采用胶合板，顶面高程严格与混凝土铺装层顶面高程相同。每一段落之间的施工缝同样采用角钢作模板，确保施工缝笔直，角钢安装牢固，角钢顶面高程按该处桥面设计横坡严格控制。

（6）混凝土配合比设计：在混凝土施工前，先按照设计文件要求的标号做混凝土配合比设计，配合比交由有资质的试验室承担。

（7）混凝土搅拌、运输、浇筑：浇筑混凝土由大型拌和站集中拌和，混凝土输送车运输，混凝土输送泵泵送浇筑。

（8）混凝土摊铺：混凝土采用单幅全桥宽同时展开逐段推进摊铺方式。摊铺时，先用人工初步摊平，再用粗刮架全幅宽粗刮，然后人工推动混凝土摊铺架前后慢速行走摊铺。摊铺架反复行进中，人工即时跟进局部找平，摊平后，采用滚筒调平架调平，并用 3m 铝合金钢长尺进行纵、横向平整度再次找平。摊铺前应注意各种预埋件是否安装齐全，混凝土摊铺应严格按经验确定的混凝土松铺厚度摊铺，保证混凝土振捣密实后桥面铺装层各点高程满足设计要求与施工精度要求。

（9）混凝土振捣：混凝土振捣采用插入式与平板式振捣器，混凝土振捣横桥向逐行慢速推进振捣，前后行之间应有足够的叠合宽度，振捣应保证密实，以表面不出面气泡，平坦为准。同时振捣时应随时注意侧模板稳固情况，保证面板边线美观。

（10）修整：混凝土振捣后，及时采用真空吸水机吸取表面自由水，真空吸水的时间严格按试验确定。吸水后，推动抹光架，作业人员在抹光架上，采用抹光机提浆及粗平，然后再用镂刀和 6m 铝合金钢长尺对纵、横向平整度、坡度反复检测表面进行抹馒、精平，直到平整度符合要求为止。修整是桥面系施工的关键，施工人员必须根据工作量，配足配齐，施作人员应保证具有足够丰富的经验。抹锲精平工作必须确保混凝土初凝前完成。

（11）纹理制作：为保证桥面有一定的粗糙度以抗滑作用，在混凝土仍具有塑性时进行纹理制作，采用压纹工具在横坡方进行纹理制作，槽口宽度、深度相一致，并根据设计抗滑要求进行。纹理制作均不得扰动混凝土。施作人员不得直接踩在刚铺好的混凝土面上，应跟随抹光机架作业。

（12）养生：纹理制作后以手指按压混凝土无痕迹时即覆盖麻袋布，并均匀浇水，充分保持湿润，并连续洒水养护7d以上。混凝土浇筑好后要派专人看守，严防人践踏。

（13）防雨准备：桥面铺装是连续施工作业的，在施工过程中不可避免会突遇下雨。因此，施工前应准备好足够长塑料篷布遮雨棚，以防刚铺好的桥面混凝土被淋雨破坏。

3．伸缩缝装置安装

安装伸缩装置时，其缝宽值均应根据该季节的气温通过计算决定。伸缩缝施工要精工细作：一是要与预埋钢筋焊接牢固，补浇混凝土处要把原混凝土凿毛，用水清洗干净；二是标高要与两头桥面铺装高差不大于2mm，以免跳车。具体施工方法：

（1）清理预留槽，将杂物清理干净，预留槽的尺寸稍大于伸缩装置的总宽度和总高。

（2）安装时将伸缩装置设置在预留槽内，使伸缩装置的中心线与桥中心线一致，顶面与桥面标高相同，同时注意其纵横坡度与桥面坡度一致。

（3）伸缩装置就位后检查其尺寸是否符合安装温度要求，否则必须用千斤顶和夹具进行调整，直至符合设计要求，调整好后立即固定夹具。

（4）调整好尺寸后，将伸缩装置一侧的锚固筋与预留槽内的预埋钢筋焊接，保证伸缩装置定位。

（5）设置梁端模板及伸缩装置模板，模板按伸缩装置外形尺寸和预留槽的缺口制作，并安装严密，以防止砂浆流入支承箱，同时防止混凝土落入钢梁之间的空隙中。

（6）浇筑混凝土的高度与支承箱齐平，混凝土强度不低于该处结构混凝土的强度，并进行振捣，防止周边空洞产生。

4．桥头搭板施工

桥台搭板一般在主体结构完成后安排进行施工，搭板采用现浇的方法进行。在测量组进行放样后，在原地进行钢筋的加工与安装。完成后，安装模板，模板采用建筑用钢模板，确保模板支撑牢固。混凝土浇筑时主要注意混凝土的振捣。振捣采用插入式振捣棒和平板式振捣棒交互进行，确保混凝土密实。在混凝土浇筑完毕后还要用压纹机进行压纹。

第六节　涵洞工程施工

1．钢筋混凝土框架涵

钢筋混凝土框架涵，施工主要方法为：基坑开挖采用人工配合机械施工，墙身采用C20混凝土现场浇筑，模板采用组合钢模，混凝土由拌和站拌和，专用运输车运输。浇筑时采用插入式机械振捣，保证混凝土质量。

（1）施工准备

基坑开挖前需进行遮阳准备、排水准备。为防止基坑开挖后受日光的暴晒，须准备充足遮阳棚将基坑盖好，边施工边封闭。排水根据现场情况疏通出入口做排水沟或挡水堰将水沿原沟排走，基坑内排水可通过在基坑四边挖集水沟用水泵将水抽出。施工便道、施工场地布置好并做好充分的施工准备后，才能进行基坑开挖，以及基底的处理工作。

（2）基坑处理

涵洞基地处理方式一般与路基处理相同，如采用CFG桩地基加固时，CFG桩施工与路基CFG桩同步进行。施工要点如下：

①技术人员测放好基坑开挖线后进行，按照施工设计图布孔，桩身直径0.5m，钻至硬层后对照基底设计标高，除桩头超封30 ~ 50cm后，预留足够空钻长度，施工时严格按照CFG桩的施工工艺进行。

② CFG桩施工完7 d后，进行基坑开挖、破除桩头、铺设基础垫层等工作，桩头按照设计标高破除后，施工CFG桩扩大桩头，桩头上部为1m的圆形截面，高0.6m，下部与桩身混凝土连接，整个桩头为倒锥形结构。

③ CFG桩扩大桩头施工完成，待桩头混凝土强度达到设计强度后，即可回填60cm碎石垫层，回填宽度为涵身底板尺寸两边各加宽0.5–1m，褥垫层回填时采用压路机或小型夯实机械夯实，每层夯实并经检测合格后即可进行下道工序的施工作业。铺设褥垫层填料，为避免碾压时对褥垫层中的土工格栅造成破坏，施工时应增设中粗砂保护层，即褥垫层的组成自上而下为25cm碎石垫层、5cm中粗砂、5cm土工格栅、25cm中粗砂碎石垫层。

④基坑开挖利用人工配合挖掘机进行，挖至距设计换填层底标高20 ~ 30cm后人工清理，采用垂直开挖，避免超挖。每边按涵身底部尺寸加宽50cm作为施工空间。开挖时，开挖弃土及时用自卸车运走，严禁在基坑周围存放，更不允许将弃土堆在

周围草皮及农田内。同时，现场施工负责人应严格规范施工区域，严禁挖掘机和施工车辆进入施工区以外区域，以免破坏农田及庄稼。

⑤基地褥垫层施工后即可进行涵身进出口 2mc1m、C20 混凝土扩大基础的浇筑作业，浇筑前立好模板，经检查合格后即可进行混凝土的浇筑工作。

基坑开挖完成后，按要求利用全站仪进行测量放线。测放出涵身纵横十字线，以便控制涵身基础垫层的铺设范围，同时放好控制桩和护桩，以方便控制基础模板的位置。

（3）涵节施工

在涵节基础混凝土及垫层混凝土养护强度不小于 2.5mPa 时，再进行测量放线，测放出涵洞纵向中心线、涵身中心里程桩及横向中心线，按照设计尺寸挂好涵身纵向中心线、墙身内外侧钢筋绑扎线，即可依据配套钢筋设计图进行涵身底板钢筋帮扎作业，每 m 涵身配置 8 排钢筋，每排间距 12.5cm，且同一截面上的接头不能超过 50%（两钢筋接头相距在 30cm 以内或两焊接接头在 50cm 以内，或两绑扎接头的中距在绑扎长度以内，均视为同一截面，并不得少于 50cm），且“同一截面”内同一根钢筋上的接头不超过 1 个。

涵身底板钢筋绑扎完毕后，经现场技术人员、质检、监理检查合格后，就可进行模板拼装，模板宜采用组合钢模板，采用 5cm 的砂浆保护层垫块控制混凝土的结构尺寸，以保证涵节形状尺寸、大面、端面平直。模板拼装好后经检查合格，方可进行混凝土的浇筑施工。涵身混凝土的浇筑分两阶段施工：先浇筑涵身底板（浇筑至涵身下倒角顶面处），待底板混凝土强度达到设计强度的 50% 后，再施工边墙及顶板。

混凝土浇筑时采用集中拌和，混凝土运输车运送至施工现场。浇筑时控制好混凝土的坍落度，混凝土坍落度严格控制在标准坍落度的 ±15mm 范围内，混凝土的倾落高度不能超过 2m，且不能将混凝土粘到还没有浇筑的模板板面上，避免造成板面上前期混凝土的凝结，影响混凝土结构物的外观质量。振捣采用插入式振动器，严格控制振捣时间，一般振捣时间不得小于 20 ~ 30 s，以保证混凝土的密实度。

在浇筑混凝土初凝后，将倒角处混凝土表面凿毛。夏季浇筑混凝土施工，要做好混凝土的养护工作，不能因混凝土内部早期水化热过高，造成混凝土表面开裂，影响混凝土工程的外观质量，洒水次数以混凝土面保持湿润为宜。

涵身施工时，先绑扎涵节两侧墙身钢筋，再进行涵节内膜和墙身内外模的拼装作业，内外侧模板均用钢管支架进行加固，在顶板处设置可调丝扛油托，以便调整顶板模板的高度及平整度。待墙身和顶板模板按设计及规范要求拼装加固好后，经检查无误，就可进行涵身顶板的绑扎工作。绑扎时按要求调整好各排钢筋的间距，且在钢筋与模板间垫好垫块，以防露筋。

在涵身混凝土浇筑作业中，对作业人员做到明确分工，使之各负其责，以保证混凝土浇筑施工能够顺利进行，确保工程施工质量创优。

（4）附属工程施工

翼墙、帽石采用现浇混凝土施工方法。技术人员测量放样立模控制边线，严格按线立模。模板采用组合钢模和木模配合使用，外露部分用钢模，要求搭配合理，拉杆及支撑紧固，面板顺直，接缝严密，下口加设海绵条，外侧用黏土或砂浆包严以防漏浆。混凝土由中心拌和站拌制，罐车运至工地，插入式振动棒振捣密实。严格控制入模温度和施工配合比，使翼墙内实外美。翼墙沉降缝及防水层施工与涵节处相同。

附属工程包括涵洞出入口铺砌、泄床、锥坡、边坡防护及垂群。涵洞出入口铺砌与路基排水沟、改沟应顺接通畅，排水有出路，做到涵洞内不积水。铺砌均采用M10号水泥砂浆浆砌片石，下设厚10cm碎石垫层。

（5）沉降缝及防水层施工

涵身沉降缝嵌塞2cm厚的石棉水泥板留作防水之用，施工期间，用电焊将石棉水泥板与涵身钢筋骨架定好位置当作模板使用。沉降缝外侧涂刷聚氨酯防水涂料并粘贴防水卷材，且相邻涵节不均匀沉降差小于5 wmo沉降缝内侧待涵洞施工完成后，再嵌入硫化型橡胶止水条。出入口翼墙与涵身间沉降缝内塞M20水泥砂浆15cm，中间如有空隙可填塞聚丙烯纤维网混凝土。

沉降缝防水层施工完后，经检查合格，即可进行涵洞两侧回填施工，以保证涵节稳定性。在涵洞两侧大于两倍涵洞净宽范围内，涵背回填两侧同时进行。每层厚度不超过30cm，人工用电夯机夯实。

2. 盖板涵洞工程

（1）施工安排

钢筋混凝土盖板涵洞结构，多数涵洞位于填方地段。为了尽快实现路基大面积填筑，必须优先施工涵洞工程。施工初期，先打通至涵洞的施工便道。根据涵洞的分布位置及工程量，组织涵洞施工队。

（2）盖板涵工程施工方法

施工工序说明：

①施工放样：涵洞测量放样时，注意核对涵洞纵横轴线的地形剖面图是否与设计图相符，涵洞长度、涵底标高的正确性。对斜交涵洞、曲线上的陡坡涵洞，应考虑交角加宽、超高和纵坡对涵洞具体位置、尺寸的影响。遇到与设计图纸不符的，应及时与监理工程师沟通，适当调整位置。施工过程中，应经常检查涵洞结构浇砌

和安装部分的位置和标高，并作测量记录。

②基坑开挖：采取人工配合反铲开挖基坑，若施工机械无法进入到涵洞施工现场时，采用人工开挖。基坑大小应满足基础施工的要求，有渗水土质的基坑坑底开挖，根据基坑排水需要及设计所需基坑大小而定。基坑壁坡度，按地质条件、基坑深度和现场的具体情况确定。

③基坑验收：基坑开挖并处理完毕，由施工质检人员自检并报请总承包部、监理工程师检验，确认合格后填写地基检验表。未经验收，不得进行下一道工序施工。

④基础、铺底：盖板涵基础、铺底采用 C25 钢筋混凝土，涵洞地基承载力要符合设计要求。不能满足要求时，按照监理工程师指示进行处理，基础按图纸要求设置沉降缝，采用泡沫板，沉降缝处两端面竖直、平整，上下不得交错，不得接触，在沉降缝处加铺抗拉强度较高的卷材（如油毡），加铺层数及宽度按图纸所示或监理工程师指示进行。

⑤台身：台身采用 C20 片石混凝土，台身设置沉降缝与基础一致。基础经验收合格后，方可进行台身片石混凝土施工。墙身模板采用组合钢模板立模，混凝土采用强制搅拌机拌和、人力推送或混凝土运输车运送混凝土，插入式振捣器捣固。

⑥台身及台帽混凝土施工完成后，采用 ϕ50 架子管搭设脚手架，架设现浇钢筋混凝土盖板模板，再安装盖板钢筋，验收合格后，浇筑盖板混凝土，浇筑方法与台身相同。

⑦涵洞进出口施工：浆砌用片石采用石方开挖段的合格石料；砂浆采用 200 L 砂浆搅拌机拌制，手推车运输。石料在砌筑前浇水充分湿润，表面如有泥土、水锈清洗干净。

涵洞进出口建筑与路基的坡面协调一致。出水口的沟床整理顺直，形成顺畅的水流通道。进出口砌体分层砌筑，砌筑时必须按要求错缝，平顺有致，砂浆饱满，外表平整。砌筑工作中断后恢复砌筑时，已砌筑的砌层表面加以清扫和湿润。外露浆砌片石部分采用 M7.5 砂浆勾缝，缝采用凹缝，勾缝应嵌入砌缝内不小于 10mm。

⑧台背回填：当涵洞砌筑及盖板安装完成后，且混凝土强度达到设计标号的 70% 时，才能进行台背回填。回填时涵洞两侧对称同时填筑，按要求水平分层填筑压实，每层松铺厚度不超过 15cm，压实度按照规范的要求执行。填料采用透水性良好的沙砾土或砂质土壤，不得采用含草、腐殖物的土。边角部位压路机无法压实的部位，采用小型压实机械进行压实，强度达到规范要求。

第十一章　隧道工程

第一节　施工准备

1．一般规定

（1）隧道施工前应熟悉设计文件，领会设计意图，做好现场调查和图纸核对工作。现场调查及图纸核对工作主要有：

1）隧道施工对地表和地下既有结构物的影响。

2）施工场地布置与洞口相邻工程、弃渣利用、农田水利、征地等的关系。

3）建筑物、道路工程、水利工程和电信、电力线路等设施的拆迁情况和数量。

4）施工中和运营后对自然环境、生活环境的影响及需要采取的保护措施。

5）施工前应全面熟悉设计文件，并做好图纸审核工作。

6）在施工调查和设计文件核对完成后，应将结果及存在的问题，以书面形式呈送建设项目合同规定的相关建设管理单位。

（2）隧道施工前应加强地质勘探工作，重视跟踪地质调查与超前地质预报。

（3）应根据工程规模、技术标准等相关规范进行施工场地规划、驻地建设、拌和站和工地试验室建设，并通过相关单位组织的专项验收。

（4）隧道开工前，应完成洞口前可能干扰洞身施工的相关工程。

（5）隧道施工过程中，应完整收集原始数据、资料、做好施工记录，编写隧道技术总结。

2．技术准备

（1）施工测量工作准备

1）施工前应根据施工图纸和有关勘测资料，对交付使用的隧道轴线桩、平面控制三角网基点桩以及高程控制的水准基桩等进行详细的测量检查和核对，不得有误，并将测量成果报送监理单位。

2）在放线中除公里桩、平曲线基本桩外，应设置必要加密桩；在工程实施中隧道中桩最大间距直线上不得大于 20m，曲线上不得大于 5m，并明确标出用地界桩、路面和排水沟中心桩、辅助基准点以及其他为控制正确放线的水平和垂直标桩。

3）隧道进出口联测已完成，且贯通误差符合规范要求；测放出进洞控制桩，并保护良好；边、仰坡开挖边线，明暗洞交界里程等测量放样已按规范完成。

（2）施工方案准备

1）根据总体施工组织设计结合本项目的具体情况、工期要求、施工队伍、机械设备、施工中的现场监控量测等因素，正确选定施工方案，制订施工顺序，编制实施性施工组织设计。编制的施工组织设计，应包括施工方法、工区划分、场地布置、进度计划、工程数量、人员配备、主要材料、机械设备、电力和运输以及安全、质量、环保、技术等主要措施内容。

2）实施性施工组织设计应报监理工程师及相关部门，按照程序批准后实施。在实施过程中应根据客观条件、生产资源配置变化情况及时调整施工组织设计，并呈送监理工程师批准，实行动态管理。

3）对于长大隧道、地质复杂的隧道，如不良地质隧道、高瓦斯隧道、水底（海底）隧道等，承包人应当编制专项施工方案并组织专家论证、审查，附安全验算结果。施工方技术负责人、监理工程师审查同意签字后实施，由专职安全生产管理人员进行现场监督。

3．施工人员、材料和设备

（1）施工人员

应对进场劳务分包队伍及其从业人员信息进行登记。应根据工程规模、工期和技术难度配备相应的管理、技术、测量、试验、环保、专职质量检查和安全管理人员。隧道施工的钻爆、运输、支护、模筑衬砌等作业均宜安排专业化队伍进行施工，施工前应根据施工进度计划、施工技术水平等制订详细的劳动力计划，及时组织上场，以满足施工需要。应加强现场施工人员（包括劳务人员）教育培训和考核工作。应当对管理人员和作业人员进行每年不少于两次、不低于40学时的安全生产教育培训，其教育培训情况记入个人工作档案。新进人员和作业人员进入新的施工现场或者转入新的岗位前，承包人应当对其进行安全生产培训考核。未经安全生产教育培训考核或者培训考核不合格的人员，不得上岗作业。

（2）材料采备

隧道施工前应做好水泥、砂石料、钢筋（材）、外加剂、防水材料、透水管等各项材料的招标订购工作，并根据施工进度计划，制订材料供应计划；特别是做好隧道前期施工支护所需材料的采备工作。采购应严格按材料招投标程序进行，选择供应能力强、质量合格、价格优惠的供应厂家。进场前应严格进行检查验收和取样送检，试验合格经监理工程师认可后方可进料；杜绝不合格材料进入现场。

（3）机械设备准备

隧道洞身开挖前，二次衬砌模板台车必须进场。隧道前期上场的机械设备主要有以下几种：

①土石方施工设备：包括挖掘机、推土机、压路机和自卸汽车等。

②隧道开挖及出渣运输设备：凿岩机、台车（架）、装载机、大吨位自卸汽车等。

③隧道支护设备：湿喷机、管棚钻机、注浆机等。

④混凝土施工设备：混凝土搅拌机、配料机、混凝土运输车、混凝土输送泵、振捣设备、衬砌台车（模板、拱架）等。

⑤钢筋结构加工设备：钢筋调直机、切断机、弯曲机、电焊机等。

⑥风、水、电供应设备：空压机、风机、水泵、变压器、发电机等。

⑦相应阶段配备的检测仪器和设备。

第二节　洞口及明洞工程

1．一般规定

（1）洞口工程施工应符合下列要求：

第一，施工宜避开雨季及严寒季节。

第二，隧道与相邻路基断面的宽度和高程差应在路基范围内调整。

第三，紧邻洞口的桥、涵、路基挡护等工程的施工，应结合隧道施工场地布置，及早完成。

第四，洞口施工应减少仰坡开挖高度，保护生态环境，减少植被破坏。

第五，洞口工程施工应采取微震动控制爆破，邻近建筑物时，应对建筑物下沉、倾斜、裂缝以及振动等情况做必要的监测。

第六，洞口临近交通道路的施工，应采取确保道路通行安全的防护和加固措施，并应对道路沉降、边坡稳定等进行监测。

（2）施工便道的引入和施工场地的平整应尽量减少对原地貌的破坏和对洞口岩体稳定的影响。

（3）洞外排水应符合下列要求：

第一，洞外施工期间排水应结合永久排水系统、辅助坑道设置统筹考虑，并以较短途径引排到自然沟谷中。

第二，洞外排水系统应避开不良、不稳定地质体，当无法避开时，应先采取处理措施，消除隐患。

第三，洞外排水系统应避免对相邻工程及其基础产生冲击、冲刷、侵蚀及浸泡等不利影响；当难以避免时，相邻工程应采取措施。

第四，洞外排水沟渠的排水坡度按照设计排水沟渠的坡度施工，应避免流速过大导致沟渠毁损，或流水过小导致渠道淤积的现象，其采用的建筑材料应具有防冲刷的能力，必要时设置消能设施。

2. 边、仰坡开挖及防护

（1）边仰坡开挖前应完成截排水工程，洞顶地表水的处理应符合下列要求：

第一，边、仰坡截、排水沟应与洞外路基排水系统良好连接；纵坡较陡时，沟身应采取设缓坡段和基座等稳定措施，沟口应采取设防冲刷措施 .

第二，对不利于施工及运营安全的地表径流、坑洞、漏斗、陷穴、裂缝等，应采取封闭、引排、截流等工程措施。洞口自然冲沟、水渠横跨隧道洞口时，应设渡槽排水。

（2）边坡、仰坡以上可能滑塌的表土、危石应全部清除，不留后患。

（3）洞口边仰坡工程应自上而下逐级开挖支护，及时完成洞口边仰坡加固、防护及防排水工程。

3. 明洞工程

（1）明洞位于陡峭山坡或破碎、松软地层时，宜先施作明洞衬砌轮廓外的整幅或半幅套（护）拱，必要时还应在外侧施作挡墙，然后在套拱护顶下暗挖明洞土石方，并及时支护边墙，成形后按暗挖隧道施作明洞衬砌。

（2）明洞宜及早施作，明洞仰拱应安排在明洞拱墙衬砌施工前浇筑。隧道采用爆破开挖时，宜在洞身掘进适当距离后施作明洞；非爆破开挖时，宜先施作明洞，然后开挖隧道。

（3）明洞基础应设置在稳固的地基上，两侧墙体地基松软或软硬不均时，应采取措施处理，防止地基不均匀沉降。

（4）明洞衬砌结构施工应符合下列要求：

第一，明洞衬砌不得侵入设计轮廓线，浇筑混凝土前应复测中线、高程和模板的外轮廓尺寸。

第二，明洞混凝土的浇筑应设堵头板、外模和支架。

第三，需要及时回填的明洞，内模板支架应在回填至拱脚位置且混凝土强度达到设计强度的 70% 后方可拆除。

（5）明洞防排水施工应符合下列要求：

第一，明洞外模拆除后应及时施做防水层及排水盲管，并与隧水层和排水盲管顺接，排水管应排水通畅。

第二，明洞防排水施工应和隧道的排水侧沟、中心水沟的出水口及洞顶的截、排水设施统筹安排。

第三，明洞外侧的排水盲管设置完成后方可填土施工，确保出水口通畅。

（7）明洞回填施工应符合下列要求：

第一，明洞回填应在明洞外防水层施作完成后，且混凝土强度达到设计强度后进行。

第二，明洞回填应加强对防水层及排水系统保护，不得损坏防排水系统。

第三，侧墙回填应对称进行，石质地层中岩壁与墙背空隙较小时用与墙身同标号的混凝土回填；空隙较大时用片石混凝土回填密实。回填至与拱顶齐平后，再分层满铺填筑至设计高度。

第四，应用小型机械分层进行拱顶回填，分层厚度不大于0.3m，两侧回填土面的高差不得大于0.5m。夯填超过拱顶1.0m以上后方可采用大型机械回填。

第五，表土层需作隔水层时，隔水层应与边、仰坡搭接平顺防止地表水下渗。

4．洞口段施工

（1）隧道洞口段应根据地质条件、对地面建筑物的影响以及保障施工安全等因素选择施工方法，不宜采用全断面法开挖，采用台阶法时，严禁长台阶施工。

（2）洞口段施工，应符合下列要求：

第一，进洞前应按设计施作超前支护。

第二，洞口段应加强初期支护，及时形成封闭结构，衬砌应尽早施作。

第三，洞口段的监控量测应适当增加量测频率。

（3）隧道洞口段处于偏压时，开挖前应按设计要求先完成洞门结构及回填施工。

（4）洞口段位于浅埋、地表坡度较平缓时，可采用地表锚杆。地表锚杆施工应符合下列要求：

第一，施工前应清除植被，夯平表土，清除危石。

第二，锚杆应按设计要求布置孔位，垂直向下施钻。

第三，成孔后应及时灌浆，灌浆管插入孔底。

第四，锚杆安装前应除锈矫直，锚杆插入深度应符合设计要求。

第三节　初期支护

1．一般规定

（1）初期支护应配合开挖作业及时进行，并确保围岩稳定，确保施工安全。

（2）当掌子面自稳能力差时，应采取增加辅助工程措施或改变开挖方法等措施。

（3）软弱围岩地段施工必须坚持“先排水、短开挖、弱爆破、强支护、早衬砌、勤量测”的施工原则，初期支护紧跟掌子面。Ⅳ～Ⅵ级围岩初期支护必须保证尽早封闭成环。

（4）隧道支护宜根据现场监控量测结果，分析施工中的各种信息，及时调整支护措施和支护参数。

（5）施工中应做好地质描述、超前地质预报，根据围岩条件的变化，因地制宜，提前采取相应措施，做到安全可靠、经济合理。

（6）在浅埋、偏压、自稳性差的地段以及大面积淋水或涌水地段施工时，应采用稳定地层和处理涌水的辅助工程措施。

（7）辅助工程措施施工应符合下列规定：

第一，应做好相应的工序设计。

第二，准备所需的材料及机具，制订有关的安全施工措施。

第三，施工中应注意观察地形和降水、地质条件和地下水的变化以及量测数据的突变等情况，预防突发事故的发生。

第四，做好详细的施工记录。

（8）隧道施工作业人员应配备必需的安全防护用具（如安全帽、安全带、口罩、橡胶绝缘手套、绝缘防滑鞋等）和安全防护服装。作业人员的皮肤应避免与速凝剂、树脂胶泥等化学制剂直接接触；严禁树脂接触明火；作业区粉尘浓度必须符合相关规定及规范的要求。

2．喷射混凝土

（1）一般要求

第一，喷射混凝土不宜采用干喷工艺，应采用湿喷工艺进行施工，鼓励采用混凝土喷射机组进

行喷射混凝土施工，液提速凝剂应采用环保无碱速凝剂。

第二，喷射混凝土配合比应通过试验确定并满足设计强度和喷射工艺的要求。

第三，隧道开挖后应及时初喷，软岩地段初期支护应紧跟掌子面。

（2）施工要点

第一，喷射混凝土作业前应做好下列准备工作：

①岩面有渗水出露时，应先引排处理。当局部出水量较大时，可采用埋管、凿槽、树枝状排水盲沟等措施，将水引导疏出后再喷射混凝土。混凝土中可根据试验结果增添外加剂以确保喷射混凝土质量。

②应埋设标志或利用锚杆外露长度以控制喷射混凝土的厚度，以确保最小厚度满足设计要求。

③检查材料、机具、劳力的准备情况，检查风、水、电等管线路，并试运转，作业面具有良好的通风和照明条件。

喷射设备应能连续均匀混料并喷射。混料设备应严格密封，以防外来物质侵入。在混合料中添加钢纤维时，宜采用钢纤维播料机。

第二，混凝土原材料。

水泥：宜选用硅酸盐水泥或普通硅酸盐水泥。特殊情况下可采用特种水泥，采用特种水泥时应进行现场试验，指标应满足设计要求。

粗集料：应采用连续级配、坚硬耐久的碎石，最大粒径不应大于 13.2mm，其压碎值应＜ 16%，针片状颗粒含量＜ 25%，含泥量≤ 2.0%。

细集料：要求采用连续级配、坚硬耐久、颗粒洁净、粒径小于 4.75mm 的河砂或机制砂，细度模数宜大于 2.5，其含泥量≤ 5.0%。

外加剂：应对混凝土的强度及围岩的黏结力基本无影响，对混凝土和钢材无腐蚀作用，易于保存，不污染环境，对人体无害。外加剂使用前必须进行相应性能试验。凡喷射混凝土拟用于堵塞漏水灌浆，或要求支撑加固尽快达到强度值，可掺加早强剂于混合料中。为使喷射混凝土在喷射后达到速凝，可掺加速凝剂于混合料中。

速凝剂：应根据水泥品种、水灰比等，根据不同掺量的混凝土试验选择掺量，使用前应做好速凝效果试验，要求初凝不应大于 5min，终凝不应大于 10min。应采用液体速凝剂，严禁采用粉体速凝剂。

水：应采用清洁的饮用水，pH 值不小于 4.5 硫酸盐含量（以 SOT 计）不超过 1% 的清水（按重量计）。在喷射混凝土的用水中，含有的有机物和无机物应以不损害混凝土的质量为准。

外掺料：外掺料剂量应通过试验确定，加外掺料后的喷射混凝土性能必须满足设计要求。

第三，喷射作业。

①隧道开挖后应立即对岩面喷射混凝土，以防岩体发生松弛。

②喷射作业应分段、分片依次进行，喷射顺序自下而上进行。

③喷射混凝土作业需紧跟开挖面时，下次爆破距喷射混凝土作业完成时间的间隔不小于 4h。

④喷射混凝土混合料应随拌随喷，回弹物不得重新用作喷射混凝土材料。

⑤一次喷射厚度应根据设计厚度和喷射部位确定，初喷厚度不小于 40 ~ 60mm。复喷一次喷射厚度拱顶不得大于 100mm、边墙不得大于 150mm。首层喷混凝土时，要着重填平补齐，将小的凹坑喷圆顺。

⑥喷射作业应以适当厚度分层进行，后一层喷射应在前一层混凝土终凝后进行。若终凝后间隔 1h 以上且初喷表面已蒙上粉尘时，受喷面应用高压风水清洗干净。

3．钢筋网

（1）钢筋网材料应满足设计要求，钢筋在使用前应调直、清除锈蚀和油渍。

（2）应在初喷一层混凝土后再进行钢筋网的铺设。钢筋网宜随受喷面起伏铺设，并在锚杆安设后进行，与受喷面间隙宜控制在 20 ~ 30mm 之间。

（3）钢筋网应与锚杆或其他固定装置连接牢固，在喷射混凝土时不得晃动。

（4）钢筋搭接长度不得小于 35 倍钢筋直径，并不得小于一个网格长边尺寸。

4. 钢架

（1）钢架加工要点

第一，钢架应分节段制作，每节段长度应根据设计尺寸及开挖方法确定。每片节段应编号，注明安装位置。型钢钢架宜采用冷弯法制作成型。钢架节段可采用工厂化加工制作方案，亦可在现场加工制作。现场加工的格栅钢架应按 1 ∶ 1 胎模控制尺寸，所有钢筋节点必须采用焊接，焊接长度应不小于 40mm，对称焊。

第二，拱架接头钢板厚度及螺栓规格必须符合设计要求；接头钢板螺栓孔必须采用机械钻孔，孔口采用砂轮机清除毛刺和钢渣，要求每根之间可以互换，严禁采用气割冲孔。

第三，钢架加工尺寸应符合设计要求，其形状应与开挖断面相适应。

第四，不同规格的首相钢架加工完成后，应放在平地上试拼，周边拼装允许偏差为 ±30mm，平面翘曲应小于 20wm。当各部尺寸满足设计要求时，方可批量生产。

（2）钢架安装施工要点

第一，钢架安装前应检查开挖断面轮廓、中线及高程。

第二，钢架安装应确保两侧拱脚必须放在牢固的基础上。安装前应将底脚处的虚渣及其他杂物彻底清除干净；脚底超挖、拱脚标高不足时，应用喷射混凝土填充；拱脚高度应低于上半断面底线 15 ~ 20cm，当拱脚处围岩承载力不够时，应向围岩方向加设钢垫板、垫梁或浇筑强度不低于 C20 的混凝土以加大拱脚接触面积。

第三，钢架应分节段安装，节段与节段之间应按设计要求连接。连接钢板平面应与钢架轴线垂直。

第四，相邻两榀钢架之间必须用纵向钢筋连接，连接钢筋直径不应小于18mm，连接钢筋间距不应大于1.0m。

第五，钢架立起后，根据中线、水平将其校正到正确位置，然后用定位筋固定，并用纵向连接筋将其和相邻钢架连接牢靠。钢架安装时应垂直于隧道中线，竖向不倾斜、平面不错位，不扭曲。上、下、左、右允许偏差 ±50mm，钢架倾斜度应小于2° 。

第六，钢架在初喷混凝土后安装，应尽可能与围岩或初喷面密贴，有间隙时应采用混凝土垫块楔紧，严禁采用片石回填。

第七，钢架应严格按设计架设，间距必须符合设计要求，拱架安装位置采用红油漆进行标注，并编写号码。

第八，下导坑开挖时，预留洞室的位置也要按设计要求进行支护，只有在施工二衬时方可拆除，以确保安全。

第九，钢架安装就位后，钢架与围岩之间的间隙应用喷射混凝土充填密实，并使钢架与喷射混凝土形成整体。喷射混凝土应由两侧拱脚向上对称喷射，并将钢架覆盖，临空一侧的喷射混凝土保护层厚度应不小于20mm。

第十，钢架应经常检查，如发现破裂、倾斜、弯扭、变形以及接头松脱填塞漏空等异状，必须立即加固。

第四节 辅助工程措施

1. 一般规定

（1）在浅埋、严重偏压、自稳性差的地段以及大面积淋水或涌水地段施工时，应按设计采用超前锚杆支护、超前小导管注浆支护、超前管棚支护、超前预注浆等稳定措施和处理涌水的辅助措施。

（2）辅助措施施工符合下列规定：

第一，应做好相应的工序设计。

第二，必须坚持“先支护（强支护）、后开挖（短进尺、弱爆破）、快封闭、勤量测”的施工原则。

第三，应准备所有的材料机具，制订有关的安全施工措施。

第四，施工中应注意观察地形和降水、地质条件和地下水的变化以及量测数据的突变等情况，预防突发事故的发生。

第五，做好详细的施工记录。

2. 超前锚杆支护

（1）施工要点

第一，测量开挖面中线、标高，画出开挖轮廓线，并点出锚杆孔位，孔位允许偏差为 ±20mm。

第二，钻孔台车或凿岩机就位，对正孔位钻孔，达到设计要求后，用吹管、掏勺将孔内碎渣和水排出。

第三，超前锚杆安装。

注浆或填塞锚固药卷：将早强锚固剂药卷放在水中，泡至软而不散时取出，再人工持炮棍将药卷塞满至孔深 1/3 ～ 1/2 处。注浆施工按照相关规定执行。

安装锚杆：用人工持铁锤将锚杆打入，以锚杆达孔底且孔口有浆液流出为止。

第四，将锚杆的尾部和系统锚杆的环向钢筋或钢架焊连，以增强共同支护作用。

第五，超前锚杆搭接长度应大于 1m，锚杆插入孔内的长度不得小于设计长度。

第六，当超前锚杆和钢架配合使用时，宜先安装钢架，再穿过钢架腹部钻孔、安装锚杆，以利于钢架顺利安装。

3. 超前小导管预注浆支护

（1）施工要点

第一，超前小导管直径应按设计要求选用和加工，长度应满足设计要求，纵向搭接长度应不小于 1.0m. 和钢架联合支护时，应从钢架腹部穿过，尾端与钢架焊接。

超前小导管沿隧道纵向开挖轮廓线向外以 10° ～ 30° 的外插角钻孔，将小导管打入地层。亦可在开挖面上钻孔将小导管打入地层，小导管环向间距宜为 200 ～ 500mm。

第二，钻孔、安装小导管后，管口用麻丝和锚固剂封堵钢管与孔壁间空隙，管口安装封头和孔口阀，并能承受规定的最大注浆压力和水压。

第三，注浆前，应对开挖面及 5m 范围内的坑道喷射厚为 50 ～ 100mm 混凝土或用模筑混凝土封闭，以防止注浆作业时，发生孔口跑浆现象。

第四，注浆压力应为 0.5 ～ L 0mPa，注浆按由下至上的顺序施工，浆液先稀后浓、注浆量先大后小。

第五，结束标准：以终压控制为主，注浆量校核。当注浆压力为 0.7 ～ 1.0mPa，持续 15min 即可终止。

第六，注浆后至开挖的时间间隔，应视浆液种类决定。当采用单液水泥浆时，开挖时间为注浆后 8h，采用水泥一水玻璃浆液时为 4 h 左右。开挖时应保留 1.5 ～

2.0m 的止浆墙，防止下一次注浆时孔口跑浆。

第七，对小导管注浆要有旁站记录，记录内容必须包含以下内容：施作里程范围、小导管根数、长度、最大单根注浆量、最小单根注浆量、总注浆量、注浆控制压力。（注浆量以使用水泥袋数或 kg 为单位）。同时对小导管、管棚的安装和注浆必须要有影像资料。严禁未注浆行为。

4. 超前管棚支护

（1）施工要点

第一，超前管棚支护的长度和钢管外径应满足设计要求。纵向搭接长度应不小于 3m。在钢架上沿隧道开挖轮廓线纵向钻设管棚孔，其外插角以不侵入隧道开挖轮廓线越小越好。孔深不宜小于 10m，孔径比管棚钢管直径大 20 ~ 30mm，钻孔顺序由高孔位向低孔位进行。

第二，管棚钢管外径宜为扒 70 ~ 180）mm，单根长度宜为 4 ~ 6m。接长管棚钢管时，接头应采用厚壁管箍，上满丝扣，丝扣长度不应小于 150mm。接头应在隧道横断面上错开。钢花管上按设计要求钻孔。

第三，管棚定位：以套拱内预埋的孔口管定向、定位，严格控制其上抬量和角度。

第四，钻孔施工采用管棚钻机，利用套管跟进的方法钻进、长管安装一次完成。为保证长管棚施工质量，在拱脚部位，选 2 个孔作为试验孔，找出地层特点，并进行注浆和砂浆充填施工准备试验。

第五，安装钢管时，先打有孔钢花管，注浆后再打无孔钢管。每钻完一孔便顶进一根钢管。

第六，为确保注浆质量，在钢花管安装后，管口用麻丝和锚固剂封堵钢管与孔壁间空隙，钢管自身利用孔口安装的封头将密封圈压紧，压浆管口上安装三通接头。

第七，用双液注浆泵按先下后上，先单液浆、再双液浆，先稀后浓的原则注浆。注浆量由压力控制，初压 0.5–1.0mPa，终压为 2.0mPa。达到结束标准后，停止注浆。

第八，注浆后，扫排管内胶凝浆液，用水泥砂浆紧密充填，增强管棚的刚度和强度；对于非压浆孔，直接充填即可。

第五节　辅助坑道

1. 一般规定

（1）辅助坑道的类型、平面位置、断面尺寸、坡度、高程、支护类型和技术要求原则上按设计施工图执行。若经现场实际踏勘为方便施工并在综合经济比较与各项指标符合现行《公路隧道设计规范》及满足使用功能的前提下可做适当调整，通过设计重新修改施工图指导施工。

（2）辅助坑道开挖应符合下列规定：

第一，根据不同围岩及断面尺寸大小可选用人工、机械、钻爆开挖方法。

第二，出渣宜根据不同坡度在满足安全技术标准的前提下选择运输方式。

（3）辅助坑道施工时与支护应符合下列规定：

第一，辅助坑道宜采用锚喷支护。

第二，斜井，竖井中的不良地段，作业洞室等处应按设计要求进行支护。

第三，辅助坑道与正洞连接处，应按设计要求及时支护，必要时需对初期支护进行加强或提前施工二次衬砌。特殊情况下，应在开挖前采取超前支护措施。

（4）辅助坑道废弃时，应按设计规定及时处理。

（5）辅助坑道洞口的截、排水工程和场地周围防护冲刷的设施，应在辅助坑道施工前完成，坑道口洞门应尽早完成。

（6）在辅助坑道施工期间，应制订防排水应急预案。

（7）辅助坑道施工应科学设置好通风与排水设施。

2. 竖井

（1）施工要点

第一，井口“三通一平”要先行，山区高速公路隧道竖井应设避洪设施，周边边坡要确保稳定，必要时进行防护。

第二，井口周围应设置安全栅栏和安全门，安全栅栏高度不应大于 1 200mm0 井口的锁口圈应在井身掘进前完成，并配备井盖，在升降人员或物料时，井盖方可开启。

第三，较弱围岩内竖井开挖前需按设计进行预加固处理。

第四，钻爆作业竖井应符合下列规定：

①开挖宜采用直眼掏槽，当岩层倾斜较大且裂隙明显时可用楔形或其他形式掏槽，有地下水时可采用立式梯台超前掏槽法。

②炮孔钻完后，应将眼口及时堵塞。

③每掘进 5-10m 应核对中线，及时纠正偏斜。

第五，竖井应根据不同深度采取不同出渣方式，深度小于 40m 时宜采用抓岩机及简易人工井架出渣。

第六，竖井采用锚喷支护时，每次支护高度重视围岩稳定程度而定，井口段与马头门及地质较差的井身地段支护需加强，衬砌分节自下而上进行，并按需要设置壁座或安全支撑锚杆。

3．斜井

（1）斜井施工一般采用单洞掘进，正掘、反掘相结合的方式进行施工；排风道采用从正洞掘进与斜井贯通。斜井开挖每循环进尺应检测其高程并控制井身坡度；每隔 20 ～ 30m 应复测中线、高程。

（2）斜井施工应严格按照设计要求及时支护。倾角大于 30° 且地质条件较差的要衬砌，其墙基的末端应做成台阶形式。

（3）斜井出渣采用有轨运输时，要进行专项方案设计，应符合下列规定：

第一，运输车辆升降的最大速度不得大于设计规定值。

第二，提升绞车应有深度指示器及自动警示装置，并设有防过卷装置。

第三，斜井的提升机、连接装置和钢丝绳、绳卡应符合安全使用的要求，并应定期检查、上油保养。

第四，提升绞车与井口、井底均应有联络信号装置，并有专人负责。每次提升、暂停应有明确的信号规定。

第五，井口轨道中心必须设置安全挡车器，并经常处于关闭状态，放车时方准打开。在挡车器下方约 5 ～ 10m 及接近井底前 10m 处应各设一道防溜车装置。井底与通道连接处，应设置安全索。车辆行驶时，井内禁止人员通行与作业。

第六，运输斗车之间、斗车和钢丝绳之间，应有可靠的连接装置，并加装保险绳。在斗车上、钢丝绳或车勾上，要有防脱钩设备。

第七，运输长材料时，必须有装卸及进出斜井的安全措施。

第八，严禁人员乘斗车上下，当斜井垂直深度超过 50m 时，应有运送人员的专用设施。

第九，斜井内应有足够的照明设施。

4．横洞与平行导洞

（1）平行导洞与横洞的位置一般应按设计设置，现场可根据围岩实际情况进行洞整，一般优选围岩较好的地段。

（2）平行导洞的掘进应超前于正洞，超前距离可视施工条件而确定，宜大于两个临时横通道的间距。临时横通道间的距离应根据施工需要、正洞工程进度及地质情况确定。

（3）平行导洞和横通道的施工应在平等导洞和正洞掘进到其位置时，将交叉口处一次完成。

（4）横洞和平行导洞都应设置完整通畅的排水导流。

（5）较长横洞和平行导洞应设通风系统。

（6）洞室交叉口的初期支护均应进行加深处理，并设监控量测点，及时掌握围岩变化情况。

第六节 防水与排水

1．一般要求

（1）隧道施工防排水设施应与营运防排水工程相结合；应按设计做好防水混凝土、防水隔离层、施工缝、变形缝、诱导缝防水，盲沟、排水管（沟）排水通畅；防排水材料应符合国家、行业标准，满足设计要求，并有出厂合格证明，不得使用有毒、污染环境的材料；隧道防排水不得污染环境，隧道排水不得直接排入饮用水源。

（2）隧道施工防排水应遵循“防、排、截、堵相结合，因地制宜，综合治理”的原则进行施工，保证隧道结构和运营设备的正常使用和行车安全，并对地表水、地下水妥善处理，形成一个完整通畅的防排水系统。

（3）隧道施工前应根据工程地质、水文地质资料制订防排水方案。施工中应按现场施工方法、机具设备等情况，选择不妨碍施工的防排水措施。

（4）洞内出现的地下水，经化验确认对衬砌结构有侵蚀性时，应按图纸要求针对不同侵蚀类型采取相应的抗侵蚀措施。设计无要求时，应及时上报变更处理。隧道进洞前应先做好洞顶、洞口、辅助坑道口的地面排水系统，防止地表水的下渗和冲刷。

（5）要加强衬砌背后的防排水设施，强调结构自身防水，对可能的疑点进行封堵及引排。衬砌背后防排水设施施工应根据隧道的渗水部位和开挖情况适当选择排水设施位置，并配合衬砌进行施工；隧道侧沟、横向盲沟等排水设施亦应配合衬砌等进行施工。

如图纸无特殊要求，衬砌背后之流水均应排入隧道内侧排水沟。若有压浆时，不得将排水设施堵塞。

（6）防水层应在初期支护基本稳定时施工。软岩地段衬砌和开挖距离近时，须做好防水板的保护工作；硬岩地段应组织开挖、铺防水层、二衬平行作业，以加快施工进度。

（7）停车带、洞室与正洞连接处的防排水工程应与正洞同时完成，其搭接处应平顺，不得有破损和褶皱。

（8）加强成品保护工作，开挖和衬砌作业不得损坏防水层，当发现层面有损坏时应及时修补；防水层在下一阶段施工前的连接部分，应采取措施保护。

2．施工防、排水

（1）地表防、排水

第一，隧道洞口及辅助坑洞（井）口应及时做好排水系统，完善防排水措施。

第二，隧道进洞前应做好洞顶、洞口、辅助坑道口的地面排水系统，防止地表水的下渗和冲刷。对于覆盖层较薄和渗透性强的地层，地表水应及早处理。

第三，边坡、仰坡坡顶的截水沟应结合永久排水系统在洞口开挖前修建，其出水口应防止顺坡面漫流，洞顶截水沟应与路基边沟顺接组成排水系统，应防止水流冲刷弃渣危害农田和水利设施。

洞外路堑向隧道内为下坡时，路基边沟应做成反坡，向路堑外排水。必要时还应在洞口外适当位置设横向截水沟。

应做好防止洞口仰坡范围内地表水下渗和冲刷的防护措施。

（2）洞内顺坡排水

洞内顺坡排水一般采用临时排水沟。临时排水沟断面应满足隧道中渗漏水和施工废水的需要，并经常清理排水设施，防止淤塞，确保水路畅通。水沟位置应远离边墙，宜距边墙基脚不小于1.5m。

在膨胀岩、土质地层、围岩松软地段等特殊或不良地质地段隧道中，排水不宜直接接触围岩，宜根据需要对排水沟进行铺砌或用管槽代替，排水沟中不得有积水。

台阶法施工时，上台阶应在下台阶开挖前架槽（管）将水引排至下台阶排水沟内，横向分幅开挖时应挖横向排水沟将水引至未开挖一侧，严禁漫流浸泡下台阶基坑。

（3）洞内反坡排水

对于反坡排水的隧道，可根据距离、坡度、水量和设备等因素布置排水管道，或一次或分段接力将水排出洞外。接力排水时应在掌子面设置临时集水坑，通过水泵逐级抽排至洞口。

抽水机功率应根据排水量大小选用，并应有备用抽水机；做好停电时的应急排水准备工作；集水坑容积应按实际排水量确定，其设置的位置不得影响洞内运输和安全。

（4）洞内水量较大时的处理措施

第一，洞内有大面积渗漏水和股水时，宜集中汇流引排。

可采用钻孔集中汇流引排，并将钻孔位置、数量、孔径、深度、方向和渗水量等作详细记录，在确定衬砌拱墙背后排水设施时应考虑上述因素。

在地下水发育的易溶性岩层中施工，为防止水囊、暗河及高压涌水的突然出现，开挖工作面上应布设超前钻孔，并制订防止涌水的安全措施。

明挖基坑和隧道洞口处，应保持地下水位稳定在基底开挖线 0.5m 以下，必要时采取降水措施。如洞内涌水或地下水位较高时，可采用井点降水法和深井降水法处理。

第二，承压水的排放

当预计开挖工作面前方有承压水，而且排放不会影响围岩稳定，或进行注浆前排水降压，可采用超前钻孔或辅助坑道排水。

超前钻孔及辅助坑道应保持一定的超前距离，最短亦应超前 1 ~ 2 倍掘进循环长度。

第三，地下水的处理。

地下水不大时可引入临时排水沟内排出。

地下水较丰富，无法排出或排水费用昂贵，以及不允许排水的情况下，经技术、经济比选，可采用注浆堵水措施。根据隧道埋深，或采用地面预注浆，或开挖工作面预注浆。

第四，高压涌水的处理

隧道施工中遇有高压涌水危及施工安全时，宜先采用排水的方法降低地下水的压力，然后用注浆法进行封堵。

封堵涌水注浆应先在周围注浆，切断水源，然后注浆，将涌水堵住。

（5）其他情况下的施工防排水措施

第一，隧道施工有平行导坑或横洞时，应充分利用辅助导坑排水，降低正洞水位，使正洞水流通过辅助道坑引出洞外。必要时设置永久排水沟，使坑道封闭后能保持水流畅通。

第二，隧道通过不透水和透水性强的互层时，应根据设计文件和调查资料提供的情况，在可能进入滞水带前，用深孔钻机钻孔穿入透水层，以利预探和排水。当涌水量很大，用钻孔不能满足排水需要时，应在衬砌完成地段或围岩坚硬稳定地段开挖迂回侧洞，排除滞水带内储水。泄水洞施工前，应参照设计文件提供的水文资料和涌水处理措施确定施工方法。

第三，松散破碎含水地层中，洞内工作面可采用人工降水法；浅埋隧道可采用地表深井降水法减小水压，降低地下水位。当含水率大且地段超长时，可采用超前预注浆堵水。围岩注浆堵水应根据工程地质和水文地质条件，通过试验设计，再进行压浆。在施工过程中应修正各项注浆参数，改进工艺操作，提高堵水效果。

（6）防涌水安全措施

隧道施工前应制订涌水的安全措施。

制订防涌水的安全措施时，应在开挖面布置超前钻孔，预防水囊、暗河、高压涌水等的危害。应对工程地质和水文地质作详细的调查分析，先判明地下水流方向，再确定钻孔位置、方向、数目和钻孔深度，并应采取下列措施：

第一，非施工人员必须撤出危险区。

第二，应及时测算水量、水压、流速、含泥量等，备足配套的抽水设备。

第三，在钻孔前预先埋管设阀，控制排水量，防止承压水冲击及淹没坑道等意外险情发生。

第四，水平钻孔钻到预期的深度尚未出水时，可会同设计单位进一步进行地质和水文的勘测工作，重新判定地下水情况。

3. 结构防、排水

（1）防、排水结构原材料应符合国家、行业标准，满足设计要求，并有出场合格证明，不得使用有毒、污染环境的材料。

第一，为确保隧道营运期间有良好的防水效果，所有在建高速公路隧道防水卷材不得使用复合片，要求采用均质片 + 无纺土工布的防水层结构形式或者直接采用点粘片。

第二，均质片、点粘片的母材厚度必须满足设计要求。

第三，对第一次进场的防水卷材，厂家必须提供合格的型式检验证书。采用均质片或点粘片的防水板性能必须符合 GB 18173.1 标准，无纺土工布性能必须符合 GB/T 17638 标准。

第四，防水板宜选用高分子材料，耐刺穿性好、柔性好、耐久性好。

第五，由于隧道存在基面凹凸不平的特殊性，对隧道防水卷材的指标要求高于其他工程，各项目业主在选材时应优先选择物理性能指标高的防水卷材。应具有耐老化、耐细菌腐蚀、有足够强度及延伸率、易操作、易焊接且焊接时无毒气的特点。

第六，防水板、土工布、止水带、塑料排水盲沟、PVC 排水管等特殊材料应由项目业主统一现场抽检，执行“盲样”送检的制度。送检的检验项目应至少包括：规格尺寸、外观质量、常温拉伸强度、常温扯断伸长率、撕裂强度、低温弯折、不透水性能。

（2）衬砌背后防、排水设施施工要点

第一，衬砌背后防排水设施施工总要求。

衬砌背后防排水设施有纵、横、环向盲管、中心排水管（沟）等。应配合衬砌进行施工，施工时既要防止因漏水而造成浆液流失，还要注意灌注混凝土或压浆时，浆液不得浸入沟管内，确保预埋的透水盲沟不被堵塞，并注意排水孔道的连接，以形成一个有机、通畅的排水系统。

衬砌背后防排水设施施工应注意：

①排水盲管的材质、直径、透水孔的规格、间距应符合设计及有关标准规范的

规定。

②环向排水盲管的间距应符合设计要求，在地下水较大的地段应适当加密。

③环向排水盲管应紧贴支护表面或渗水岩壁安设，排水盲管布置应圆顺，不得起伏不平。

④排水管系统应按设计连通形成完整的排水系统。管路连接宜采用变径三通方式，连接牢固、畅通，安装坡度符合设计要求。

⑤中心排水管（沟）直径符合设计要求。中心排水管（沟）基础的总体坡度、段落坡度、单管坡度应协调一致，并符合设计要求，不得高低起伏。

⑥中心排水管（沟）设在仰拱下时，应和仰拱、铺底同步施工。

第二，衬砌背后防排水设施施工要点。

①环向盲沟：严格按照设计间距设置洞内环向盲沟，环向盲沟的底部要插入“三通接头”并与拱脚纵向排水管相连。

②拱脚纵、横向排水管：纵向排水管与三通接头连接后，要用土工布进行包裹。

③用防水板将纵向排水管进行反包，并在防水板上剪一圆孔，将三通接头的出水口穿过该孔。要做好纵向排水管的标高控制，确保排水通畅。

④将横向排水管与三通接头的出水口相连，横向排水管的出水口直通隧道排水边沟。

⑤拱脚的横向排水沟要能够及时有效地将二衬背后的水排入边沟，施工过程要经常检查，以确保整个排水系统的通畅。

⑥隧道排水边沟：排水边沟的几何尺寸和沟底纵坡要严格按设计施工，以使洞内水顺利排出。

⑦中心排水管（沟）坡度应符合设计要求，管路埋设好后，应进行通水试验，发现积水、漏水应及时处理。

（3）防水板铺设施工要点

第一，防水板的拼焊及铺挂采用热合焊接吊环铺挂工艺。

第二，施工要点。

防水板铺设应超前二次衬砌施工 1 ~ 2 个衬砌段，并应与开挖掌子面保持一定距离，在爆破的安全距离以外。其铺设应采用专用台架，铺设前进行精确放样，画出标准线后试铺，确定防水板每环的尺寸，并尽量减少接头。防水板应采用木螺钉或无钉铺设，并留有余量，表面应保证圆顺。

第三，基面处理。

防水板施工前，应复核中线位置和高程，检查断面尺寸，保证衬砌施工后的衬砌厚度和净空满足规范和设计要求。

防水板铺挂前应进行的基面检查及处理的主要内容包括：

①初期支护表面应平整，无空鼓、裂缝、松酥，对于初支表面外露的锚杆头、钢筋网头等坚硬物应采用电焊或氧焊将齐根切除，并用 1 ：2 水泥砂浆抹平，以防止顶破排水板。

②对局部凹凸部分，应修凿、喷补，使其表面平顺，对超挖较大的部位必须挂网喷锚。

③基面明水应提前设盲管引排，对于洞顶的大面积渗水，可用防水板配合盲管集中引排到临时排水边沟。

第四，防水板的挂前拼焊。

在洞外据拟铺挂面积的大小将 2 ~ 3 幅幅面较窄的成卷防水板下料，然后将其平铺在地面上拼焊成便于运输、铺挂的大幅面防水板，减少洞内作业的焊缝数量，以提高焊接质量。防水板应减少接头。

防水板拼接采用热合机双焊缝焊接，要求搭接宽度不小于 100mm，控制好热合机的温度和速度，保证焊缝质量。焊缝应严密，单条焊缝的有效焊接宽度不应小于 12.5mm。焊接前焊接头板面应擦净，并应根据材质通过试验确定焊接温度和速度。焊接时应避免漏焊、虚焊、烤焦或焊穿。

沿隧道纵向一次铺挂长度宜比本次二次衬砌施工长度多 1.0m 左右，以使与下一循环的防水层相接。同时可使防水层接缝与衬砌混凝土接缝错开 1.0m 左右，有利于防止混凝土施工缝渗漏水。

第五，铺挂防水板。

为保证防水板铺挂质量，应先进行试铺定位。

固定点间距的控制：尺量检查，固定点间距拱部 0.5 ~ 0.7m，侧墙 1.0 ~ 1.2m，在凹凸处应适当增加固定点，布置均匀。

松弛率：防水板吊环间距需根据其铺挂松弛率要求来确定，环向松弛率经验值一般取 10%，纵向松弛率一般取 6%。根据初期支护表面平整程度适当调整，以保证灌注混凝土时板面与喷混凝土面能密贴。防水板洞内铺挂宜由下至上、环状铺设，将预先焊接在防水板上的吊环用木螺钉固定在膨胀管上固定。

防水板铺设应超前二衬施工 1 ~ 2 个衬砌段，形成铺挂断 – 检验段 – 二衬施工段，流水作业。

第六，铺后续接。

防水板的“铺后续接”是指前后两幅大幅面防水板之间的连接，应先用热合焊机焊接环向接缝。施工应将待焊的两块板面接头擦净、对齐，保证搭接长度，严格控制焊接温度、焊机行走速度，保持焊机与焊缝良好接触，做到行走平稳。热合焊机焊完，应加强检查，对个别漏焊处用电烙铁补焊。对丁字焊缝因焊接困难、易漏焊或焊缝强度不足，采取用焊胶打补丁的方法补强处理。

第七，焊缝检查。

防水板的接头处不得有气泡、褶皱及空隙，接头处应牢固，焊缝强度应不低于母材，通过抽样试验检测。

防水板的搭接缝焊缝质量采用“充气法”检查，当压力达到0.25mPa时停止充气，保持压力15min压力下降在10%以内，焊缝质量合格。

第八，成品防护。

当衬砌紧跟开挖时，衬砌前端的防水板要采取保护措施，防止爆破飞石砸破防水板。开挖、挂防水板、衬砌三者平行作业时，铺设防水层地段距开挖面不应小于爆破安全距离，并在施工中做好防水板铺挂成形地段防水板的保护：绑扎钢筋时，钢筋头加装保护套；焊接钢筋时在焊接作业与防水板之间增挂防护板；防水层安装后严禁在其上凿眼打孔；振捣混凝土时，振捣棒不得接触防水板。

在浇筑二次衬砌混凝土前，应检查防水层铺设质量和焊接质量，如发现有破损情况，必须进行处理。

防水板需要修补时，修补防水层的补丁不得过小，补丁形状要剪成圆角，不应有长方形、三角形等的尖角。防水层修补后一般用真空检查法检查。

第九，铺设防水层安全保护和记录。

铺设防水层地段距开挖工作面不应小于爆破安全距离。二次衬砌时，不得损坏防水层。防水层应按隐蔽工程办理，二次衬砌前应检查质量，并认真填写质量检查记录。

（4）施工缝的处置

第一，混凝土应连续浇筑，尽量减少施工缝，拱圈及仰拱不应留纵向施工缝。墙体若有预留孔洞时，施工缝距孔洞边缘不宜小于300mm。

第二，水平施工缝。

墙体水平施工缝不应设在剪力和弯矩最大处或铺底与边墙的交接处，宜设置在高出铺底面不小于300mm的墙体上。拱墙结合的水平施工缝，宜设置在拱墙接缝线以下150 ~ 300mm处。水平施工缝在混凝土浇筑前，应将其表面清理干净。涂刷混凝土界面处理剂，或先刷不低于结构混凝土强度等级的净浆，再铺25 ~ 30mm厚的1 : 1水泥砂浆，及时浇筑混凝土。

第三，垂直施工缝。

垂直施工缝设置宜与变形缝相结合。垂直施工缝施工时，应将其表面浮浆和杂物清除，刷不低于结构混凝土强度等级的净浆或涂混凝土界面处理剂，及时浇筑混凝土。端头模板应支撑牢固，严防漏浆。端头应埋设表面涂有脱模剂的楔形硬木条（或塑料条），形成预留浅槽，其槽应平直，槽宽比止水条宽 1 ~ 2mm，槽深为止水条厚度的 1/2 ~ 1/3，将遇水膨胀止水条牢固的安装在预留浅槽内。

第四，应采取有效措施确保止水带位置准确，固定牢固。

第五，根据拱圈、边墙和仰拱等各自不同长度的施工环节，设置施工缝，允许各部位的施工缝互相错开，不必贯通；施工缝应近于水平或垂直，并用模板或其他措施，形成预定的形状，以保证与后续工程紧密地连接。施工缝一般不设键槽。

（5）变形缝的处置

变形缝应满足密封防水、适应变形、施工方便、检修容易等要求，变形缝的施工应注意：

第一，沉降变形缝的最大允许沉降差值应符合设计规定，设计无规定时，不应大于 30mm。当计算沉降差值大于 30mm 时，应采取特殊措施。

第二，沉降变形缝的宽度宜为 20 ~ 30mm。伸缩变形缝的宽度宜小于此值。

第三，变形缝处的混凝土结构厚度不应小于 300mm。

第四，缝底应设置与嵌缝材料无黏结力的背衬材料或遇水膨胀止水条。

第五，变形缝嵌缝施工时，缝内两侧应平整、清洁、无渗水；缝内应设置与嵌缝材料无黏结力的背衬材料，嵌缝应密实。

第六，变形缝的设置位置应使拱圈、边墙和仰拱在同一里程上贯通。

（6）止水带施工

第一，止水带常设在衬砌沉降缝、施工缝或伸缩缝处。二衬止水带按设计提供的型号购买和安装，一般采用中埋式橡胶止水带，现场分段安装固定在堵头板上，其接头根据现场情况，可采用热接或冷接方法。

第二，止水带施工时应注意。

①止水带的接头不得设在结构转角处，并尽可能不设接头。

②止水带埋设位置准确，其中间空心圆环应与变形缝的中心线重合；止水带定位时，应使其在界面部位保持平展，防止止水带翻滚、扭结，如发现有扭结不展现象应及时进行调整。在固定止水带和灌注混凝土过程中应防止止水带偏移，以免单侧缩短，影响止水效果。可采用钢筋认真定位。

③止水带先施工一侧混凝土时，其端头模板应支撑牢固，严防漏浆。

④隧道断面变化处或转角处的阴角应抹成半径不小于 50mm 的圆弧，以便止水带施工。止水带在隧道断面变化处或转角处应做成弧形，橡胶止水带的转角半径不应小于 200mm，钢片止水带不应小于 300mm，且转角半径应随止水带的宽度增大而相应加大。

⑤不得在止水带上穿孔打洞固定止水带。在固定止水带和灌注混凝土过程中应注意保护止水带不被钉子、钢筋和石子等刺破。如发现有刺破、割裂现象，必须及时修补。

⑥宜加强混凝土振捣控制，排除止水带底部气泡和空隙，使止水带和混凝土紧密结合，应注意防止振捣造成止水带偏位或破损。

⑦止水带的长度应根据施工需要事先向生产厂家定制，尽量避免接头。如确须接头，应连接牢固，宜设置在距铺底面不小于300mm的边墙上。根据止水带材质和止水部位可采用不同的接头方法。橡胶止水带的接头形式应采用搭接或复合接；塑料止水带的接头形式应采用搭接或对接。止水带的搭接宽度不应小于100mm，冷粘或焊接的缝宽不应小于50mm。

第十二章　道路桥梁工程施工组织与管理

施工组织与管理是研究如何以最合理的方法和手段来组织均衡生产，提高劳动生产率，确保质量和效益的一门学科，是对施工活动实行科学管理的重要手段，它具有战略部署和战术安排的双重作用。它体现了实现基本建设计划和设计的要求，提供了各阶段的施工准备工作内容，协调施工过程中各施工单位、各施工工种、各项资源之间的相互关系。施工组织是用来指导施工项目全过程各项活动的技术、经济和组织的综合性文件，是施工技术与施工项目管理有机结合的产物，它是工程开工后施工活动能有序、高效、科学合理地进行的保证。施工组织的繁简，一般要根据工程规模大小、结构特点、技术复杂程度和施工条件的不同而定，以满足不同的实际需要。复杂和特殊工程的施工组织应较为详尽，小型建设项目或具有较丰富施工经验的工程则可较为简略。施工组织是为解决整个建设项目施工的全局问题的，要求简明扼要、重点突出，要安排好主体工程、辅助工程和公用工程的相互衔接和配套。单位工程的施工组织是为具体指导施工服务的，要具体明确，要解决好各工序、各工种之间的衔接配合，合理组织平行流水和交叉作业，以提高施工效率。施工条件发生变化时，施工组织须及时修改和补充，以便继续执行。施工组织的内容要结合工程对象的实际特点、施工条件和技术水平进行综合考虑。

第一，公路工程基本建设程序。

基本建设程序是指基本建设项目从规划立项到竣工验收的整个建设过程中各项工作的先后次序，这个次序是由基本建设的客观规律决定的。公路工程基本建设程序应当是：根据国民经济长远规划以及公路网建设规划，提出项目建议书；进行可行性研究，编制可行性报告；经批准后进行初步设计；再经批准后列入国家年度基本建设计划，并进行技术设计和施工图设计；设计文件经审批后组织施工；施工完成后，进行竣工验收，然后交付使用。这一程序必须依次进行，一步一步地实施。其具体内容如下：

（1）项目建议书

根据国民经济发展的长远规划和公路网建设规划，提出项目建议书。项目建议书应对拟建项目的目的、要求、主要技术标准、原材料及资金来源等提出文字说明。

项目建议书是进行各项前期准备工作和进行可行性研究的依据。项目建议书不是项目的最终决策，项目建议书一经批准，即着手进行可行性研究。

（2）可行性研究

可行性研究是基本建设前期的重要组成部分，是建设项目立项、决策的主要依据。在新制定的《公路建设项目可行性研究报告编制办法》中规定，大中型工程、高等级公路及重点工程项目（含国防、边防公路）均应进行可行性研究，小型项目可适当简化。

公路建设项目可行性研究的任务是：在对拟建工程地区社会、经济发展和公路网状况进行充分的调查研究、评价、预测和必要的勘察工作的基础上，对项目建设的必要性、经济合理性、技术可行性、实施可能性，提出综合性研究论证报告。可行性研究报告的文件，应符合《公路建设项目可行性研究报告编制办法》的规定。

（3）设计文件

公路工程基本建设项目一般采用两阶段设计，即初步设计和施工图设计。对于技术简单、方案明确的小型建设项目，也可采用一阶段设计，即一阶段施工图设计。对于技术复杂、基础资料缺乏和不足的建设项目，或建设项目中的特大桥、互通式立体交叉、隧道、高速公路和一级公路的交通工程及沿线设施中的机电设备工程等，必要时采用三阶段设计，即初步设计、技术设计和施工图设计。

①初步设计。初步设计应根据批复的可行性研究报告、测设合同及勘测资料进行编制。初步设计的目的是确定设计方案，必须进行多设计方案比选才能确定最合理的设计方案。设计方案确定后，拟定修建原则，计算工程数量和主要材料数量，提出初步施工方案，编制设计概算，提供文字说明和有关图表资料。初步设计文件经审查批复后，即作为订购主要材料、机具、设备等及联系征用土地、拆迁等事宜，进行施工准备，编制施工图设计文件和控制建设项目投资等的依据。

②技术设计。按三阶段设计的项目，应进行技术设计。技术设计应根据初步设计的批复意见、勘测设计合同要求，进一步勘测调查，分析比较，解决初步设计中尚未解决的问题，落实技术方案，计算工程数量，提出修正的施工方案，编制修正设计概算，批准后即作为施工图设计的依据。

③施工图设计。不论几阶段设计，都要进行施工图设计。两阶段（或三阶段）施工图设计应根据初步设计（或技术设计）的批复意见、勘测设计合同，到现场进行详细勘察测量，确定道路中线及各种结构物的具体位置和设计尺寸，确定各项工程数量，提出文字说明和有关图表资料，做出施工组织计划，并编制施工图预算，向建设单位提供完整的施工图设计文件。施工图设计文件一般由以下资料组成：总说明书、总体设计、路线、路基、路面及排水、桥梁涵洞、隧道、路线交叉、交通

工程及沿线设施、环境保护、渡口码头及其他工程、筑路材料、施工组织计划、施工图预算、附件。

（4）列入年度基本建设计划

当建设项目的初步设计和概算报上级审查批准后，才能列入国家基本建设年度计划，这是国家对基本建设实行统一管理的手段。年度计划是年度建设工作的指令性文件，一经确定后，如果需要增加投资额或调整项目时，必须上报原审批机关批准。

（5）施工准备

公路工程涉及面广，为了保证施工的顺利进行，建设单位、勘测设计单位、施工单位和银行等都应在施工准备阶段充分做好各自的准备工作。施工单位应首先熟悉图纸并进行现场核对，编制实施性施工组织设计和施工预算，同时组织先遣人员、部分机具、材料进场，进行施工测量、修筑便道及生产、生活临时设施，组织材料及技术物资的采购、加工、运输、供应、储备，提出开工报告。

（6）工程施工

施工准备工作完成后，施工单位必须按上级下达的开工日期或工程承包合同规定的日期开始施工。在建设项目的整个施工过程中，应严格执行有关的施工技术规程，按照设计要求，确保工程质量，安全施工。坚持施工过程组织原则，加强施工管理，大力推广应用新技术、新工艺，尽量缩短工期，降低工程造价，做好施工记录，建立技术档案。

（7）竣工验收、交付使用

建设项目的竣工验收是公路工程基本建设全过程的最后一个程序。竣工验收包括对工程质量、数量、工期、生产能力、建设规模和使用条件的审查。对建设单位和施工企业编报的固定资产移交清单、隐蔽工程说明和竣工决算（竣工验收时，建设单位必须及时编制竣工决算，核定新增固定资产的价值，考核分析投资效果）等进行细致检查。当全部基本建设工程经过验收合格，完全符合设计要求后，应立即移交给生产部门正式使用。对存在的问题要明确责任，确定处理措施和期限。

第二，公路建设项目的组成。

（1）基本建设项目

基本建设项目又称建设项目，一般指符合国家总体建设计划，能独立发挥生产能力或满足生活需要，其项目书经批准立项和可行性研究报告经批准的建设任务。如工业建设中的一座工厂、一座矿山，民用建设中的一个居民区、一幢住宅、一所学校等都为一个建设项目。公路建设项目，一般指建成后要以发挥其使用价值和投资效益的一条公路或一座独立的大中型桥梁或一座隧道。

按国家计划及建设主管部门的规定，一个建设项目应有一个总体设计。在总体设计的范围内可以由若干个单项工程组成（如一个建设项目划分为几个标段），经济上实行统一核算，行政上实行统一管理，也可以分批分期进行修建。

（2）单项工程

单项工程又称为工程项目，它具有独立的设计文件，在竣工后能独立发挥设计规定的生产能力或效益的一项工程。如工业建筑中的生产车间、办公楼，民用建筑中的教学楼、图书馆、宿舍楼等。公路建设的单项工程一般指独立的桥梁工程、隧道工程，这些工程一般包括与已有公路的接线，建成后可以独立发挥交通功能。但一条路线中的桥梁或隧道，在整个路线未修通前，并不能发挥交通功能，也就不能作为一个单项工程。

（3）单位工程

单位工程是单项工程的组成部分，是指在单项工程中具有单独设计文件和独立施工条件，并可单独作为成本计算对象的部分。如：单项工程中的生产车间的厂房修建、设备安装；公路工程中同一合同段内的路线、桥涵等。由此可见，单位工程一般不能独立发挥生产能力和使用效益，一个单位工程可以包含若干分部工程。

（4）分部工程

分部工程是单位工程的组成部分，一般是按单位工程中的主要结构、主要部位来划分的。如：工业与民用建筑中的房屋基础、墙体等。在公路建设工程中，如按工程部位划分为路基工程、路面工程、桥涵工程等；按工程结构和施工工艺划分为土石方工程、混凝土工程和砌筑工程等。一个分部工程包括若干分项工程。

（5）分项工程

分项工程是分部工程的组成部分，是根据分部工程划分的原则，再进一步将分部工程分成若干个分项工程。分项工程是按照不同的施工方法、不同的施工部位、不同的材料、不同的质量要求和工作难易程度来划分的，是概预算定额的基本定量单位，故也称为工程定额子目录工程细目。一般来说，分项工程中只是建筑或安装工程的一种基本构成要素，是为了确定建筑或安装工程费用而划分出来的一种假定产品，以便作为分部工程的组成部分。因此，分项工程的独立存在是没有意义的。

综上所述，一个建设项目是由一个或几个单项工程组成，一个单项工程是由几个单位工程组成，一个单位工程又由若干个分部工程组成，一个分部工程还可以划分为若干个分项工程。

第一节 施工组织设计的任务与原则

一、道路与桥梁工程施工特点

道路桥梁是一种人工构筑物，是通过设计与施工，消耗大量的人工、材料和机械而完成的建筑产品。和工业生产比较，道路桥梁施工同样是把一系列的资源投入产品（即工程）的生产过程，在生产上的阶段性和连续性与组织上的专门化和协作化是一致的。但是，道路桥梁施工与一般工业生产和其他土建工程施工（如房屋建筑）都有所不同。比如，由于道路工程的线性分布性质，使施工面狭长，流动性大，临时工程多，施工容易受到其他工程和外界干扰，施工管理工作量大，由于道路施工全系野外作业，受自然条件影响很大，施工受季节影响；由于工程数量分布不均匀（特别是集中土石方和大中桥），给各施工项之间的协调工作带来困难；由于道路是永久性建筑，占用土地又多，一般不可能拆除重建，因此施工质量尤其重要。

由于道路桥梁施工的上述特点，为了保证施工任务的圆满完成，必须做好施工组织设计，并采取相应的管理措施。

二、施工组织设计的任务与作用

施工现场的组织与管理工作贯穿于施工的全过程，分为施工准备工作、现场施工管理与调度工作及竣工验收与结算。具体包括以下内容：

第一，施工准备工作。

①现场调查，即调查地物地貌、水文地质、资源供应及施工运输条件；

②图纸会审与技术交底；

③编制施工组织设计；

④编制施工预算，下达施工任务，签订分包协议；

⑤组织劳力、机械、材料进场；

⑥测量放线，二通一平，按平面布置图搭设临时生产、生活设施；

⑦外部协作，办理施工执照，申办封闭交通。

第二，现场施工管理与调度。

①编制和下达施工作业计划，制订劳动组合与施工作业程序，工程任务划分；

②建立施工组织管理体系，形成生产指挥系统；

③开展现场技术管理、质量管理、材料管理、机械设备管理、安全文明施工管

理及施工现场的平面管理与环境管理；

④建立现场调度会议制度，定期分级召开生产调度会议；

⑤推行施工任务书与包工合同，加强基层作业队（班、组）管理。

第三，施工验收与工程结算。

①工程收尾、清场、返修补修。工程分级检查验收，工程量核实，签证与工程结算，交工会议与签订保修协议。

②当承担大中型市政工程施工项目时，应实行“项目法”管理。

施工组织设计的作用是指导拟建工程从施工准备到竣工验收全过程的各综合性的技术经济文件，是沟通工程设计和施工之间的桥梁，是指导现场施工的法规。它的作用是全面规划、布置施工生产活动；制订先进合理的技术和组织措施；确定先进合理、切实可行的施工方案；节约使用人力、物力和加强各方面的协调配合，保证有节奏的连续施工，全面完成施工任务，以便企业以最小的消耗，取得较大的经济效果。

三、施工组织设计的一般原则

组织施工或编制施工组织设计时，应根据施工特点和以往积累的经验，遵循以下几项原则：

①认真贯彻党和国家对基本建设的各项方针和政策；

②严格遵守国家和合同规定的工程竣工及交付使用期限；

③合理安排工程开展程序和施工顺序。建筑施工的特点之一是产品的固定性，因此使建筑施工在同一场地上同时或者先后交叉进行。没有前一阶段的工作，后一阶段的工作就不能进行，同时它们之间又是交错搭接地进行；顺序反映客观规律要求，交叉则反映争取时间的努力。因此在编制施工组织设计的过程中必须合理安排施工程序。在安排施工程序时必须考虑以下几点：

a. 要及时完成相关的准备工作，为正式施工创造良好条件；

b. 正式施工时应该先进行全场性的工作，然后再进行各个项目的施工；

c. 对于单个构筑物的施工顺序，既要考虑空间的顺序，也要考虑各个工种之间的顺序；

d. 可供整个施工过程使用的建筑物要尽可能地提前建造，以便减少施工的临时设施，从而节约投资。

④在选择施工方案时，要积极采用新材料、新设备、新工艺和新技术，努力为新结构的推行创造条件；要注意结合工程特点和现场条件，使技术的先进适用性和经济合理性相结合，防止单纯追求先进而忽视经济效益的做法；还要符合施工验收

规范、操作规程的要求和遵守有关防火、保安及环保等规定，确保工程质量和施工安全。施工方案的选择必须进行多方案比较。比较时应做到实事求是，在多个方案中选择最经济、最合理的；一切从实际出发，以数据来定方案，数据一定要准确，结论要有理、有力。

⑤对于那些必须进入冬、雨季施工的工程，应落实季节性施工措施，以增加全年的施工天数，提高施工的连续性和均衡性。建筑施工周期长，多属露天作业，不可避免地受到天气和季节的影响，主要是冬、雨季的影响。因此，如何克服冬、雨季所造成的不利影响是关键问题。主要措施有两条：一是在安排进度时，将受季节影响较大的施工项目安排在有利的天气进行，将受天气影响较小的项目安排在冬、雨季进行；二是采取一定的措施，保证冬、雨季施工的施工质量与进度。

⑥尽量利用正式工程已有设施，以减少各种临时设施；尽量利用当地资源，合理安排运输、装卸与储存作业，减少物资运输量，避免二次搬运；精心进行场地规划布置，节约施工用地，不占或少占农田。

⑦必须注意根据地区条件和构件条件，通过技术经济比较，恰当地选择预制方案或现场浇筑方案。确定预制方案时，应贯彻工厂预制与现场预制相结合的方针，努力提高建筑工业化程度，但不能盲目追求装配化程度的提高。

⑧要贯彻先进机械、简易机械和改进机械相结合的方针，恰当选择自行装备、租赁机械或机械化分包施工等方式，但不能片面强调提高机械化程度指标。

⑨制订节约能源和材料措施。

⑩要贯彻“百年大计、质量第一”和预防为主的方针，从各方面制订保证质量的措施，预防和控制影响工程质量的各种因素。

⑪要贯彻“安全为了生产，生产必须安全”的方针，建立健全各项安全管理制度，制订安全施工的措施，并在施工过程中经常地进行检查和督促。

第二节 施工组织设计的阶段与内容

一、施工组织设计阶段的方案

施工组织设计根据设计和编制对象的不同大致可分为三类：施工组织总设计、单位工程施工组织设计和分部分项工程施工组织设计。

第一，施工组织总设计。

施工组织总设计即施工组织大纲，它是以群体工程若干个单项工程为对象，在初步设计阶段或扩大初步设计阶段编制的战略性和方针性的全面规划和总体部署，是指导整个工程施工全过程的组织、技术、经济的综合性设计文件。它将建设项目视为一个系统，对影响全系统的重大战略问题进行预测和决策，预见工程建设的进程和发展，预见可能发生的矛盾，从而把握全局，取得主动，指导做好施工前的准备工作，内容比较概括、粗略。它是施工单位编制年度施工计划和单位工程施工组织设计的依据。

施工组织总设计的主要内容包括：工程概况，施工部署与施工方案，施工总进度计划，施工准备工作及各项资源需要计划，施工总平面图，主要技术组织措施及主要技术经济指标等。

第二，单位工程施工组织设计。

单位工程施工组织设计是以单位工程为对象，在接到施工图纸资料后，并在主体工程开工之前，编制的统筹规划和施工部署，由直接组织施工的单位编制。如确定具体的施工组织、施工方法、技术措施等。内容比施工组织总设计详细、具体，是指导该单位工程施工全过程的组织、技术、经济的综合性文件，也是施工企业编制季度、月度计划的依据。

第三，分部分项工程施工组织设计。

分部分项工程施工组织设计是以一个较小的单位工程或大型复杂的分部分项工程或专业工程为对象，在接到图纸资料后，并在工程开工之前，针对工程特点和主要施工工序，在施工方法、施工机具、施工进度、劳动组织、技术措施、时间配合和空间布置等方面编制的，用以指导该项工程施工全过程的组织、技术、经济的综合性文件。内容比单位工程施工组织设计详细、具体、简明，是专业工程的具体施工设计。一般在单位工程施工组织设计确定了施工方案之后，由施工队技术员负责编制。

分部分项工程设计的主要内容包括：工程概况、施工方案、施工进度表、施工平面图及技术组织措施等。

施工方案是根据设计图纸和说明书，决定采用哪种施工方法和机械设备，以何种施工顺序和作业组织形式来组织项目施工活动的计划。施工方案确定了，就基本上确定了整个工程施工的进度、劳动力和机械的需要量、工程的成本、现场的状况等。所以说，施工方案的优劣在很大程度上决定了施工组织设计质量的好坏和施工任务能否圆满完成。施工方案包括施工方法与施工机械选择、施工顺序的合理安排以及作业组织形式和各种技术组织措施等内容。

（1）施工方案制定的原则

①制订方案首先必须从实际出发，符合现场的实际情况，有实现的可能性。所

制订方案在资源、技术上提出的要求应该与当时已有的条件或在一定时间能争取到的条件相吻合，否则是不能实现的。

②施工方案的制订必须满足合同要求的工期。按工期要求投入生产，交付使用，发挥投资效益。

③施工方案的制订必须确保工程质量和施工安全。工程建设是百年大计，要求质量第一，保证施工安全是员工的权利和社会的要求。因此，在制定方案时应充分地考虑工程质量和施工安全，并提出保证工程质量和施工安全的技术组织措施，使方案完全符合技术规范、操作规范和安全规程的要求。如在质量方面制定工序质量控制标准、岗位责任制与经济责任制和质量保障体系等。

④在合同价控制下，尽量降低施工成本，使方案更加经济合理，增加施工生产的盈利。从施工成本的直接费和间接费中找出节约的途径，采取措施控制直接消耗，减少非生产人员，挖掘潜力，使施工费用降低到最低限度，不突破合同价，取得好的经济效益。

（2）施工方法的选择

施工方法是施工方案的核心内容，它对工程的实施具有决定性作用。确定施工方法应突出重点，凡是采用新技术、新工艺和对工程质量起关键作用的项目，以及工人在操作上还不够熟练的项目，应详细而具体，不仅要拟订进行这一项目的操作过程和方法，而且要提出质量要求，以及达到这些要求的技术措施，并要预见可能发生的问题，提出预防和解决这些问题的办法。对于一般性工程和常规施工方法则可适当简化，但要提出工程中的特殊要求。

（3）施工机械的选择和优化

施工机械对施工工艺、施工方法有直接影响，施工机械化是现代化大生产的显著标志，对加快建设速度、提高工程质量、保证施工安全、节约工程成本起着至关重要的作用。因此，选择施工机械成为确定施工方案的一个重要内容，应主要考虑下列问题：

①在选用施工机械时，应尽量选用施工单位现有机械，以减少资金的投入，充分发挥现有机械效率。若现有机械不能满足工程需要，则可考虑租赁或购买。

②机械类型应符合施工现场的条件。施工条件指施工场地的地质、地形、工程量大小和施工进度等，特别是工程量和施工进度计划，是合理选择机械的重要依据。一般来说，为了保证施工进度和提高经济效益，工程量大应采用大型机械，工程量小则应采用中小型机械，但也不是绝对的。如一项大型土方工程，由于施工地区偏僻，道路、桥梁狭窄或载重量限制大型机械的通过，如果只是专门为了它的运输问题而修路、桥，显然是不经济的，因此应选用中型机械施工。

③在同一建筑工地上施工机械的种类和型号应尽可能少。为了便于现场施工机械的管理及减少转移，对于工程量大的工程应采用专用机械；对于工程量小而分散的工程，则应尽量采用多用途的施工机械。

④要考虑所选机械的运行费用是否经济，避免大机小用。施工机械的选择应以能否满足施工的需要为目的。如本来土方量不大，却用了大型土方机械，结果不到一星期就完工了，但大型机械的台班费、进出场的运输费、便道的修筑费以及折旧费等固定费用相当庞大，使运行费用过高，超过缩短工期所创造的价值。

⑤施工机械的合理组合。选择施工机械时，要考虑各种机械的合理组合，这样才能使选择的施工机械充分发挥效率。合理组合是指主机与辅机在台数和生产能力上的相互适应，作业线上的各种机械互相配套的组合。主机与辅机的组合：一定要在设法保证主机充分发挥作用的前提下，考虑辅机的台数和生产能力。作业线上各种机械的配套组合：一种机械化施工作业线是由几种机械联合作业组合成一条龙施工，才能具备整体生产能力，如果其中某种机械的生产能力不适应作业线上的其他机械，或机械可靠性不好，都会使整条作业线的机械发挥不了作用。如在桥梁工程中的混凝土拌和机、塔吊、吊斗的一条龙施工，就存在合理配套组合的问题。

选择施工机械时应从全局出发统筹考虑。全局出发就是不仅考虑本项工程，而且考虑所承担的同一现场或附近现场其他工程的施工机械的使用。这就是说，从局部考虑去选择机械是不合理的，应从全局的角度进行考虑。

（4）施工顺序的选择

施工顺序是指施工过程或分项工程之间施工的先后次序，它是编制施工方案的重要内容之一。施工顺序安排得好，可以加快施工进度，减少人工和机械的停歇时间，并能充分利用工作面，避免施工干扰，达到均衡、连续施工的目的，并能实现科学的组织施工，做到不增加资源，加快工期，降低施工成本。安排好一个施工项目的施工顺序，要考虑到多方面的因素：

①统筹考虑各施工过程之间的关系。在工程施工过程中，任何相邻的施工过程之间总是有先有后，有些是由于施工工艺的要求而固定不变的，也有些不受工艺限制，有一定的灵活性。

②考虑施工方法和施工机械的要求。如桥梁工程的基础是钻孔灌注桩，施工方法采用钻孔机钻孔，在安排每个基础每根桩的施工顺序时相邻桩不能顺序施工，否则会发生塌孔现象，所以必须要间隔施工。采用间隔施工时，钻机移动的次数会增多，而钻机移动需要拆卸和重新安装，很费时间。此时必须采取措施合理安排桩基的施工顺序，既要保证钻机移动的最少，又要保证钻孔安全，还能加快施工进度。

③考虑施工工期与施工组织的要求。合理的施工顺序与施工工期有较密切的关

系，施工工期影响到施工顺序的选用，如有些建筑物，由于工期要求紧张，采用逆作法施工，这样便导致施工顺序的较大变化。

一般情况下，满足施工工艺条件的施工方案可能有多个，因此，还应考虑施工组织的要求，通过对方案的分析、对比，选择经济、合理的施工顺序。通常，在相同条件下，应优先选择能为后续施工过程创造良好施工条件的施工顺序。

④考虑施工质量的要求。确定施工顺序时，应以充分保证工程质量为前提。当有可能出现影响工程质量的情况时，应重新安排施工顺序或采取必要的技术措施。

⑤考虑当地的气候条件和水文要求。在安排施工顺序时，应考虑冬季、雨季、台风等气候的影响，特别是受气候影响大的分部工程应尤为注意。在南方施工时，应从雨季考虑施工顺序，可能因雨季而不能施工的应安排在雨季前进行。如土方工程不能安排在雨季施工。在严寒地区施工时，则应考虑冬季施工特点安排施工顺序。桥梁工程应特别注意水文资料，枯水季节宜先施工位于河中的基础等。

⑥安排施工顺序时应考虑经济和节约，降低施工成本。合理安排施工顺序，加速周转材料的周转次数，并尽量减少配备的数量。通过合理安排施工顺序可缩短施工期，减少管理费、人工费、机械台班费等，降低工程成本，给项目带来显著的经济效益。

⑦考虑施工安全要求。在安排施工顺序时，应力求各施工过程的搭接不会产生不安全因素，以避免安全事故的发生。

（5）技术组织措施的设计

组织措施是施工企业为完成施工任务，保证工程工期，提高工程质量，降低工程成本，在技术上和组织上所采取的措施。企业应该把编制技术组织措施作为提高技术水平的关键，改善经营管理。通过编制技术组织措施，结合企业内部实际情况，很好地学习和推广同行业的先进技术和行之有效的组织管理经验。

二、施工组织计划内容

第一，工程概况。

①简要说明工程名称，施工单位名称，建设单位及监理机构、设计单位、质检站名称，合同开工日期和施工日期，合同价（中标价）。

②简要介绍拟建工程的地理位置、地形地貌、水文、气候、降雨量、雨季、交通运输、水电情况。

③施工组织机构设置及职责部门之间的关系。

④工程结构、规模、主要工程数量表。

⑤合同特殊要求，如业主提供结构材料、指定分包商等。

第二，施工总平面部署。

①简要说明可供使用的土地、设施、周围环境、环保要求，需要保护或注意的情况。

②施工总平面布置必须以平面布置图表示，并应标明拟建工程平面位置、生产区、生活区、预制场、材料场、爆破器材库位置。

③施工总平面布置可用一张图，也可用多张相关的图表示；图上无法表示的，应用文字简单叙述。

第三，技术规站及检验标准。

①明确本工程所使用的施工技术规范和质量检验评定标准。

②注明本工程所使用的作业指导书的编号和标题。

第四，施工顺序及主要工序的施工方法。

①施工顺序。一般应以流程图表示各分项工程的施工顺序和相关关系，必要时附以文字简要说明。

②施工方法。施工方法是施工组织设计重点叙述的部分，它包含主要分项工程的施工方法，重点叙述技术难度大、工种多、机械设备配合多、经验不足的工序和结构关键部位。对于常规的施工工序则简要说明。

第五，质量保证计划。

①明确工程质量目标。

②确定质量保证措施。

根据工程实际情况，按分项工程项目分别制订质量保证技术措施，并配备工程所需的各类技术人员；对于工程的特殊过程，应对其连续监控和持证上岗作业，并制订相应的措施和规定；对于分包工程的质量要制订相应的措施和规定。

第六，安全劳保技术措施。

安全劳保技术措施包括水上作业、高空作业、夜间作业、起吊安装、预应力张拉、爆破作业、汽车运输和机械作业等安全措施，安全用电、防水、防火、防风、防洪的措施；机械、车辆多工种交叉作业的安全措施，操作者安全环保的工作环境，所需要采取的措施，拟建工程施工过程中工程本身的防护和防碰撞措施，维持交通安全的标志。所有措施应遵守行业和公司各类安全技术操作规程和各项预防事故的规定，应由项目部的安全部门负责人审核后定稿。

三、实施施工组织设计

工程中标后，对于单位工程和分部工程，应在指导性施工组织设计的基础上分别编制实施性的施工组织设计。

实施性施工组织设计的任务是:

①它是用来直接指挥施工的计划，这是它的核心内容。因此应具体制订出按工作日程安排的施工进度计划。

②根据施工进度计划，具体计算出劳动力、机具、材料等的日程需要量，并规定工作班组及机械在作业过程中的移动路线及日程。

③在施工方法上，要结合具体情况考虑到工程细目的施工细节，具体到能按所定施工方法确定工序、劳动组织及机具配备。

④工序的划分、劳动力的组织及机具的配备，既要适应施工方法的需要，还要考虑工作班组的组织结构和设备情况，要最有效地发挥班组的工作效率，便于实行分项承包和结算，还要切实保证工程质量和施工安全。

⑤要考虑到当发生意外情况时留有调节计划的余地。如因故中途必须停止计划项目的施工时，要准备机动工程，调动原计划安排的班组继续工作，避免窝工。

实施性施工组织设计，必须具体、详细，以达到指导施工的目的，但应避免过于复杂、烦琐。

在某些特定情况下，针对工程的具体情况有时还需要编制特殊的施工组织设计，如以下几种情况:

①某些特别重要和复杂，或者缺乏施工经验的分部、分项工程，如复杂的桥梁基础工程、站场的道岔铺设工程、特大构件的吊装工程、隧道施工中的喷锚工程等。为了保证施工的工期和质量，有必要编制专门的施工组织设计。但是，编制这种特殊的施工组织设计，其开工与竣工的工期要与总体施工组织设计一致。

②对一些特殊条件下的施工，如严寒、雨季、沼泽地带和危险地区（如隧道中通过瓦斯地层的施工）等，需要采取一些特殊的技术措施，有必要为之专门编制施工组织设计，以保证施工的顺利进行，以及质量要求和人员的安全。

③某些施工时间长的项目，即跨越几个年度的项目，在编制指导性施工组织设计或实施性施工组织设计时，不可能准确地预见到以后年度各种施工条件的变化，因而也不可能完全切实或详尽地进行施工安排。因此，需要对原定项目施工总设计在某一年进行进一步具体化或做相应的调整与修正。这时，就有必要编制年度的项目施工组织总设计，用以指导施工。

指导性项目施工组织设计是整个项目施工的龙头，是总体的规划。在这个指导文件规划下，再深入研究各个单位工程，从而制定实施性的施工组织设计和特殊的施工组织设计。在编制项目指导性施工组织设计时，可能对某些因素和条件未预见到，而这些因素或条件却是影响整个部署的。这就需要在编制了局部的施工组织设计后，再对全局性的指导性施工组织设计做必要的修正和调整。

第三节　施工组织的基本方法

一、顺序作业法

根据工程结构施工程序和工艺流程，按照先后顺序施工操作，按照固定的程序组织施工称为顺序作业法。主要特点如下：

①没有充分利用工作面进行施工，工期较长。

②每天投入施工的劳动力、材料、机具的种类比较少，有利于资源供应的组织工作。

③施工现场的组织、管理比较简单。

④不强调分工协作，若由一个作业队完成全部施工任务，不能实现专业化生产，不利于提高劳动生产率；若按工艺专业化原则成立专业作业队，各专业队不能连续作业，劳动力和材料的使用可能不均衡。

二、平行作业法

根据工程结构施工程序和工艺流程，大量人员机械施工操作，按照固定的程序组织施工称为平行作业法。主要特点如下：

①充分利用工作面进行施工，（总）工期较短。

②每天同时投入施工的劳动力、材料和机具数量较大，影响资源供应的组织工作。

③如果各工作面之间需共用某种资源时，施工现场的组织管理比较复杂、协调工作量大。

④不强调分工协作，此点与顺序作业法相同。

三、流水作业法

流水施工是一种科学、有效的工程项目施工组织方法之一，它建立在分工协作的基础上，实行专业化施工，充分利用工作时间和操作空间，减少非生产性劳动消耗，保证工程施工连续、均衡、有节奏地进行，从而对提高工程质量、降低工程造价、缩短工期有着显著作用。流水作业施工就是由固定组织的工人在若干个工作性质相同的施工环境中依次连续地工作的一种施工组织方法。工程施工中，可以采用依次施工（亦称顺序施工法）、平行施工和流水施工等组织方式。对于相同的施工对象，当采用不同的作业组织方法时，其效果也各不相同。

流水施工组织的具体步骤是：将拟建工程项目的全部建造过程，在工艺上分解为若干个施工过程，在平面上划分为若干个施工段，在竖向上划分为若干个施工层，然后按照施工过程组建专业工作队（或组），并使其按照规定的顺序依次连续地投入到各施工段，完成各个施工过程。当分层施工时，第一施工层各个施工段的相应施工过程全部完成后，专业工作队依次、连续地投入第二、第三、……、第N施工层，有节奏、均衡、连续地完成工程项目的施工全过程，这种施工组织方式称为流水施工。例如吊顶的班组在10层工作一周完成任务后，第二周立即转移到11层干同样的工作，然后第三周再到12层工作。别的工作队也是这样工作。此种作业法既能充分利用时间又能充分利用空间，大大缩短了工期，三个楼层总工期为35 d，同时又克服了平行作业法资源高度集中的缺点，所以流水作业法是一种先进有效的作业组织法。流水作业法可保证生产的连续性和均衡性，而生产的连续性和均衡性势必使各种材料可以均衡使用，消除了工作组的施工间歇，因而可以大大缩短工期，一般可缩短1/3 ~ 1/2。

流水施工方式是一种先进、科学的施工方式，由于在工艺过程划分、时间安排和空间布置上进行统筹安排，将会给相应的项目部带来显著的经济效果，具体可归纳为以下几点：前后施工过程衔接紧凑，消灭了不必要的时间间歇，使施工得以连续进行，后续施工过程尽可能提前在不同的工作面上开展，从而加快施工进度，缩短工程工期；各个施工过程均采用专业班组操作，可提高工人的熟练程度和操作技能，同时，工程质量也易于保证和提高；采用流水施工，使得劳动力和其他资源的使用比较均衡，从而可避免出现劳动力和资源使用大起大落的现象，减轻施工组织者的压力，为资源的调配、供应和运输带来方便；由于工期的缩短、工作效率提高、资源消耗等因素共同作用，可以减少临时设施及其他一些不必要的费用，从而降低工程造价。

流水施工的优点是：各工作队可以实行专业化施工，从而为工人提高技术熟练程度以及改进操作方法和生产工具创造了有利条件，可充分提高劳动生产率。劳动生产率得到提高，相应可以减少工人人数和临时设施数量，从而可以节约投资，降低成本，同时专业化施工有助于保证工程质量。

流水施工具有以下特点：

①科学地利用了工作面，争取了时间，总工期趋于合理。

②工作队及其工人实现了专业化生产，有利于改进操作技术，可以保证工程质量和提高劳动生产率。

③工作队及其工人能够连续作业，相邻两个专业工作队之间可实现合理搭接。

④每天投入的资源量较为均衡，有利于资源供应的组织工作。

⑤为现场文明施工和科学管理创造了有利条件。

上述经济效果都是在不需要增加任何费用的前提下取得的。可见，流水施工是实现施工管理科学化的重要组成内容，是与建筑设计标准化、施工机械化等现代施工内容紧密联系、相互促进的，是实现企业进步的重要手段。

四、网络计划法

网络计划技术既是一种科学的计划方法，又是一种有效的生产管理方法。主要有单代号网络图、双代号网络图。与横道图计划管理方法相比，网络计划技术具有如下特点：

①网络计划把整个施工过程中各有关工作组成一个有机的整体，因而能全面而明确地反映出各工序之间的相互制约和相互依赖的关系，能够清楚地看出全部施工过程在计划中是否合理。

②网络计划可以通过时间参数计算，能够在工作众多、错综复杂的计划中，找出影响工程进度的关键工作，便于管理人员集中精力抓住施工中的主要矛盾，确保按期竣工，避免盲目抢工。因为，在通常的情况下，当计划内有 10 项工作时，关键工作只有 3 ~ 4 项，占 30%–40%；有 100 项工作时，关键工作只有 12–15 项，占 12%–15%；有 5 000 项时，关键工作也不过 150 ~ 160 项，占 3% ~ 4%。据说，世界上曾经有过 10 000 项工作的计划，其中关键工作只占 1% ~ 2%。

③通过利用网络计划中反映出来的各工作的机动时间，可以更好地运用和调配人力与设备，节约人力、物力，达到降低成本的目的。

④通过对计划的优劣比较，可在若干可行性方案中选择最优方案。

⑤在计划的执行过程中，当某一工作因故提前或拖后时，能从计划中预见到它对其他工作及总工期的影响程度，便于及早采取措施以充分利用有利的条件或有效地消除不利的因素。

⑥它还可以利用现代化的计算工具——计算机，对复杂的计划进行绘图、计算、检查、调整与优化。

网络计划的缺点是从图上很难清晰地看出流水作业的情况，也难以根据一般网络图算出人力及资源需要量的变化情况。

可见，网络计划技术的最大特点就在于它能够提供施工管理所需的多种信息，有利于加强工程管理。所以，网络计划技术已不仅仅是一种编制计划的方法，而且还是一种科学的工程管理方法。它有助于管理人员合理地组织生产，做到心中有数，知道管理的重点应放在何处，怎样缩短工期，在哪里挖掘潜力，如何降低成本。在工程管理中提高应用网络计划技术的水平，必能进一步提高工程管理的水平。

网络计划的优化是指在一定的约束条件下，利用最优化原理，按照既定目标对网络计划进行不断改进，以寻求满意方案的过程。根据优化目标的不同，网络计划的优化可分为工期优化、资源优化和费用优化。

第四节　机械化施工组织

一、机械化施工组织的作用

施工机械在城市建设、交通运输、能源开发、国防建设中起着十分重要的作用，是国家经济建设不可缺少的技术装备，是确保工程质量、降低工程造价、减轻劳动强度、提高经济效益和社会效益的重要手段。

土石方机械包括推土机、装载机、挖掘机、铲运机、平地机、凿岩机以及石料破碎、筛分机械等几个重要机种，它们是工程机械中用途最广泛的一大类机械，也是公路建设特别是高等级公路建设中土石方工程中的主要施工机械。同时，土石方机械还广泛应用于铁路、水利、矿山、港口、机场、农田及国防等工程建设中，在国民经济建设中起着重要作用。在公路路基工程中，土石方机械担负着土石方的铲装、填挖、运输、整平等作业，它具有施工速度快、作业质量高、生产效率高等优点，是现代公路建设中不可缺少的机种。土石方机械的作业对象是各种土、砂、石等物料。在进行施工作业时，机械承受负荷重、外载变化波动大、工作场地条件差、环境比较恶劣，因此，要求土石方机械具有良好的低速作业性、足够的牵引力、整机的高可靠性和较高的作业生产能力。

由于现代工程的大型化，土石方机械继续向大型化方向发展，以适应巨大工程机械化施工的需要；同时为满足道路与桥梁建设、环保和窄小场地以及小型土石方工程的要求，小型、多功能、机动性好的机种也得到进一步的发展。现代计算机、电子和激光等技术的发展以及这些技术在土石方机械上的应用，将大大提高土石方机械的自动控制和智能化程度。同时，省力操纵、安全防护、降低噪声、提高可靠性及驾驶人员的舒适性等，将是土石方机械今后继续发展的方向。

二、施工机械的选型与配套原则

作为生产工具的施工机械，其购价都很高因此使用费用很大（以土方工程为例，设备费占工程费的30% ~ 40%）。工作环境（地形、土壤、质量）复杂、工地施工条件艰巨时，工程的机械设备费用将更高。为了使施工机械在施工过程中发挥其最大的经济效益，顺利地完成工程任务，必须选择最适合施工条件的机种。这种选型工作在设计阶段应该考虑周详。在选定所需机种、数量、工程量等条件后，还须正确估算其成本，然后用优选法选出最优的机械配组，这才是施工机械选型和配组的目的。

第一，施工机械选型的一般选定。

合理地选定机种，必须与施工条件、施工方法和技术经济效益联系起来进行比较，才能选出理想的机种。一般机械选定考虑的要点是：

①能适应工地的土质、地形；

②能满足工程质量要求；

③在保证质量的前提下，不影响和损坏附近建成的建筑物；

④能高效率地完成需要的工作；

⑤机械运转费少而施工单价低；

⑥容易进行运转、维修，可靠性又高；

⑦可以自动化和省力；

⑧安全而又不会污染环境；

⑨易于筹办、便于转移。

第二，特殊性机械的选定。

根据施工需要，必须引进特殊机械时，除了上述要点外，还要考虑以下几点：

①有无可代替的其他施工方法；

②引进特殊机械后是否具备经营管理的能力并能充分发挥特殊机械的效能；

③能否成为今后新施工方法的典型。

第三，施工机械的配组。

根据机械选型要点，选出与其相适应的机种和数量后，还需要研究施工技术和施工组织，合理地进行配组。配组的方法是：首先在已选定的施工机械中，正确确定机组的主体机械，然后配备所需的辅助机械，使之成龙配套，形成单项工程机械化。这样可以提高机械化施工水平，逐步向全工程实行流水作业法的综合机械化发展。为了使组合的每台机械都能在施工中发挥最大效率，机械选型配套应符合下列要求：

①在规定施工期内，机械应完成的工作量；

②要充分利用主机的生产能力；

③主体机械与辅助机械以及运输工具之间各机械的工作能力要保持平衡，还要使机组得到合理的配合和使用。

三、施工机械组织措施

施工机械使用管理的基本要求是保持机械的良好技术状态，正确使用和优化组合，发挥机械的效能，以达到安全、优质、高效、低消耗地完成施工生产任务。

机械技术状态是指机械所具有的工作能力，包括性能、精度、效率、运动参数、安全、环保、能源消耗等所处的状态及其变化情况。机械在使用过程中，由于受到各种力的作用和环境条件、使用方法、工作规范、工作持续时间长短等影响，使机械应有的功能和技术状态水平不断发生变化而有所降低或劣化。要控制这种变化过程，除了应创造适合机械工作的环境和条件外，正确使用机械是控制机械技术状态变化和延缓工作能力下降的先决条件。

评定机械技术状态达到完好标准的要求，主要有以下三点：

①机械性能良好。机械的性能和精度能稳定地满足施工生产工艺要求，动力部分应能达到规定的功率。

②机械运转正常。部件齐全，安全防护装置良好，操纵、控制系统灵敏可靠，机械的牵引力和工作装置的效率应正常。

③燃料、动能、润滑油料以及材料、配件等消耗正常，基本无漏油、漏水电现象，外表清洁整齐。

凡不符合上述三项要求的机械，不应称为完好机械。机械完好的具体标准，应能对机械做出定量分析和评价，各行业主管部门根据总的要求结合行业机械特点制定。

正确使用机械是机械使用管理的基本要求，它包括技术合理和经济合理两个方面的内容。技术合理就是按照机械性能、使用说明书、操作规程以及正确使用机械的各项技术要求使用机械；经济合理就是在机械性能允许范围内，能充分发挥机械的效能，以较低的消耗得到较高的经济效益。

根据技术合理和经济合理的要求，机械的正确使用主要应达到以下三个标志：

①高效率。机械使用必须使其生产能力得以充分发挥。在综合机械化组合中，至少应使其主要机械的生产能力得以充分发挥。机械如果长期处于低效运行状态，那就是不合理使用的主要表现。

②经济性。在机械使用已经达到高效率时，还必须考虑经济性的要求。使用管理的经济性、要求在可能的条件下，使单位实物工程的机械使用费成本最低。

③机械非正常损耗防护。机械正确使用追求的高效率和经济性必须建立在不发生非正常损耗的基础上，否则就不是正确使用，而是拼机械，吃老本。机械的非正常损耗是指由于使用不当而导致机械早期磨损、事故损坏以及各种使机械技术性能受到损害或缩短机械使用寿命等现象。

在机械化施工中，机械的选用和组合是否合理，将直接关系到施工进度、质量和成本，是优质、高产、低耗地完成施工生产任务和充分发挥机械效能的关键。必须做到以下几点：

（1）编好机械使用计划

根据施工组织设计编制机械使用计划。编制时要采用分析、统筹、预测等方法，计算机械施工的工程量和施工进度，作为选择调配机械类型、台数的依据，以尽量避免大机小用，早要迟用，既要保证施工需要，又不使机械停置，或不能充分发挥其效率。

（2）通过经济分析选用机械

任何工程配备的施工机械，不仅有机种上的选用，还有机型、规格上的选择。在满足施工生产要求的前提下，对不同类型的机械施工方案，从经济性进行分析比较。即将几种不同的方案，计算单位实物工程的成本费，取其最小者为经济最佳方案。对于同类型的机械施工方案，如果其规格、型号不相同，也可以进行分析比较，按经济性择优选用。

（3）合理组合机械

机械施工是多台机械的联合作业，合理的组合和配套才能最大限度地发挥每台机械的效能。合理组合机械的原则是：

①尽量减少机械组合的机种类。机械组合的机种数越多，其作业效率会越低，影响作业的概率就会增多，如组合机械中一种机械发生故障，将影响整个组合作业。

②注意机械能力相适应的组合。在流水作业中使用组合机械时，必须对组合的各种机械能力进行平衡。如作业能力不平衡时，会出现一台或几台机械能力过剩，发挥不出机械的正常效率。

③机械组合要配套和平列化。在组织机械化施工时，必须要注意机械配套，而且要注意分成几个系列的机械组合，同时平列地进行施工，以免组合中一台机械损坏造成全面停工。

④组合机械应尽可能简化机型，以便于维修和管理。

⑤尽量选用具有多种作业装置的机械，以利于一机多用。

（4）重视机械的配套使用

要使选用的机械达到高效率，必须做到合理配套，主要有以下几个方面：

①工序机械配套。如土石工程中，不仅有挖土、运土机械（挖掘机、推土机、运输车等），还要有平整、压实机械（平地机、压路机、振动夯、洒水车等），要做到机种和工序配套。

②机械的规格、能力配套。如自卸汽车应和挖掘、装载机的容量相适应。

③同一台机械的主机、副机和一机多用的配套。

④组合机械中应以关键及重型机械为基准，其他配套机械都应以确保关键及重型机械充分发挥效率为选配标准。

（5）提高机械操作人员素质

施工机械是由操作人员直接掌握的，机械使用的好坏、生产效率的高低与工作人员的高度责任心和熟练的操作技术有关。因此，必须做好下列工作：

①合理配备机械操作和维修人员。根据机械类型和作业班次，按照定额配备技术等级符合机械技术要求的操作和维修人员。

②所有机械操作人员都应经过专业技术培训，按照应知、应会要求进行考核，合格者获得操作证，凭证操作机械。

③坚持定人、定机，建立岗位责任制及交接班制度。

④新工人在独立使用机械时，必须经过对机械的结构性能、安全操作、维护要求等方面的技术知识教育和实际操作及基本功的培训。

⑤严格执行机械使用安全技术规程和使用监督检查查制度，定期开展机械使用检查评比活动。

（6）施工机械的现场管理

施工机械现场管理就是机械进入施工现场的管理工作，目的是维持机械良好的技术状况，保证施工的连续、均衡、协调和高效。机械施工现场准备包括场地准备、机械准备、机械安装、机械组织准备等，这些准备工作可以同时进行或穿插进行。

①施工场地准备。根据施工现场条件和施工顺序，考虑机械停放、机械作业、行驶路线、管线路设置、材料堆放等位置关系，合理布置施工场地。

②施工场地要做好“三通一平”，要为机械使用提供良好的工作环境。需要构筑基础的机械（塔式起重机、施工升降机等），要预先构筑好符合规定要求的轨道基础或固定基础。一般机械的安装场地必须平整坚实，四周要有排水沟。

③设置为机械施工必需的临时设施，主要有停机场、机修所、油库，以及固定使用的机械工作棚等。其设置要点是：位置要选择得当，布置要合理，便于机械施工作业和使用管理，符合安全要求，建造费用低，以及交通运输方便等条件。

④根据施工机械作业时的最大用电量和用水量，设置相应的电，保证机械施工用电、用水的需要。

（7）机械进场运输

机械进场应选择合理的运输方式，尤其是距离较远的施工现场。选择运输方式的原则应以保证安全和按时投入施工为前提，综合考虑机械的体积、质量、行走装置、运输工具和条件、运输距离和装卸能力、运输费用等情况，经计算和评价确定。

（8）机械施工组织准备

机械施工组织准备应以施工计划为依据，以有利于施工指挥、调度和协作为原则。

①编制作业班组。机械作业班组一般按机械类型或作业地点编制。由于施工机械种类繁多，工作性质和内容各不相同，因此，应根据施工任务和现场具体情况确定。总的要求是规定各班组的机械和人员组成、作业内容和职责要求等。

②确定作业班制。机械作业班应根据施工进度计划确定，并在实施中根据施工进度情况随时调整，以保证按时完成施工任务。机械作业班制可分为单班制、双班制和三班制，在一般情况下，以采用双班制效率较高。

③配备维修力量。根据机械数量及作业班次配备相应的维修力量。机械数量较多的施工现场应设置维修所，维修人员一般为操作人员的 1/4 ~ 1/3，工种应根据需要配备，维修机具也应尽量配套。

（9）机械施工计划的协调

在机械施工计划中，有总的施工进度计划、短期（月、旬、日）施工作业计划、各工序（或流水作业）之间的机械协作计划、机械保养修理计划、物资供应计划等，这些计划互相联系、互相制约，只要一个计划执行不好，就会影响整个施工进度计划的完成。现场管理就是要根据机械施工的特点，注意各种计划的执行情况及有关信息，发现某计划失调或不平衡时应及时采取措施进行协调，并注意以下几点：

①机械施工进度计划和维修计划的协调。在编制机械施工进度计划时，应考虑机械的保养和修理时间，在确定保养和修理日期时，应考虑对施工生产的影响，尽量使保养、修理的停机时间不过分集中；对于施工高潮阶段，保养、修理应穿插进行，保养、修理周期也可适当提前或滞后。总之，应根据施工需要进行合理调节，使机械施工与维修作业基本均衡。

②机械施工作业计划和供应计划的协调。机械施工作业计划的执行决定于各项供应计划的实现，为此，应把材料、配件等供应计划统一在施工作业计划中，使机械施工计划有可靠的物质保证。在施工过程中，应随时掌握材料、配件的库存及消耗动态，做出预测及调节措施。如发现计划失调，应立即进行调整。

③机械施工计划应留有余地。机械施工中存在一些不可预见的因素变化（如气候、不明地质以及事故等）需随之调整，因此，机械施工长期计划应留有余地；对于施工短期计划的余地，一般应留在第四季度或年末月份，以利于年度计划的完成并为明年施工做好准备。

（10）机械施工组织调度

机械施工组织调度应以施工计划为依据，对机械施工过程中各阶段、各工序进行组合排列和协调，以达到机械施工的连续和均衡。

全面了解和掌握机械施工进度以及影响进度的有关因素，统筹安排，合理调节，如重点工程的机械、人力和材料应优先安排，保证供给；受气候影响较大的施工项目，应在有利季节组织施工等。

合理组织机械施工必须把空间组织和时间组织结合起来，做出统一的施工组织。如流水作业，可按照工序或机械种类合理布置，要求达到工作面排列系统化、机械运行单向化、作业时间同步化，以缩短机械作业循环时间，提高生产率。

在施工过程中，当某一工序的机械发生故障或某一计划失调时，应从劳动组织或技术综合分析，采取果断措施，进行调度。为此，应广泛收集施工过程中的各种信息措施；还应建立信息反馈系统，提高组织调度效率。为了做好组织调度工作，应有科学的预见性和预防措施，如防洪、防火、防质量事故等。此外，在不影响竣工期的情况下，备留一些工程项目，作为施工淡季时调节备用。

第十三章　道路桥梁工程施工环保与安全

第一节　道路桥梁工程施工与环境保护

一、道路与桥梁施工环境保护基本概念

交通部历来十分重视环境保护工作，从 1973 年第一次全国环境保护工作会议开始，交通部就成立了以分管部长任主任、部内有关司局领导参加的环境保护委员会。30 多年来，交通环保从以“三废”治理为主，逐步在港口、船舶、公路建设和运营中进行全面的环保管理，到现在已基本形成了较为完善的机构体系、法规标准体系、环境监测和环保科研体系等。

到目前为止，交通行业完成环境影响评价 1 200 余项。2008 年仅国家管理立项的交通建设项目环境影响评价达 1。5 项，为全国行业之最。经过 30 年的努力，交通部逐步完善形成了较为系统的环境管理、污染防治、科研监测、信息教育法规标准体系。在国家有关环保法律标准的基础上，交通部先后制定了《交通行业环境保护管理规定》《交通建设项目环境保护管理办法》《交通部环境监测工作条例》《公路建设项目环境影响评价规范》《公路环境保护设计规范》等。在交通部颁发的现行 62 项公路工程技术标准规范中，在《公路工程技术标准》《公路路基设计规范》《公路路基施工技术规范》《公路隧道设计规范》《公路路线设计规范》《公路工程国内招标文件范本》等 13 项标准规范中，都编制专门条款规定环境保护的工作内容。

公路工程环境保护法必须根据经济规律和生态规律的要求，认真贯彻“经济建设、城市建设、环境建设同步规划、同步实施、同步发展”的三同步方针和“经济效益、环境效益、社会效益”的三统一方针。多年来，公路环保事业与时代同步，环境保护队伍从无到有，从弱到强，逐步发展壮大，交通环保工作从点到面，逐步展开。随着国家进入全面建设小康社会时期的到来，交通行业迎来了一个长期高速发展时期。公路行业环境保护工作在 30 年经验的基础上取得了长足进步，公路环保与国家经济、交通事业共同发展，走出了一条具有行业特色的交通环保之路，取得了可喜的成就。

第一，水土保持的基本规定。

①水土保持工作的方针。根据我国的水土流失发展状况，确定了“预防为主，全面规划，综合防治，因地制宜，加强管理，注重效益”的水土保持工作方针，把预防保护工作摆到了首位。

②权利义务的规定。防治公路建设造成水土流失的总原则是“谁开发谁保护，谁造成水土流失谁负责治理”。

③水土保持的责任范围。根据水土保持法规规定的“谁开发谁保护，谁造成水土流失谁治理”的原则，按照国家行业标准《开发建设项目水土保持方案技术规范》规定，公路建设水土流失防治责任范围包括项目建设区（一般指公路建设主体工程区、取土场、弃土弃渣场以及临时工程占地等）和直接影响区（一般指由于公路建设行为而造成水土流失危害的直接产生影响区域，如项目区外的拆迁安置区、排水承纳区等）。

④水土流失防治实行分区防治原则。要求县级以上人民政府根据当地水土流失的具体情况，划定水土流失重点防治区，即重点预防保护区、重点监督区、重点治理区，进行分类指导，分区防治。

⑤水土保持的“三同时”制度。根据《中华人民共和国水土保持法》的规定，我国实行水土保持“三同时”制度。水土保持“三同时”制度是指建设项目中的水土保持设施，必须与主体工程同时设计、同时施工、同时投产使用 o 建设项目设计中要同时编制水土保持方案，并经行政主管部门批准，施工时要同时按水土保持方案的要求建设水土保持设施，主体工程与相关水土保持设施要同时建成竣工并投入使用。

⑥建立水土保持方案报告制度。凡从事可能引起水土流失的生产建设活动的单位和个人，必须首先编报水土保持方案，经水土行政主管部门批准后方可审批环境影响报告，才能申请计划部门立项。

⑦明确水土保持机构的监督职能。县级以上地方人民政府行政主管部门及其水土保持监督管理机构，地方政府设立的水土保持机构，对水土流失的防治实施监督检查，这是贯彻实施水土保持法的重要保证。

第二，水土保持方案的意义和作用。

①落实法律规定的水土流失防治义务；

②水土保持列入开发建设项目的总体规划；

③水土流失防治有科学规划和技术保证；

④有利于水土保持执法部门监督实施。

第三，水土保持的原则和目标。

（1）水土保持的原则

公路建设水土保持必须按照经济规律和生态规律进行，以保护生态环境为基点来建立水土保持目标，促进经济的发展。公路建设水土保持的原则应当遵守水土保持法规、水土保持技术标准和环境保护总体要求的共同原则，同时还要根据主体工程设计及施工的特点，遵守以下基本原则：

①坚持“预防为主、防治结合”的水土保持方针；

②水土保持与公路建设相结合；

③因地制宜、因害设防，重点治理与一般防护相结合；

④公路水土保持管理与地方水土保持管理相结合。

（2）水土保持的预期目标

公路施工及运营过程中，通过布设水土保持工程的生物措施，使新增水土流失得到有效控制，项目区原有的水土流失得到有效措施，减少水土流失造成的危害。恢复和保护公路沿线水土保持设施，加大公路绿化里程，改善生态环境。具体目标如下：

①通过采用有效的水土保持措施使边坡稳定，岩石、表土不裸露，为公路安全运行服务，避免水土流失对工程本身的危害；

②取土场全部做防护处理，覆土加以利用；

③通过对弃土（渣）场进行综合治理，使工程施工过程中产生的弃土、石渣得到有效拦挡或利用；

④工程与植物措施相结合，使泥沙不进入下游河道，不影响河流正常行洪；

⑤做好公路绿化工程的养护，使生态环境明显改善。

第四，水土保持方案编制内容。

①方案编制总则，含编制依据、技术标准；

②建设项目及其周边地区概况；

③生产建设过程中水土流失预测；

④水土流失防治措施；

⑤水土保持投资概（估）算及效益分析；

⑥方案实施保证措施。

第五，水土保持方案规定。

（1）行业归口管理

各级行政主管部门及地方政府设立的水土保持机构负责审批建设项目的水土保持方案。

（2）分级审批制度

①国家审批立项的项目，其方案由水利部审批（含各部委的项目）；

②地方审批立项的项目，其方案由相应级别的行政主管部门审批；

③乡镇、集体、个体项目的方案，由所在地县级行政主管部门审批；

④跨地区项目的方案由上一级行政主管部门审批。

（3）修改申报制度

经审批的水土保持方案，如项目性质、规模、地点等发生变化，应及时修改方案，并报原批准单位审批。

第六，水土保持方案实施规定。

①投资责任。企事业单位在公路建设和生产过程中造成水土流失，由其负责治理。

②组织治理方式。项目建设单位有能力（主要是技术、人员、管理等能力）进行治理的，自行治理；因技术等原因无力自行治理的，可以缴纳防治费，由行政主管部门代为组织治理。

③监督实施。工程所在地的行政主管部门有权监督建设单位按批准的水土保持方案实施，具有法律强制性。

④竣工验收。根据水土保持“三同时”制度的要求，建设项目主体工程验收时，应同时验收水土保持设施。

二、环境保护依据

自20世纪80年代起，按照国家有关环境保护的规定，在公路建设项目的可行性研究阶段执行环境影响评价制度。通过环境影响评价，对项目存在的环境影响问题进行分析、预测，并针对不利环境的影响提出防治措施，要求项目在规划设计阶段和建成运营阶段严格落实执行。涉及亚行和世行贷款项目对环境保护问题尤为重视，要求在环境影响评价报告的基础上编制环境保护行动计划，以指导项目的整个实施过程。因此，在公路施工过程中实行环境保护，是对项目全过程环境保护管理不可缺少的重要环节，也完全符合国家关于环境保护必须与工程主体“同时设计、同时实施、同时交付使用”的三同时原则。为了保护环境，国家制定了很多规定，具体如下：

①项目的环境影响评价报告书；

②项目的环境行动计划（贷款项目均有此文件）；

③国家有关资源环境保护法规；

④国家有关文物保护法规；

⑤国家有关环境质量法规；

⑥地方有关环境质量法规。

具体到实际法律有：《环境保护法》《环境影响评价法》《水污染防治法》（大气污染防治法》《环境噪声污染防治法》《固体废物污染环境防治法》《放射性污染防治法》《清洁生产促进法》。

三、施工对生态环境的影响及防治

第一，公路施工对生态环境的影响。

①道路的廊道与分割效应。对于生物来说，尤其是对地面的动物，公路的建设导致自然生境的人为分割，使生境岛屿化，不利于生物多样性的保护。为避免生境岛屿化造成的生物多样性受损，许多自然保护区需要建立与其他自然保护区域、自然地域的通道，这就是经常所说的“生物走廊”。

②水文影响。公路建设会改变地表径流的固有态势，从而造成冲、淤、涝等局部影响。

③对土地利用的影响。公路建设对土地利用的影响较为显著，将改变沿线被征用土地的利用现状，其中对耕地的占用较为突出。

④生态敏感地区的影响。交通运输线路长，会穿越各种生态系统，其中不可避免地会涉及一些特殊、敏感的生态能区，如湿地、荒地、自然保护区、天然森林、森林公园、水源保护区、风景名胜区、特殊地质地貌区以及生态脆弱区、自然灾害多发区等。

第二，防治方案。

①充分考虑公路环保措施，严格控制公路占地面积和临时用地规模，减少对耕地和植被的破坏；避开环境敏感性区域，如学校、工厂、医院、名胜古迹、自然保护区、精密食品基地和军事设施等。

②重视水土资源，减少水土流失。工程设计应充分考虑水土流失预防措施，一是注意填挖平衡，减少土石方量，减少借土弃土；二是做好边坡防护设计工作，确保边坡稳定，以减少将来使用过程中的不良病害发生，并应根据地质情况多采用种草植树的绿化护坡方法；三是做好沿线排水设计；四是合理取土、规范弃土、保护耕地、少占良田，应尽量在荒地或低产耕地集中取土，取土后对取土坑进行后期利用，弃方应集中堆弃，不占农田，堆弃后应上覆表土，播种绿化。

③注意保持原有的灌溉系统和自然水网体系。桥梁布置尽量避免影响河流水文、水流特征，做到顺应地形和原水体流向；避免改变或堵塞大型河沟；对小型排灌系统如遭破坏应予以恢复或加以调整，合理设置小桥涵位置，必要时对原有排灌体系进行优化合并或改移；做好项目自身的排水系统，增加必要构造设施以防止路基路面排水对农田水利的冲击。

④做好公路沿线景观设计工作。首先路线要尽量与地形地貌相吻合，减少土石方量，减少对自然风景的破坏，避开受保护的景观空间；还要加强道路沿线绿化，以补充和改善沿线景观，如边坡尽量采用种草植树的护坡方式。

第二节　道路桥梁工程施工安全

一、安全生产原则与方针

国务院颁发了《国务院关于进一步加强安全生产工作的决定》，该决定指出：要努力构建“政府统一领导、部门依法监管、企业全面负责、群众参与监督、全社会广泛支持”的安全生产工作格局。

政府统一领导，是指国务院以及县级以上地方人民政府有关部门对建设工程安全生产进行的综合和专业的管理，主要是监督有关国家建设工程安全生产法律法规和方针政策的执行情况，预防和纠正违反国家建设工程安全生产法律法规和方针政策的现象。部门依法监管，是指各级政府管理部门要组织贯彻国家关于建设工程安全生产的法律法规和方针政策，依法制定建设行业安全生产的规章制度和标准规范，对建设行业的安全生产工作进行计划、组织、监督检查查和考核评价，指导企业搞好建设工程安全生产工作。企业全面负责，是指施工单位、建设单位、勘察单位、设计单位、工程监理单位及其他与建设工程安全生产有关的单位，必须遵守和贯彻执行国家关于安全生产、建设工程安全生产等法律法规和方针政策的规定，建立和落实安全生产管理制度，保证建设工程安全生产，依法承担建设工程安全生产责任。群众参与监督，是指群众组织和劳动者个人对于建设工程安全生产应负的责任。工会是代表群众的主要组织，工会有权对危害职工健康与安全的现象提出意见，进行抵制，有权越级控告，也担负着教育劳动者遵章守纪的责任，群众监督有助于建立企业的安全文化，形成“安全生产，人人有责”的局面。全社会广泛支持，是指提高全社会的安全意识，形成全社会广泛“关注安全、关爱生命”的良好氛围。要做好建设工程安全生产管理工作，提高建设行业安全生产管理的水平，必须有政府、社会各界的广泛参与，就是要通过全社会的共同努力，提高安全意识，增强防范能力，大幅度地防止和减少安全事故，为我国社会经济的全面、协调、可持续发展奠定坚实的基础。

安全与生产的关系是辩证统一的关系，是一个整体。生产必须安全，安全促进生产，不能将二者对立起来。在施工过程中，必须尽一切可能为作业人员创造安全的生产环境和条件，积极消除不安全因素，防止伤亡事故的发生，使作业人员在安全的条件下进行生产；安全工作必须紧紧围绕着生产活动进行，不仅要保障作业人员的生命安全，还要促进生产的发展。离开生产，安全工作就毫无实际意义。

安全管理是施工企业管理的一项重要内容，也是施工现场一时一刻都不能忽视的工作。确保安全施工、防止事故发生，是企业全体职工的重要任务，是各级领导的重要职责。安全管理的基本含义是：劳动者必须在安全的环境中进行生产活动。安全管理是对工作环境、施工各环节采取必要的安全措施，提出一定的安全要求，及时消除人的不安全行为和物的不安全状态，以保证劳动者的健康和生命安全，保证生产的顺利进行。

第一，安全生产的原则。

①“管生产必须管安全”的原则：是指工程项目各级领导和全体员工在生产工程中必须坚持在抓生产的同时抓好安全工作。它体现了安全和生产的统一，二者是一个有机的整体，不能分割更不能对立起来，应将安全寓于生产之中。

②“安全一票否决权”的原则：是指安全生产工作是衡量工程项目管理的一项基本内容，它要求在对工程项目各项指标考核、评优创先时，首先必须考虑安全指标的完成情况。安全指标没有实现，其他指标顺利完成，仍无法实现工程项目的最优化，安全具有一票否决的权利。

③职业安全卫生“三同时”的原则：是指一切生产性的基本建设和技术改造工程项目，必须符合国家的职业安全生产的法规和标准，职业安全卫生技术措施及设施应与主体工程同时设计、同时施工、同时投产使用，以确保工程项目投产后符合职业安全卫生要求。

④事故处理“四不放过”的原则：国家法律法规要求，在处理事故时必须坚持和实施“四不放过”原则，即：事故原因未查清不放过，事故责任和职工群众没受到教育不放过，安全隐患没有整改预防不放过，事故责任者不处理不放过。

第二，安全生产要处理好的五种关系和要坚持的五项原则。

（1）安全生产要处理好的五种关系

①安全与危险的并存。安全与危险在事物的运动中是相互对立、相互依赖而存在的。因为有危险才要进行安全管理，以防止危险。安全与危险并非是等量并存、平静相处。随着事物的运动变化，安全与危险每时每刻都在变化着，进行着此消彼长的斗争。可见，在事物的运动中，都不会存在绝对的安全和危险。危险因素客观地存在于事物运动之中的，自然是可知的，也是可控的。保持生产的安全状态必须采取多种措施，以预防为主，危险因素是完全可以控制的。

②安全与生产的统一。生产是人类社会存在和发展的基础。如果生产中人、物、

环境都处于危险状态，则生产无法顺利进行。因此，安全是生产的客观要求。自然地，当生产完全停止，安全也就失去意义。生产有了安全保障，才能持续、稳定发展。生产活动中事故层出不穷，生产势必混乱，直至瘫痪状态。当生产与安全发生矛盾，危及职工生命或国家财产时，生产活动停下来整顿、消除危险因素以后，生产形势会变得更好。

③安全与质量的同步。从广义上看，质量包涵安全生产质量，安全概念也包含着质量，交互作用、互为因果。安全第一、质量第一两个第一并不矛盾。安全第一是从保护生产因素的角度提出的，质量第一则是从关心产品成果的角度而强调的。安全为质量服务，质量需要安全保证。生产过程舍掉哪一头，都要陷于失控状态。

④安全与速度的互促。生产的蛮干、乱干，在侥幸中求得的快，缺乏真实性与可靠性，一旦酿成不幸，非但没有速度可言，反而会延误时间。速度应以安全作保障，追求安全加速度，竭力避免安全减速度。安全与速度成正比例关系，当速度与安全发生矛盾时，暂时减缓速度，保证安全才是正确的做法。

⑤安全与效益的兼顾。安全技术措施的实施，会改善劳动条件，调动职工的积极性，焕发劳动热情，带来经济效益，足以使原投入得以补偿。从这个意义上说，安全促进了效益的增长，安全与效益是一致的。在安全管理中，投入要适度，统筹安排，既要保证安全生产，又要经济合理，还要考虑力所能及。单纯为了省钱而忽视安全生产，或单纯追求安全不惜资金的盲目高标准，都是不可取的。

（2）安全生产的六项原则

①坚持管生产同时管安全原则。安全寓于生产之中，并对生产发挥促进与保证作用。从安全生产管理的目标、目的，安全与生产表现出高度的一致和完全的统一。安全管理是生产管理的重要组成部分，安全与生产的实施过程中两者存在着密切的联系，存在着进行共同管理的基础。

管生产同时管安全，国务院《关于加强企业生产中安全工作的几项规定》中明确指出：各级领导人员在管理生产的同时，必须负责管理安全工作，企业中有关专职机构都应该在行业业务范围内，对实现安全生产的要求负责，不仅是对各级领导人员明确安全管理责任，同时，也向一切与生产有关的机构、人员，明确了业务范围内的安全管理责任。可见，一切与生产有关的机构、人员，都必须参与安全管理并在管理中承担责任。认为安全管理只是安全部门的事，是一种片面、错误的认识。各级人员安全生产责任制度的建立、管理责任的落实，体现了管生产同时管理安全。

②坚持目标管理原则。安全管理的内容是对生产的人、物、环境因素状态的管理，有效地控制人的不安全行为和物的不安全状态，消除或避免事故，达到保护劳动者的安全与健康的目的。没有明确目标的安全管理是一种盲目行为，只能劳民伤财，

危险因素依然存在，而且只能纵容威胁人的安全与健康的状态，向更为严重的方向发展或转化。

③坚持预防为主的原则。安全生产的方针是“安全第一，预防为主”。“安全第一”是从保护生产力的角度和高度，表明在生产范围内安全与生产的关系，肯定安全在生产活动中的位置和重要性。进行安全管理是对于生产的特点，对各个因素采取管理措施，有效控制不安全因素的发展与扩大，把可能发生的事故消灭在萌芽状态，以保证生产活动中人的安全与健康。

④坚持全方位动态管理。安全管理涉及生产活动的方方面面，涉及从开工到竣工交付的全部生产过程，涉及全部的生产时间，涉及一切变化着的生产因素。因此，安全生产活动中必须坚持全员、全过程、全方位、全天候的全面动态管理。安全管理不是少数人和安全机构的事，而是一切与生产有关的人共同的事。缺乏全员的参与，安全管理不会有生气，不会出好的管理效果，生产组织者在安全管理中的作用固然重要，全员参与管理也十分重要。

⑤坚持全过程控制原则。进行安全管理的目的是预防、消灭事故，防止或消除事故伤害，保护劳动者的安全与健康。在安全管理的主要内容中，虽然都是为了达到安全管理的目的，但是对生产因素状态的控制，即事前控制、事中控制、事后控制，与安全管理的目的关系更直接，显得更为突出。因此，对生产中人的不安全行为和物的不安全状态的控制，必须是动态的安全管理。事故的发生，是由于人的不安全行为运动轨迹与物的不安全状态运动轨迹的交叉。从事故发生的原理，也说明了对生产因素状态的控制，应该作为安全管理的重点。

⑥坚持持续改进原则。建设工程施工安全管理是在变化着的施工生产活动中的管理，是一种动态管理，其管理就意味着是不断变化的，以适应变化的生产活动，消除新的危险因素，更重要的是不间断地摸索新规律，总结管理和控制的办法与经验，持续改进，指导新变化后的管理，从而不断提高建设工程施工安全管理水平。

二、安全生产管理的实施

为了切实加强公路建设安全生产管理，认真贯彻执行国家有关安全生产的法律、法规和“安全第一、预防为主”的方针，规范安全生产行为，保障在生产过程中的安全和健康，预防事故发生，确保国家和人民生命财产的安全，制定如下规定：

①建设指挥部是本建设工程安全生产的主管机关，总监办、驻地办负责实施对承包人安全生产监督管理。承包人应按职责和合约对安全生产进行落实。

②建设指挥部成立建设安全管理领导小组：建设指挥部指挥长任组长，副指挥长、总工程师、副总工程师、总监理工程师任副组长，成员由建设指挥部相关部门

人员组成。领导小组下设办公室，建设指挥部工程部长兼办公室主任。领导小组办公室的主要职责是：检查监督施工安全生产情况，对存在的安全隐患责令承包人限期整改；协调解决施工中的重大安全问题；监督指导和考核创建安全文明标准工地。

③驻地办应当审查施工组织设计中的安全技术措施或者专项施工方案是否符合工程建设强制性标准。在实施监理过程中，发现承包人存在安全事故隐患的，应当要求承包人整改；情况严重的，应当要求承包人暂时停止施工，并及时报告建设指挥部。承包人拒不整改或者不停止施工的，驻地办应当及时向建设指挥部和总监办报告。驻地办和监理工程师应当按照法律、法规和工程建设强制性标准实施监理，并对建设工程安全生产承担监理责任。

④承包人相应成立安全管理机构，配备专职安全生产管理人员，主要负责人对安全生产工作全面负责。

⑤安全保证体系组成。为了全面贯彻落实安全方针和实现安全目标，各单位根据具体情况并结合工程实际，从安全生产管理的思想组织保证、工作保证、制度保证等方面建立和完善安全保证体系。

⑥思想组织保证：

a．承包人要建立健全安全管理组织机构和各级机构或部门的安全管理工作人员，明确其安全工作职责范围，将施工经验丰富、安全意识强的人员充实到安全管理的各级机构和部门，项目经理是安全管理的第一责任人，以确保安全管理工作的领导权威。

b．制定严格的安全管理制度和措施，定期分析安全生产形势，研究解决施工中存在的问题，建立健全各级安全生产责任制，责任落实到人。充分发挥各级专职安检人员的检查和监督作用，及时发现和排除安全隐患。

c．安全教育要形成经常化、制度化，对特种作业人员必须经培训合格后持证上岗，对新员工必须进行经理部、项目队和班组三级安全教育和培训。

d．承包人应通过安全生产竞赛、现场安全标语、图片等宣传形式，增强全员安全生产意识和自觉性，把“以人为本、珍惜生命”的安全生产思想落到实处。

⑦工作保证：

a．编制实施性施工组织设计的同时必须编制安全组织设计及安全技术措施，必须坚持“三同时”的原则，并下达月、季度、年度安全生产计划及安全保证措施；

b．根据工程特点编制有针对性的安全防护措施，对一些危险点，必须组织设计专项安全防护方案及措施；

c．承包人要对作业层人员进行安全措施及防护方案等安全技术交底；

d．针对工程具体情况，制定相应的安全操作规程、技术措施和安全规则；

e．根据各工点或工序的具体情况，配置与之相适应的机械设备，杜绝因机械设备不符合工程特点而造成的安全事故。

施工过程阶段检查内容和要求：各个作业层及操作人员必须熟悉、清楚所从事施工项目的安全设计、安全技术措施及工艺流程安全注意事项，并在实施中严格遵守。坚持安全管理制度，充分发挥安全监督岗的积极作用；实行安全否决制，杜绝违章指挥和违章作业；广泛开展安全的预测预控活动和“三不伤害”活动（即不伤害他人、不伤害自己、不被别人伤害）；认真开展安全大检查，查制度、查违章、查隐患、搞整改，消灭事故隐患，杜绝安全事故的发生。

竣工验收阶段：总结施工过程中的安全生产经验，对于好的经验措施和办法在下一项目建设中推广运用。找出施工过程中的安全管理薄弱环节和安全事故的原因，改进或制定具有针对性的措施。

⑧制度保证。承包人必须完善安全生产各项管理制度，针对各工序及各工种的特点，制订相应的安全管理制度，建立安全生产责任制，落实各级管理人员和操作人员的安全职责，做到纵向到底，横向到边，人人有责，各自做好本岗位的安全工作。安全工作必须坚持下列管理制度：安全生产责任制，安全会议制度，安全三级教育管理制度，安全技术方案逐级审查制度，安全技术交底制度，特殊工种持证上岗制度，每周一安全活动制和工地班前安全讲话、班后安全活动制度，安全技术操作规程制度，安全生产检查制度（工班每天自检，专职安检员每周专检，项目每月系统检查），安全资金保障制度，安全生产操作挂牌制度，环境保护制度，安全生产事故报告处理制度，安全生产奖惩制度。

⑨经济保证。实行安全生产包保责任制，谁主管、谁负责，明确奖惩措施，实行层层包干负责，定期进行考核，并严格兑现奖惩。

⑩安全防范重点：严格控制路基土石方爆破，防止飞石伤害事故；预防高空坠落、物体打击事故；土石方开挖、填筑及隧道施工中防止塌方事故；隧道控制爆破中防止爆破伤害事故；加强隧道通风、挖孔桩基通风，防止瓦斯爆炸，防止缺氧窒息事故；防止机械设备伤害、触电事故；规范施工场地交通安全，防止交通伤害事故；防止火灾、洪灾事故；防止压力容器爆炸伤亡事故。

⑪安全事故处理。伤亡事故：承包人必须用电话 2h 内报建设指挥部，并在 12 h 内以书面形式报建设指挥部；发生死亡、重大死亡事故的单位应迅速采取必要措施抢救人员和财产，防止事故扩大，同时保护事故现场；重大伤亡事故由其上级有关主管部门组成事故调查组，报请地方相关部门参加，进行调查；事故采取“四不放过”的原则进行处理；对伤亡事故，在上报本单位上级主管部门的同时，将事故调查报告一并报建设指挥部。

三、应急救援预案

为了更好地适应法律和经济活动的要求，给企业员工的工作和施工场区周围居民提供更好、更安全的环境；保证各种应急反映资源处于良好的备战状态；指导应急反应行动计划有序地进行，防止因应急反应行动组织不足或现场救援工作的无序和混乱而延误事故的应急救援；有效地避免或降低人员伤亡和财产损失；帮助实现应急反应行动的快速、有序、高效；充分体现应急救援的“应急精神”，根据预测危险源、危险目标可能发生事故的类别、危害程度，而制定的事故应急救援方案，要充分考虑现有物资、人员及危险源的具体条件，能及时、有效地统筹指导事故应急救援行动。

第一，应急预案的作用。

①应急预案确定了应急救援的范围和体系，使应急管理不再无据可依、无章可循，尤其是通过培训和演练，可以使应急人员熟悉自己的任务，具备完成指定任务所需的相应能力，并检验预案和行动程序，评估应急人员的整体协调性。

②应急预案有利于做出及时的应急响应，降低事故后果，应急行动对时间要求十分敏感，不允许有任何拖延，应急预案预先明确了应急各方职责和响应程序，在应急资源等方面进行先期准备，可以指导应急救援迅速、高效、有序开展，将事故造成的人员伤亡、财产损失和环境破坏降到最低限度。

③应急预案是各类突发事故的应急基础，通过编制应急预案，可以对那些事先无法预料到的突发事故起到基本的应急指导作用，成为开展应急救援的“底线”。在此基础上，可以针对特定事故类别编制专项应急预案，并有针对性地制定应急预案，进行专项应急预案准备和演习。

④应急预案建立了与上级单位和部门应急救援体系的衔接，通过编制应急预案可以确保当发生超过本级应急能力的重大事故时，与有关应急机构的联系和协调。

⑤应急预案有利于提高风险防范意识，应急预案的编制、评审、发布、宣传、演练、教育和培训，有利于各方了解面临的重大事故及其相应的应急措施，有利于促进各方提高风险防范意识和能力。

第二，应急救援预案的基本要求。

（1）针对性

应急预案是针对可能发生事故，为迅速、有序地开展应急行动而预先制定的行动方案，因此，应急预案应结合危险分析的结果。

①针对重大危险源。重大危险源是指长期或是临时地生产、搬运、使用或贮存危险性物品，且危险物品的数据等于或超过临界量的单位。重大危险源历来都是生产经营单位监管的重点对象。

②针对可能发生的各类事故。在编制应急预案之初需要对生产经营单位中可能发生的各类事故进行分析和编制，在此基础上编制预案，才能保证应急预案更广范围的覆盖性。

③针对关键的岗位和地点。不同的生产经营单位，同一生产经营单位不同生产岗位所存在的风险大小都往往不同，特别是在危险化学品、煤矿开采、建筑等高危行业，都存在一些特殊或关键的工作岗位和地点。

④针对薄弱环节。生产经营单位的薄弱环节主要是指生产经营单位为应对重大事故发生而存在的应急能力缺陷或不足方面。企业在编制预案过程中，必须针对生产经营在进行重大事故应急救援过程中，人力、物力、救援装备等资源是否可以满足要求而提出弥补措施。

⑤针对重要工程。重要工程的建设和管理单位应当编制预案，这些重要工程往往关系到国计民生的大局，一旦发生事故，其造成的影响或损失往往不可估量，因此，针对这些重要工程应当编制应急预案。

（2）科学性

应急救援工作是一项科学性很强的工作，编制应急预案必须以科学的态度，在全面调查研究的基础上，实行领导和专家结合的方式，开展科学分析和论证，制定出决策程序和处置方案、应急手段先进的应急反应方案，使应急预案真正的具有科学性。

（3）可操作性

应急预案应具有实用性和可操作性，即发生重大事故灾害时，有关应急组织、人员可以按照应急预案的规定迅速、有序、有效地开展应急救援行动，降低事故损失。

四、安全教育培训

对新职工、实习人员，必须先进行安全生产的三级教育（即生产单位或班组、生产岗位）才能准其进入操作岗位。对改变工种的工人，必须重新进行安全教育才能上岗。

对从事电气、焊接、车辆驾驶、易燃易爆等特殊工种人员，必须进行专业安全技术培训，经有关部门严格考核并取得合格操作证（执照）后，才能准其独立操作。对特殊工种的在岗人员，必须进行经常性的安全教育。

参考文献

［1］高峰．公路施工组织实务［M］．北京：北京理工大学出版社．2018.

［2］高峰．公路工程造价实务［M］．北京：北京理工大学出版社．2018.

［3］史建峰，陆总兵，李诚主编．公路工程与项目管理［M］．北京：九州出版社．2018.

［4］杨涛著．高速公路标准化施工工艺规范蓬莱至栖霞高速公路建设实例［M］．北京：科学技术文献出版社．2018.

［5］修林岩，徐小娜，孙文杰编著．公路工程与桥梁施工［M］．天津：天津科学技术出版社．2018.

［6］公路桥梁与质量管理［M］．江苏凤凰美术出版社．2018.

［7］晁海龙主编．公路桥梁与维修养护［M］．天津：天津科学技术出版社．2018.

［8］李岩涛著．公路桥梁与施工管理［M］．沈阳：沈阳出版社．2018.

［9］公路桥梁施工与养护［M］．天津：天津科学技术出版社．2018.

［10］杨金翠，陈春宇，王佳主编．公路工程与桥梁隧道施工［M］．海口：南方出版社．2018.

［11］中交公路规划设计院有限公司．公路桥梁梁底检查车［M］．北京：人民交通出版社．2018.

［12］中交第二公路勘察设计研究院有限公司．公路桥梁限位与剪断装置［M］．北京：人民交通出版社．2018.

［13］公路桥梁工程与市政建设［M］．江苏凤凰美术出版社．2018.

［14］公路桥梁现场测试规程［M］．沈阳：辽宁人民出版社．2018.

［15］公路桥梁施工与隧道工程［M］．天津：天津科学技术出版社．2018.

［16］公路桥梁建设与质量管理［M］．北京：地质出版社．2018.

［17］王天彪，安国庆，王龙主编．公路桥梁工程施工与管理［M］．哈尔滨：东北林业大学出版社．2018.

［18］公路桥梁景观设计细则［M］．人民交通出版社股份有限公司．2018.

［19］李德新，余明坤，郑靓主编 . 公路桥梁工程材料检测与施工［M］. 北京：中国建材工业出版社 .2018.

［20］李明杰，汤生虎，王闰臣主编 . 公路桥梁建设施工技术与质量检验［M］. 北京：中国建材工业出版社 .2018.

［21］刘黔会，张挣鑫著 . 公路工程与桥梁施工技术研究［M］. 咸阳：西北农林科技大学出版社 .2018.

［22］徐晖，张南，胡毅著 . 公路桥梁施工管理与市政建设［M］. 哈尔滨：哈尔滨地图出版社 .2018.

［23］申强 . 公路常用桥梁养护管理指南［M］. 北京：人民交通出版社 .2018.

［24］倪国庆，宋凤主编 . 公路桥梁设计新技术应用研究［M］. 长春：吉林科学技术出版社 .2018.

［25］公路桥梁建设与工程项目管理［M］. 江苏凤凰美术出版社 .2018.

［26］公路桥梁建设与质量检测研究［M］. 北京：中国建材工业出版社 .2018.

［27］公路桥梁施工技术及项目管理［M］. 芒：德宏民族出版社 .2018.

［28］山区高速公路桥梁涵洞施工控制［M］. 长沙：中南大学出版社 .2018.

［29］公路与桥梁隧道施工技术研究［M］. 北京：中国建材工业出版社 .2018.

［30］公路桥梁工程监理与施工技术解析［M］. 北京：中国建材工业出版社 .2018.